Entwicklung und Qualität des Schulsystems

AF287857

Heinz Günter Holtappels (Hrsg.)

Entwicklung und Qualität des Schulsystems

Neue empirische Befunde
und Entwicklungstendenzen

Waxmann 2017
Münster • New York

Bibliografische Informationen der Deutschen Nationalbibliothek
Die Deutsche Nationalbibliothek verzeichnet diese Publikation in
der Deutschen Nationalbibliografie; detaillierte bibliografische
Daten sind im Internet über http://dnb.dnb.de abrufbar.

Print-ISBN 978-3-8309-3626-8
E-Book-ISBN 978-3-8309-8626-3

© Waxmann Verlag GmbH, Münster 2017
Steinfurter Straße 555, 48159 Münster

www.waxmann.com
info@waxmann.com

Umschlaggestaltung: Inna Ponomareva, Jena
Satz: Sven Solterbeck, Münster

Gedruckt auf alterungsbeständigem Papier,
säurefrei gemäß ISO 9706

Inhalt

Vorwort

Das deutsche Schulsystem befindet sich seit der Jahrtausendwende in einem unübersehbaren Umbruch. Ausschlaggebend dafür waren nicht zuletzt die international vergleichenden Schulleistungsstudien seit dem Jahr 2000, die auch eine intensive Debatte um die Qualität und die Fortentwicklung des Schulsystems ausgelöst haben. Vor allem die Schulstruktur erlebte durch die veränderte Entwicklung der Schulformen einen gravierenden Umbruch, vielfach mit der Tendenz zur Zweigliedrigkeit oder zu einer variantenreichen Mehrgliedrigkeit. Schulzeitveränderungen durch die Verkürzung der Schulzeit im Gymnasium einerseits und insbesondere durch den rapiden Ausbau ganztägiger Schulen andererseits führten ebenso zu durchgreifenden Veränderungen und Innovationsaufgaben wie die beginnende Implementation der Inklusion.

Parallel dazu bestehen Probleme der Ungleichheit von Bildungschancen in Form der Kopplung des Kompetenzerwerbs und des Bildungserfolgs an die soziale Herkunft fast unverändert fort, während Deutschland im Kompetenzerwerb der Lernenden nur teilweise Verbesserungen verzeichnet, teilweise auf der Stelle tritt. Zugleich scheinen auch Fragen nach einer wirksamen Steuerung des Schulsystems eher ungelöst. Die Zeit ist daher reif für Beiträge der Bildungsforschung, um mit Zwischenbilanzen und Analysen die Entwicklung des Schulsystems erneut kritisch zu beobachten und zu begleiten. Theoretische Ansätze, Konzepte zur Schulsystemgestaltung und Forschungsbefunde, sowohl durch sekundäranalytische Auswertungen der Schulstatistik als auch aus Primärstudien, werden bereits seit den siebziger Jahren des letzten Jahrhunderts immer wieder kontrovers diskutiert. Seitdem hat es allerdings vielfältige Veränderungen in der Schulstruktur und der Entwicklung der Schulformen sowie der Steuerung des Systems gegeben.

Der vorliegende Band wendet sich aktuellen Entwicklungstendenzen und Problemstellungen im Schulsystem zu. Namhafte Autorinnen und Autoren legen mit ihren Beiträgen einerseits neue Forschungsbefunde vor, andererseits werden zu zentralen Themenfeldern der Systemqualität Analysen und Bilanzierungen zu neuen Erkenntnissen vorgenommen. Die Beiträge des Bandes entstanden weitgehend aus den Vorträgen einer Ringvorlesung zum Thema „Schulsystem auf dem Prüfstand – Systemqualität in Deutschland" im Institut für Schulentwicklungsforschung der TU Dortmund. In der Ringvorlesung wurden dementsprechend mit aktuellen Forschungsansätzen und -befunden aus der deutschen und der internationalen Schulentwicklungs- und Schulsystemforschung relevante Systemfelder analysiert, präsentiert und bilanziert, vor allem zur Schulstruktur, zu systemrelevanten Innovationen und zur Steuerung. Ziel war es, Entwicklungstendenzen im Schulsystem genauer zu beobachten und zu analysieren, strukturelle Entwicklungsprobleme zu identifizieren und Lösungsansätze im Hinblick auf Umsetzbarkeit und zu erwartende Wirkungen zu diskutieren. Für die Vorlesungen wurden einschlägige Forscherinnen und Forscher gewonnen, die als Repräsentanten der verschiedenen Forschungsgebiete zu grundlegenden Themen der Qualität und Entwicklung des Schulsystems gelten.

Die Beiträge präsentieren bedeutende Befunde aus der deutschen und der internationalen Forschung zu ausgewählten Schulsystemfragen, wobei meist auf grundlegende Theorieansätze Bezug genommen, aber auch theoretische Erkenntnisse generiert werden. So entstand ein breites und reichhaltiges Spektrum von theoretischen Ansätzen und empirischen Befunden, die durchaus Impulse für weitergehende Theoriebildung und Forschungsaktivitäten liefern. Freilich handelt es sich um eine Auswahl von Entwicklungsproblemen im Schulsystem, die nur einen Ausschnitt der Entwicklungs- und Problemfelder darstellen. Die gebotenen theoretischen Ansätze und vorgelegten empirischen Befunde kommen im jeweiligen Forschungsfeld jedoch zu wertvollen Erkenntnissen. Im Folgenden gebe ich einen Überblick:

Im ersten Beitrag thematisiert *Heinz Günter Holtappels* mit aktuellen Daten und sekundäranalytischen Untersuchungen über die Bildungsbeteiligung und den Grundschulübergang Probleme der Leistungsgerechtigkeit und Begabungsausschöpfung. Zudem wird gezeigt, wie das Schulwahlverhalten im Zusammenspiel mit der demografischen Entwicklung zur Erosion des traditionellen Systems geführt hat. Im Hinblick auf den Kompetenzerwerb und den Bildungserfolg wird die anhaltende soziale Ungleichheit der Bildungschancen in der Zusammenschau aktueller Befunde belegt. Die beachtenswerte quantitative Entwicklung ganztägiger Schulen zeigt die Dynamik von Veränderungen, die aber noch wenig bewirken.

David Reynolds gibt einen herausragenden Überblick über internationale Reformstrategien der Bildungspolitik auf Systemebene und über die School-Effectiveness-Forschung. Dabei verdeutlicht er, dass mittlerweile hinreichend verdichtetes Wissen darüber vorliegt, wie ein Schulsystem und Schulen zu verbessern wären. Der Beitrag liefert zugleich eine fundierte Collage zu Erkenntnissen über Gelingensbedingungen und Schlüsselfaktoren für wirksame Schulentwicklung. Dabei werden auch bedeutsame Einsichten durch die PISA-Studien gewürdigt und hervorgehoben.

Die Forschergruppe der Berlin-Studie, *Kai Maaz, Jürgen Baumert, Marko Neumann, Michael Becker & Hanna Dumont*, zeigen in ihrem Beitrag relevante Bedingungen für die Entwicklung der Schulformen in der Sekundarstufe auf. Im Zentrum stehen sodann detaillierte Befunde aus ihrer Längsschnittuntersuchung der Berliner Schulstrukturreform. Dabei werden vor dem Hintergrund aktueller bundesweiter Trends und theoretischer Ansätze vertiefende Einblicke und höchst interessante Forschungsergebnisse zum veränderten Grundschulübergang in Berlin präsentiert. Insbesondere Resultate zur Schulnachfrage, zum Schulwahlverhalten, zu Auswirkungen auf soziale Disparitäten und zur Wahrnehmung der Reformansätze durch Betroffene liefern bedeutende neue Erkenntnisse.

Klaus-Jürgen Tillmann stellt in seinem Beitrag zentral die Frage nach der Gleichwertigkeit im Zwei-Säulen-Modell. Dabei differenziert er Schulstruktur-varianten in den Bundesländern und problematisiert die Zweigliedrigkeit, unter anderem mit der Schulformnachfrage. Am Beispiel der Gemeinschaftsschule im Saarland formuliert er relevante Gelingensfaktoren für eine vielleicht nur vorü-bergehende Systemlösung in Form von Gymnasien und integrierten Schulformen nebeneinander.

In einem weiteren Beitrag zur Gemeinschaftsschule beleuchten *Kai Averbeck, Julia Weischenberg & Heinz Günter Holtappels* den Schulversuch in Nordrhein-Westfalen. Neben Gründungsmotiven und pädagogischen und strukturellen Vorteilen werden anhand von erhobenen Primardaten zur Schülerkomposition (Grundschulempfehlungen, kognitiver Grundfähigkeit, sozioökonomischem Status, Migrationshintergrund) die Problemfelder analysiert. Hierbei wird deutlich: Eine neue integrierte Schulform im Marktmodell herkömmlicher Schularten bie-tet eher nur in ländlichen Umfeldern eine schulstrukturelle Alternative und kann wohl nur bei hervorragender Lernkultur und intensiver Förderung überleben.

Die Forschungsgruppe der KOALA-S-Untersuchung, *Hartmut Ditton, Sibyl-le Elsäßer, Nicole Gölz, Veronika Stahn & Florian Wohlkinger*, zeigt anhand von Längsschnittdaten von der zweiten bis zur siebten Jahrgangsstufe soziale Dispa-ritäten auf. Unter anderem wird die Frage der Verstärkung oder Kompensation von Unterschieden im Grundschulbereich problematisiert. Ebenso wird empirisch versucht zu klären, welchen Anteil primäre und sekundäre Herkunftseffekte beim Grundschulübergang einnehmen, wobei dem Einfluss der Lehrkraftempfehlung hohe Bedeutung zugemessen wird. Unter Rückgriff auf theoretische Erklärungs-ansätze werden sozialschichtspezifische Selektions- und Bildungswahlprozesse genauer untersucht, dabei auch die Verstärkung von Selektionseffekten durch Schulformwechsel.

Andreas Hinz geht in seinem Beitrag auf den Inklusionsbegriff ein und klärt originär, wie auf der Basis eines prozessorientierten Verständnisses von Inklusion inklusive Schulentwicklung auf mehreren Ebenen verstanden werden kann. Er geht dann vor allem der Umsetzung der Inklusion in Deutschland nach, indem bisherige Ansätze kritisch und argumentativ treffsicher beurteilt werden. Zudem enthält der Beitrag eine verdienstvolle Zusammenfassung bedeutender Ergebnisse aus 30 Jahren Integrationsforschung.

Nach einem umfassenden und fundierten Überblick über verschiedene Schulzeitmodelle im nationalen und internationalen Vergleich und die aktuelle-re Schulzeitdebatte gibt *Svenja Mareike Kühn* einen vertiefenden Einblick in die ambivalenten und teils überraschenden empirischen Ergebnisse zur Verkürzung der Schulzeit im Gymnasium, der sogenannten „G8-Reform", womit sie durch auf-schlussreiche Belege zur empirischen Versachlichung der Debatte beiträgt.

Ramona Lorenz befasst sich in ihrem Beitrag zunächst versiert mit der Relevanz des Zentralabiturs auf den verschiedenen Ebenen im Schulsystem und beschreibt das Verfahren der Qualitätssicherung der zentralen Abituraufgaben in Nordrhein-Westfalen. In der Darstellung eigener neuer Forschungsergebnisse geht es mit beachtlichen Befunden um die Schwierigkeit der Aufgaben des Zentralabiturs, die Fairness und Gerechtigkeit des zentralen Prüfungsformats und die Auswirkungen des Zentralabiturs auf den vorgelagerten Unterricht.

Isabell van Ackeren, Denise Demski & Esther Dominique Klein geben in ihrem Beitrag einen Überblick über die Steuerungslogik neuer nationaler und internationaler Steuerungsansätze, unter anderem in Bezug auf das Spannungsverhältnis von Gestaltungsautonomie und Outputsteuerung. Die Autorinnen arbeiten kritisch und gewinnbringend Logiken und Probleme neu eingeführter Steuerungsinstrumente hierzulande heraus und setzen sich mit intendierten und nicht-intendierten Wirkungen auseinander, wobei auch die Evidenzbasierung einem kritischen Blick unterworfen wird.

Der Band richtet sich an alle, die in Wissenschaft und Bildungsadministrationen mit der Analyse, der Gestaltung und der Entwicklung des Schulsystems befasst sind. Zugleich bieten die Beiträge wertvolle Anregungen für die Bildungsadministration, die Aus- und Weiterbildung im Schulsektor und alle Unterstützungssysteme. In den einzelnen Forschungsfeldern wird eine Vielzahl von Untersuchungen ausgebreitet, wobei die bisherigen Befunde durchaus zu verdichteten Einsichten zu führen scheinen, die aber auch zu mehr Theoriebildung herausfordern. Der Band bietet einen Fundus an neuen Ergebnissen, theoretischen Reflexionen sowie Versuchen zu resümierenden Zwischenbilanzen. Aus zentralen Feldern der Schulsystemforschung entstand so ein breites und reichhaltiges Spektrum von Beiträgen zur Qualität und zur Entwicklung des Schulsystems.

Allen Autorinnen und Autoren sowie den mitwirkenden Kolleginnen und Kollegen beim Double-Blind-Review-Verfahren gilt gebührender Dank für die verdienstvolle Mitarbeit an diesem Band.

Dortmund im März 2017
Heinz Günter Holtappels

Heinz Günter Holtappels

Schulsystem im Umbruch

Entwicklungstendenzen in zentralen Feldern
der Schulstruktur in Deutschland

Das deutsche Schulsystem erlebt seit der Jahrtausendwende einen unübersehbaren Umbruch: In die Schulstruktur ist durch die veränderte Entwicklung der Schulformen Bewegung gekommen, das dreigliedrige Schulsystem gerät ins Wanken oder löst sich teilweise auf, wobei die Schulformlandschaft eine variantenreiche Zweigliedrigkeit anzunehmen scheint. Dies muss angesichts des unaufhaltsamen Wegbrechens der Hauptschule einerseits und mit der variantenreichen Palette von neu entstandenen Schulformen mit mehreren Bildungsgängen und als integrierte Formen von Schulen des gemeinsamen Lernens andererseits unweigerlich festgestellt werden.

Die Bildungsbeteiligung mit dem Trend zu höherwertigen Bildungsgängen und Abschlüssen ist weiter gestiegen, zugleich geht das Schulversagen am Ende der Schullaufbahn zurück. Die internationalen Leistungsvergleichsstudien bescheinigen trotz leichter Verbesserung der Schülerkompetenzen weiterhin erhebliche Schwächen in der Ergebnisqualität und der sozialen Chancengleichheit des deutschen Schulsystems. Trotz veränderter Schulstrukturen wird das Schulsystem weder der Heterogenität der Schülerschaft hinreichend gerecht noch ist es zeitgemäß hinsichtlich des elterlichen Schulwahlverhaltens. Parallel zur Schulstrukturentwicklung wurden seit Beginn des Jahrtausends etliche Systemveränderungen eingeführt: Festlegung von Bildungsstandards, periodische Lernstandserhebungen und zentrale Prüfungen, Einführung von externer Evaluation oder Schulinspektion und flächenhafter Ausbau von Ganztagsschulen bei zugleich partieller Schulzeitverkürzung im Gymnasialsektor.

Der folgende Beitrag konzentriert und beschränkt sich im Wesentlichen auf schulstrukturelle Fragen im allgemein bildenden Schulsystem, hier auf die Bildungsbeteiligung und den Übergang in die Sekundarstufe, auf die Entwicklung der Schulformen sowie auf Veränderungen der Schulzeit durch Ganztagsbetrieb und betrachtet dabei auch Bildungserfolge und soziale Chancengleichheit im Schulsystem.

1   Bildungsbeteiligung und Grundschulübergang

Deutschland verzeichnet im allgemein bildenden Schulsystem seit Beginn der statistischen Erfassung eine kontinuierlich steigende Bildungsbeteiligung. Dies wird am ehesten ablesbar am Indikator des Besuchs höherer Schulformen mit höherwertigen Abschlusszielen und zeitlich längerer Beschulung, also am Besuch des Gymnasiums sowie von Schulformen mit gymnasialen Standards und vergleichbaren Bildungsgängen (z. B. Gesamtschule). Zugleich wird die Bildungsbeteiligung auch an der Schulzeit ablesbar; hier zeigt der Besuch des Sekundarbereichs II ebenfalls eine höhere Beteiligung an.

1.1   Bildungsbeteiligung als Resultat elterlichen Schulwahlverhaltens

Die Bildungsbeteiligung wird maßgeblich zunächst durch den Grundschulübergang in die Sekundarstufe aufgrund des Schulwahlverhaltens der Eltern als Erziehungsberechtigte bestimmt, zugleich schulseitig aber auch über die Empfehlungen der Grundschulen; weitere Faktoren ergeben sich über den Durchlauf der Schullaufbahn infolge jährlicher Versetzungen/Nichtversetzungen und möglicher Schulformwechsel. Der kontinuierliche Wandel des Schulwahlverhaltens der Eltern gehört zu den stabilsten demographischen Entwicklungen der Nachkriegszeit. Die seit 1952 beobachtbaren Ländervergleiche werden anhand der Relationsquoten, also der Schüleranteile in den 7. Jahrgangsstufen der weiterführenden Schulen vorgenommen; in neuerer Zeit vergleicht man den 8. Jahrgang, weil bis hier bereits fast alle Wechsel in der Sekundarstufe I erfolgt sind. Auf diese Weise werden verzerrende Effekte, die ihre Ursache in den verschiedenen Organisationsformen der Jahrgangsstufe 5/6 haben (u. a. sechsjährige Grundschule in Berlin und Brandenburg); sowie nachfolgende Veränderungen der Schülerzahlen weitgehend ausgeschaltet (Rösner, 2007).

Tabelle 1 veranschaulicht die Entwicklung der Schüleranteile in den verschiedenen Schulformen der Sekundarstufe I im Zeitraum von 1955/56 bis 2015/16 (Rösner, 2007; KMK, 2016).

Bis Mitte der 1980er Jahre lässt sich eine beständige Zunahme der Realschul- und Gymnasialanteile zu Lasten der Volks- bzw. Hauptschule konstatieren. Während sich in der Folgezeit die Abwendung von der Hauptschule nochmals deutlich fortsetzte, wird im Schulwahlverhalten eine steigende Nachfrage bei den anspruchsvolleren weiterführenden Schulformen registriert. Der Hauptschüleranteil hatte sich gegenüber 1955/56 bereits zu Beginn der 1990er Jahre bundesweit mehr als halbiert und schrumpfte ab Mitte der 1990er Jahre sogar bis unter die 25%-Marke (s. Tab. 1), bevor es bis heute zu einem noch dramatischeren Absturz kam; 2015 beträgt der Hauptschulanteil mit 12% weniger als ein Fünftel seines Anteils vor 60 Jahren. Dies hängt freilich auch mit der Neugründung von Schulformen oder einer grundlegenden Umgestaltung der Schullandschaft in den Ländern zusammen. Im Bereich der Realschulen schien mit einem bundesweiten Jahrgangsanteil von etwa einem Viertel aller Schülerinnen und Schüler ab Mitte der 1970er Jahre ein relativ hoher und stabiler Anteil erreicht worden zu sein; seit den 1990er Jahren geht es jedoch sichtbar leicht abwärts. Hinsichtlich des Gymnasiums ist in den letzten 50 Jahren eine starke und anhaltende Expansion zu erkennen. Das Gymnasium hat so längst die Spitzenposition unter den Schulformen erreicht, mit einem starken Anstieg der Schüleranteile in Jahrgang 8 von 14,6% (1955) auf 36,2% (2015), auch wenn eventuell nun vorübergehend eine leichte Stagnation einsetzen mag.

Tab. 1: Schülerinnen und Schüler im 8. Jahrgang in der Bundesrepublik Deutschland im Zeitvergleich (1955/56–2015/16; mit neuen Bundesländern ab 1990/91)

	Schulformanteile in Prozent[1]					
Schuljahr	HS[2]	RS	GY	IGS	SMB[3]	FöS
1955/56	69,5	8,3	14,6	-	-	2,7
1965/66	63,1	15,2	18,0	-	-	3,8
1975/76	43,8	23,0	24,9	3,2	-	5,1
1985/86	36,8	27,9	26,2	4,6	-	4,4
1995/96	24,2	25,7	30,1	8,9	6,7	3,9
2005/06	22,3	25,7	31,0	8,5	6,6	5,3
2013/14	13,9	22,8	36,1	13,0	9,0	4,4
2015/16	12,0	19,8	36,2	15,0	11,8	4,4

1) Ohne Ausweisung Freier Waldorfschulen (prozentual jedoch Anteile von 100% berücksichtigt; in 2015= 0,9%)
2) Bis 1965: Volksschulen
3) Schulen mit mehreren Bildungsgängen in schulrechtlicher Einheit (i. d. R. verbundene oder teilintegrierte nichtgymnasiale Bildungsgänge)
Quelle: KMK, 2015; KMK, 2016; Rösner, 2007

Die ganz aktuelle Entwicklung bei Realschulen und Gymnasien lässt sich auch mit Konkurrenz erklären: Seit Mitte der 1990er Jahre werden auch zunehmend Schülerinnen und Schüler in Schulen mit mehreren Bildungsgängen und in integrierten Systemen versorgt, für beide Schulformtypen stiegen die Anteile spürbar an. Integrierte Gesamtschulen hatten lange Zeit noch vergleichsweise unbedeutende Jahrgangsanteile im Bundesdurchschnitt und erreichen nach einem Anstieg auf ein Zehntel der Schüleranteile in der zweiten Hälfte der 1990er Jahre mittlerweile einen Anteil von mehr als einem Siebtel. Länderspezifisch zeigen sich allerdings starke Differenzen in der Bedeutung der Gesamtschule – vornehmlich als Folge unterschiedlich stark ausgeprägter bildungspolitischer Förderung (Holtappels & Rösner, 1996b). Der in Förderschulen beschulte Schüleranteil ist trotz der aktuellen Inklusionsbestrebungen mit 4,4% noch beachtlich hoch.

Verschiebungen im Schulwahlverhalten der Eltern erweisen sich als bundesweit zu beobachtender stabiler Trend. Unverkennbar gibt es Regionen und Phasen, in denen sich der Wandel verlangsamte oder beschleunigte; niemals jedoch änderte sich die Entwicklungsrichtung (Pfeiffer & Rösner, 2000; Rösner, 2007).

Erklärungen zum Schulwahlverhalten

Die skizzierte Entwicklung des Schulwahlverhaltens nach der Grundschule kann auf verschiedene Ursachen zurückgeführt werden. Hier sind Beobachtungen der Bildungsstatistik und empirische Befunde der Bildungsforschung seit Ende der 1980er Jahre heranzuziehen (IFS-Umfrage bei Holtappels et al., 2004; Holtappels & Rösner, 1996a), die offenbar teilweise aktuell Gültigkeit behalten:

- Berufs- und Arbeitsmarktanforderungen verlangen nach höheren Kompetenzen und Abschlussniveaus, so wird der mittlere Abschluss faktisch zur Mindestnorm, kein oder ein niedriger Schulabschluss birgt das Risiko unzureichender Berufschancen und sozialer Entsicherung für die Kinder.
- Wahrung verschiedener Bildungs- und Berufschancen: Schulwahlentscheidungen werden von Eltern offenbar in der Weise getroffen, dass sie möglichst alle Optionen für anschließende Ausbildungswege offenhalten, von der Handwerkslehre bis zum Studium. Entsprechend wählen Eltern Schulformen, die alle Optionen für verschiedene Bildungsgänge und -abschlüsse in der Schule beinhalten. Diese Haltung der Eltern begünstigt dauerhaft solche Schulen, die unter anderem auch höherwertige Abschlüsse vergeben, vor allem Schularten mit unterschiedlichen Bildungsmöglichkeiten und in Langform (SI + SII).
- Effekte der Bildungsexpansion: Eltern orientieren sich zudem bei der Schulformwahl offenbar auch am *eigenen* Schulabschluss, und zwar in der Form, dass sie für ihre Kinder Abschlüsse anstreben, die mindestens *eine* Stufe über dem eigenen Abschluss liegen, was die in Repräsentativbefragungen periodisch ermittelten Elternwünsche belegen: Die elterlichen Abschlusswünsche für das eigene Kind steigen mit dem eigenen Bildungsgrad. Immer mehr Eltern weisen selbst einen höheren und mindestens einen mittleren Schulabschluss nach und wünschen offenbar für ihr Kind mindestens einen gleichwertigen Schulabschluss.
- Soziale Nähe: Eltern zeigen erhöhte Risikobereitschaft, weil auch im sozialen Umfeld die Bildungsbeteiligung in breiten Bevölkerungsschichten gestiegen ist.
- Bestreben nach förderlichem Lernmilieu: Eltern vermeiden nach Möglichkeit untere Schulformen wegen des dort weniger anregenden oder gar hinderlichen Lernmilieus in problematischen Schülerpopulationen.

Zudem wählen Eltern offensichtlich eher Schulformen, die eine solche Schullaufbahn in der Sekundarstufe ohne Schulwechsel möglich machen. Dementsprechend zeigen die Eltern deutlich höhere Bildungsaspirationen als in früheren Zeiten. Insgesamt gesehen dürfte sich über den Generationswechsel der Prozess der Hinwendung zu anspruchsvolleren Schulformen und -abschlüssen halten, eher noch beschleunigen; denn die künftigen Elterngenerationen werden zu mehr als vier Fünfteln mindestens mittlere Abschlüsse erreichen.

Die Internationale Grundschulleseuntersuchung IGLU (Stubbe, Bos & Euen, 2012, 214 f.) weist für Deutschland insgesamt die über die eigenen Befragungen ermittelten Schullaufbahnpräferenzen von Lehrkräften und von Eltern im Zeitverlauf der IGLU-Wellen aus (s. Tab. 2). Dabei wird zunächst sichtbar, dass die Lehrkräfte die Viertklässler häufiger als von Eltern gewünscht für Hauptschule und Realschule empfehlen und seltener die Gymnasiallaufbahn als die Eltern, die offensichtlich höhere Bildungsaspirationen für ihre Kinder hegen. Weitere Auswertungen (ohne Tab.) zeigen dementsprechend bei der Hauptschule nur 55% und bei Realschule 60% Übereinstimmungen zwischen Lehrkräften und Eltern, beim Gymnasium jedoch 87%.

Aus Tabelle 2 wird zudem ersichtlich, dass sich im Zeitverlauf die Schullaufbahnpräferenzen bei Eltern wie bei Lehrkräften verändern, und zwar bei beiden Gruppen in Richtung anspruchshöherer Bildungsgänge. Dies wirft Fragen auf: Sind die untersuchten Schülerkohorten mit der Zeit fähiger geworden? Waren eigene Lernanstrengungen höher oder war eine verbesserte schulische Förderung wirksam? Oder urteilen Lehrkräfte nachgiebiger bzw. Chancen gewährender? Oder zeigen sich Eltern anspruchsvoller und risikofreudiger? Im Hinblick auf gestiegene Anteile in der Elternschaft mit selbst absolvierten mittleren und höheren Schullaufbahnen und somit höherer Aspiration und besserer Fähigkeit, eigene Kinder zu fördern, scheinen die Anstiege zu höherwertigen Schulformpräferenzen durchaus plausibel. In jedem Fall wird deutlich, dass Übergangsempfehlungen keineswegs stabil bleiben müssen und werden.

Tab. 2:   Schullaufbahnpräferenzen der Lehrkräfte und der Eltern in deutschen Grundschulen, erfasst in der IGLU-Studie 2001, 2006 und 2011

Schullaufbahn-präferenzen	Hauptschule	Realschule	Gymnasium	IGS u. Schule mit mehreren Bildungsgängen
Lehrkräfte				
2001	29,3	35,7	34,9	--
2006	24,8	35,5	39,7	--
2011	21,6	36,6	41,8	--
Eltern				
2001	22,1	29,2	40,8	7,8
2006	14,7	27,0	47,3	11,0
2011	11,9	28,3	45,5	14,3

Quelle: Arnold et al., 2007; Bos, Stubbe & Euen, 2012

Die tatsächlichen Übergänge von der Grundschule in die Schulformen der Sekundarstufe I sehen im Schuljahr 2014/15 wie folgt aus (Autorengruppe Bildungsberichterstattung, 2016, dort Tab. 2–1A): Von den Schülerinnen und Schülern, die im vorhergehenden Jahr die Grundschule besuchten, verteilten sich auf Haupt-

schulen 8,5%, auf Realschulen 18,4%, auf Integrierte Gesamtschulen und Schulen
mit mehreren Bildungsgängen 28,9% und auf Gymnasien 43,0%, zudem 1,2% auf
Orientierungsstufen (nicht in die Statistik einbezogen sind drei Bundesländer mit
Übergang von Jahrgang 6 nach 7 in die SI). Hier deutet sich an, dass sich die bis
2015 in Tabelle 1 gezeigte Bildungsbeteiligung in Jahrgang 8 zukünftig zumindest
stabilisiert, das Gymnasium sogar vermutlich einen größeren Zulauf verzeichnen
wird. Der in der IGLU-Studie (s. oben, Tab. 2) ermittelte Trend der Elternwahl
und der Schullaufbahnpräferenzen der Lehrkräfte bestätigt sich und setzt sich fort
zugunsten des Besuchs anspruchsvollerer Schulformen.

Insgesamt ist festzuhalten: In Deutschland ist die Bildungsbeteiligung Anfang
des 21. Jahrhunderts auf das bislang höchste Niveau gestiegen. Die Bildungswer-
bung der 1960er Jahre, der Ausbau weiterführender Schulen in den 1970er und
1980er Jahren und die Krise des Arbeits- und Ausbildungsmarkts der 1990er Jahre
sowie höhere Anforderungen an formale Berechtigungen haben jedenfalls langfristig das Schulwahlverhalten der Eltern stark nach oben verändert. Entscheidender
Triebfaktor scheinen jedenfalls die Arbeitsmarkt- und Berufsanforderungen im
Hinblick auf formale Qualifikationsanforderungen und inhaltliche Anforderungen
in Fach- und Schlüsselkompetenzen für Schulabgänger zu sein. Die meisten Eltern
haben zunehmend erkannt, dass zur Wahrung attraktiver und zukunftsträchtiger
Berufschancen für ihre Kinder höhere Bildungswege und -abschlüsse erforderlich
sind und in bestimmten Schulformen bessere Chancen bestehen, Optionen zu
wahren und das Bildungsziel zu erreichen.

Diese Entwicklung hat einen kaum mehr aufhaltbaren Trend zu anspruchsvolleren Schullaufbahnen bewirkt, mit der Folge, dass immer mehr Eltern ihre Kinder
in höheren Bildungsgängen unterzubringen suchen. Der Zwang zu hinreichend
verwertbaren Abschlüssen, die unterschiedlich förderlichen Entwicklungsmilieus
der Schulformen und nicht zuletzt die mangelnde Durchlässigkeit der traditionellen Schulformen bewirken bei Eltern ein Schulwahlverhalten nach einfachen For-
meln. Die Hinwendung zu anspruchsvolleren Bildungswegen und die gleichzeitige
Abwendung von der Hauptschule als untere Etage des Regelschulsystems hat eine
Schulstrukturkrise entfacht, die vielerorts mit den lückenhaften Angebotsstruktu-
ren nicht zu bewältigen ist.

1.2   Probleme der Leistungsgerechtigkeit und Begabungsausschöpfung
beim Grundschulübergang

Über die höhere Bildungsbeteiligung erhalten höhere Anteile der Schülerinnen
und Schüler bessere Bildungschancen und erweiterte berufliche Optionen. Zugleich werden Begabungsreserven stärker ausgeschöpft, wobei die Leistungsvergleichsstudien zeigen, dass weitere Leistungspotenziale bestehen, die aber offenbar
durch die Übergangs- und Verlaufsauslese blockiert werden. Dies verweist auf die
Notwendigkeit leistungsgerechterer Übergangsempfehlungen, mutigeren Über-

gangsverhaltens und intensiverer Förderung im Verlauf der Sekundarstufe. Ein Stillstand im Trend zu höherer Bildungsbeteiligung könnte jedoch – angesichts des allgemeinen Schülerzahlrückgangs (Rösner, 2007; Rösner, 2014) – möglicherweise zu Nachwuchsproblemen in mittleren und gehobenen Berufsbereichen führen, weil die nominelle Zahl der Schulabgänger dann für alle Abschlussniveaus zurückginge.

In einigen Bundesländern sind allerdings die Eltern an die Übergangsempfehlung der Grundschule gebunden und können den Übergang in eine höhere Schulform bestenfalls über Probeunterricht erreichen; Ausnahmen werden von einzelnen Schulen gemacht, die Kinder ohne die entsprechende Grundschulempfehlung aufnehmen. Freilich bleibt jedoch auch in den Ländern ohne bindende Grundschulempfehlung die freigestellte Schulformwahl durch die Eltern nicht völlig frei vom Einfluss der Grundschulen, da Eltern sich beraten und auch von der nicht bindenden Empfehlung beeinflussen lassen. Nach der Studie von Ditton (2007) scheinen sich vor allem Eltern mit niedrigerem Sozialstatus eher an die schulische Empfehlung zu halten oder gar darunter zu bleiben, während Eltern mit höherem sozioökonomischem Status eher auf eine höhere Schulform – auch entgegen der Empfehlung – drängen, was weiter unten in Teil 4 näher aufgegriffen wird.

Das Schulsystem sortiert nicht begabungs- und leistungsgerecht

Wer immer auch letztlich die Übergangsentscheidung trifft, so scheint die Sortierung in verschiedene Schulformen der Sekundarstufe zu einem erheblichen Teil bislang vielfach nicht leistungs- und begabungsgerecht auszufallen; dazu lohnt ein Blick in bedeutende Analysen.

Die Internationale Grundschulleseuntersuchung IGLU (s. Bos u. a. 2003, 130 ff.) zeigt für Deutschland, dass Kinder mit denselben Grundschulempfehlungen keineswegs durchgängig ähnliche Schulnoten aufweisen, sondern beispielsweise für eine Gymnasialempfehlung zumindest bis 4 fast alle Noten vorkommen; dies verhält sich auch für IGLU 2011 so, wenngleich die untypischen Differenzen nicht mehr so umfangreich ausfallen (Stubbe, Bos & Euen 2012, 214 f.). Deutsch- und Mathematiknote determinieren zwar am ehesten maßgeblich die Schullaufbahnpräferenz der Lehrkräfte, jedoch passen die Schulnoten häufig erstaunlicherweise nicht zu den Schulformempfehlungen (ebenda, 2012, 241 f.). Das bedeutet, dass nicht alle Kinder entsprechend ihrer zertifizierten Leistung gleich behandelt werden und damit die Leistungsgerechtigkeit verletzt wird. Zugleich erzielen die Schüler/innen zu einem recht hohen Anteil in den Leistungstests Ergebnisse, die gar nicht zu ihren Schulnoten in diesem Fach passen (ebenda, 2012, 216): Sowohl bei hohen Testleistungen als auch bei schwachen kommen alle Notenstufen vor. Solche Differenzen sind im Hinblick auf mündliche Leistungen im Unterricht und das Leistungsgesamtbild durchaus erklärbar, jedoch lassen die insgesamt eklatanten Abweichungen doch Zweifel an einer am Begabungspotenzial orientierten Diagnose aufkommen.

Gravierender jedoch ist, dass Lernende mit ähnlichen ausfallenden Testleistungen ganz unterschiedliche Grundschulempfehlungen erhalten haben (Stubbe, Bos & Euen, 2012, 217): Die Testleistungskurven der Schülerinnen und Schüler bei unterschiedlichen Schullaufbahnpräferenzen der Lehrkräfte überlappen sich erheblich. Zugleich haben die IGLU-Forscher die Schülerinnen und Schüler nach Testleistungen in drei Domänen (Lesen, Mathematik und Naturwissenschaften) in drei Leistungsgruppen zusammengefasst (als Indikator für das Leistungspotenzial der Kinder) und hinsichtlich der Schullaufbahnpräferenzen verglichen: Lernende in der unteren Leistungsgruppe wurden danach keineswegs alle für die Hauptschule empfohlen sondern zu 39% für die Realschule und für das Gymnasium 12%. In der oberen Leistungsgruppe sollten nach Präferenzen der Lehrkräfte zwar 64% im Gymnasium landen, aber 29% in Realschulen und 7% gar nur in der Hauptschule. Für die mittlere Leistungsgruppe waren offenbar alle Übergangsempfehlungen möglich, obwohl hier die Fähigkeiten recht ähnlich ausfielen. Schülerinnen und Schüler mit niedrigen Kompetenzen wurden also in etlichen Fällen auch für gehobene Schulformen empfohlen, jene mit höheren Kompetenzen erhalten nicht selten nur eine Realschul- oder Hauptschulempfehlung, werden also von höherer Bildung abgehalten, obwohl sie nach Kompetenztest – beziehungsweise nach Noten (s. oben) – das Leistungspotenzial dazu aufgewiesen hätten.

Offensichtlich fließen in die Übergangsempfehlung der Grundschule leistungsfremde Faktoren ein, die vermutlich mit der Prognose der Lehrkräfte bezüglich der familialen Lernunterstützung und der Anforderungsbewältigung im weiteren Schulweg zusammen hängen, aber auch aus unzureichender Diagnosekompetenz und der Prognosefähigkeit des Bildungswegs zu einem frühen Zeitpunkt resultieren mögen (vgl. dazu: Van Ophuysen, 2006). Die Analysen von McElvany (2010) zum Erleben der Lehrkräfte im Kontext des Grundschulübergangs zeigten, dass Lehrkräfte die Möglichkeit einer angemessenen Beurteilung der Viertklässler als eher schwierig ansahen und sich durch Zweifel an der Korrektheit der Übergangsempfehlung teilweise belastet fühlten. Dabei wird sichtbar, dass die Wahrnehmung von mehr Entscheidungsspielraum und eine höhere Bedeutung der Übergangsempfehlung zu höherem Belastungserleben führten. Die wahrgenommene Bedeutung und der erlebte Entscheidungsspielraum stellen daher weniger positive Ressourcen dar, eher wird die Situation als Bedrohung und damit belastend erlebt.

Diese bisherigen Befunde verdeutlichen: Die Empfehlungspraxis der Grundschulen beeinträchtigt empfindlich das Gebot der Leistungsgerechtigkeit. Soweit es über Grundschulen mit vergleichbarer Schülerkomposition Unterschiede bezüglich der Verteilung der Lehrkräfteempfehlungen gibt, würde zugleich gegen die grundgesetzlich geforderte Vergleichbarkeit der Lebensbedingungen verstoßen. Das gegliederte System blockiert damit auch die Entfaltung der Lernpotenziale, indem es – möglicherweise basierend auf der Annahme künstlicher und empirisch nicht haltbarer Begabungstypen – zu früh und daher vielfach falsch sortiert und damit bessere Bildungschancen und Kompetenzentwicklungen durch höherwertige Bildungslaufbahnen für beträchtliche Anteile der Schüler/innen vorenthält.

Freilich muss den Lehrkräften in Grundschulen zugutegehalten werden, dass mit der Grundschulempfehlung nicht lediglich eine Diagnose des Lernstandes sondern eine Prognose der zukünftigen Entwicklung und der Schulformpassung verlangt wird. Doch im vierten Schuljahr und im Alter von etwa erst 10 Jahren kann bei Kindern die passende Schullaufbahn und die dynamische Lernentwicklung nie mit ausreichender Sicherheit vorausgesagt werden. Kinder können sich später ganz anders entwickeln. Grundschullehrkräfte sind mit der Prognose demnach auch überfordert. Die Studie von Ditton (2007) in Bayern zeigt aufgrund der Lehrerbefragungen: Von den in Klasse 3 von Lehrkräften beabsichtigten *Übertrittsempfehlungen* erteilen in 74% der Fälle die Lehrkräfte in Klasse 4 für dieselben Schülerinnen und Schüler auch diese Empfehlung. Innerhalb nur eines Schuljahres korrigieren demnach Lehrpersonen in mehr als einem Viertel der Fälle ihre *Übertrittsempfehlung*, die meisten waren jedoch offenbar schon länger festgelegt.

Dabei führen Grundschulübergänge, die entgegen der Empfehlung der Grundschule getroffen werden (ausführlich dazu: Harazd, 2007), durchaus nicht zu Misserfolg: Für das Land Berlin zeigten bereits Cortina & Trommer (2003, S. 365 ff.) über einen Zehnjahreszeitraum (1990–2000) für Schüler/innen, die entgegen der Grundschulempfehlung in einem höheren Bildungsgang aufgenommen wurden, folgende Befunde: Zwei Drittel der empfehlungswidrig in Realschulen (mit HS-Empfehlung) aufgenommenen Schüler/innen konnten am Ende der Probezeit dort verbleiben; in Gymnasien sind es zwischen 15,6% und 36,4% der HS-Empfohlenen und zwischen 74,0% und 83,0% der RS-Empfohlenen. Auch die Hamburger KESS-Studie (Bos, Bonsen & Gröhlich 2009, S. 77) beweist, dass Schülerinnen und Schüler, die in der Grundschule für eine anspruchsniedrigere Schullaufbahn empfohlen wurden, eine hohe Verbleibschance auf der anspruchshöheren Schulform haben. Von den Schülerinnen und Schülern, die trotz einer fehlenden Empfehlung in das Gymnasium gewechselt sind, sind bis zur siebten Klasse rund 70 Prozent auf dieser Schulform verblieben und haben somit zum Ende der Orientierungsstufe die in der Übergangsempfehlung der Grundschule prognostizierte Entwicklung übertroffen.

Anhand sekundäranalytischer Untersuchungen für die Orientierungsstufe in Niedersachsen wies Schuchart (2006) allerdings nach, dass bezüglich des Erreichens des gewünschten Schulabschlusses im ersten Anlauf die empfehlungswidrig in eine höhere Schulform übergegangenen Grundschüler bei weitem nicht so erfolgreich sind wie die für diesen Bildungsgang empfohlenen. Jedoch verbesserten sich im Zeitverlauf die Erfolgsquoten auf 31% der Hauptschulempfohlenen in Realschulen und 35% der Realschulempfohlenen im Gymnasium. Zugleich werden aber beträchtliche Abschlusserfolge für die vorzeitig aus der höheren Schulform abgegangenen Schülerinnen und Schüler der nächst niedrigeren Schulform festgestellt: Hauptschulempfohlene als Absteiger aus RS erreichten am Ende zu 30,4% den RS-Abschluss in der HS, 2,6% sogar den erweiterten SI-Abschluss, Realschulempfohlene Absteiger aus GY erreichten am Ende zu 49,3% den erweiterten SI-Abschluss in der RS.

Rösner und Stubbe (2008, 315) belegen für Nordrhein-Westfalen in ihren Analysen, dass die Wahrscheinlichkeit, nach dem Übergang in ein Gymnasium diesen Bildungsgang bis mindestens Jahrgangsstufe 10 durchlaufen zu können, vom regionalen Schüleraufkommen abhängt und somit entsprechend variiert. „Die übliche Auslesepraxis", so die Autoren, „wird erst dann modifiziert, wenn selbst steigende Übergangsanteile die demografisch bedingten Verluste nicht mehr kompensieren können und diese Entwicklung im Gymnasium auch wahrgenommen wird" (Rösner & Stubbe 2008, 315). Dies bedeutet, dass Lernende, die sonst der Auslese zum Opfer fallen, bei unzureichenden Schülerzahlen doch für eine höherwertige Schulform als geeignet eingestuft werden. Ähnlich könnte ein Anstieg (in absoluten Zahlen) von Übergängern ins Gymnasium interpretiert werden; wenn Schülerinnen und Schüler zur Sicherung des Schulbestands oder der Schulgröße fehlen, gestaltet sich die Leistungs- und Verlaufsauslese als milder, führt damit aber den bisherigen Ausleseprozess ad absurdum; Lernende, die in Zeiten üppigen Schüleraufkommens vom Gymnasium wegen fehlender Eignung verschmäht werden, sind in Zeiten demografisch bedingter Not doch die Aufnahme wert.

Zwischenfazit: Prognosesicherheit ist kaum herstellbar, deshalb sollten Lernentwicklungsdiagnosen und Schulformprognose getrennte Vorgänge sein. Schulformempfehlungen müssen nach validen, zuverlässigen und objektiven Gütekriterien erfolgen (um Begabungs- und Leistungsgerechtigkeit als hohes Gut zu wahren). Zugleich darf die formale Attestierung der Schulformempfehlung nur nach überprüfbaren Leistungskriterien erfolgen, um möglichst begabungs- und leistungsgerecht zu sein (gleicher Lohn für gleiche Leistung); getrennt davon ist durchaus eine davon abweichende pädagogische Beratung der Eltern bezüglich ihrer Schulformwahl bzw. der Wahl einer bestimmten Schule denkbar (z. B. zur Vermeidung von Versagen).

Dass die Sortierung der Schülerinnen und Schüler von deren Leistungspotenzial abweichen kann, hat bereits die erste PISA-Untersuchung eindrucksvoll gezeigt: Die Leistungsbereiche der verschiedenen Schulformen (s. Deutsches PISA-Konsortium 2001) weisen in Deutschland große Überlappungen aus, d. h. die Fähigkeitsverteilungen von leistungsmäßig benachbarten Schulformen reichen jeweils in den Kernbereich der anderen Schulform hinein. Zugleich zeigen sich in Deutschland die Schulen trotzdem als vergleichsweise relativ homogen, haben also in sich eine vergleichsweise geringe Streuung. Die Homogenisierung wird durch Klassenwiederholung und durch Schulformabstieg nochmals verstärkt.

Auch für Schüler/innen im Abschlussjahr der Sekundarstufe II wurde in der TIMS-Studie gezeigt, dass ein beträchtlicher Teil der Lernenden mit Haupt- und Realschulschulabschluss vergleichbare, teilweise sogar bessere Leistungen aufweisen als ein Teil der grundständigen Gymnasiasten (Watermann & Baumert, 2000, S. 204 f.): 41 % der Abgänger mit Realschulabschluss (=FOS-Reife) erreichen in der mathematisch-naturwissenschaftlichen Grundbildung den Kernbestand gymnasialer Leistungen, 22 % sogar die obere Leistungshälfte der Oberstufe.

Schulformen als selektionsbedingte differentielle Entwicklungsmilieus

Die PISA-Studie weist zudem nach, dass in den einzelnen Schulformen in Deutschland deutlich unterschiedliche Problemkonzentrationen bezüglich der Lernprobleme und Fachkompetenzen vorzufinden sind, also sich derartige Unterschiede in den Leistungsniveaus zeigen, so dass einzelne Schulformen faktisch selektionsbedingt differenzielle Lern- und Entwicklungsmilieus herausbilden (Baumert & Schümer, 2001; Baumert, Trautwein & Artelt, 2003), die jeweils relativ homogene Leistungsentwicklungen ermöglichen, aber damit auch Leistungsunterschiede verstärken oder sogar erst bewirken.

Für Nordrhein-Westfalen und Berlin-West zeigte die BIJU-Studie des MPI besonders eindrucksvoll die Kompetenzentwicklung im Längsschnitt, wie sonst kaum eine Studie (Baumert, Stanat & Watermann, 2006, S. 98 ff.): Innerhalb von knapp vier Schuljahren (von Anfang Jahrgang 7 bis Ende Jahrgang 10) entwickeln sich Schülerinnen und Schüler in den vier Schulformen deutlich unterschiedlich bezüglich der Mathematik- und Englischleistungen, trotz gleicher Testleistungen und gleicher kognitiver Fähigkeit zu Beginn. Damit wird belegt, dass die Schulformen differenzielle Entwicklungsmilieus bilden. Somit werden bei einem Teil der in niedrigeren Schulformen eingeschulten Schüler/innen offenbar die Begabungen nicht ausgeschöpft; zugleich werden solche durchaus begabten Schülergruppen trotz gleicher Fähigkeitspotenziale faktisch um Bildungschancen, zumindest aber um Bildungslaufbahnen ohne Umwege, betrogen.

Erklärungshintergründe bestehen a) auf individueller Schülerebene in unterschiedlich großen Lernfortschritten aufgrund des Vorwissens, b) in institutionellen Unterschieden durch verschiedene Stundentafeln, Lehrpläne und Unterrichtskulturen und c) in Kompositionseffekten durch die leistungsmäßige soziale, kulturelle und lernbiografische Schülerzusammensetzung. Dies wird in umfassenden Analysen durch Baumert, Stanat & Watermann (2006) dargelegt, wobei hinsichtlich der Institutions- und Kompositionseffekte Schulform und Fähigkeitsniveau offenbar die höchste Bedeutung haben und die Leistungsentwicklung bestimmen. Köller & Baumert (2001) ermittelten in einer anderen Stichprobe (in Berlin, NRW, Mecklenburg-Vorpommern, Sachsen-Anhalt) Vorwissen und Schulform als stärkste Prädiktoren für Mathematikleistung.

Auch Schümer (2004) weist in der weitergehenden Analyse von PISA-Daten nach, dass die lernbezogene und soziale Schülerkomposition in Schulen in hohem Maße mitentscheidend für Schulleistungen sind: Unter ungünstigen Schülerzusammensetzungen werden als (Teil-)Effekt dieser Kompositionen deutlich

schlechtere Leseleistungen erzielt als in günstigeren Kontexten. Zugleich verdeutlicht ihre Analyse, dass sich ungünstige Schülerkompositionen extrem ungleich auf
die Schulformen verteilen und durchgängig über alle untersuchten Merkmale in
hohem Maße in Hauptschulen konzentrieren (ebenda, 99 ff.). Auch wird hinsichtlich der Schulen mit ungünstigen Konstellationen sichtbar, dass auch beträchtliche
Anteile der Integrierten Gesamtschulen unter ungünstigen Bedingungen arbeiten.
Baumert, Stanat & Watermann (2006, 158 ff.) wiesen besonders für Hauptschulen
ein schwieriges Milieu nach, das vor allem in der Situation der Hauptschule als
„Restschule" (geringe HS-Anteile im Gebiet) zu Buche schlägt, insbesondere auch
bei regional belastendem Umfeld, also ungünstige bevölkerungs- und schulstrukturelle Bedingungen (z.B. hoher Ausländeranteil, Marginalisierung der Hauptschule).

Belegt scheint offenbar: Homogenität in problematisch zusammen gesetzten
Gruppen führt zu noch schwächeren Minderleistungen als aufgrund der Fähig-
keiten allein vorhersagbar wäre und lässt daher Förderung an Grenzen stoßen.
Hauptschulen, aber auch zahlreiche Schulen mit vergleichbarer Komposition sind
längst dort angelangt, wo keine optimalen Lernbedingungen und keine effektive
Förderung der Schülerinnen und Schüler in der Restgruppe unter einem hohen
Anteil an Leistungsschwächsten zu erwarten sind und somit auch die Ausbil-
dungs- und Berufsperspektiven der Abgänger schwach bleiben (ausführlich dazu:
Rösner 2007).

Dass Staaten mit integrierten Schulsystemen und späterer Trennung der Schülerinnen und Schüler in verschieden anspruchsvolle Schulformen im internationalen Leistungsvergleich anhaltend deutlich überwiegend besser abschneiden als
solche mit äußerer und früher Trennung der Lernenden, sei hier nur zusätzlich er-
wähnt. Empirische Befunde hierzulande zeigen, dass bei längerem gemeinsamen
Lernen etwa die gleichen Lernzuwächse möglich scheinen, was in Berlin in der
Element-Studie (Lehmann & Lenkeit, 2008) dann sichtbar wurde, wenn per Matching Ergebnisse sozial vergleichbare Schülergruppen verglichen werden (wie von
Baumert et al., 2009, in einer Reanalyse vorgenommen): Wenn man die sozialen
Herkunftsfaktoren und die Lernausgangslage berücksichtigt, erzielen Lernende
in sechsjährigen Grundschulen den gleichen Kompetenzanstieg wie Lernende in
grundständigen Gymnasien ab Klasse 5 – bei allerdings niedrigerem Gesamtni-
veau als die Gymnasiasten. Dennoch zeigt sich hier durchaus die Leistungsfähigkeit sechsjähriger Grundschulen.

Wie ausgeführt erweisen sich die Schulformentscheidungen nach der Grundschule oft als nicht passend zu den Fähigkeitspotenzialen. Schülerinnen und
Schüler, die im Sekundarbereich I über einen längeren Zeitraum ein verändertes
Leistungsniveau zeigen, können deshalb nachträglich in Bildungsgänge wechseln, die ihrer Leistungsentwicklung besser entsprechen (Schümer et al., 2002).
Amtliche Statistiken über solche Schulformwechsel werden nicht durchgängig
veröffentlicht, sie wurden meist über spezielle Studien analysiert. Bei den von den

15jährigen Schülerinnen und Schülern der PISA-Stichprobe im Jahre 2000 angegebenen Wechseln handelte es sich bei 77% um Abstiege; nur bei 22,2% um Aufstiege (Schümer, Tillmann & Weiß, 2002). Bellenberg (2012) zeigt in einer fundierten und umfangreichen Studie: Von rund 98.500 Betroffenen im Schuljahr 2010/11 steigen 58% in eine niedrigere Schulform ab, 27% erreichen den Aufstieg, 14% steigen auf vergleichbarem Schulformniveau um. Die Schulformwechsel in der Sekundarstufe I innerhalb eines Schuljahres betreffen in aller Regel eine Quote von 1,3% bis 6,1% aller Schülerinnen und Schüler (bei deutlichen Länderunterschieden, auch im Verhältnis von Ab- und Aufstieg). Die Wechsel hinsichtlich der Auf- und Abwärtsmobilität belegen eindeutig, dass sich in Deutschland ein Wechsel der Schulform in fast allen Ländern überwiegend in Form von Abstiegen vollzieht (außer in Bayern, wo jedoch Aufstiege teils mit Klassenwiederholung erkauft sind). Die Schulformwechsel als Abstieg belegen, dass hier eine weitere Stufe der Leistungsselektion greift, die zudem die „passgenaue" Zuweisung der Grundschulübergänger/innen in verschiedene Schulformen zusätzlich infrage stellt.

2 Entwicklung der Schulformen: Tendenzen zur Zweigliedrigkeit und zu Schulen gemeinsamen Lernens

Das Schulangebot im Regelsystem der Sekundarstufe I bestand über Jahrzehnte traditionell im Wesentlichen aus den drei Schulformen Hauptschule, Realschule und Gymnasium, arrondiert durch Varianten sowie durch die Integrierte Gesamtschule in den meisten Bundesländern. Bevor auf das Schulwahlverhalten genauer eingegangen wird, soll im Folgenden vor dem Hintergrund demografischer Bedingungen zunächst die quantitative und qualitative Entwicklung der einzelnen Schulformen im Zeitverlauf und für die heutige Situation analysiert werden.

Die Schülerzahl an allgemeinbildenden Schulen ist allein von 2009 bis 2013 um rund 500.000 und die Einschulungen sind um 37.000 zurückgegangen (BMBF, 2015), so dass weniger Kinder für die Verteilung auf Schulen und verschiedene Schulformen zur Verfügung stehen. Zugleich setzt sich der Wandel des Schulwahlverhaltens mit dem Trend zu höherer Bildungsbeteiligung und zur Wahl anspruchsvollerer Schulformen fort. Das Zusammenwirken von demographischen Entwicklungen und der Schulformwahl nach der Grundschule führt im allgemeinbildenden Schulwesen zu unterschiedlichen Effekten für die einzelnen Schulformen der Sekundarstufe (s. KMK, 2016): Beobachtet man zehn Jahre von 2006 bis 2015, so wurden in den allgemeinbildenden Schulformen 2015 rund 942.000 Lernende weniger beschult als 2006. In der Primarstufe trat eine Minderung der Schülerzahl um 12% und in der Sekundarstufe I um 14% ein; in der SI traf dabei jedoch die Realschulen der Schülerverlust zu 31%, die Gymnasien lediglich zu 16%, während Schulen des gemeinsamen Lernens beträchtliche Zugewinne verzeichnen, auch weil hier neue Schulen errichtet worden sind. Die Hauptschule verlor mit 51% mehr als die Hälfte der Schülerschaft. Der demografische Wandel trifft mit dem Absinken der Schülerzahlen die einzelnen Schulformen also mit unterschiedlicher Wucht, was auf den zweiten Einflussfaktor, das elterliche Schulwahlverhalten zurückzuführen ist.

Diese Entwicklung führte zur Existenzkrise – und letztlich auch regional zum Absterben – bei der Hauptschule; dies blieb aber nicht ohne Auswirkungen auf die anderen traditionellen Sekundarschulformen. Denn mit dem gewandelten Schulwahlverhalten hat sich auch die soziale und leistungsmäßige Zusammensetzung der Schülerschaft in allen Schulformen der Sekundarstufe verändert, was nicht ohne Auswirkungen auf die Entwicklungsperspektiven einzelner Schulformen bleibt. Genau genommen hatte schon seit Ende der 1980er Jahre bei der Hauptschule der drastische Rückgang der Schülerzahlen in Kombination mit der Abwendung der Eltern von der Hauptschule vielerorts zu erheblichen Schulbestandsgefährdungen geführt. In Bundesländern ohne verbindliche Regelungen für Mindest-Schulgrößen entwickelte sich die Hauptschule in dünner besiedelten Regionen nicht selten zur Zwergschule mit der Folge eines pädagogischen Attraktivitätsverlustes (Rösner, 2007). Der Schülerzahlrückgang in den Hauptschulen vollzog sich allerdings in der Richtung überall gleich, in der Geschwindigkeit verlief der Prozess in traditionellen Universitätsstädten und Großstädten mit ausgeprägtem Verwaltungs- und Dienstleistungsanteil rascher; zudem scheint gesichert, dass in Regionen mit Gesamtschulangebot vor allem den Hauptschulen die Schülerzahlen wegbrechen (Rösner 2007). Gleichwohl vollzieht sich aber auch in Ländern bzw. Regionen ohne Gesamtschulangebot ein anhaltender Abwärtstrend im Hauptschulsektor. Umkehrbar scheint der Trend zu mittleren und höheren Schulen insgesamt nicht, bestenfalls tritt befristet ein Stillstand ein, denn zu stark sind die Kräfte der beruflichen Verwertungschancen. Hinzu kommt eine Dynamik: Entsteht bei Eltern der Eindruck, die Hauptschule sei eine instabile Restschule geworden, deren Bestand auf Dauer nicht gesichert ist, dann ergibt sich daraus ein sich selbst beschleunigender Abwanderungseffekt.

Mit quantitativen Veränderungen in Bezug auf Schulstandorte und Schulgrößen gehen mit qualitativen einher: Mit dem Rückgang der Hauptschulanteile sinkt auch die pädagogische Attraktivität von Hauptschulen, denn die Palette an Wahlangeboten und die Breite des Lehrkörpers schmilzt mit der Schulgröße und die vollständige personelle Abdeckung des gesamten Fächerkanons wird insbesondere in einzügigen Kleinsystemen zum Problem. Vor allem aber weist die Hauptschule mit den geringer werdenden Schüleranteilen vielfach auch eine problematische Schülerzusammensetzung auf, die mit Lern- und Sozialverhaltensproblemen und hohem Ausländeranteil behaftet ist. Da der Öffentlichkeit dieser problematische Konzentrationsprozess nicht verborgen blieb, sorgte das Stigma der „Restschule" rasch dafür, dass Eltern die Hauptschule verstärkt mieden.

Die Realschule verzeichnet lange Zeit Stabilität, ist jedoch längst an die Grenze ihrer Expansion gelangt. Starke Traditionen hat sie mit ihren Absolvent/innen insbesondere für Berufsausbildungen im Dienstleistungssektor, aber ihre ehemals berufspropädeutische Funktion könnte aufgrund gestiegener beruflicher Anforderungen und veränderter Berufszugangschancen schrumpfen, weil vielerorts Gymnasiasten den Absolvent/innen mit mittlerem Abschluss in der Konkurrenz um Ausbildungsplätze den Rang streitig machen (Rösner, 2007). Hohe Bedeutung hat die Realschule noch dort, wo sie „Ersatzfunktionen" für lückenhafte Gymnasial- und Gesamtschulangebote in dünnbesiedelten Regionen übernimmt. Was die Realschule aber insgesamt auf der einen Seite an quantitativen Zugewinnen aus dem früheren Schülerpotenzial der Hauptschule verbuchte, verlor sie stetig auf der anderen Seite als neues Teilpotenzial des Gymnasiums. Die quantitativen Veränderungen in den Schüleranteilen haben zugleich eine qualitative Dimension: Bei wachsender Attraktivität des Gymnasiums und gleichzeitig nachlassender Anziehungskraft der Hauptschule sind Auswirkungen auf die Schülerzusammensetzung der Schulform „dazwischen" unabwendbar. Die Fluchtbewegungen, die Eltern die Hauptschule meiden lässt, führen der Realschule zu einem beträchtlichen Teil Lernende zu, die unter früheren Bedingungen die Hauptschule besucht hätten, während sich zugleich ein Teil der mit ihrem ehemaligem Potenzial vergleichbaren Schülerinnen und Schüler heute im Gymnasium befindet. Konsequenzen für die Differenzierung im Lernbereich und die erzieherische Arbeit werden unausweichlich.

Auch für das Gymnasium bleibt der Schulwahltrend qualitativ nicht ohne Folgen. Zwar können die steigenden Schüleranteile als wachsender Zuspruch der Eltern für die Bildungsorientierung und die Pädagogik dieser Schulform gedeutet werden. Die wachsenden Schülerströme verändern allerdings auch die leistungsmäßige und soziale Zusammensetzung der Schülerschaft: Das Gymnasium hat sich somit vielerorts gewandelt, von einer Schulform für die Leistungselite mit Orientierung auf Studienpropädeutik zu einer polyvalenten Schule für breite Schichten und einer erweiterten Verwertung des Gymnasialbesuchs und seiner Abschlüsse. Seit geraumer Zeit bildet offenbar nicht nur das Ziel eines Studiums das allein entscheidende Motiv für die Wahl des Gymnasiums, vielmehr scheint der Gymnasialbesuch die Wahrung verschiedener Optionen zu garantieren, was eingeschränkt aber auch für andere Schulformen mit allen Abschlussmöglichkeiten (z. B. Gesamtschule) gilt. Es wird also vielfach eine Schulwahl für „alle Fälle" getroffen: für den Zugang zum Studium und zu attraktiven Ausbildungsberufen.

Wie könnte die weitere Entwicklung aussehen? Eine Bremse im Zulauf zum Gymnasium könnte sich durch die zeitlich verschärften Anforderungen der achtjährigen Gymnasialzeit ergeben; zu erwarten wäre eventuell eine Verschärfung der Verlaufsauslese sowie Ausdifferenzierungen unter den Gymnasien in Form von wettbewerbsmäßigen Profilbildungen oder elitären Absetzbewegungen (z. B. als Privatschule). Die demografische Entwicklung deutet aber durch niedrigere absolute Zahlen an Übergängen aus der Primar- in die Sekundarstufe darauf hin, dass die einzelnen Gymnasien eher zu einer milderen Auslesepraxis bei Aufnahme und auch im Verlauf tendieren müssen, um ihren Bestand bzw. ihre Größe zu sichern. Insgesamt gesehen scheint insbesondere in Regionen, in denen rund die Hälfte der Schüleranteile oder gar mehr auf die Gymnasien entfallen, die Entwicklung zur Massenschule kaum aufhaltbar. Auch im Gymnasium könnte daher – als Anpassungsleistung an die gewandelten Bedingungen – Leistungsdifferenzierung und intensivere pädagogische Zuwendung zu der neuen Klientel der Preis für den wachsenden Zuspruch sein. Hillebrand (2014) weist in ihrer Studie empirisch nach, dass nicht nur Schülerleistungen und -motivation für den Drop-out in Gymnasien ausschlaggebend sind, sondern strukturelle Bedingungen, schulische Faktoren, Überzeugungen der Lehrkräfte und Interessen der Institution Schule Einfluss auf die Selektion nehmen.

In weiten Teilen Deutschlands bestehen regionale Disparitäten nicht nur fort sondern haben sich vielerorts verschärft (Hillebrand, 2014). Zahlreiche dünner besiedelte ländliche Bereiche, aber auch manche Stadtrandzonen weisen kein komplettes Schulangebot von Bildungsgängen und -abschlüssen der Sekundarstufe auf. Das lokal vorhandene Schulangebot entspricht dabei auch vielerorts nicht der lokalen Schulformnachfrage der Eltern; außerdem droht manchen Regionen aufgrund von Hauptschulschließungen auch der Verlust des Basisbildungsgangs. In Ostdeutschland hat zudem der dramatische Geburtenrückgang seit Ende der 1980er Jahre eine wohnortnahe Schulversorgung in weiten Teilen dieser Länder aufgrund von Standortverlusten gefährdet (Budde & Klemm, 1992); die Entstehung kleiner Grundschulen hat allerdings eine innovative Komponente hinsichtlich jahrgangsübergreifender Lernansätze. Weite Schulwege, hoher Pendelverkehr und wachsende Schülertransportkosten auf der einen und Beeinträchtigungen für den Besuch höherer Bildungsgänge auf der anderen Seite bedeuten regional ungleiche Bildungsmöglichkeiten. All diese Verwerfungen haben kommunale Schulträger dazu veranlasst, Umstrukturierungen in Richtung integrierter oder kooperativer Systeme in Betracht zu ziehen, was jedoch in einigen Bundesländern lange Zeit aufgrund schulpolitischer und schulrechtlicher Hemmnisse nicht möglich war.

Im Verlauf der letzten zehn Jahre veränderte sich die Schulformlandschaft deutlicher denn je: Die reine Dreigliedrigkeit existiert heute nur noch in Bayern. Vor allem seit 2007 (vereinzelt bereits seit 2002) wurden in nahezu allen westdeutschen Bundesländern neue Schulformen – teilweise als Ersatz für bestehende, teilweise auch arrondierend – gegründet (KMK, 2016): Gemeinsam ist diesen Neugründungen, dass es sich um Schulformen handelt, die einerseits neben dem bzw. unterhalb des Gymnasiums angesiedelt sind und zudem das Gymnasium als eigene Schulform selbst nicht antasten, andererseits entweder mehrere Bildungsgänge umfassen oder zusammenführen. In drei der fünf ostdeutschen Bundesländer wurden solche nicht-gymnasiale Schulformen mit mehreren Bildungsgängen bereits von Beginn an gegründet (Holtappels & Rösner, 1994): die Mittelschule in Sachsen, die Sekundarschule in Sachsen-Anhalt und die Regelschule in Thüringen.

Auffallend bei den neueren Entwicklungen ist, dass in einzelnen Bundesländern dieselben oder ähnliche Bezeichnungen für organisationsstrukturell unterschiedliche Schulformen verwendet werden (z. B. Sekundarschule in Berlin und
in Sachsen-Anhalt), zum anderen organisationsstrukturell vergleichbare Schulformen unterschiedliche Namen (Stadtteilschule in Hamburg, Oberschule in Brandenburg) erhielten. Allerdings ist unübersehbar, dass sich einerseits eine Entwicklung mit Tendenz zur Zweigliedrigkeit aus Gymnasium und anderen Schulformen
abzeichnet – wenngleich als Systeme mit strukturellen Unterschieden (siehe auch
Tillmann 2013): a) Viergliedrigkeit (BW, HE, NI, NRW), b) Dreigliedrigkeit (BY),
c) Zweigliedrigkeit mit drei Schulformen (MV, RP, ST, TH) d) Zweigliedrigkeit mit
zwei Schulformen (BB, BE, HB, HH, SL, SH, SN), wobei in BB, BE, HB, HH und
SH die Schulform neben dem Gymnasium strukturell weitgehend gleichberechtigt
ist (Elternwahl und keine Leistungsselektion), was in anderen Ländern nur zum
Teil (z. B. für Integrierte Gesamtschulen) gilt. Andererseits wurden neben dem
Gymnasium Schulformen geschaffen, die als „Schulen des gemeinsamen Lernens"
anzusehen sind, teilweise ohne Einbezug gymnasialer Standards (z. B. im Saarland
und in Baden-Württemberg), teilweise aber auch mit gymnasialen Standards und
dem Bildungsweg zum Abitur: Gemeinschaftsschule (Schleswig-Holstein), Sekundarschule (Berlin), Oberschule (Bremen), Stadtteilschule (Hamburg). Trotz
Tendenz zur Zweigliedrigkeit hat insgesamt die Heterogenität der Systeme der
16 Bundesländer – und damit auch die Unübersichtlichkeit und mangelnde Vergleichbarkeit – zugenommen.

Die erkennbare Zweigliedrigkeitsstruktur (s. auch Tillmann bzw. Maaz et al.
in diesem Band) kann in zentralen Merkmalen also Varianten annehmen (Tillmann, 2013): 1) Integrierte Beschulung oder Trennung nach Bildungsgängen, 2)
neben dem Gymnasium ein zusätzlicher Bildungsweg und Zugang zum Abitur
mit eigener Oberstufe, 3) leistungsbezogene Schulformempfehlung durch die
Grundschule oder freie Wahl der Eltern, 4) pädagogische und organisatorische
Stärkung der Schulform neben dem Gymnasium. Die schulrechtlichen Einheiten
aus nicht-gymnasialen Bildungsgängen, die strukturell unterhalb des Gymnasiums verortet sind, werden zumeist aber faktisch als kombinierte Hauptschul- und
Realschulbildungsgänge – schulintern getrennt, teil- oder vollintegriert – geführt
(Rösner, 2007). Die Motive ihrer Einführung liegen vornehmlich entweder darin, ein isoliertes Hauptschulangebot und damit womöglich eine problematische
„Restschule" zu vermeiden, oder lokal ein möglichst vollständiges und damit eini-
germaßen attraktives Schulformangebot zu unterbreiten. Hier stellt sich die Frage,
ob die Strukturveränderungen tatsächlich Ausdruck von Reformwillen oder eher
als bloße Modernisierung und Anpassung an die Erfordernisse zu interpretieren
sind.

In den meisten Bundesländern verlor die Schulreformbewegung in den 1980er
Jahren nachhaltig an Dynamik (Holtappels & Rösner, 1996a). Dennoch setzte im
Zuge der Überführung der Integrierten Gesamtschulen aus dem Versuchs- in den

Regelschulstatus vielerorts (Beispiel: 1981 in Nordrhein-Westfalen) eine spürbare Expansion der Gesamtschulgründungen ein. Dies geschah vor allem in solchen Regionen, in denen bislang die vorhandenen (Versuchs)-Gesamtschulen in starkem Maße Übergängerinnen und Übergänger kapazitativ ablehnen mussten. So steigerte sich bis in die 1990er Jahre die Zahl der integrierten Gesamtschulen nicht nur in Nordrhein-Westfalen sondern auch mit spürbaren Zuwachsquoten in Schleswig-Holstein, Niedersachsen und Rheinland-Pfalz sowie in Berlin, Hamburg und Bremen.

Nirgendwo aber wurden Schulen des gemeinsamen Lernens gemäß der ursprünglichen Zielsetzung der Gesamtschule in einer größeren Fläche die ersetzende Schulform. In den weitaus meisten Regionen wurden sie ergänzende vierte Schulform in einer konkurrenzhaften Marktsituation mit traditionellen Schulformen, in neuerer Zeit meist eine von zwei oder drei Schulformen in der Sekundarstufe. Auch in Regionen, in denen flächenhaft eine hohe Zahl von Gesamtschulgründungen vorzufinden ist (z. B. im Ruhrgebiet, im Landkreis Kassel, im Kreis Herford) und zum Teil Haupt- und Realschulen ersetzten, wurden integrierte Schulformen fast immer nur ergänzende Schulart, bestenfalls allein neben dem Gymnasium. Lediglich in einer Reihe kleinerer Gemeinden und Städte im ländlichen Raum wurden sie zur alleinigen Schulform und hatte damit hohe Bedeutung für die lokale Schulversorgung, weil mit ihrer Gründung eine Komplettierung des Bildungsangebots verbunden war; dies schließt aber freilich die gemeindeübergreifende Schulformkonkurrenz nicht aus (zu den praktischen Effekten der direkten Konkurrenzsituation s. Holtappels & Rösner, 1996b).

Verbundsysteme in Form von kooperativen Schulen mit sämtlichen drei traditionellen Schulzweigen (Holtappels & Rösner, 1994) partizipierten zunächst kaum an der Welle von Neugründungen. Anders verhielt es sich mit Verbundsystemen unter Ausschluss des Gymnasiums. Neben Hessen hatte Hamburg langjährige Erfahrungen mit dem schulrechtlichen Zusammenschluss von Haupt- und Realschule vorzuweisen; auch in Hessen und Niedersachsen gab es Verbundsysteme, während in anderen Flächenstaaten solche Modelle lange Zeit nicht ernsthaft zur Diskussion standen. Nach der deutsch-deutschen Vereinigung entschieden sich die neuen Länder in Folge des Hauptschulverfalls dazu, eigene Schulformmodelle – jenseits einer selbstständigen Hauptschule und „unterhalb" des Gymnasiums – ins Leben zu rufen. Wenig später erfuhr die Diskussion um Verbundmodelle auch in westlichen Ländern Auftrieb. In der Folgezeit entstanden seit den 1990er Jahren sukzessive in fast allen Bundesländern neue Schulformen, die in kooperativer oder in integrierter Form mehrere Bildungsgänge umfassen (s. oben; Tillmann, 2013).

3   Bildungserfolge

In den letzten Jahren wird die Aufmerksamkeit verstärkt auf die Resultate schulischer Bildung gerichtet. Die *Kompetenzen*, die Schülerinnen und Schüler während ihrer Vollschulpflichtzeit in ausgewählten Fachbereichen erwerben, rücken ebenso in den Mittelpunkt der Betrachtung wie die von ihnen erreichten *Schulabschlüsse*.

3.1 Kompetenzen der Schülerinnen und Schüler

Seit Beginn der 2000er Jahre haben internationale Schulleistungsvergleichsstudien, insbesondere die Ergebnisse der PISA-Studie (Programme for International Student Assessment) der OECD (Organization for Economic Co-operation and Development) und der PIRLS-Untersuchung (Progress in International Reading Literacy Study), in Deutschland IGLU (Internationale Grundschul-Lese-Untersuchung), und Trends in Mathematics and Science Study (TIMSS) der IEA (International Association for the Evaluation of Educational Achievement) in periodischen Abständen Befunde über fachliche Kompetenzen für die zehnte bzw. vierte Jahrgangsstufe ausgebreitet. Diese Ergebnisse sollen hier nur kurz in zentralen Aspekten aufgerufen werden (vgl. auch: Dedering & Holtappels, 2017).

In den Befunden der internationalen Grundschulstudien (PIRLS/IGLU und TIMSS) fällt auf, dass die Leistungen der Schülerinnen und Schüler der vierten Jahrgangsstufe im internationalen Vergleich durchgängig etwas besser ausfallen, als die Ergebnisse im Sekundarbereich (Bos et al., 2003; Bos et al., 2007; Bos et al., 2008; Bos et al., 2012a, 2012b): Deutsche Grundschulkinder befanden sich zuletzt (IGLU und TIMSS 2011) mit ihren Kompetenzen im internationalen Vergleich im oberen Drittel und mit 541 Punkten im Leseverständnis (Bos et al., 2012a), mit 528 in Mathematik und mit 528 Punkten in Naturwissenschaften (Bos et al., 2012b) leicht über dem OECD-Durchschnitt. Trotz der Heterogenität der Schülerschaft in der Primarstufe ist die Leistungsstreuung im internationalen Vergleich nicht so groß wie in zahlreichen anderen Staaten; somit sind die Differenzen zwischen den stärksten und schwächsten Kindern nicht so gravierend, wie es teilweise im Sekundarbereich der Fall war. In IGLU 2011 (Bos et al., 2012a) liegen im Leseverständnis 15,4% der Kinder unter Kompetenzstufe III, nur 9,5% auf der höchsten Stufe V; in TIMSS 2015 erreichen 3,7% in Mathematik und 4,0% in Naturwissenschaften nicht Kompetenzstufe II, 5,3% bzw. 7,6% erreichen die höchste Stufe V (Wendt et al., 2016). Im Zeitverlauf fallen die durchschnittlichen Kompetenzen der Schülerinnen und Schüler und deren Verteilung auf die unterschiedlichen Kompetenzstufen (bei IGLU bzw. TIMSS 2011 im Vergleich zu IGLU 2001 bzw. TIMSS 2007) recht ähnlich aus (Bos et al. 2012a und 2012b). In TIMSS 2015 (Wendt et al., 2016, 111 und 166) wird erneut sichtbar, dass Deutschlands Grundschulen für Mathematik (niedrigere Leistungswerte als vorher) und Naturwissenschaften (etwa gleichbleibend) auf der Stelle treten.

Im Sekundarbereich lagen die fachlichen Kompetenzen der deutschen Schülerinnen und Schüler international zunächst nur im Mittelfeld, weit hinter den jeweiligen OECD-Spitzenländern zurück und unter dem OECD-Durchschnitt (Baumert et al. 2001). Die Kompetenzen konnten im Bereich von Leseverständnis,

Mathematik und Naturwissenschaften über die inzwischen sechs PISA-Wellen hinweg (zum Teil substanziell) verbessert werden. In Lesen und Mathematik lagen deutsche Schülerinnen und Schüler 2012 erstmals über dem OECD-Durchschnitt, in Naturwissenschaften bereits seit 2006 (Prenzel et al. 2013). Die Streubreiten der Kompetenzen in den drei Domänen waren in den ersten PISA-Studien im Vergleich zu den anderen OECD-Staaten sehr groß, seit 2012 liegen sie im Bereich des OECD-Mittelwertes (ebenda, 2013).

PISA 2015 fasst beim Vergleich der Schulformergebnisse erstmals die nicht-gymnasialen Bildungsgänge zusammen, weil Unterschiede der Schulformen jenseits des Gymnasiums nicht mehr sinnvoll interpretierbar seien. Die PISA-Befunde (Hammer et al., 2016, 237) zeigen hinsichtlich der Bildungsbeteiligung für 33% der Fünfzehnjährigen den Gymnasialbesuch und für 62% den Besuch nicht-gymnasialer Bildungsgänge.

Bezogen auf Mathematik (Hammer et al., 2016, 229 ff.) erzielen die Lernenden hierzulande bei PISA 2015 mit 506 Punkten (= P.) erneut eine gegenüber dem OECD-Mittelwert überdurchschnittlich hohe mathematische Kompetenz. Im Vergleich der PISA-Kohorten wird für 2015 ein Absinken des Kompetenzniveaus insgesamt festgestellt (fünf Prozentpunkte weniger an Lernstarken), auch im Gymnasium (Hammer et al., 2016, 243). Die Leistungsstreuung, also der Kompetenzunterschied zwischen den 5 Prozent schwächsten und 5 Prozent der stärksten Schülerinnen und Schülern, entspricht in Deutschland genau dem OECD-Durchschnitt. Im Kohortenvergleich der PISA-Erhebungen ist die Leistungsverteilung der Fünfzehnjährigen inzwischen homogener und der Unterschied der mathematischen Kompetenz zwischen leistungsschwachen und leistungsstarken Schülerinnen und Schülern geringer geworden (ebenda, 242). Lernende im Gymnasium erreichen durchschnittlich 573 P. in Mathematik, der Mittelwert aller nicht gymnasialen Schularten liegt mit 476 P. deutlich darunter. Nur 4% der Lernenden in den nicht-gymnasialen Bildungsgängen erreichen in Mathematik die Kompetenzstufen V und VI, aber 23% bleiben unter Kompetenzstufe 2, in Gymnasien sind 31% auf hohem, 2% auf niedrigem Kompetenzniveau (ebenda, 236 ff.).

In Naturwissenschaften (Schiepe-Tiska et al., 2016, 71 ff.) erreichen in PISA 2015 die deutschen Fünfzehnjährigen 509 Testpunkte und liegen deutlich über dem OECD-Durchschnitt, aber die Streuung fällt recht hoch aus, zudem ist das Ergebnis schwächer als noch 2006. Die Differenzen zwischen den Schulformen fallen hoch aus (ebenda, 85 ff.): Schülerinnen und Schüler am Gymnasium weisen im Mittel 585 P. auf, während der Mittelwert der nicht gymnasialen Schularten auf 476 P. kommt, bei zudem größerer Streuung. 23% der Lernenden in nicht-gymnasialen Schularten liegen unter Kompetenzstufe II, im Gymnasium nur 1%, die Kompetenzstufen V und VI werden dagegen im Gymnasium von 39% erreicht, jenseits des Gymnasiums nur von 3%.

Die Lesekompetenz (Weis et al., 2016, 263 ff.) liegt in Deutschland mit 509 P. über dem OECD-Durchschnitt. Die Leistungsstreuung liegt mit 100 P. Abstand in Deutschland etwas über dem OECD-Durchschnitt (96 P.). Mit 16% liegen hierzulande weniger Jugendliche unter Kompetenzstufe 2, und mit 12% mehr Jugendliche auf Kompetenzstufe V und VI als im OECD-Durchschnitt (ebenda, 268 f.). Differenzen zwischen den Schulformen zeigen (ebenda, 270 ff.): Lernende in nicht-gymnasialen Schulformen erlangen lediglich 478 P. durchschnittlich, in Gymnasien sind es 583 P. bei zudem geringerer Streuung. Und in nicht-gymnasialen Bildungsgängen liegen 21% der Fünfzehnjährigen unter Kompetenzstufe 2 und nur 4% auf Kompetenzniveau V und VI, in Gymnasien sind es nur 1% schwache und immerhin 28% starke Schülerinnen und Schüler; insgesamt zeigt sich eine Verbesserung gegenüber PISA 2009.

Damit deutet sich – im Sinne differenzieller Lernentwicklungsmilieus der Schulformen – an, dass Schülerinnen und Schüler, die nicht im Gymnasium landen, im Alter von rund Fünfzehn Jahren deutlich gegenüber den Gymnasiasten zurückliegen. Auch wenn für die Kompetenzentwicklung in Schulformen genauere Längsschnittstudien erforderlich wären, so wird hier zumindest die These genährt, dass auch neue teilintegrative bzw. kooperative Schulformen jenseits des Gymnasiums bislang nicht das Lernentwicklungsmilieu bieten, das durch anspruchsvolleres Curriculum und eine höhere Fachkompetenz in der Gruppenkomposition in Gymnasien erlangt werden kann.

Die Gruppen der Lernenden auf unteren Kompetenzstufen (=Risikogruppen) sind im Laufe der Zeit allerdings kleiner geworden sind, weil hier offenbar durch Förderung und entsprechende Unterrichtskonzepte sichtbare Leistungsverbesserungen erreicht worden sind. Die Verbesserungen hängen allerdings auch mit einer veränderten Schülerkomposition zusammen: 15-jährige besuchen häufiger als früher bereits die 10. Jahrgangsstufe als im Jahr 2000, und Lernende mit Migrationshintergrund sprechen in ihren Familien mit höheren Anteilen die Unterrichtssprache Deutsch, auch ist die Bildungsbeteiligung durch Gymnasialbesuch gestiegen (Ehmke, Klieme & Stanat, 2013).

3.2   Schulabschlüsse

Mit Blick auf die Schulabschlüsse wird dabei sichtbar, dass im Laufe der Zeit sukzessiv mehr Schülerinnen und Schüler Bildungserfolge, im Sinne eines im Vergleich zu früher höherwertigen Abschlusses nach erfolgreichem Durchlauf der Schule, erreicht haben. Betrachtet man die Schulabgängerinnen und -abgänger nach der Art des Abschlusses (wobei hier jeweils die gleichaltrige Bevölkerung als Bezugsgröße gilt), so wird deutlich (s. Tab. 3), dass sich der Anteil des mittleren Abschlusses (Realschul- oder entsprechender Abschluss) an der Altersgruppe seit 1960 sehr rasch stark vergrößerte, sich bereits im Jahr 2000 etwa auf gut das Dreifache erhöht hat und 2013 einen vorläufigen Höchststand von fast 60 Prozent erreicht. Der Anteil der Hochschulreife (Allgemeine Hochschulreife und Fachhochschulreife) hat sich im selben Zeitraum sogar um das Neunfache gesteigert und

übertraf 2010 erstmals die 50-Prozentmarke; die Entwicklung führte allerdings
erst in den letzten Jahrzehnten deutlich nach oben, denn noch 1990 erreichte nicht
einmal ein Drittel der Altersgruppe die Hochschulreife. Hier sind die gewachsenen
Anteile der Fachhochschulreife beachtlich, wobei dieser Abschluss vornehmlich
im berufsbildenden Sektor erworben wird, der auch beim Abitur (über 6%) und
beim mittleren Abschluss (über 12%) bis 2013 eine nennenswerte Rolle spielt. Zahlreiche Schulabgängerinnen und -abgänger erwerben damit mittlere und höhere
Abschlüsse über den berufsbildenden Weg bzw. holen auf ihm auch weitere Zerti-
fikate nach (BMBF, 2005).

Tab. 3:   Schulabsolvent/innen und Schulabgänger nach Art des Abschlusses in der
          gleichaltrigen Bevölkerung in der Bundesrepublik Deutschland im Zeitvergleich
          1960–2014 (bis 1990 früheres Bundesgebiet einschl. West-Berlin, ab 1991 mit
          neuen Bundesländern)

	Anteile in Prozent				
Schuljahr	Ohne HS-Abschluss[1,5]	HS-Abschluss[2]	Mittlerer Abschluss[3]	FH-Reife[4,5]	Abitur[4,5]
1960	14,8	46,0	15,1	-	5,7
1970	17,6	43,8	25,2	0,5	10,6
1980	10,5	37,1	40,6	5,3	16,9
1990	8,5	31,7	42,0	8,6	22,9
2000	9,6	26,4	47,8	9,6	27,6
2010	6,5	22,3	53,3	15,1	33,4
2013	5,7	18,6	59,9	11,8	39,8
2014	5,8	18,1	57,5	11,8	41,0

1) Bis 2009 in Prozent des Durchschnittsjahrgangs der 15- bis unter 17jährigen Bevölkerung am
   31.12. des jew. Vorjahres, ab 2010 Quotensummenverfahren.
2) In Prozent des Durchschnittsjahrgangs der 15- bis unter 17jährigen Bevölkerung am 31.12. des
   jew. Vorjahres.
3) In Prozent des Durchschnittsjahrgangs der 16- bis unter 18jährigen Bevölkerung am 31.12. des
   jew. Vorjahres. Ab dem Abgangsjahr 2013 wird der schulische Teil der Fachhochschulreife
   unter dem mittleren Schulabschluss ausgewiesen.
4) Bis 2005 in Prozent des Durchschnittsjahrgangs der 18- bis unter 21jährigen Bevölkerung am
   31.12. des jew. Vorjahres. Von 2006–2008 Anteil Studienberechtigter an Bevölkerung des entsprechenden Alters, ab 2009 Anteil Studienberechtigter an Bevölkerung der entsprechenden
   Geburtsjahre (jew. Quotensummenverfahren). Ab 2007 um die doppelten Abiturjahrgänge
   bereinigte Werte.
5) Bevölkerung auf Basis früherer Zählungen, Zensus 2011 nicht berücksichtigt.
Quelle: Statistisches Bundesamt, 2014 und 2015

Der Hauptschulabschluss hat seit den 1960er Jahren kontinuierlich an Bedeutung
eingebüßt; dabei halbierte sich der Anteil bereits bis 2010 und erreicht 2014 einen
historischen Tiefstand (Statistisches Bundesamt, 2015). Dieser Bedeutungsverlust
trägt auch zu seiner Entwertung bei, denn offenbar erwarten die abnehmenden

Bildungseinrichtungen und Ausbildungsstätten nach der Schule zunehmend den mittleren Abschluss als Mindestnorm und als erwartbares Ende einer schulischen Normalbiografie. Am unteren Ende sank die Quote der jungen Menschen, die die Schule ohne Abschluss verlassen, nach 2010 auf unter sechs Prozent.

Treten in den Schulen Leistungsprobleme auf, so können Lehrkräfte in Deutschland auf das Verfahren der Klassenwiederholung zurückgreifen. Die Ausführungsbestimmungen sind in allen Bundesländern recht einheitlich: Schülerinnen und Schüler, deren Leistungen in zwei oder mehr Fächern im Jahresendzeugnis mit „mangelhaft" bewertet sind, werden nicht in die nächste Klasse versetzt, sondern müssen die bereits bekannten Lerninhalte im nachrückenden Klassenverband wiederholen. Die Versetzungspraxis unterscheidet sich allerdings je nach Schulart und Bundesland erheblich und variiert nach Klassenstufen.

Die amtliche Schulstatistik (Statistisches Bundesamt, 2015) weist aus, dass im Zehnjahreszeitraum 2004 bis 2014 die Klassenwiederholerquoten in fast allen Bundesländern mehr oder weniger deutlich gesunken sind, außer in Niedersachsen. Im Schuljahr 2014/15 sind es nur noch 2,3%, was 149.100 Schülerinnen und Schüler vom Primar- bis zum Sekundarbereich in Deutschland ausmacht. In Grundschulen und Orientierungsstufen lag die Quote 2013/14 unter einem Prozent. Im Sekundarbereich ist die Wiederholerquote in Integrierten Gesamtschulen (1,5%) und an G8-Gymnasien 2,1% und an G9-Gymnasien 2,3% am niedrigsten und in Realschulen und Hauptschulen (4,0 und 4,5%) am höchsten; in Schulen mit mehreren Bildungsgängen sind es 3,1%.

Die Wiederholung einer Klasse in der Grundschule ist ein aussagekräftiger Indikator für Übergangsprognosen: Die Wahrscheinlichkeit, dass Kinder, die in den ersten vier Schuljahren sitzen geblieben sind, auf das Gymnasium wechseln, ist vergleichsweise gering, die eines Wechsels dieser Kinder auf eine Gesamt- oder Hauptschule hingegen ist relativ hoch (Bellenberg, 1999). Klassenwiederholungen führen im Verlauf einer Schullaufbahn zu unterschiedlichen Bildungskarrieren, die vor allem schulartspezifisch variieren. Die hohe Quote in der Hauptschule erklärt sich vor allem dadurch, dass Schülerinnen und Schüler nach einem ein- oder mehrfachen „Sitzenbleiben" in Gymnasien oder Realschulen in die Hauptschulen absteigen und dort bis zum Ende ihrer Schullaufbahn verbleiben (Tillmann & Meier, 2001; Bellenberg, 1999).

4   Soziale Chancengleichheit im Schulsystem

Die Chancen, eine den individuellen Fähigkeiten angemessene Ausbildung zu erhalten, sind nicht für alle Kinder und Jugendlichen in Deutschland gleich gut ausgeprägt. Während Bildungsbenachteiligungen nach Konfessionszugehörigkeit (evangelische und katholische Konfession) mittlerweile keine Bedeutung mehr besitzen und Bildungsbenachteiligungen nach Geschlecht in abgeschwächter Form fortbestehen, sind sie in Bezug auf die regionale Herkunft (wie zuvor dargestellt) und die soziale sowie die ethnische Herkunft nach wie vor klar zu erkennen. Auf die Chancengleichheit (bzw. Chancenungleichheit) in den beiden letztgenannten beiden Dimensionen wird im Folgenden näher eingegangen. Die erforderlichen Informationen stellen die bereits erwähnten, internationalen Schulleistungsvergleichsstudien sowie der Nationale Bildungsbericht zu Verfügung.

4.1   Theoretische Zugänge

Sowohl der Kompetenzerwerb als auch der Zugang zu verschieden anspruchsvollen Bildungslaufbahnen ist in Deutschland – wie in nur wenigen anderen entwickelten Staaten – eng an die soziale Herkunft der Schülerinnen und Schüler gekoppelt. Theoretisch sind diese Prozesse am ehesten als primäre und sekundäre Herkunftseffekte (Boudon, 1974) zu betrachten (zur Differenzierung der Effekte s. Maaz & Nagy, 2010). Im Sinne primärer Herkunftseffekte unterliegt der Kompetenzerwerb der sozialschichtspezifischen Sozialisation in der Familie und im Milieu des Wohnumfelds, wobei der Ansatz von Bourdieu (1983) zentrale Bedeutung erlangt hat: Er stellt auf der Basis empirischer Befunde eine unterschiedliche Repräsentanz dreier Kapitalsorten in den Familien unterschiedlicher Sozialschichten fest: das ökonomische, das kulturelle und das soziale Kapital des Elternhauses. Abgesehen von den divergierenden wirtschaftlich-finanziellen Möglichkeiten der Elternhäuser für die Abdeckung förderlicher Bildungsgüter oder -investitionen (z. B. private Nachhilfe) erklären also vor allem deutlich unterschiedliche kulturelle Anregungsmilieus den Kompetenzerwerb, insbesondere der Bildungsgrad und das Bildungsbewusstsein der Eltern und für schulbezogenes Lernen förderliche Erziehungspraktiken der Eltern. Zudem können die jeweils unterschiedliche soziale Einbindung der Familie und ihre sozialen Kontakte für schulisches Lernen mehr oder weniger förderlich sein, was vielfach auch mit dem Wohnmilieu der Familien korrespondiert.

Sekundäre Herkunftseffekte im Sinne sozialschichtspezifischer Bildungsentscheidungen können mit dem Rational-Choice-Modell (Erikson & Jonsson, 1996; Becker, 2000) erklärt werden. Die Rational-Choice-Theorie als formales Modell unterstellt rationale Entscheidungen und erklärt Bildungswahlen zunächst mit drei Entscheidungskriterien:

1) Eltern veranschlagen den Wert und den Nutzen von Bildungswegen im Sinne von Prestige und Status sowie des Tauschwertes hinsichtlich des Zugangs zu späteren beruflichen Optionen und Positionen. Dabei wird der Nutzen von allen umso größer eingeschätzt, je höher der erreichte Bildungsabschluss ist, was aber von Eltern, die den Abschluss selbst nicht besitzen, geringer veranschlagt wird als von Eltern mit diesem oder einem höheren Abschluss, zumal diese oft über ein höheres Bildungsbewusstsein und umfassendere Informationen verfügen; hinzu kommt das Motiv der Statuserhaltung (s. Boudon, 1974) bzw. der

Vermeidung von Statusverlust, so dass Eltern mit höherem Bildungsgrad den Nutzen höher einschätzen oder sogar unter Druck stehen, während für andere Eltern bestenfalls die (reale oder vage) Chance auf Statusgewinn besteht.

2) Eingeschätzt wird zugleich auch die Erfolgswahrscheinlichkeit des zu wählenden Bildungsgangs, also die Wahrscheinlichkeit, dass das eigene Kind den Bildungsgang erfolgreich abschließt. Die erwartete Wahrscheinlichkeit ist umso größer als der soziökonomische Status der Familie bzw. der erreichte Bildungsgrad der Eltern ist. Bildungsnähere Eltern können hier risikofreudiger als andere sein, weil sie selbst den gewählten oder ähnliche Bildungsgänge kennen und erfolgreich waren, aber auch eher in der Lage sind, ihren Kindern schulbezogene Fähigkeiten und förderliche Lerndispositionen zu vermitteln.

3) Schließlich sind auch die Kosten einer Bildungslaufbahn zu berücksichtigen, die finanzielle Kosten und Aufwand für Anstrengungen, Unterstützung etc. umfassen. Ökonomisch potentere Familien und bildungsnähere Eltern können materielle Kosten und den Aufwand an Lernunterstützung eher stemmen als Eltern mit niedrigem soziökonomischen Status.

Die Theorie unterstellt somit, dass Bildungswahlen in Abwägung der drei Entscheidungskriterien erfolgen (s. Abb. 1) und die Entscheidungen sozialschichtspezifisch variieren müssten. Die Kosten entstehen in jedem Fall, ein Gewinn aber nur bei erfolgreicher Absolvierung, so dass der Bildungsweg gewählt wird, der den höchsten Nettonutzen verspricht. Der Nettonutzen für einen bestimmten Bildungsgang setzt sich zusammen aus dem Nutzen (im Fall des Erfolgs) multipliziert mit der Wahrscheinlichkeit des Eintritts dieses Falls und den Kosten im Falle der Erfolglosigkeit multipliziert mit der Wahrscheinlichkeit dieses Falls. Während mit steigendem soziökonomischen Status das Produkt aus Bildungsnutzen und Erfolgswahrscheinlichkeit größer wird, werden die Bildungskosten umso größer wahrgenommen, je geringer der soziale Status der Eltern ist. Becker (2000) will den Einfluss der Schule auf die Wahlentscheidung der Eltern stärker berücksichtigt wissen: Die Bildungsabsichten der Eltern ergeben sich durch die Einschätzung der drei Rational-Choice-Kriterien sowie dem Willen zur Statuserhaltung, wobei all diese Faktoren wiederum durch die soziale Klassenlage bedingt sind; die Wahlentscheidung beim Grundschulübergang wird sodann durch die Bildungsgangempfehlung der Schule und den Bildungsgrad der Eltern beeinflusst (vgl. auch das Modell von Maaz et al., 2006).

Entsprechende soziale Auslese- und Entscheidungsprozesse gehen durch Selektionsprozeduren der Bildungsinstitutionen einerseits und Wahlentscheidungen der Eltern andererseits prinzipiell an jeder Nahtstelle des Bildungssystems, also an den Stufenübergängen, vonstatten. Besonders umfassend empirisch untersucht ist dabei der Grundschulübergang, welcher offenbar auch am stärksten die weitere Bildungskarriere präformiert.

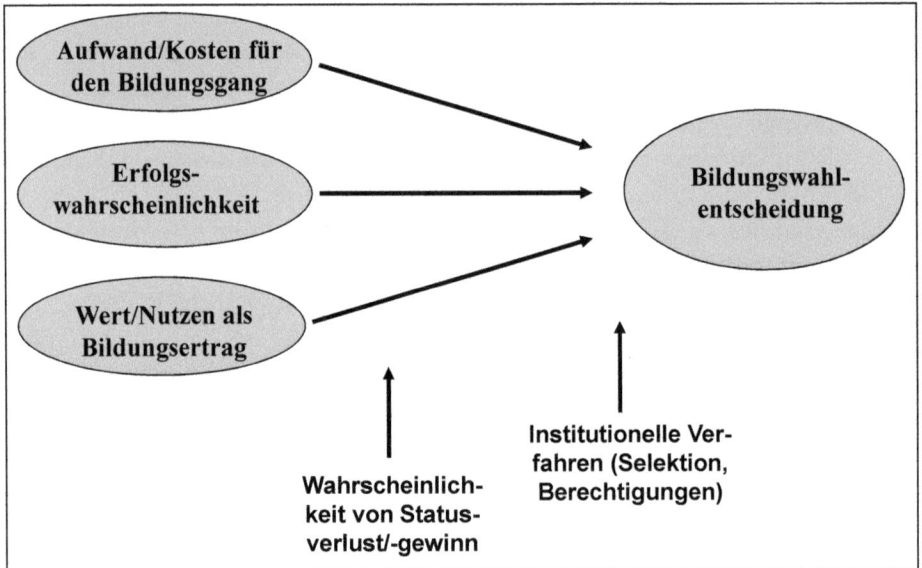

Abb. 1: Rational-Choice-Theorie zur Erklärung sozialschichtspezifischer rationaler
         Bildungswahlen (Quelle: Erikson & Jonssen, 1996; Esser, 1999)

Zugleich werden die Bildungsentscheidungen jedoch indirekt auch mit dem familiären Kapital erklärbar, weil aufgrund mittelschichtsorientierter Werte und Normen
von Schulen die Lehrkräfte die Lernenden aus mittleren und gehobenen Schichten
selektiv positiver wahrnehmen und beurteilen mögen und diesen anspruchsvollere
Bildungslaufbahnen eher zutrauen, womit sich institutionelle Selektionsprozesse
entwickeln (Esser, 1999). Fähigkeitsentwicklung und Leistungsperformanz in der
Grundschule (als primäre Herkunftsfaktoren) haben jedenfalls bedeutenden Einfluss auf die Empfehlung der Grundschule (vgl. Maaz & Nagy, 2010) sowie auch auf
die elterliche Wahlentscheidung (Stubbe, Bos & Euen, 2012, 223 f.), sodass primäre
Herkunftseffekte vor und während der Grundschulzeit bereits Bildungszugänge
weitgehend determinieren (s. auch Ditton et al., in diesem Band).

      Gleichwohl werden sekundäre Herkunftseffekte nachgewiesen: Vor allem die
IGLU-Befunde belegen, dass Kinder mit niedrigem sozioökonomischen Status
und teilweise auch mit Migrationshintergrund trotz vergleichbarer Testleistungen
und sogar trotz vergleichbarer kognitiver Grundfähigkeit deutlich schlechtere
Chancen haben, von der Grundschule für das Gymnasium empfohlen zu werden
als Kinder aus mittleren und gehobenen Schichten und bildungsetablierten Familien (s. unter 4.1.2 und 4.2.2).

      Durch die teilweise Entkopplung von Schulabschlüssen (am Ende der Schullauf-
bahn) und den traditionellen Schulformen werden neben dem traditionellen Weg
Ausweichmöglichkeiten in der Weise geboten, dass integrierte bzw. teilintegrierte
Schulformen teils dieselben Schulabschlüsse ermöglichen, wobei aber hier für
den Schulformbesuch eine weniger rigide Leistungsauslese vorgeschaltet ist (und

vielfach auch eher soziale Auslese zu vermeiden sucht), sondern Lernende aller
Leistungsniveaus zulässt. Dagegen haben mögliche Korrekturen der Bildungsentscheidung durch Schulformwechsel nach dem Grundschulübergang – wie oben
gezeigt – keine große Bedeutung.

4.2   Schülerinnen und Schüler nach sozioökonomischer Herkunft

Im Folgenden werden Forschungsergebnisse sowohl zum Kompetenzerwerb als
auch zum Zugang zu den Bildungslaufbahnen im Hinblick auf Unterschiede nach
soziökonomischer Herkunft referiert.

Kompetenzerwerb

Die Kopplung der Kompetenzen von deutschen Schülerinnen und Schülern an
den sozioökonomischen Status der Eltern sind nach Befunden der Leistungsvergleichsstudien im internationalen Vergleich in Deutschland besonders problematisch ausgeprägt und anhaltend stark (Bos et al., 2012a; Bos et al., 2012b; Prenzel et
al., 2013).

Im Grundschulbereich zeichnen sich Kinder mit höherem sozioökonomischen Status durch einen signifikanten Leistungsvorsprung aus, Deutschland
liegt international beim Leseverständnis im oberen Mittelfeld hinsichtlich der
anhaltend starken Unterschiede; zwischen Kindern mit dem höchsten sozioökonomischen Status (nach EGP-Klassen) und dem niedrigsten liegen 53 Testpunkte
(Wendt, Stubbe & Schwippert, 2012), von 2001 bis 2011 zeigt sich ein ähnliches
Bild (ebenda, 185). In TIMSS 2015 (Stubbe, Schwippert & Wendt, 2016) betragen
diese Differenzen für Mathematik 55 und für Naturwissenschaften 60 Testpunkte,
die Disparitäten sind etwas stärker als im OECD-Mittel; gegenüber TIMSS 2011
haben in Deutschland aber die Disparitäten wieder zugenommen bei insgesamt
niedrigerem Leistungsniveau aller sozialen Gruppen.

In PISA 2000 erreichten Fünfzehnjährige, deren Eltern zur oberen Dienst-
klasse gehören, also mit dem höchstem sozioökonomischen Status, noch durchschnittlich eine deutlich höhere Lesekompetenz als Jugendliche aus der untersten
Gruppe, also Familien von un- und angelernten Arbeiter/innen. Bei PISA 2015
(Müller & Ehmke, 2016, 291 ff.) hat sich der Abstand gegenüber früheren PISA-Erhebungen (ebenda, 306 ff.) spürbar verringert (66 Testpunkte Differenz, 2000= 106
Testpunkte), jedoch bleiben die Unterschiede zwischen den sozioökonomischen
Herkunftsgruppen im Kompetenzniveau über die Zeit immer noch recht groß und
die Kopplung der Kompetenzen an den sozioökonomischen Status immer noch
signifikant höher als im OECD-Durchschnitt. Dabei stiegen insbesondere die
Kompetenzmittelwerte der Jugendlichen aus der Klasse der Routinedienstleistun-
gen, der Facharbeiterinnen und -arbeiter und der un- und angelernten Arbeiterin-

nen und Arbeiter; Kinder dieser Gruppen sind allerdings auch stärker als im Jahr 2000 im Gymnasium vertreten, wo sich der Anteil vor allem der Arbeiterkinder deutlich erhöht hat. Hinsichtlich der Risikogruppen, also der Schüler/innen, deren Lesekompetenz im Alter von 15 Jahren auf oder unter Kompetenzstufe I liegen, sind jedoch von PISA 2000 bis PISA 2012 starke Verbesserungen für sozial benachteiligte Jugendliche zu registrieren: bei Jugendlichen aus Familien von Facharbeitern schmolz die Risikogruppe von 29,0% auf 16,1% und aus Familien un- oder angelernter Arbeiter von 38,6% auf 22,0%.

Zugang zu den Bildungslaufbahnen

Die Ergebnisse der Schulleistungsvergleichsstudien für den Grundschulbereich belegen zudem, dass der Übergang von der Grundschule und vor allem die Schullaufbahnempfehlungen der Grundschulen keineswegs nur vom Leistungsvermögen der Schülerinnen und Schüler bestimmt werden, sondern dass hier maßgeblich eine soziale Auslese stattfindet: Nach den Schullaufbahnpräferenzen der Lehrkräfte haben Kinder aus der „oberen Dienstklasse" im Vergleich zu jenen aus Facharbeiterfamilien eine 4,7-fache Chance, eine Gymnasialempfehlung zu erhalten bei gleicher kognitiver Grundfähigkeit ist es immer noch die 4,3-fache Chance; und vergleicht man die Gruppen zusätzlich noch nach gleichen Fachkompetenzen (Lesen, Mathematik, Naturwissenschaften), zeigt sich noch eine 3,4-fache Chance für die Kinder mit hohem sozioökonomischen Status der Eltern, basierend auf den EGP-Klassen (Stubbe, Bos & Euen, 2012, 219 f.). Dieser sozial selektive Beurteilungsvorgang, vermittelt über die Gymnasialpräferenz der Lehrkräfte, hat sich bei IGLU 2011 gegenüber den Kohorten 2001 und 2006 noch verstärkt (ebenda, 220).

Hinsichtlich der „gruppenspezifischen Standards" (kritischer Durchschnittswert, bei dem Kinder für das Gymnasium als geeignet eingestuft werden) wird bei IGLU 2011 (wie schon in früheren Jahren) sichtbar, dass Kinder aus sozioökonomisch höheren Statusgruppen schon bei unterdurchschnittlichen Kompetenzniveaus in allen Testdomänen für das Gymnasium empfohlen würden, während Kinder aus sozioökonomisch niedrigeren Schichten weitaus höhere Fähigkeiten zeigen müssen, um als für das Gymnasium als geeignet befunden zu werden, und zwar in aller Regel erst dann, wenn sie Fähigkeiten zeigen, die zwischen 41 und 52 Testpunkten über dem Durchschnitt der Testleistungen in Lesen, Mathematik und Naturwissenschaften liegen.

Die soziale „Selbstselektion" der Eltern ist allerdings noch stärker ausgeprägt (Stubbe, Bos & Euen, 2012, 219 f.): Die Gymnasialpräferenz bei Eltern weist für Familien der oberen Dienstklasse eine 5,2-fache Chance für die Wahl des Gymnasiums gegenüber Facharbeiterfamilien aus (4,7-fach bei Einbezug der kognitiven Fähigkeit und 3,8-fach bei zusätzlicher Berücksichtigung der Fachkompetenzen). Im Sinne schichtspezifisch unterschiedlicher rationaler Bildungswahlen zeigen sich Eltern aus niedrigeren Sozialschichten weniger risikobereit und würden sich für das Gymnasium erst bei überdurchschnittlicher Kompetenz der Kinder entscheiden (47 bis 62 Testpunkte über dem Gesamtmittelwert in den drei Test-domänen), während Eltern gehobener Sozialschichten schon bei passablen und unterdurchschnittlichen Kompetenzen der Kinder das Gymnasium wählen wür-den. Bedeutende Erkenntnisse zum Grundschulübergang im Zusammenspiel der leistungsbezogenen Auslese der Grundschule einerseits und dem elterlichen Über-gangsverhalten andererseits liefert hier eindrucksvoll die Studie von Ditton (2007):

- Trotz Hauptschulempfehlung suchen den Hauptschulbesuch 26% der Eltern gehobener Sozialschichten zu vermeiden und melden an der Realschule an, aber nur 15% der mittleren und 9% der unteren Sozialschichtgruppen. Bei erhaltener Realschulempfehlung melden am Gymnasium 35% der Eltern ge-hobener Sozialschichten ihr Kind an, aber nur 21% der mittleren und 17% der unteren Sozialschichtgruppen. Ein Drittel der Eltern mit eigenem höchsten Schulabschluss Hauptschule und ein Sechstel mit Realschulabschluss realisie-ren nicht die Gymnasialempfehlung (wählen Realschule), bei Eltern mit Abitur lösen 100% die Gymnasialempfehlung ein.
- Die Schulformwahl und Anmeldung der Eltern sind noch stärker sozial-schichtabhängig als die Grundschulempfehlungen. Eltern mittlerer und geho-bener Sozialschichten realisieren in höherem Maße ihre Bildungsaspirationen für das eigene Kind als andere Eltern.

Entsprechend lässt sich dann für Fünfzehnjährige das Ergebnis solcher Prozesse nachvollziehen, also ein Zusammenhang zwischen sozialer Herkunft und dem Besuch unterschiedlich anspruchsvoller Schulformen feststellen. Nach Befunden der PISA 2012-Studie, in deren Rahmen Jugendliche sozialen Berufsklassen ihrer Eltern zugeordnet werden, die die Stellung im Beruf und die Weisungsbefugnis einbezieht und sieben Stufen von der „oberen Dienstklasse" bis zu „ungelernten Arbeiterinnen/Arbeitern" umfasst, besuchen 58% der Fünfzehnjährigen aus der sozial stärksten, aber nur 19% dieser Altersgruppe aus der sozial schwächsten Gruppe das Gymnasium (Prenzel et al., 2013).

4.3 Schülerinnen und Schüler mit und ohne Migrationshintergrund

Nachfolgend werden Schülerinnen und Schüler mit und ohne Migrationshinter-grund in Bezug auf den Kompetenzerwerb und den Zugang zu Bildungsgängen näher betrachtet.

Kompetenzerwerb

Die Leistungswerte von Kindern und Jugendlichen ohne Migrationshintergrund – darauf weisen alle bisher durchgeführten internationalen Schulleistungsvergleichsstudien im Primar- wie Sekundarbereich hin – sind im Durchschnitt signifikant höher als die der Gleichaltrigen mit Migrationshintergrund. Dabei schneiden in aller Regel Migrantenkinder mit nur einem im Ausland geborenen Elternteil leistungsmäßig besser ab als wenn beide Elternteile im Ausland geboren waren; allerdings erweist sich die zuhause gesprochene Sprache offenbar als noch entscheidender, Deutsch als Umgangssprache und zweisprachiges Aufwachsen sind hier offenbar förderlich.

Es erreichen in der jüngsten IGLU-Studie (2011) die Viertklässlerinnen und Viertklässler ohne Migrationshintergrund (kein Elternteil im Ausland geboren) beim Leseverständnis 42 Testpunkte mehr als jene mit Migrationshintergrund beider Elternteile (Schwippert, Wendt & Tarelli, 2012), bei IGLU 2001 waren es noch 55 Punkte. Bei TIMSS 2015 (Wendt, Schwippert & Stubbe, 2016) werden für Mathematik nur noch 31 und für Naturwissenschaften 47 Testpunkte Differenz sichtbar (2011: 40 bzw. 58 Punkte). Die Leistungsunterschiede zwischen Lernenden mit und ohne Zuwanderungshintergrund haben sich im Laufe der letzten Jahre deutlich verringert, zeigen aber noch beachtliche Disparitäten. Dies ist sowohl für die in IGLU 2011 und TIMSS 2015 als auch für die in PISA 2012 gemessenen Lesekompetenzen festzustellen. Während Schülerinnen und Schüler mit Migrationshintergrund etwa bei PISA 2003 durchschnittlich 81 Punkte weniger als jene ohne Migrationshintergrund erreichten, sind es bei PISA 2012 noch 54 Punkte (Prenzel et al., 2013). Vor allem die zweite Generation, also Kinder von Zuwanderern, die selbst in Deutschland geboren sind, konnten den Leistungsrückstand aufholen. Bei PISA 2015 (Rauch et al., 2016, 331 ff.) sind es in Naturwissenschaften 61 Punkte (Leseverständnis nicht analysiert, bei Migranten steigt aber die Kompetenz mit steigendem sozioökonomischen Status.

Ein nicht unerheblicher Anteil des Leistungsrückstandes von Schülerinnen und Schülern mit Migrationshintergrund erklärt sich aus ihrer sozialen Lage, die im Durchschnitt ungünstiger ausgeprägt ist als von Schülerinnen und Schülern, deren Eltern im Inland geboren sind. Darüber hinaus spielen auch sprachbedingte Unterschiede eine Rolle: Nur 72% der Fünfzehnjährigen mit Migrationsgeschichte geben bei PISA 2012 an, dass die Unterrichtssprache Deutsch zu Hause gesprochen werde (Prenzel et al., 2013).

Zugang zu den Bildungslaufbahnen

Schülerinnen und Schüler ohne Migrationshintergrund besuchen in der neunten Jahrgangsstufe – so die Ergebnisse von PISA 2012 – vor allem das Gymnasium (40,3%) und die Realschule (24%). Demgegenüber ist der größte Anteil an

Schülerinnen und Schülern mit Migrationshintergrund an Hauptschulen (31,8%) und Realschulen (29,7%) anzutreffen (Prenzel et al. 2013). Auch in Bezug auf den Aspekt der ethnischen Herkunft finden sich damit deutliche Unterschiede. Der Migrationshintergrund hat dabei einen eigenen Effekt auf den Schulartbesuch, da selbst unter Beachtung des sozioökonomischen Status migrationsspezifische Unterschiede bestehen bleiben. Das bedeutet, dass die Verteilung auf die Schularten für Jugendliche mit Migrationshintergrund in allen Statusgruppen ungünstiger ist als für Jugendliche, deren Eltern beide in Deutschland geboren wurden. Die ungleiche Verteilung auf die Schularten scheint dabei vor allem auf Ungleichheiten in den erworbenen Kompetenzen hinzuweisen, weil die Jugendlichen mit Migrationshintergrund bei gleichem sozioökonomischem Status zugleich auch niedrige Testpunkte bei PISA als jene ohne Migrationshintergrund erreicht haben (s. o.). Auch in PISA 2015 (Rauch et al., 2016, 336) befanden sich von den Migrantenkindern mit 29% weniger im Gymnasium als Kinder ohne Zuwanderungshintergrund (39%) sondern eher in nicht-gymnasialen Schularten (69% gegenüber 58%).

5   Veränderung der Schulzeit durch Ganztagsbetrieb im Angebotsmodell

Im deutschen Bildungssystem sind in neuerer Zeit seit den Ergebnissen der ersten PISA-Untersuchung 2000 vor allem zwei Elemente der Veränderung der Bildungs- und Lernzeit vorgenommen worden. Die Verkürzung der Schulzeit in Gymnasien auf acht Jahre bis zum Abitur, also die so genannte „G8-Reform" (Kühn et al., 2013) und die Erweiterung von schulischen Lernzeiten durch Einführung des Ganztagsbetriebs in Schulen. Die erste Veränderung wird umfassend im Beitrag von Kühn in diesem Band behandelt. Die Einführung ganztägiger Schulen soll im Folgenden in diesem Beitrag näher betrachtet werden, weil sie faktisch als eine der größten strukturellen Reformen der letzten Jahrzehnte in Deutschland gesehen werden kann.

Eine besonders durchgreifende Entwicklung in der Lernzeit erfährt das Schulsystem in allen Bundesländern durch die seit 2002 rapide fortschreitende Einführung des Ganztagsbetriebs. Das „Investitionsprogramm Zukunft Bildung und Betreuung" (IZBB) des Bundes (BMBF, 2003) hat – neben der Entwicklung vorheriger Länderprogramme (vor allem in Rheinland-Pfalz und Nordrhein-Westfalen) – einen erheblichen Schub in die Gründung von Ganztagsschulen durch Umwandlung von Halbtagsschulen gebracht. Dabei setzen die Länder zumeist bestimmte Schwerpunkte hinsichtlich des Ganztagsausbaus in den Schulformen. Die aktuelle Situation zeigt allerdings, dass in fast allen Schulformen der Ausbau über alle Bundesländer übergreifend voran geschritten ist (KMK, 2017).

Dabei handelt es sich – schulsystemisch betrachtet – um ein Angebotssystems in doppelter Hinsicht: 1) Schulen mit Ganztagsbetrieb werden zwar flächenhaft ausgebaut, aber in den weitaus meisten Ländern als Angebot einer Ganztagsschule neben nicht-ganztägigen Schulen derselben Schulform; 2) der überwiegende Teil der ganztägigen Schulen bietet Ganztagsbetrieb als Angebot für ihre Schülerschaft, so dass in diesen Ganztagsschulen jeweils nur ein Teil der Schülerinnen und Schüler ganztags die Schule besuchen, andere nur den Unterricht nach Stundenplan. Im Wesentlichen können somit drei grundlegende Organisationsformen unterschieden werden, das gebundene Modell mit obligatorischer Schülerteilnahme, das teilgebundene Modell (bestimmte Jahrgänge oder Klassen lernen im Ganztag, die Zuordnung erfolgt nach freiwilliger Anmeldung) und das offene Modell mit freiwilliger Schülerteilnahme. In allen Organisationsformen werden Schulen als Ganztagsschulen betrachtet, wenn der Ganztag sieben Zeitstunden an mindestens drei Tagen umfasst, konzeptionell mit dem Unterricht verbunden wird und der Leitung der Schule untersteht; in allen Organisationsformen können – unabhängig von der Teilnahmebindung am gesamten Ganztagsbetrieb – alle oder einzelne außerunterrichtlichen Elemente für die Teilnehmenden verpflichtend oder freiwillig sein.

Die statistische Entwicklung von 2002 bis 2015 zeigt (KMK, 2008; KMK, 2017, s. Abb. 2): Der Anteil der Schulen in Ganztagsform an allen Schulen (gezählt als schulische Verwaltungseinheiten) stieg von 14,6% in 2002, also vor Ausbau durch das IZBB, auf nunmehr 63,0% in 2015 (=Näherungswerte, da Prozentwert nicht exakt bestimmbar aufgrund von kombinierten Schulformen als Verwaltungseinheit). Mittlerweile arbeiten damit rund 19.600 Schulen im Ganztagsbetrieb, rund 11.000 sind Schulen der SI. Dabei erhöhte sich in diesem Zeitraum der Ganztagsschulanteil im Grundschulbereich um gut das Fünffache (von 10,3% auf 56,1%), im Sekundarschulbereich von 18,3% auf 69,6%.

In fast allen Schulformen ergab sich eine Vervielfachung, zumindest eine Verdopplung der Anteile von Ganztagsschulen an allen Schulen, außer in Integrierten Gesamtschulen, die bereits 2002 zu 62,3% in Ganztagsform geführt wurden und 2015 mit 87,6% den höchsten Anteil zeigen. In Realschulen wird mit immerhin noch 53,7% der niedrigste Ganztagsschulanteil unter den Schulformen registriert, die anderen Schulformen der Sekundarstufe liegen zwischen 60 und 80 Prozent. Die höchsten Zuwächse an Prozentpunkten für Schulen mit Ganztag seit 2002 verzeichnen wir bei Orientierungsstufen, Schularten mit mehreren Bildungsgängen, Hauptschulen, Freien Waldorfschulen und Gymnasien in dieser Reihenfolge. Allerdings hat sich das Wachstum bei Schulformen mit bereits hohen Ganztagsschulanteilen naturgemäß im Zeitverlauf spürbar verlangsamt, was nicht zuletzt auch auf das Auslaufen des bundesweiten Förderprogramms zurückführbar ist. Zu beachten ist, dass in den meisten Schulformen eine offene Form des Ganztagsbetriebs besteht (=freiwillige Teilnahme eines Teils der Schülerschaft), mit Ausnahme von Integrierten Gesamtschulen und Förderschulen, wo voll- und teilgebundene Modelle (verpflichtende Teilnahme aller Schülerinnen und Schüler der Schule bzw. der Ganztagsklassen) die Mehrheit ausmachen.

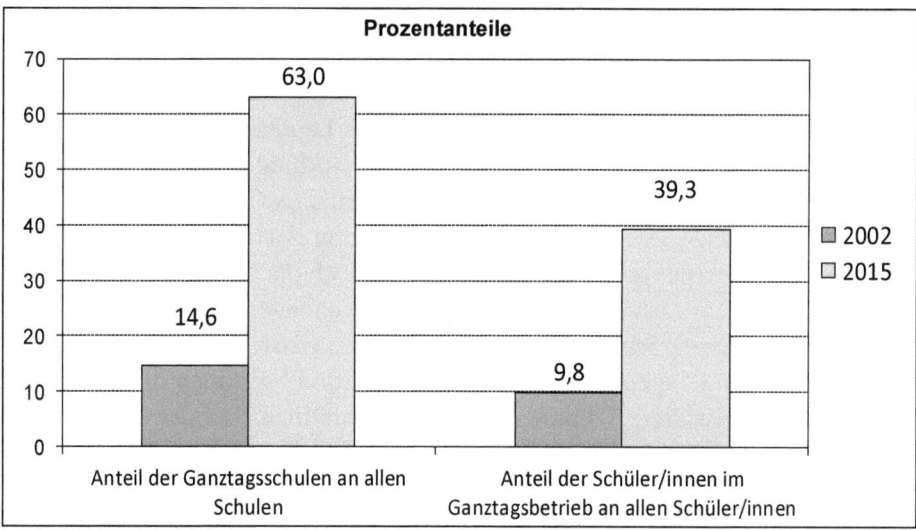

Abb. 2:   Quantitative Entwicklung der Quoten von Ganztagsschulen und der am Ganztagsbetrieb teilnehmenden Schüler/innen (Quelle: KMK, 2004; KMK, 2017)

Ganztagsschulen in offener Form, die nur eine Teilschülerschaft ganztags in
Freiwilligkeit beschulen, haben die voll- und teilgebundenen Systeme seit 2006
zahlenmäßig überholt (KMK, 2008). Nur in Integrierten Gesamtschulen und in
Förderschulen finden sich überwiegend voll- oder teilgebundene Ganztagsschulen
mit obligatorischer Schülerteilnahme, ansonsten bilden die offenen Formen die
Mehrheit.

Der überwiegende Angebotscharakter der Ganztagsschullandschaft in
Deutschland schlägt sich entsprechend in der Statistik der Schülerzahlen nieder
(KMK, 2008; KMK, 2017, s. Abb. 2): In Schulen mit Ganztagsbetrieb besuchten in
2002 nur 9,8% aller Schülerinnen und Schüler ganztags die Schule, 2015 sind es immerhin schon 39,3%, wobei diese Quote deutlich unter der Quote des Schulanteils
(von 63,0%) liegt. Damit besuchen insgesamt in Deutschland gut 2,8 Millionen
Schülerinnen und Schüler ganztags die Schule. In 2015 beschulen Grundschulen
34,5% der Lernenden im Ganztag, was einer Steigerung um mehr als das Achtfache
ausmacht (2002 = 4,2%). In Ganztagsschulen der Sekundarstufe lernen ganztägig
nun sogar 42,2% (2002 = 12,8%). Insgesamt lernen von allen Ganztagsschülerinnen
und -schülern 18,7% in gebundenen und 20,6% in offenen Ganztagsschulen.

Die höchsten Steigerungsraten der Ganztagsschüleranteile im hier beobachteten Zeitraum von 2002 bis 2015 (KMK, 2008; KMK, 2017) verzeichnen mit Abstand
die Schularten mit mehreren Bildungsgängen, gefolgt von Hauptschulen, Orientierungsstufen, Grundschulen und Gymnasien; diese Schulformen lagen 2002 mit
ihrem Schüleranteil im Ganztag noch allesamt unter sieben Prozent. Dabei verzeichnen 2015 die Integrierten Gesamtschulen mit Abstand die nun durchschnittlich höchsten Anteile an ganztägig beschulten Schülerinnen und Schülern (75,3%).
Nennenswert hohe Anteile haben noch Schularten mit mehreren Bildungsgängen,

Förderschulen und Hauptschulen (jeweils zwischen 55 und 42 Prozent). Alle anderen Schulformen liegen mit ihren Schüleranteilen im Ganztag darunter, die Realschule ist mit 19,9% Schlusslicht. Ganztagsschule in Deutschland ist aber insgesamt immer noch ein Angebot für den kleineren Teil der Lernenden.

Die Analysen von StEG, der Studie zur Entwicklung von Ganztagsschulen (Holtappels et al., 2007; Fischer et.al., 2011), zeigen, dass Ganztagsschulen in der konzeptionellen Fundierung und in der Organisation noch erheblichen Entwicklungsbedarf haben, der größte Teil der Schulen jedoch die Lernkultur hinsichtlich der Vielfalt der Lernarrangements und Lerngelegenheiten beachtlich ausbauen konnten. Nicht unbeträchtliche Anteile der Schulen weisen allerdings nur Ganztagsbetrieb an drei Tagen oder sogar weniger auf und beschulen in den offenen Modellen mit freiwilliger Teilnahme nur durchschnittlich 40% der Schülerinnen und Schüler (dies bestätigt die amtliche KMK-Statistik in etwa). Auch die Schülerteilnahme an den einzelnen Angebotsbereichen deutet noch auf unzureichenden inneren Ausbau hin: Nur rund je ein Viertel der Lernenden besucht Fördermaßnahmen in Grundschulen und in der Sekundarstufe I und fachbezogene Angebote und Hausaufgabenbetreuung in der Sekundarstufe I (Holtappels, 2014). Der im Zuge des raschen Ausbaus vorwiegend dominierende Angebotscharakter der deutschen Ganztagsschullandschaft spiegelt sich demnach auch in den Befunden zum Ausbau und in der pädagogischen Entwicklung von Ganztagsschulen wider.

Hohe Erwartungen für die Schulentwicklung und vor allem für die Förderung und die Kompetenzentwicklung aller Lernenden werden angesichts dieser Bedingungen eher enttäuscht, wie auch die bisher nachgewiesenen Wirkungen des Ganztagsschulbesuchs zeigen (Holtappels, 2014). Die neueren Forschungsergebnisse aus StEG 2012–2015 (s. Konsortium StEG, 2016) belegen, dass vom Besuch ganztägiger Lernangebote keine oder nur schwache messbare Effekte auf die fachliche Kompetenzentwicklung im Leseverständnis und in Naturwissenschaften ausgehen. Auch Schülerinnen und Schüler aus sozial benachteiligten Familien profitieren nicht oder nur wenig in Bezug auf die Entwicklung von Fachkompetenzen, Selbstkonzept oder Fachinteressen (s. Lossen et.al., 2016). Lediglich im Bereich des sozialen Lernens werden Wirkungen hinsichtlich einer Verbesserung des Sozialverhaltens sichtbar (Konsortium StEG, 2016).

6   Ausblick

Im allgemein bildenden Schulsystem registrieren wir in neuerer Zeit sichtbare und durchgreifende strukturelle Innovationen, insbesondere in Bezug auf Veränderungen in der Bildungszeit sowie in den Schulformen und somit im strukturellen Bildungsangebot und der zu wählenden Bildungsgänge. Zugleich wird eine Entkopplung von Schulform und Schulabschluss noch klarer erkennbar. Dabei sind auf der einen Seite durchaus Fortschritte feststellbar: in der zunehmenden Verbindung von Bildungsgängen in einer Schulform und der Zunahme integrierter Schularten, in Zuwächsen bei der Bildungsbeteiligung und den Abschlussniveaus sowie in der Abnahme von Versagerquoten, in der Chance auf Ganztagsbeschulung und in der Förderung und Verbesserung von Schülerkompetenzen. Andererseits lassen sich Problembereiche identifizieren: die anhaltend hohe soziale Ungleichheit der Bildungschancen beim Kompetenzerwerb und in der Bildungsbeteiligung, die eher noch schwach umgesetzten Inklusionsziele, die unvollendete und mit erheblichen Problemen behaftete G8-Reform, die überwiegend nur in Angebotsform existierende Ganztagsbeschulung, die deutliche Defizite im Hinblick auf Förderungs- und Kompetenzorientierung aufweist und teilweise nur auf Betreuung reduziert wurde. Die Ganztagsschule scheint bislang ungeeignet, um Schulstrukturprobleme zu lösen, zumal sie auch wirksame Förderung und fachliche Kompetenzsteigerungen bislang nicht zustande bringt, wie sowohl StEG-Analysen (Konsortium StEG, 2016) als auch Reanalysen von IGLU-, TIMSS- und PISA-Daten (Strietholt et al., 2015) belegen.

Die Veränderungen in den Schulwahlentscheidungen der Eltern infolge des gesellschaftlichen Wandels in Wirtschaft und Berufsbereichen einerseits und der demografische Wandel hinsichtlich eines anhaltenden Schülerzahlrückgangs andererseits haben im Zusammenwirken die Bildungslandschaft und die Schulformstruktur erheblich in Bewegung gebracht. Allein das Schulwahlverhalten – als Reaktion auf den Anstieg der formalen Bildungsanforderungen in zahlreichen Beschäftigungssektoren – hat zur Erosion der Hauptschule und zur fortgesetzten Expansion des Gymnasiums geführt. Der zugleich beobachtbare Erfolg von Bildungsgängen des gemeinsamen Lernens hat mit der Wahrung unterschiedlicher Optionen durch Eltern zu tun, kann aber wohl auch auf veränderte Einstellungen der Familien zum Lernen von Kindern und Jugendlichen und zu veränderten Ansprüchen an die Qualität und Gestaltung der Schule zurückgeführt werden.

Der demografische Wandel hat gleichzeitig das Vertrauen in einfache Umsetzungsmöglichkeiten für ein vollständiges traditionelles Systems der Schulformen nachhaltig erschüttert und in der Landespolitik und den kommunalen Schulträgern ein Umdenken in Bezug auf neue Schulformen mit kooperativ angelegten oder integrierten Bildungsgängen erzwungen. Die demografische Entwicklung erweist sich dabei als starke Triebkraft für Fortschritt, denn der Schülerzahlrückgang begünstigt anspruchsvollere Bildungsgänge und zugleich tendenziell Integration:

- erhöhte Aufnahmebereitschaft (bei Gymnasien) und erhöhte Haltebereitschaft (bei Realschulen und Gymnasien), oft begleitet von sinkenden Versagerquoten;
- Bestreben zur Stabilisierung von Standorten und Personalstellen;
- Bestreben der kommunalen Schulträger, für den Erhalt eines attraktiven Wohn- und Wirtschaftsstandorts durch ein vollständiges Bildungsangebot, was vielerorts kooperative oder integrierte Schulformen begünstigt;

- in naher Zukunft werden über lange Zeit weniger Kinder in die Sekundarstufe I wechseln, doch scheinen die absoluten Aufnahmezahlen in Gymnasien und Gesamtschulen eher konstant zu bleiben, was steigende Anteile bedeutet;
- aufgrund der gestiegenen Berufs- und Arbeitsmarktanforderungen werden die Schulformen mit Abituroption (Gymnasium und Gesamtschule) verstärkt bevorzugt, alle anderen können rasch zu Verlierern werden.

Eine einheitliche integrierte Schulform im Anschluss an die Grundschulzeit für alle Lernenden wäre die konsequenteste Strukturlösung, auch mit Blick auf erfolgreiche Bildungssysteme in anderen Staaten mit integriertem Schulsystem. Noch nie zuvor hat es überzeugendere und erdrückendere wissenschaftliche Erkenntnisse und Belege für die Schwächen eines vertikal-hierarchisch gegliederten Schulsystems und der frühen Leistungsauslese gegeben wie in den 2000er Jahren. Zugleich erzeugen soziodemografische Entwicklungen, gestiegenes Bewusstsein und veränderte Bildungswahlpräferenzen bei Eltern und notwendiger sozialer Integrationsbedarf Handlungsdruck auf die Politik.

Die Bildungs- und Schulforschung, den Verbänden und der an Integration und Chancengerechtigkeit interessierten Politik ist es jedoch weder hinreichend gelungen, politisch-parlamentarische Mehrheiten zu organisieren, noch den Druck der Bevölkerung für konsequente Reform zu mobilisieren. In der Politik scheint zwar das Bewusstsein in Bezug auf nötigen Handlungsdruck gestiegen, jedoch bestehen die vor allem in der Zeit nach der Jahrtausendwende erfolgten bildungspolitischen Veränderungen der Schulstruktur im Wesentlichen in Modernisierung, nicht oder eher randseitig in konsequenter Reform der Schulstruktur. Die herrschende Bildungspolitik in den Ländern und den kommunalen Schulträgern beschränkt sich zumeist auf Anpassungen an das Unvermeidliche anstatt einer konzeptionellen Reformgestaltung, teilweise begleitet von erkennbarer Immunität bzw. Abwehr von solchen wissenschaftlichen Erkenntnissen und internationalen Standards, die zur Kritik des bestehenden Schulsystems führen.

Für integrative Schulformen müsste überzeugend vermittelt werden, dass bei längerer gemeinsamer Lernzeit eine Beschulung in ein und derselben Schulform ohne Schulwechsel bei sämtlichen Schulabschlussoptionen und Teilhabe an gymnasialer Bildung erfolgt. Die Vollständigkeit der Abschlussoptionen, die Langform des Bildungsgangs, das Anspruchsniveau unter Einschluss gymnasialer Bildung, Ganztagsbetrieb und die Vermeidung von Schulversagen bei dezidierter Förderung bilden in der Kombination entscheidende Alleinstellungsmerkmale; das Kompetenzniveau, Abschlusserfolge und eine Reduktion sozialer Chancenungleichheit sind jedoch unverzichtbare Prüfkriterien.

Die bisherigen Schulstrukturveränderungen versprechen in den meisten Ländern keine nachhaltige Strukturreform, weil möglicherweise die neu eingeführten Schulformen später das Schicksal der Hauptschule zumindest teilweise erleiden werden. Überwiegend geschahen die Veränderungen als Modernisierungsreaktion auf ohnehin unabwendbare Entwicklungen in Demografie und Schulformwahl. Die Schülerkompetenzen haben sich im internationalen Vergleich in Deutschland etwas verbessert und die soziale Ungleichheit der Bildungschancen hat sich in den 2000er Jahren beim Kompetenzerwerb reduziert, nicht aber beim Zugang zum Gymnasium, wenngleich seit 2000 höhere Anteile von Lernenden aus unteren sozialen Schichten im Gymnasium zu registrieren sind. Gleichwohl wurden die in den internationalen Leistungsstudien offen gelegten Strukturprobleme nur halbherzig angegangen, vor allem hinsichtlich der Reduktion sozialer Chancenungleichheit bleiben noch Anstrengungen offen. Es bestehen in den meisten Ländern weiterhin noch keine Strukturen, die Bildungszugänge ohne frühe leistungsbezogene und soziale Selektion und höherer sozialer Chancengleichheit gewährleisten könnten.

Literatur

Arnold, K.-H., Bos, W., Richert, P. & Stubbe, T. C. (2007). Schullaufbahnpräferenzen am Ende der vierten Klassenstufe. In W. Bos, S. Hornberg, K.-H. Arnold, G. Faust, G., L. Fried, E.-M. Lankes, K. Schwippert, K. & R. Valtin (Hrsg.), *IGLU 2006* (S. 271–297). Münster, New York: Waxmann.

Autorengruppe Bildungsberichterstattung.(Hrsg.). (2014). *Bildung in Deutschland 2014. Ein indikatorengestützter Bericht mit einer Analyse zur Bildung von Menschen mit Behinderungen.* Bielefeld: Bertelsmann.

Autorengruppe Bildungsberichterstattung (Hrsg.). (2016). *Bildung in Deutschland 2016. Ein indikatorengestützter Bericht mit einer Analyse zu Bildung und Migration.* Bielefeld: Bertelsmann.

Baumert, J., Becker, M., Neumann, M. & Nikolova, R. (2009). Frühübergang in ein grundständiges Gymnasium – Übergang in ein privilegiertes Entwicklungsmilieu? Ein Vergleich von Regressionsanalyse und Propensity Score Matching. In: *Zeitschrift für Erziehungswissenschaft*, 12. Jg., Heft 2, 189–215.

Baumert, J. & Schümer, G. (2001). Schulformen als selektionsbedingte Lernmilieus. In: *Deutsches PISA-Konsortium* (Hrsg.), PISA 2000. Basiskompetenzen von Schülerinnen und Schülern im internationalen Vergleich (S. 454–467). Opladen: Leske + Budrich.

Baumert, J., Stanat, P. & Watermann, R. (2006). Schulstruktur und die Entstehung differenzieller Lern- und Entwicklungsmilieus. In J. Baumert, P. Stanat & R. Watermann (Hrsg.) *Herkunftsbedingte Disparitäten im Bildungswesen* (S. 95–188). Wiesbaden.

Baumert, J., Trautwein, U., & Artelt, C. (2003). Schulumwelten. Institutionelle Bedingungen des Lehrens und Lernens. In J. Baumert, C. Artelt, E. Klieme, M. Neubrand, M. Prenzel, U. Schiefele, W. Schneider, K.-J. Tillmann & M. Weiß (Hrsg.), *PISA 2000 – Ein differenzierter Blick auf die Länder der Bundesrepublik Deutschland* (S. 261–331). Opladen: Leske & Budrich.

Becker, R. (2000). Klassenlage und Bildungsentscheidungen. Eine empirische Anwendung der Wert-Erwartungstheorie. *Kölner Zeitschrift für Soziologie und Sozialpsychologie*, 52 (3), 450–474.

Bellenberg, G. (2012). *Schulformwechsel in Deutschland. Durchlässigkeit und Selektion in den 16 Schulsystemen der Bundesländer innerhalb der Sekundarstufe I.* Gütersloh: Bertelsmann Stiftung.

Bellenberg, G. (1999). *Individuelle Schullaufbahnen. Eine empirische Untersuchung über Bildungsverläufe von der Einschulung bis zum Abschluss.* Weinheim, München: Juventa.

BMBF – Bundesministerium für Bildung und Forschung (Hrsg.). (2003). *Investitionsprogramm „Zukunft Bildung und Betreuung". Ganztagsschulen. Zeit für mehr.* Bonn: BMBF-Veröffentlichung.

BMBF – Bundesministerium für Bildung und Forschung (Hrsg.). (2005). *Grund- und Strukturdaten 2005.* Bonn: BMBF-Veröffentlichung.

BMBF – Bundesministerium für Bildung und Forschung (Hrsg.). (2015). *Bildung und Forschung in Zahlen 2015. Ausgewählte Fakten aus dem Datenportal des BMBF.* http://www.datenportal.bmbf.de/portal/de/index.html. Zugegriffen: 14. Dezember 2015.

Bos, W., Bonsen, M., Baumert, J., Prenzel, M., Selter, C., & Walther, G. (Hrsg.). (2008). *TIMSS 2007. Mathematische und naturwissenschaftliche Kompetenzen von Grundschulkindern in Deutschland im internationalen Vergleich.* Münster, New York: Waxmann.

Bos, W., Bonsen, M. & Gröhlich, C. (Hrsg.). (2009). *KESS 7. Kompetenzen und Einstellungen von Schülerinnen und Schülern an Hamburger Schulen zu Beginn der Jahrgangsstufe 7.* Münster, New York: Waxmann.

Bos, W., Hornberg, S., Arnold, K.-H., Faust, G., Fried, L., Lankes, E.-M., Schwippert, K., & Valtin, R. (2007). *IGLU 2006. Lesekompetenzen von Grundschulkindern in Deutschland im internationalen Vergleich.* Münster, New York: Waxmann.

Bos, W., Lankes, E.-M., Prenzel, M., Schwippert, K., Walther, G., & Valtin, R. (Hrsg.). (2003). *Erste Ergebnisse aus IGLU. Schülerleistungen am Ende der vierten Jahrgangsstufe im internationalen Vergleich.* Münster, New York: Waxmann.

Bos, W., Tarelli, I., Bremerich-Vos, A., & Schwippert, Knut (Hrsg.). (2012a). *IGLU 2011. Lesekompetenzen von Grundschulkindern in Deutschland im internationalen Vergleich.* Münster, New York: Waxmann.

Bos, W., Wendt, H., Köller, O., & Selter, C. (Hrsg.). (2012b). *Mathematische und naturwissenschaftliche Kompetenzen von Grundschulkindern in Deutschland im internationalen Vergleich.* Münster, New York: Waxmann.

Boudon, R. (1974). *Education, opportunity and social inequality.* New York: John Wiley & Sons.

Bourdieu, P. (1983). Ökonomisches Kapital, kulturelles Kapital, soziales Kapital. In: R. Kreckel (Hrsg.), *Soziale Ungleichheiten* (183–228). Münster, New York: Waxmann.

Budde, H., & Klemm, K. (1992). Äußere Schulentwicklung in den neuen Ländern. Perspektiven und Gefährdungen. In H.-G. Rolff et al. (Hrsg.), *Jahrbuch der Schulentwicklung. Daten, Beispiele und Perspektiven,* Band 7 (S. 133–157). Weinheim, München: Juventa.

Cortina, K. S. & Trommer, L. (2003). Bildungswege und Bildungsbiographien in der Sekundarstufe I. In: K. S. Cortina, J. Baumer, A. Leschinsky, K. U. Mayer, L. Trommer (Hrsg.), *Das Bildungswesen in der Bundesrepublik Deutschland.* Reinbek: Rowohlt, S. 342–391.

Dedering, K. & Holtappels, H. G. (2017): Schulische Bildung – Entwicklungen im allgemein bildenden Schulsystem. In: R. Tippelt & B. Schmidt-Hertha (Hrsg.), *Handbuch Bildungsforschung.* Wiesbaden: VS Verlag (4. überarbeitete Aufl., im Erscheinen).

Deutsches PISA-Konsortium (Hrsg.). (2001). *PISA 2000. Basiskompetenzen von Schülerinnen und Schülern im internationalen Vergleich.* Opladen: Leske + Budrich.

Ditton, H. (2007). Schulübertritte, Geschlecht und soziale Herkunft. In: H. Ditton (Hrsg.), *Kompetenzaufbau und Laufbahnen im Schulsystem* (S. 63–87). Münster, New York: Waxmann.

Ditton, H. (2007). Kosten, Nutzen und Erfolgswahrscheinlichkeit. In: H. Ditton (Hrsg.), *Kompetenzaufbau und Laufbahnen im Schulsystem* (S. 89–115). Münster, New York: Waxmann,

Ehmke, T., Klieme, E., & Stanat, P. (2013). Veränderungen der Lesekompetenz von PISA 2000 nach PISA 2009. *Zeitschrift für Pädagogik,* Beiheft, 59, 132–150.

Erikson, R. & Jonsson, J. O. (1996). Explaining class inequality in education: The Swedish test case. In: R. Erikson & J. O. Jonsson (Eds.), *Can education be equalized? The Swedish case in comparative perspective* (1–63). Boulder: Westview Press.

Esser, H. (1999). *Soziologie. Spezielle Grundlagen. Band 1: Situationslogik und Handeln.* Frankfurt/M.: Campus.

Fischer, N., Holtappels, H. G., Klieme, E., Rauschenbach, T., Stecher, L. & Züchner, I. (Hrsg.). (2011).*Ganztagsschule: Entwicklung, Qualität, Wirkungen. Längsschnittliche Befunde der Studie zur Entwicklung von Ganztagsschulen (StEG).* Weinheim, Basel: BeltzJuventa.

Hammer, S., Reiss, K., Lehner, M. C., Heine, J.-H., Sälzer, C. & Heinze, A. (2016). Mathematische Kompetenz in PISA 2015: Ergebnisse, Veränderungen und Perspektiven. In K. Reiss, C. Sälzer, A. Schiepe-Tiska, E. Klieme & O. Köller (Hrsg.), *PISA 2015. Eine Studie zwischen Kontinuität und Innovation* (S. 219–247). Münster, New York: Waxmann.

Harazd, B. (2007). *Die Bildungsentscheidung: Zur Ablehnung der Schulformempfehlung am Ende der Grundschulzeit.* Münster: Waxmann.

Hillebrand, A. (2014). *Selektion im Gymnasium. Eine Ursachenanalyse auf Grundlage amtlicher schulstatistischer Daten und einer Lehrerbefragung.* Münster, New York: Waxmann.

Holtappels, H. G. (2007). Angebotsstruktur, Schülerteilnahme und Ausbaugrad ganztägiger Schulen. In H.G. Holtappels, E. Klieme, T. Rauschenbach, & L. Stecher (Hrsg.), *Ganztagsschule in Deutschland. Ergebnisse der Ausgangserhebung der „Studie zur Entwicklung von Ganztagsschulen" (StEG)* (S. 186–206). Weinheim, München: Juventa.

Holtappels, H. G. (2014). Entwicklung und Qualität von Ganztagsschulen. Eine vorläufige Bilanz des größten Reformprogramms in Deutschland. In H. G. Holtappels, A. S. Willems, M. Pfeifer, W. Bos & N. McElvany (Hrsg.), *Jahrbuch der Schulentwicklung, Band 18. Daten, Beispiele und Perspektiven* (S. 9–61).Weinheim, Basel: BeltzJuventa.

Holtappels, H. G., Klemm, K., Pfeiffer, H., Rolff, H.-G. & Schulz-Zander, R. (2004). *IFS-Umfrage: Die Schule im Spiegel der öffentlichen Meinung – Ergebnisse der 13. Repräsentativbefragung der bundesdeutschen Bevölkerung.* In H. G. Holtappels, K. Klemm, H. Pfeifer, H.-G. Rolff & R. Schulz-Zander (Hrsg.), *Jahrbuch der Schulentwicklung, Band 13. Daten, Beispiele und Perspektiven* (S. 13–50). Weinheim, München 2004: Juventa.

Holtappels, H. G., & Rösner, E. (1994). Schulen im Verbund. In H. G. Rolff, K.-O. Bauer, K. Klemm, H. Pfeiffer & R. Schulz-Zander (Hrsg.), *Jahrbuch der Schulentwicklung Daten, Beispiele und Perspektiven* Band 8 (S. 57–98). Weinheim, München: Juventa.

Holtappels, H. G., & Rösner, E. (1996a). Schulsystem und Bildungsreform in Westdeutschland. Historischer Rückblick und Situationsanalyse. In W. Melzer & U. Sandfuchs (Hrsg.), *Schulreform in der Mitte der 90er Jahre, Strukturwandel und Debatten um die Entwicklung des Schulsystems in Ost- und Westdeutschland* (S. 23–46). Opladen: Westdeutscher Verlag.

Holtappels, H. G., & Rösner, E. (1996b). Wie zeitgemäß ist die Gesamtschule?. In H. Gudjons & A. Köpke (Hrsg.), *25 Jahre Gesamtschule in der Bundesrepublik. Eine bildungspolitische und pädagogische Bilanz* (S. 217–222). Bad Heilbrunn: Klinkhardt.

KMK –Sekretariat der Ständigen Konferenz der Kultusminister der Länder in der Bundesrepublik Deutschland (Hrsg.). (2008). *Allgemein bildende Schulen in Ganztagsform in den Ländern in der Bundesrepublik Deutschland. Statistik 2002 bis 2006.* Bonn.

KMK – Sekretariat der Ständigen Konferenz der Kultusminister der Länder in der Bundesrepublik Deutschland (Hrsg.). (2015). *Statistische Veröffentlichungen der Kultusministerkonferenz, Dokumentation Nr. 206. Schüler, Klassen, Lehrer und Absolventen der Schulen 2004 bis 2013.* Bonn.

KMK – Sekretariat der Ständigen Konferenz der Kultusminister der Länder in der Bundesrepublik Deutschland (Hrsg.). (2016). *Statistische Veröffentlichungen der Kultusministerkonferenz, Dokumentation Nr. 211. Schüler, Klassen, Lehrer und Absolventen der Schulen 2006 bis 2015.* Bonn.

KMK – Sekretariat der Ständigen Konferenz der Kultusminister der Länder in der Bundesrepublik Deutschland (Hrsg.). (2017). *Allgemein bildende Schulen in Ganztagsform in den Ländern in der Bundesrepublik Deutschland. Statistik 2011 bis 2015.* Bonn.

Köller, O. & Baumert, J. (2001). Leistungsgruppierung in der Sekundarstufe I. Ihre Konsequenzen für die Mathematikleistung und das mathematische Selbstkonzept. In: *Zeitschrift für Pädagogische Psychologie*, 15 (2), 2001, 99–110.

Konsortium StEG (Hrsg.). (2016). *Ganztagsschule: Bildungsqualität und Wirkungen außerunterrichtlicher Angebote. Ergebnisse der Studie zur Entwicklung von Ganztagsschulen 2012-2015.* Frankfurt/M. (Broschüre).

Kühn, S. M., Ackeren, I. van, Bellenberg, G., Reintjes, C., & Brahm, G. (2013). Wie viele Schuljahre bis zum Abitur? Eine multiperspektivische Standortbestimmung im Kontext der aktuellen Schulzeitdebatte. *Zeitschrift für Erziehungswissenschaft*, 16, 115–136.

Lehmann, R. & Lenkeit, J. (2008). *ELEMENT. Erhebung zum Lese- und Mathematikverständnis. Entwicklungen in den Jahrgangsstufen 4 bis 6 in Berlin.* Abschlussbericht über die Untersuchungen 2003, 2004 und 2005 an Berliner Grundschulen und Gymnasien. Berlin: Humboldt-Universität.

Lossen, K., Tillmann, K., Holtappels, H. G., Hannemann, J. & Rollett, W. (2016). Entwicklung der naturwissenschaftlichen Kompetenzen und des sachunterrichtsbezogenen Selbstkonzepts bei Schüler/-innen in Ganztagsgrundschulen – Ergebnisse der Längsschnittstudie StEG-P zu Effekten der Schülerteilnahme und der Angebotsqualität. In: *Zeitschrift für Pädagogik* 62, Heft 6/2016, S. 760–779.

Maaz, K. & Nagy, G. (2010). Der Übergang von der Grundschule in die weiterführenden Schulen des Sekundarschulsystems: Definition, Spezifikation und Quantifizierung primärer und sekundärer Herkunftseffekte. In K. Maaz, J. Baumert, C. Gresch & N. McElvany (Hrsg.), *Der Übergang von der Grundschule in die weiterführende Schule. Leistungsgerechtigkeit und regionale, soziale und ethnisch-kulturelle Disparitäten* (S. 151–180). Bonn, Berlin: BMBF.

McElvany, N. (2010). Die Übergangsempfehlung von der Grundschule auf die weiterführende Schule im Erleben der Lehrkräfte. In K. Maaz, J. Baumert, C. Gresch & N. McElvany (Hrsg.), *Der Übergang von der Grundschule in die weiterführende Schule. Leistungsgerechtigkeit und regionale, soziale und ethnisch-kulturelle Disparitäten* (S. 295–311). Bonn, Berlin: BMBF.

Müller, K. & Ehmke, T. (2016). Soziale Herkunft und Kompetenzerwerb. In K. Reiss, C. Sälzer, A. Schiepe-Tiska, E. Klieme & O. Köller (Hrsg.), *PISA 2015. Eine Studie zwischen Kontinuität und Innovation* (S. 285–316). Münster, New York: Waxmann.

Pfeiffer, H., & Rösner, E. (2000). Mehr oder weniger Integration? Entwicklungstendenzen der weiterführenden Schulen. In H.-G. Rolff, W. Bos, K. Klemm, H. Pfeiffer & R. Schulz-Zander (Hrsg.), *Jahrbuch der Schulentwicklung. Daten, Beispiele und Perspektiven* Band 11 (S. 77–127). Weinheim/München: Juventa.

Prenzel, M., Sälzer, C., Klieme, E., & Köller, O. (Hrsg.). (2013). *PISA 2012. Fortschritte und Herausforderungen für Deutschland.* Münster, New York: Waxmann.

Rauch, D., Mang, J., Härtig, H. & Haag, N. (2016). Naturwissenschaftliche Kompetenz von Schülerinnen und Schülern mit Zuwanderungshintergrund. In K. Reiss, C. Sälzer, A. Schiepe-Tiska, E. Klieme & O. Köller (Hrsg.), *PISA 2015. Eine Studie zwischen Kontinuität und Innovation* (S. 317–347). Münster, New York: Waxmann.

Rösner, E. (2007). *Hauptschule am Ende? Ein Nachruf.* Münster, New York: Waxmann.

Rösner, E. (2014). Abschied von der Realschule. In Pfeifer, M. (Hrsg.), *Schulqualität und Schulentwicklung – Theorien, Analysen und Potenziale* (S. 26–34). Münster, New York: Waxmann.

Rösner, E. & Stubbe, T. (2008). Übergangsentscheidungen und Schulerfolg im Zeichen demografischer Veränderungen. In W. Bos, H. G. Holtappels, H. Pfeiffer, H.-G. Rolff & R. Schulz-Zander (Hrsg.), *Jahrbuch der Schulentwicklung, Band 15. Daten, Beispiele und Perspektiven* (S. 297–319).Weinheim, München: Juventa.

Schiepe-Tiska, A., Ronnebeck, S., Schops, K., Neumann, K., Schmidtner, S., Parchmann, I. & Prenzel, M. (2016). Naturwissenschaftliche Kompetenz in PISA 2015 – Ergebnisse des internationalen Vergleichs mit einem modifizierten Testansatz. In K. Reiss, C. Sälzer, A. Schiepe-Tiska, E. Klieme & O. Köller (Hrsg.), *PISA 2015. Eine Studie zwischen Kontinuität und Innovation* (S. 45–98). Münster, New York: Waxmann.

Schuchart, C. (2006). Orientierungsstufe und Bildungschancen. Eine Evaluationsstudie. Münster: Waxmann.

Schümer, G., Tillmann, K.-J.& Weiß, M. (2002). Institutionelle und soziale Bedingungen schulischen Lernens. In J. Baumert, C. Artelt, E. Klieme, M. Neubrand, M. Prenzel, U. Schiefele, W. Schneider, K.-J. Tillmann & M. Weiß (Hrsg.), *PISA 2000 – Die Länder der Bundesrepublik Deutschland im Vergleich* (S. 203–218). Opladen: Leske & Budrich.

Schwippert, K., Wendt, H. & Tarelli, I. (2012). Lesekompetenzen von Schülerinnen und Schülern mit Migrationshintergrund. In W. Bos, W., I. Tarelli, A. Bremerich-Vos & K. Schwippert (Hrsg.). (2012a) *IGLU 2011. Lesekompetenzen von Grundschulkindern in Deutschland im internationalen Vergleich* (S. 191–207). Münster, New York: Waxmann.

Stanat, P., Pant, H. A., Böhme, K., & Richter, D. (Hrsg.). (2012). *Kompetenzen von Schülerinnen und Schülern am Ende der vierten jahrgangsstufe in den Fächern Deutsch und Mathematik. Ergebnisse des IQB-Ländervergleichs.* Münster, New York: Waxmann.

Statistisches Bundesamt (Hrsg.). (2014). *Schulen auf einen Blick.* Ausgabe 2014. Wiesbaden: Statistisches Bundesamt. https://www.destatis.de/DE/Publikationen/Thematisch/BildungForschungKultur/Schulen/BroschuereSchulenBlick0110018149004.pdf?__blob=publicationFile. Zugegriffen: 14. Dezember 2015.

Statistisches Bundesamt (Hrsg.). (2015). *Fachserie 11, Reihe 1.3.* https://www.destatis.de/DE/Publikationen/Thematisch/BildungForschungKultur/Schulen/AllgemeinbildendeSchulen.html. Zugegriffen: 14. Dezember 2015.

Strietholt, R., Manitius, V., Berkemeyer, N., & Bos, W. (2015). *Bildung und Bildungsungleichheit an Halb- und Ganztagsschulen. Zeitschrift für Erziehungswissenschaft,* 18(4), 737–761.

Stubbe, T. C., Bos, W. & Euen, B. (2012). Der Übergang von der Primar- in die Sekundarstufe. In W. Bos, I. Tarelli, A. Bremerich-Vos & K. Schwippert (Hrsg.), *Lesekompetenzen von*

Grundschulkindern in Deutschland im internationalen Vergleich (S. 209–226). Münster, New York: Waxmann

Stubbe, T. C., Schwippert, K. & Wendt, H. (2016). Soziale Disparitäten in Mathematik und Naturwissenschaften. In H. Wendt, W. Bos, C. Selter, O. Köller, K. Schwippert & D. Kasper (Hrsg.), *Mathematische und naturwissenschaftliche Kompetenzen von Grundschulkindern in Deutschland im internationalen Vergleich* (S. 299–316). Münster, New York: Waxmann.

Tillmann, K.-J. (2013). Schulstrukturen in 16 deutschen Bundesländern. Zur institutionellen Rahmung des Lebenslaufs. *NEPS Working Papers, 28.*

Tillmann, K.-J., & Meier, U. (2001). Schule, Familie und Freunde – Erfahrungen von Schülerinnen und Schülern in Deutschland. In J. Baumert, C. Artelt, E. Klieme, M. Neubrand, M. Prenzel, U. Schiefele, W. Schneider, K.-J. Tillmann & M. Weiß (Hrsg.), *PISA 2000. Basiskompetenzen von Schülerinnen und Schülern im internationalen Vergleich* (S. 468–509). Opladen: Leske & Budrich.

Van Ophuysen, S. (2006): Zur Problematik der Schulformempfehlungen nach der Grundschulzeit und ihrer prognostischen Qualität. In W. Bos, W., H. G. Holtappels, H. Pfeiffer, H-G. Rolff & R. Schulz-Zander (Hrsg.), *Jahrbuch der Schulentwicklung, Band 14* (S. 49–79). Weinheim, München: Juventa.

Watermann, R. & Baumert , J. (2000): Mathematische und naturwissenschaftliche Grundbildung beim Übergang von der Schule in den Beruf. In J. Baumert, W. Bos, & R. Lehmann (Hrsg.), *TIMSS/III, Band 1* (S. 204–230), Opladen: Leske + Budrich.

Weis, M., Zehner, F., Sälzer, C., Strohmaier, A., Artelt, C. & Pfost, M. (2016). Lesekompetenz in PISA 2015: Ergebnisse, Veränderungen und Perspektiven. In K. Reiss, C. Sälzer, A. Schiepe-Tiska, E. Klieme & O. Köller (Hrsg.), *PISA 2015. Eine Studie zwischen Kontinuität und Innovation* (S. 249–283). Münster, New York: Waxmann.

Wendt, H., Bos, W., Selter, C., Köller, O., Schwippert, K. & Kasper, D. (Hrsg.) (2016). *Mathematische und naturwissenschaftliche Kompetenzen von Grundschulkindern in Deutschland im internationalen Vergleich.* Münster, New York: Waxmann.

Wendt, H., Schwippert, K. & Stubbe, T. C. (2016). Mathematische und naturwissenschaftliche Kompetenzen von Schülerinnen und Schülern mit Migrationshintergrund. In H. Wendt, W. Bos, C. Selter, O. Köller, K. Schwippert & D. Kasper (Hrsg.), *Mathematische und naturwissenschaftliche Kompetenzen von Grundschulkindern in Deutschland im internationalen Vergleich* (S. 317–331). Münster, New York: Waxmann.

Wendt, H., Stubbe, T. C. & Schwippert, K. (2012). In W. Bos, I. Tarelli, A. Bremerich-Vos & K. Schwippert (Hrsg.). (2012a). *IGLU 2011. Lesekompetenzen von Grundschulkindern in Deutschland im internationalen Vergleich* (S. 175–190). Münster, New York: Waxmann.

David Reynolds

Improving Educational Systems

Evidence from Policy, Research and Practice over Two Decades

Introduction

Improving school functioning has been a global quest for many international organisations like OECD and for many individual countries. The rapid internationalisation of the global economy, the increased mobility of capital and labour, and the aftermath of the financial crisis of the 2000s have all meant societies need to compete using their available 'human capital'. The ways in which modern productive practices are transferred between countries because of the pervasiveness of the internet and media means that all systems have available many more blueprints than before about what may make them 'effective' and 'efficient' educationally.

Over the years three knowledge bases have accrued about improving system functioning:

- The literature on educational policy, generated particularly from the rise of 'demand side' approaches (see Reynolds & Kelly, 2013) that followed the 'death of the liberal dream' in the 1990s;
- The knowledge base from Educational Effectiveness and Improvement, a combination of research based material in the case of effectiveness and both research and practice orientated material in the case of the improvement materials (see Chapman et al, 2012; 2016);
- The literature from international studies of 'what works' apparently in different countries, focussing upon in the case of PISA and TIMSS the system and to a lesser extent the school factors that more 'effective' societies appear to utilise (see Reynolds et al, 2002).

We now turn to these literatures in sequence.

The Educational Policy Literature

The direction of travel over the last 30 years, internationally, has been strongly of a particular type – 'performance accountability' – using the 'demand' side of education as a lever of improvement through parents choosing what they see as more appropriate schools for their children, and monitoring the performance of these schools and the education system more generally. Performance accountability is also linked to the operation of the supply side of education – to the national and local 'states' that run public education. This recently developed model is therefore one of simultaneous 'supply-side/demand-side' *reform*, and of 'supply-side/demand-side' *accountability*.

The way this philosophy of educational policy grew is informative. Historically accountability was largely one of educational professionals to themselves, although the historical tendency of the teacher unions to concentrate more on the protection of their members than to operate like other professions to improve standards of professional practice meant that 'self-regulation' or 'teacher professionalism' was *not* well developed internationally. This was the era of an educational 'club culture'.

In such a system, it was not surprising therefore that major programmes of educational reform found it hard to impact and to 'root'. Many societies across the world shared an enthusiasm for education in the 1960s, and greatly increased per capita expenditure, attempted school level organisational reforms and lengthened the school year, but the results disappointed both governments and liberal reformers, as did the attempted modernisation of the curriculum in many societies in the 1960s to one with, in many societies, more 'discovery' orientated (Nuffield Science and Mathematics) emphases. The widespread cry emerged subsequently that 'education didn't matter', that 'education could not compensate for society' (Bernstein, 1968) and that 'schools made no difference', conclusions supported by the very first studies in the newly emerging field of school effectiveness (e.g. Coleman et al, 1966; Jenks et al, 1972) in the United States. However, pressures for a further intensification of educational changes grew internationally in the 1970s. There was in the United Kingdom, for example:

- Attention given to the economic achievements of European competitors, such as Germany, who had 'staying-on' rates considerably higher than our own (Comber & Keeves, 1973) and a higher participation rate in the STEM area;
- Increasing recognition of the existence of variation in school quality shown by the early and much publicised UK school effectiveness studies (Power, 1967, 1972; Reynolds, 1976);
- Some 'scandals' of particularly poor performance in some schools, such as that of the William Tyndale Primary School in London (Auld, 1976);
- Some research studies that appeared to discredit many of the educational movements that had so appealed to educational professionals in the 1960s and 1970s, such as the so-called 'progressive' or 'pupil centred' teaching methods (Bennett, 1976). Interestingly, it was precisely the high degree of professional control and autonomy that had made it possible for these innovations to be promoted, since professional enthusiasm for them had widely outrun public and governmental enthusiasm.

By the mid to late 1970s there were multiple arguments in many societies to make the educational system more productive, and that this should be done through increasing its accountability and that of its schools and professionals to the State, parents and to society in general. In a landmark intervention in 1976, the then UK Prime Minister, James Callaghan, called for a debate about the need for government to become involved in the 'secret garden of the curriculum', and in the 1979 UK General Election campaign the Conservative Party famously used the slogan 'Edukashun isn't working' in an attempt to tap widespread popular discontent with the operation of the system.

The late 1980s therefore saw the rising popularity in, particularly, Anglo Saxon societies of 'market based' or 'demand side' solutions to our perceived educational problems, based upon the popularity of ideas (associated with the Institute for Economic Affairs) that education should be distributed to populations in the same way as other economic goods. In the UK Education Act of 1980 and the UK Education Reform Act of 1989, schools were required to report their assessment results to Government and to their parental consumers, and parents were appointed as of right, not as previously as custom and practice, to all school Governing Bodies. The number of school 'types' was also increased, with the introduction of City Technical Colleges for example, and initiatives like the Assisted Places scheme, to increase the capacity of the system for greater parental/consumer choice. A National Curriculum was introduced for all primary and secondary schools, designed to minimise the variation in curriculum offerings (both in the range of subjects and in the time devoted to each of them) that had been a feature of 1960s and 1970s education, designed to make it possible to compare schools directly on comparable data.

The great majority of these reforms could be characterised as operating on the 'demand side', aimed at levering up educational quality by 'pressuring' the school system and its professionals to be more effective, and by offering financial inducements so that more students brought more money to successful schools. 'Supply side' reforms aimed at improving education through State intervention/accountability were not as marked a feature of these years.

However, in the UK the incoming New Labour Government of 1997, and indeed many other administrations internationally, went for what was increasingly called 'simultaneous demand side/supply side' reform, attempting to both make the system more accountable to the educational State, who would also be involved in improving the 'supply' of it, and to the 'demands' of parents. Labour enhanced 'demand side' accountability – with value added, more 'true' results of school performance both nationally and locally published, the generation of more 'types' of schools such as new City Academies for parents to choose from, more power being given to (parent dominated) School Governing Bodies and also requirements for schools to have 'contracts' with their educational consumers/parents. Labour also generated major 'supply side' reforms with the often labelled 'prescriptive' introduction of national programmes to upskill teachers, such as through the Literacy and Numeracy CPD Strategies, and through programmes of Headteacher training organised through the newly established National College for School Leadership (NCSL).

Internationally, similar simultaneous 'demand side/supply side' reform packages or suites of policies were tried in many societies, as for example in the well-known Chicago 'performance based' suite of educational reforms. Leithwood et al (1999) summarised nicely the characteristics of 'performance based' reform:

- A centrally determined vision and explicit goals for student performance;
- Curriculum frameworks explicitly targeted at these goals;
- Standards for judging the degree of success of all students;
- Coherent policies that attempt to meet the standards;
- A system of resource allocation and governance that devolves to 'school' or 'State' level responsibility for improving school performance;
- A central authority that reviews information on organisational performance and distributes rewards and sanctions that have significant consequences to those organisations attempting to meet the standards.

There was subsequently disappointment that more had not come from the simultaneous 'supply side/demand side' accountability mantra in evidence by the early to mid-2000s, in the UK and internationally. Attention within many societies then began to shift to the improvement of the teaching profession itself, which was increasingly seen as not possessing the 'capacity' to improve standards in the new administrative landscape that educational reforms had created.

The momentum behind an enhanced 'supply side' focus upon building the capacity of 'the teaching profession' as an added focus of educational reform had increased by the late 2000s because of the often repeated argument that the previous levers of 'supply side/demand side' reforms had run their course. Wave One – the international trend to self-managing schools – had largely run its course by the mid-1990s. Wave Two – the encouragement of schools to get the school effectiveness correlates into place – had probably done the same by the early 2000s. Wave Three was the 'supply/demand' side reform which itself also had disappointed by the years of the late 2000s, particularly in the UK where national UK performance on the triennial PISA surveys declined through the 2000s by comparison with many other societies.

Of course, many societies were able to show rapid gains in achievement levels *at particular times*, but not *consistently over time* – as in the case of England with its National Numeracy and Literacy Strategies in the 2000s, for example. Achieving consistently reliable, powerful change was apparently difficult, even with policies that 'pulled' all policy levers.

Increasingly, also, the intellectual and ideological foundations of the simple early simultaneous 'supply/demand' side reforms themselves were threatened. The need for a strong educational 'State' to both pressure and support schools became more difficult to justify in the years of retrenchment in public expenditure that followed the 2007 banking crisis internationally. The increasing micro-management of schools in many parts of the world by central governments, as in the UK, was increasingly seen as generating dependency and passivity, rather than the ownership and innovation by individual schools that a rapidly changing society needed.

So, what do we take from our first review of evidence? That improving schools and educational systems requires the supply side to be maximised in quality, the demand side to be powerful in 'levering up' performance by parental/community power, but that teachers capacity should be enhanced to help teachers cope, innovate and change.

The Research Evidence from Educational Effectiveness and Improvement

So, if it is now increasingly agreed that simultaneous supply side, and demand side, policies combined with the resourcing of teachers to increase their 'professional capital' is axiomatic as the policy place for successful education systems to be, where does the evidence base from educational effectiveness and improvement take us?

Educational Improvement

First, we have learned that it is the classroom that needs to be a focus as well as the school 'level'. School improvement historically, even in its recent manifestations, has been poorly linked – conceptually and practically – with the classroom or 'learning level'. The great majority of the improvement 'levers' that have been pulled historically are all at the school level, such as through development planning or whole school improvement planning, and although there is a clear intention in most of these initiatives for classroom teaching and student learning to be impacted upon, the links between the school 'level' and the level of the classroom are poorly conceptualised, rarely explicit and even more rarely practically drawn.

The problems with the, historically, mostly 'school level' orientation of school improvement as judged against the literature is of course that:

- Within school variation by Department within secondary school and by teacher within primary school is much greater than the variation between schools on their 'mean' levels of achievement and 'value added' effectiveness (Fitz-Gibbon, 1996);
- The effect of the teacher and of the classroom level in those multi-level analyses that have been undertaken, since the introduction of this technique in the mid-1980s, is probably three to four times greater than that of the school level (Muijs & Reynolds, 2011).

A classroom or 'learning level' orientation is likely to be more productive than a 'school level' orientation for achievement gains, for the following reasons:

- The classroom can be explored using the techniques of 'pupil voice' that are now so popular;
- The classroom level is closer to the student level than is the school level, opening up the possibility of generating greater change in outcomes through manipulation of 'proximal variables';
- Whilst not every school is an effective school, every school has within itself some classroom practice that is relatively more effective than its other practice. Many schools will have within themselves classroom practice that is absolutely effective across all schools. With a within school 'learning level' orientation, every school can benefit from its own internal conditions;
- Focussing on classrooms may be a way of permitting greater levels of competence to emerge at the school level;
- There are powerful programmes (e.g. Slavin, 1996) that are classroom based and powerful approaches such as peer tutoring and collaborative groupwork;
- There are extensive bodies of knowledge related to the factors that effective teachers use and much of the novel cognitive neuroscience material that is now so popular internationally has direct 'teaching' applications;
- There are techniques such as lesson study that can be used to transfer good practice, as outlined historically in *The Teaching Gap* (Stigler & Heibert, 1999).

Much is made in this study of the professional development activities of Japanese teachers who adopt a 'problem solving' orientation to their teaching, with the dominant form of in-service training being the lesson study. In lesson study, groups of teachers meet regularly over long periods of time (ranging from several months to a year) to work on the design, implementation, testing and improvement of one or several 'research lessons'. By all indications, report Stigler and Heibert (1999),

> 'lesson study is extremely popular and highly valued by Japanese teachers, especially at the elementary school level. It is the linchpin of the improvement process and the premise behind lesson study is simple:
> If you want to improve teaching, the most effective place to do so is in the context of a classroom lesson. If you start with lessons, the problem of how to apply research findings in the classroom disappears. The improvements are devised within the classroom in the first place. The challenge now becomes that of identifying the kinds of changes that will improve student learning in the classroom and, once the changes are identified, of sharing this knowledge with other teachers who face similar problems, or share similar goals in the classroom.' (p. 110)

It is the focus on improving instruction within the context of the curriculum, using a methodology of collaborative enquiry into student learning, that provides the usefulness for contemporary school improvement efforts. The broader argument is that it is this form of professional development, rather than efforts at only *school* improvement, that provides the basis for the problem solving approach to teaching adopted by Japanese teachers.

Secondly, we noted earlier that conventional educational reforms may not have delivered enhanced educational outcomes because they did not affect school capacity to improve, merely assuming that educational professionals were able to surf the range of policy initiatives to good effect. Without the possession of 'capacity' schools will be unable to sustain continuous improvement efforts that result in improved student achievement. It is therefore critical to be able to define 'capacity' in operational terms. The IQEA school improvement project, for example, demonstrated that without a strong focus on the internal conditions of the school, innovative work quickly becomes marginalised (Hopkins et al, 2001). These 'conditions' have to be worked on at the same time as the curriculum or other priorities the school has set itself and are the internal features of the school, the 'arrangements' that enable it to get its work done (Ainscow et al, 2000). The 'conditions' within the school that have been associated with a capacity for sustained improvement are:

- A commitment to staff development
- Practical efforts to involve staff, students and the community in school policies and decisions
- 'Transformational' leadership approaches
- Effective co-ordination strategies
- Serious attention to the benefits of enquiry and reflection
- A commitment to collaborative planning activity

The work of Newmann, King and Young (2000) provided another perspective on conceptualising and building learning capacity. They argue that professional development is more likely to advance achievement for all students in a school if it addresses not only the learning of individual teachers, but also other dimensions concerned with the organisational capacity of the school. They defined school capacity as the collective competency of the school as an entity to bring about effective change. They suggested that there are four core components of capacity:

- The knowledge, skills and dispositions of individual staff members
- A professional learning community – in which staff work collaboratively to set clear goals for student learning, assess how well students are doing, and develop action plans to increase student achievement, whilst being engaged in inquiry and problem solving;
- Programme coherence – the extent to which the school's programmes for student and staff learning are co-ordinated, focussed on clear learning goals and sustained over a period of time;
- Technical resources – high quality curriculum, instructional material, assessment instruments, technology, workspace etc;

Fullan (2000), notes that this four part definition of school capacity includes 'human capital' (i. e. the skills of individuals), but he concludes that no amount of professional development of individuals will have an impact if certain organisation features are not in place. He maintains that there are two key organisational features necessary. The first is 'professional learning communities', which is the 'social capital' aspect of capacity. In other words, the skills of individuals can only be realised if the relationships within the schools are continually developing. The other component of organisational capacity is programme coherence. Since complex social systems have a tendency to produce overload and fragmentation in a non-linear, evolving fashion, schools are constantly being bombarded with overwhelming and unconnected innovations. In this sense, the most effective schools are not those that take on the most innovations, but those that selectively take on, integrate and co-ordinate innovations into their own focussed programmes.

A key element of capacity building is the provision of in-classroom support, or in a Joyce and Showers term, 'peer coaching'. It is the facilitation of peer coaching that enables teachers to extend their repertoire of teaching skills and to transfer them from different classroom settings to others. In particular, peer coaching is helpful when (Joyce, Calhoun & Hopkins, 1999):

- Curriculum and instruction are the contents of staff development;
- The focus of the staff development represents a new practice for the teacher;
- Workshops are designed to develop understanding and skill;
- School-based groups support each other to attain 'transfer of training'.

Educational Effectiveness

If we move on to the educational effectiveness literature, research has identified the following factors as potentially important in creating effectiveness:

- The nature of the leadership provided by the Principal/Headteacher, with more effective schools having better Head/Deputy Head relations, and having a management style and structure that involves heads setting goals, establishing directions and possessing that most popular of contemporary management terms, a 'mission', but having also an active involvement of staff in planning the means to achieve school goals through staff involvement in some decision making. The effective school has a balance, then, in its management between vertical push and horizontal pull, between laterality or diffusion, and centralisation. Indeed it possesses a balance between managerialism and collegiality that is ensured by having elements of both present at the same time;
- Academic push or academic 'press', involving high expectations of what pupils can achieve, utilising strategies that ensure large amounts of learning time (such as well managed lesson transitions), utilising homework to expand learn-

ing time to involve parents, and entering a high proportion of pupils for public examinations to ensure they remain 'hooked' in their final years;

- Parental involvement, both to ensure the participation of significant others in children's lives in the rewarding of achievement and effort, and also to ensure that in cases of difficulty, the parents will, if it is appropriate to do so, support the school against the child;
- Pupil involvement, both in the learning situation within the classroom (though here the involvement needs to be within a firm and organised structure) and within the school in societies, sports teams, leadership positions, representative positions and the like;
- Organisational control of pupils, which is in turn generated by cohesion, constancy and consistency within the school. Organisational cohesion is likely to be enhanced by both planning and co-ordination of school activities, and by a degree of ownership of the school by the staff itself, to be generated by a good flow of information and by procedures that involve staff in the organisation.

Organisational consistency across lessons in the same subjects, across different subjects in the same Years and across different Years in the pupil learning experiences they offer, is clearly likely to be facilitated by development planning and by those forms of professional development which involve utilising members of staff as 'buddies' to each other, in which observation of each other's practice ensures that the range of individual practice is made clearer to organisational members, to be acted upon.

Organisational constancy is the final requirement to ensure control, which results from a limited turnover in the people who pass through the lives of young people. Youth is a sensitive age and frequent changes in the people who inhabit authority positions in young people's lives are likely to make their socialisation into the values and standards of adult society significantly more problematic by affecting the capacity of relationships to develop. If we look at the evidence from studies of all organisations, whether private firms, utilities or mental hospitals, then there are usually shown to be adverse effects of the high turnover of operatives upon client responses to organisations. Indeed, in the literature upon mental hospitals – and the parallel between schools and mental hospitals is often compelling – trouble amongst the inmates often takes place when the staff shift changes over. Likewise, trouble in a class or in a school may often reflect on rapid turnover and/or on the use of supply teachers not well versed in administrative or instructional requirements.

Context Specificity

One of the most interesting recent developments to come out of the educational effectiveness and school improvement literatures we have explored in this section is that of 'context specificity'.

Early work in both effectiveness and improvement had an almost obsessive focus with the schools and communities of the disadvantaged, in part because of the social radicalism of the researchers in both countries. Edmonds, (1979) in the United States, and Rutter et al, (1979) and Reynolds (1976) in the United Kingdom chose their research communities – Inner London south of the Thames and the Welsh former mining communities respectively – because they were committed to, to use the phrase, science with a social purpose.

There was, of course, in the United States an historic focus upon simple contextual effects, with the early definition of these as 'group effects' on educational outcomes being supplemented in the 1980s and 1990s by a focus upon whether the context of the catchment area of the school influenced the nature of the educational factors that schools used to make themselves effective. Hallinger & Murphy's (1986) study of the 'effective' California schools which pursued policies of active parental dis-involvement to buffer their children from the influences of their disadvantaged parents/carers is one example of this focus, as is the Louisiana School Effectiveness Study (LSES) of Teddlie & Stringfield (1993). There has also been a UK based emphasis upon how schools in low SES communities need specific policies, such as the creation of an ordered atmosphere in school so that learning can take place. (See reviews in Muijs et al, 2004; Reynolds et al, 2014). Also, in the UK, the 'site' of ineffective schools was the subject of intense speculation for a while within the improvement community, in terms of the different, specific interventions that were needed because of their distinctive pathology (Stoll & Myers, 1996; Reynolds, 2010). However, this flowering of what has been called a 'contingency' perspective did not last long. The initial International Handbook of School Effectiveness Research (Teddlie & Reynolds, 2000), had a substantial chapter on 'context specificity'. The 2016 version has none (Chapman et al, 2016).

This is all rather strange because many of the statistical relationships established over time between *school* characteristics and student outcomes are on the low side in most of the meta analyses (e. g. Hattie, 2009), but this has not led to what one might have expected – the disaggregation of samples into smaller groups of schools in accordance with the characteristics of their contexts like socio economic background, urban/rural status, and region. With disaggregation and analysis by groups of schools *within* different contexts it is possible that there would be better school/outcome relationships than overall exist *across* all contexts with, in this possibility, school effects seen as moderated by school context.

This point is nicely made by May, Huff & Golding (2012), in a study that failed to establish strong links between Principal behaviours and attributes in terms of relating the time spent by Principals on various activities to student achievement over time, leading to the authors' conclusions that '… contextual factors not only have strong influences on student achievement but also exert strong influences on what actions Principals need to take to successfully improve teaching and learning in their schools.' (p. 435). The authors rightly conclude in a memorable paragraph that (also p. 435):

> '... our statistical models are designed to detect only systemic relationships that appear consistently across the full sample of students and schools. (...) ... if the success of a Principal requires a unique approach to leadership given a school's specific context, then simple comparisons of time spent on activities will not reveal leadership effects on student performance.'

Numerous factors in the politics of educational research appear to be the explanation for this situation whereby 'context' is neglected:

- The desire in the 1990s and 2000s to generate a 'normal science' of agreed findings about 'what works' led to literature reviews that neglected the studies which were aberrant in their findings in favour of emphasising regularity of findings (e.g. Reynolds, 2010). These were in the era of the 'lists', or 'factors', or 'correlates'.
- The desire to ensure policymaker take up of effectiveness in societies such as the United Kingdom led to a downplaying of the issue of possible contextual effects, because of the perception that policymakers (and politicians for that matter) would find the possible need to do different things in different schools to achieve effectiveness and improvement somewhat 'inconvenient'.
- The popularity of medical science led to a focus upon the need to establish technologies of effectiveness that were the same everywhere, 'wherever and whenever we choose' as Slavin (1996) argued.
- The enhanced use of 'meta-analysis' encouraged a focus upon 'whole sample' analysis to keep sample sizes high, and discouraged disaggregation by social background.

The death of 'context specificity' was seen in the improvement field too. The need for different improvement strategies to be determined by the level of effectiveness of a school, the trajectory of a school, and the culture of a school had been a focus in the 1990s and early 2000s, but seems much less prevalent now. Indeed, school improvement has now become increasingly interested in the 'high level architecture' of policy at national level linked to the PISA studies, and has been more and more espousing 'one right way' educational policies utterly independent of national cultures because of this.

Whether contemporary neglect of the possible contextual specificity in 'what works' is a passing phase, explained by the instrumental financial advantages that can be generated to improvement researchers through global selling of 'one right way' approaches is unclear. We now pass finally to the internationally based PISA studies that have probably, more than anything, encouraged 'one right way' approaches.

The PISA International Studies

Perhaps the most explicit and well known attempt to determine for policymakers 'what works' in policy and practice to improve educational systems are the PISA studies that have emanated from OECD. They explicitly attempt to influence policies and reach policymakers. Their findings about what policies and practices appear optimal, as in the internationally recognised 'intelligent accountability' paradigm, have been foundations of educational discussion internationally. They are truly our contemporary 'zeitgeist'. However, there are multiple problems in the PISA research designs, conceptualisations and operationalisations.

Firstly, all existing reviews of research conducted within Educational Effectiveness Research have argued for the primacy of teacher effects and for these effects to be bigger than the 'levels' of the school and of the District/Local Authority. However, PISA collects no data upon the methods of teaching used in different countries, focussing upon the organisational arrangements of classrooms within schools more than on the actual behaviours of teachers and support personnel that have been shown to be highly important in the five decades of research on what can be called 'teacher effectiveness' (Brophy, 1979; Brophy & Good, 1986; Muijs & Reynolds, 2011).

Clearly, this absence of classroom data is because individual teachers would find it hard to rate and describe their own teaching in ways that could command cross cultural validity, and alternatively sending researchers to observe the classrooms of teachers in different countries would be hugely time intensive and expensive.

While these are sound reasons, it remains the case that the absence of any focus upon pedagogy may well function both to severely limit the capacity of PISA to understand the causes and nature of country differences in educational achievement and also to imperil the prospects of success of any policies that may be tried out in different countries based upon PISA findings, given that it is likely to be 'teaching,' the 'alterable variable' with the largest likely effects, that countries may well wish to transplant. It may also be that the continued concern with the managerial arrangements of schools, Districts/Local Authorities and national policymaking/policies promoted by those who draw upon PISA to offer policy guidance, rather than with pedagogical practices, may not resonate with practitioners who are more interested in the classroom itself rather than the organisational layers that sit above it. Many societies, such as England, have advocated that 'teaching and teachers' matter most after PISA studies have been published, but it seems a pity that PISA is unable to inform these discussions with data upon 'teaching and teachers' itself.

Secondly, PISA uses a limited value added methodology. Educational Effectiveness Research has, over time, successfully established its bodies of knowledge about 'what worked' in generating its described 'effective schools' and 'effective teaching practices' (see reviews in Reynolds et al, 2014, for example) and generally enjoyed much practitioner and policymaker enthusiasm for the knowledge bases as they began to appear after the 1990s. Over those years, it became axiomatic that in order for knowledge to be reliable and accurate concerning the nature of the important school and classroom effectiveness factors, the 'raw' achievement results of schools should be made reflective of the variation in the nature of the intakes that went into the particular schools and classrooms, in order for 'true' measures of the 'value added' by particular educational settings to be available to correlate against their educational practices. This is what generated the effectiveness knowledge base. Using 'raw', non-value added measures of achievement that do not distinguish between the contribution of educational factors and the contribution of non-educational factors like socio economic status, parental attitudes, and cultural factors, risks invalid analyses.

This is what PISA has done. In the earlier PISA studies there were limited measures of non-educational factors employed, so there was no systematic attempt to control out the major differences in social, cultural, environmental and economic factors in the wide range of countries utilised as the sample. Effectively, by default, the assumption was being made that it was educational factors solely that were involved in determining country differences.

More recently, by the time of the 2010 study, PISA was in fact also using 'national income per head of employed population' to provide a measure of the quality of what the educational systems of different countries were receiving as intakes, but only 6% of the differences in average student performance were due to GDP per capita (Reynolds et al, 2015), suggesting the need for other factors to be used. A wider range of socio-economic background and attitudinal data on students and parents were used in the 2013 studies, but the continued absence of any student achievement or student ability measure as a control means that even this wider range of social background factors were probably not functioning adequately to control out non-educational factors and influences. And although more socio-economic background data on students has been collected in recent years, the attempt has not been made to use it to generate 'value added' measures of relative country performance to supplement the much publicised and prevalent raw 'league tables'.

It is interesting that the recent PISA 2016 study does indeed show considerable recognition of the very important role played by non-educational factors in the determination of achievement outcomes, evidenced in the large number of analyses presented as to how all countries perform in the educational achievement of their lower socio-economic status groups of students. This attention given to 'equity' of performance within different countries, rather than merely 'excellence', is much to be welcomed and parallels the emphasis upon the differential effectiveness of schools shown within the educational effectiveness community, particularly in research from Continental Europe in the last fifteen years (Reynolds et al. 2014).

But if the effect of home social background and other non-school factors upon children's educational prospects *within* all different PISA societies deserves attention, these should surely also deserve to be used as factors in the analysis of differences *between* societies, by making allowance for background effects upon country achievement scores. Educational effectiveness research made its rapid progress in understanding how schools had their effects only *after* it had adopted 'value added' perspectives, particularly those involving multilevel analyses (Goldstein, 2003). It is suggested that 'raw' achievement data is useful given that countries can see in *absolute* terms how they are doing with the development of their human capital, but that 'value added' or 'relative' data may be very useful too.

Thirdly, PISA uses a cross sectional research design whereas in contrast, EER now regards it as best practice and axiomatic to use longitudinal research designs. No doubt reasons of cost may be the explanation for use of the current PISA research design, given that it involves one testing point only. Also, to wait for differences in the gains of a cohort passing through schools in different countries to appear would certainly involve half a year, and even then these 'gain' differences *over* a short time would be nowhere near as large as those *at a point in time* that have evolved, making 'at a time point' the preferred option.

However, longitudinal studies following students for a year have been profitably used in exploratory work in this area (Reynolds et al, 2002), and a longitudinal research design would have been helpful for PISA, in two ways. Firstly, it would permit a more valid exploration of the effects of non-educational determinants of achievement – even if (as at present) only socio-economic background factors were measured rather than also using an achievement measure, the moderate correlations likely between all of these factors and achievement means that the levels of achievement at the first stage of the two stage testing involved in a cohort design ('pre' and 'post') would reflect the influence of these socio-economic factors. The gain over time in different countries that remained after 'stripping out' the start scores would be highly likely to reflect educational influences, thus generating more valid, 'true' educational effects.

Secondly, the study of the same children over a given time period would be likely to increase our understanding of the complex interaction between schools, educational systems and their children. Following the same children over time, with repeated visits made necessary by the need to do 'pre', and 'post' testing, does not necessarily improve our understanding of educational processes – as 'one off' events, how can they? But they do make more possible the collection of longitudinal data on student school experiences that are likely to give greater understanding of educational processes, and explain more variance. Interestingly, the effects of educational factors in the cohort studies following the same children over a period of time are much higher than those from cross sectional work, or from those longitudinal studies undertaken over a short period of time (e. g. Guldemond & Bosker, 2009).

Fourthly, it is important to note firstly that 'supply side' policies – concerned with teacher professional development, or national level programmes to build capacity for example – are utilised in PISA much less than those related to the 'demand side'. All things being equal, 'demand side' effects are likely to feature more strongly than the 'supply side' in the explanations of the success/failure of educational policies, then.

More importantly, this effort put into the data collection in the 'demand side' 'macro' policy areas may not be particularly useful in explaining variance. For example, the United States 'No Child Left Behind' Act (NCLB) of 2001 requires States to have accountability systems which typically involve State-wide testing for all children in grades 3–8, the disaggregated reporting of data on student performance and the employment of sanctions when student performance is poor. Hanusheck & Raymond (2005), show an effect of only 0.2 of a standard deviation (using individual State data), on test scores. Dee & Jacob (2009, 2011), report a 0.5 student standard deviation impact of NCLB on student Maths scores, but no impact upon Reading scores. The Burgess, Wilson & Worth (2010), report on the effect of the national regime in Wales that abolished the publication and consequential use of the individual school national performance tables finds, after stripping out socio-economic factors by matching schools in 'experimental' Wales with 'control' England, that this is equivalent to a 0.23 of a (school level) standard deviation negative effect. All these studies suggest low effects for any of the 'demand side' policy levers.

The enthusiasm shown within PISA for collection of large amounts of data upon a limited range of 'demand side' policies may be understandable, given that the OECD wishes to influence the practices of policymakers, who are influenced by politicians but it may be that some of the 'supply side' factors should interest them too.

Fifthly, PISA has focussed primarily upon an 'effectiveness' perspective related to attempting to explain and understand national differences in the output of educational achievement. In doing this it has paralleled the EER field closely, which itself has focussed more on 'effectiveness' than 'efficiency'.

The 'efficiency' of countries, in the sense of the scale of the material 'inputs' that are necessary to generate the 'outputs' of the effectiveness levels shown in different societies, have so far received little attention in PISA data collection, with the exception of the expenditure levels of different societies being shown as unrelated to overall country variation in achievement test scores. Such a finding is not surprising of course. About 80 to 90% of the variation in 'per student expenditure' is due to variation in the pay of teachers, which in PISA is then expressed on a linear scale. But since the overall individual country level of national income is closely related to national individual country teacher pay, this finding only tells us that national income per head is not related to student achievement. It does not tell us that other 'efficiency' measures may be unimportant. Indeed more recently a study by Dolton et al, (2015), did relate PISA scores to a range of financial inputs, finding two, teacher salaries and class size, to be significant, creating an 'efficiency index' that is essentially a measure of how highly a country's pupils score on PISA given how much (or little) a country spends on its teachers. This method was endorsed by the OECD's Andreas Schleicher and provides a useful starting point for look-ing at this question. However, it also further illustrates some of the limitations of PISA data (i.e. the difficulty of causal attribution from cross-sectional datasets) and the misuse of the data to which PISA has been prone, through (again) creat-ing a league table notwithstanding the measurement error and the overlapping confidence intervals involved, and through simplistic policy advice. In general, of course, efficiency is important, and therefore both the use of production functions taken from economics to study efficiency, and the use of cost-benefit analysis when looking at particular interventions or policy changes would be beneficial to the study of education as a whole.

One 'efficiency' measure that was also strangely neglected in PISA is 'time', in terms of the 'inputs' of time that students in different countries are exposed to in their instructional activities. Time is an international measure that has a common metric and means the same in all countries. An hour of time is exactly the *same* in Oman as it is in Shanghai (whereas an hour of teacher's *pay* is highly variable depending on the country setting). Exposure to this thing called 'time' is highly variable cross culturally – there is a range in the days of schooling per student per year in different societies of from 230+ at the top to perhaps 160 days at the bottom, with some Pacific Rim societies scoring particularly highly on this. Is it possible that this efficiency measure may be related to country scores?

Whether one stays with financial factors as 'inputs', or adopts additional non-financial ones like time, an 'efficiency' perspective may be useful for PISA, with its policymaking evidence, to employ.

Sixthly, the central assumption underlying PISA is that national educational structures and policies – and by default only these things – explain global variation in students' academic performance (Feniger and Lefstein, 2014). In other words, that cultural factors or features play little or no part in explaining differences in relative country performance.

Explanations of success in comparative work – as in any educational research work – are dependent on a number of inter-related factors but studies, such as PISA, may produce analyses that are not sensitive to the *relationality* of the phenomena being studied. Consequently, many of the factors that might affect educational performance, particularly those that are culturally defined or contextually shaped, are not included or captured in existing PISA analyses. This leads to what Gorur and Wu (2014) have nicely termed the 'problem of the unmeasured' and the fact that drawing any meaningful parallels or conclusions about cross-national perfor-mance from the existing PISA studies will be difficult, if not impossible. Pereyra et al (2011:261) aptly argue that 'PISA is a brilliant big-social science mapping of outcomes but in no anthropological, historical or cultural sense is it comparative work'.

There are a number of specific issues that result from the absence of cultural and social contexts as factors within PISA:

- Unmeasured cultural/social factors may have effects on country achievements that are at the moment explained by default as due to educational factors. Examples of this, from research outside PISA, involve the stress on ambition related to the simultaneous 'internal/external' loci of control of Asian children (Reynolds et al, 2002), the value given to education through positive parental perceptions of literacy as a goal in Finland (Sahlberg, 2011), or the historical enthusiasm – verging on idolatry – for education in the Welsh society of the mid-20th century, formed by religion, socialist policies and the effects of a self-educated working class (Reynolds, 2008);
- Without an understanding of context we cannot know 'how' any possible educational policy factors have their effects, and causal inferences and attributions cannot be made. At present, romanticised accounts of how policies have their apparently dramatic effects dominate discussions (e. g. Mourshed, Chijhoke & Barber, 2010), as Zhao, (2014) notes, and there is no explanation of the possibility that sets of educational policies and educational factors are *differentially* effective across societies in accordance with country cultures and social structures, in other words that there may be an interaction between societies and their educational systems.
- PISA reflects the view that the *same* educational/school/policy factors are effective everywhere independent of context, but one pilot study (Reynolds et al, 2002) found that the same effectiveness factors only 'travelled' across their sample of eight countries at the level of the classroom, where the effects of detailed factors such as structured teaching, high expectations and the other factors from the teacher effectiveness literature all appeared universal in every society. By contrast, details and operationalised characteristics of the school level factors and educational policy factors associated with effectiveness were very *different* in different societies, raising the possibility that high levels of country achievement are generated by factors that are *different* at the higher levels of educational systems? Do different countries need different systems – in accordance with their cultures – to generate teaching and classrooms which, because of the nature of children's physiology internationally, should be the same if they are to be effective? We do not know.

The analyses of PISA pay little attention to cultural and contextual factors that may partly explain the differences in the performance of education systems (Harris & Jones, 2015). As Feniger and Lefstein, (2014) underline, we need a much better understanding of comparative cultural contexts to explain relative educational performance and outcomes. Without such understanding, the educational policies, strategies and interventions associated with, and indeed endorsed by, PISA and the OECD will continue to be founded on scientific sand.

Conclusions

We have ranged widely in this Chapter, from the educational policy literature to the research upon educational effectiveness and improvement, and to the PISA paradigm, to see if we 'know' much of use about how to improve educational systems. The PISA studies tell us very little, but could do so much more if the PISA research enterprise was more sensibly restructured. The policy literature favours 'blends' of approaches that simultaneously merge 'supply side' and 'demand side' policies, and also generate enhanced 'capacity' amongst policymakers and practitioners to develop the synergies between the different policy paradigms. And the research/practice literature on effectiveness and improvement gives clear blueprints about the micro level practices, policies and procedures that will generate higher level outcomes, if they are used to 'populate' the institutions that are generated by the national 'macro' level policies such as simultaneous supply and demand side reform.

However, it is a considerable pity that there does not appear to be a very high volume of research that is being undertaken to build upon the somewhat limited insights that we at present possess about how to improve educational systems. Paradoxically, the limited quality and quantity of existing knowledge on this topic exists at a time when internationally virtually every country is attempting to improve its educational system in terms of processes and outcomes. What useful ways forward could be undertaken to build upon the wave of interest in system and educational reform internationally?

Firstly, we need longitudinal studies that can compare the effects of educational policy and process changes in different countries, starting with an enhanced policy and practice focus within both PISA and TIMSS.

Secondly, we need a much greater focus upon the possible context specificity of what are 'effective' policies and practices both within and across/between countries. 'What works' may be more contextually variable than we have thought historically, where 'across context' analyses have reduced process/policy variation.

Thirdly, we need to explore the 'policy' area far more than has been tried historically. Analyses have thus far tended to be of 'system factors' in terms of organisational structures, more than of the policies that are used to populate the structures. This presumably reflects the fact that 'system level' analyses are easier, cheaper to conduct and have a limited focus upon the restricted range of system factors. Policy based analysis requires elaboration of the formal policies in legislation, in the same way as does system level study, but also needs exploration of issues to do with possible policy variability in implementation, policy fidelity, policy reach and policy definition/redefinition by the multiple levels' of practitioners and policymakers. A system can be much more easily measured and understood than can policies related to it, and all we have really now is 'system' studies. This too needs to be addressed in the future if our knowledge of how to improve education for all children is to increase, as needed.

References

Ainscow, M. et al (2000). *Creating the Conditions for School Improvement*. London: David Fulton Publishers.

Bennett, N. (1976). *Teaching Styles and Pupil Progress*. London: Open Books.

Bernstein, B. (1968). Education cannot compensate for society. *New Society*, 387, pp. 334–347.

Brophy, J. (1979). Teacher behaviour and its effects. *Journal of Educational Psychology*, 71 (6), 733–750.

Brophy, J. & Good, T. L. (1986). Teacher behaviour and student achievement. In M. C. Wittrock (Ed.). *Handbook of research on teaching*, (3rd ed). New York, NY: Macmillan.

Burgess, S., Wilson, D., & Worth, J. (2010). *A natural experiment in school accountability: the impact of school performance information on pupil progress and sorting*. CMPO Working Paper Series No. 10/246. Bristol: CMPO.

Chapman, C., Armstrong, P. Harris, A., Muijs, D., Reynolds, D. & Sammons, P. (Eds) (2012). *School Effectiveness and School Improvement Research, Policy and Practice: Challenging the Orthodoxy*. New York/London: Routledge.

Chapman, C., Muijs, D., Reynolds, D., Sammons, P. & Teddlie, C. (2016). *The Routledge International Handbook of Educational Effectiveness and Improvement*. London: Routledge.

Coleman, J. S., Campbell, E., Hobson, C., McPartland, J., Mood, A., Weinfeld, F. & York, R. (1966). *Equality of Educational Opportunity*. Washington, DC: US Government Printing Office.

Comber, L. C. & Keeves, P. (1973). *Science Education in Nineteen Countries*. London: John Wiley.

Dee, T., & Jacob, B. (2011). The Impact of No Child Left Behind On Student Achievement. *Journal of Policy Analysis and Management*, 30 (3), pp. 418–446.

Dolton, P., Gutierrez, O. M. & Still, A. (2015). *Educational efficiency: value for money in public spending on schools*. Paper No. CEPCP 441.

Edmonds, R. (1979). Effective schools for the urban poor. *Educational Leadership*, 37 (1): 15–27.

Feniger, Y., & Lefstein, A. (2014). How not to reason with PISA data: an ironic investigation. *Journal of Education Policy*, (ahead-of-print), 1–11.

Fitz-Gibbon, C. T. (1996). *Monitoring Education: Indicators, Quality & Effectiveness*. London: Cassell.

Fullan, M. (2000). 'The Return of Large Scale Reform' in *The Journal of Educational Change*, Vol. 1, No. 1.

Goldstein, H. (2003). *Multilevel models in educational and social research* (3rd ed.). London: Edward Arnold.

Gorur, R., & Wu, M. (2014). Leaning too far? PISA, policy and Australia's 'top five' ambitions. *Discourse: Studies in the Cultural Politics of Education*, (ahead-of-print), 1–18.

Guldemond, H. & Bosker, R. (2009). School effects on student progress – a dynamic perspective. *School Effectiveness and School Improvement*, 20 (2), 255–268.

Hallinger, P. & Murphy, J. (1986). The social context of effective schools. *American Journal of Education*. 94, 328–355.

Hanusheck, E. & Raymond, M. (2005). Does school accountability lead to improved school performance? *Journal of Policy Analysis and Management, 24*, (2), 297–327.

Harris, A, & Jones, M. (Eds.). (2015). *Leading Futures.* Singapore: Sage.

Hattie, J. (2009). *Visible learning: A synthesis of over 800 meta-analyses relating to achievement.* London: Routledge.

Hopkins, D. et al (2001). *Improving the Quality of Education For All.* London: David Fulton Publishers.

Jenks, C. S., Smith, M., Ackland, H., Bane, M. J., Cohen, D. Gintis., Heyns, B. & Michelson, S. (1972). *Inequality: A Reassessment of the Effect of the Family and Schooling in America.* New York: Basic Books.

Joyce, B. & Showers, B. (1995). *Student Achievement Through Staff Development (2nd edition).* White Plains, NY: Longman.

Joyce, B., Calhoun, E. & Hopkins, D. (1999). *The New Structure of School Improvement.* Buckingham: Open University Press.

Leithwood, K., Jantzi, D. & Mascall, B. (1999). Large scale reform: what works? Submitted as part of the 'External Evaluation of the UK National Literacy and Numeracy Strategy'. Toronto, Ontario: Ontario Institute for Studies in Education.

May, H., Huff, J. & Goldring, E. (2012). A longitudinal study of Principals' activities and student performance. *School Effectiveness and School Improvement, 23* (4): 415–39.

Mourshed, M, Chijioke, C. & Barber, M. (2010). *How the world's most improved school systems keep getting better.* London: McKinsey.

Muijs, D. & Reynolds, D. (2011). *Effective teaching. Evidence and practice.* London: Sage.

Muijs, D., Harris, A., Chapman, C., Stoll, L. & Russ, J. (2004). Improving schools in socio-economically disadvantaged areas: A review of research evidence. *School Effectiveness and School Improvement, 15*, 149–175.

Newmann, F. et al (2000). 'Professional Development that Addresses School Capacity'. Paper presented at AERA, New Orleans, 28 April 2000.

Pereyra, M. A., Kotthoff, H. G., & Cowen, R. (2011). *PISA under examination.* Sense Publishers.

Power M. J. (1967). Delinquent schools? *New Society,* 19th October, pp. 542–543.

Reynolds, D. (1976). The delinquent school. In M. Hammersley and P. Woods (Eds.), *The Process of Schooling.* London: Routledge and Keegan Paul.

Reynolds, D. (2008). New Labour, education and Wales: The devolution decade. *Oxford Review of Education, 34* (6): 753–65.

Reynolds, D. (2010). *Failure Free Education? – The Past, Present and Future of School Effectiveness and School Improvement.* London: Routledge.

Reynolds, D., Creemers, B. P. M., Stringfield, S., Teddlie, C. & Schaffer, E. (2002). *World class schools: International perspectives in school effectiveness.* London: Routledge Falmer.

Reynolds, D. & Kelly, T. (2013). Accountability and the meaning of 'success' in education systems and STEM subjects: A report to The Royal Society. Available online at http://royalsociety.org/~/media/education/policy/vision/reports/ev-1-vision-research-report-20140624.pdf [accessed 20 May 2015].

Reynolds, D., Sammons, P., De Fraine, B., Van Damme, J., Townsend, T., Teddlie, C. & Stringfield, S. (2014). Educational effectiveness research (EER): a state of the art review, *School Effectiveness and School Improvement.* 25, No. 2, 197–230,

Reynolds, D., Caldwell, B., Cruz, R. M., Miao, Z., Murillo, J., Mugendawata, H., Mayol, B. D. L. E., Medina, C. P. & Ramon, M. R. R. (2015). Comparative Educational Research in C.

Chapman, D. Muijs, D. Reynolds, P. Sammons & C. Teddlie (2016). *The Routledge International Handbook of Educational Effectiveness and Improvement.* London: Routledge.

Rutter, M. Maugham, B., Mortimore, P., Ouston, J. & Smith, A. (1979). *Fifteen Thousand Hours: Secondary Schools and Their Effect on Children.* Cambridge, MA: Harvard University Press.

Sahlberg, P. (2011). *Finnish Lessons.* New York, NY: Teachers College Press.

Slavin, R. E. (1996). *Education for all.* Lisse: Swets & Zeitlinger.

Stigler, J. W. & Hiebert, J. (1999). *The Teaching Gap: Best Ideas from the World's Teachers for Improving Education in the Classroom.* New York: The Free Press.

Stoll, L. & Myers, K. (1998). *No Quick Fixes,* London: Falmer Press.

Teddlie, C. & Stringfield, S. (1993). *Schools make a difference: Lessons learned from a 10-year study of school effects.* New York: Teachers College Press.

Zhao, Y. (2014). *Who's afraid of the big bad dragon: China, the best and worst education system in the world.* San Francisco, CA: Jossey Bass.

Kai Maaz, Jürgen Baumert, Marko Neumann, Michael Becker
und Hanna Dumont

Entwicklung einer neuen Schulstruktur im Berliner Schulsystem

Ausgewählte Befunde aus der BERLIN-Studie zur Evaluation der Berliner Schulstrukturreform[1]

Das deutsche Schulsystem kennzeichnete lange Zeit die frühe Verteilung nach der 4. Jahrgangsstufe auf unterschiedliche Schulformen und die Dreigliedrigkeit der Sekundarstufe, bei der die Haupt- und Realschule sowie das Gymnasium in gestufter Schulzeitdauer zu entsprechenden Abschlüssen führen. In dieser Form ist dieses traditionelle Modell der Schulformgliederung mit Beginn des Schuljahres 2013/14 in keinem der 16 Bundesländer mehr anzutreffen. Für die gesamtdeutsche Entwicklung ist mittlerweile ein deutlicher Trend zu einem verschlankten Sekundarschulsystem, das neben dem Gymnasium nur noch eine Schulform vorhält, erkennbar. Gleichwohl kann von einer einheitlichen Entwicklung in den Bundesländern keine Rede sein. Im Gegenteil: Die Vielzahl der unterschiedlichen Arten und Bezeichnungen der weiterführenden Schulformen in den Ländern ist kaum zu überblicken. Inwieweit die sich vollziehenden Reformen und Veränderungen ihre intendierten Wirkungen – etwa mit Blick auf das Leistungsniveau der Schülerinnen und Schüler sowie im Hinblick auf die Reduzierung des Zusammenhangs von familiärer Herkunft und Bildungserfolg – erzielen werden, muss sich ebenfalls erst noch erweisen.

Schulstrukturelle Veränderungen hat es in den letzten Jahren in jedem Bundesland gegeben. Der vorliegende Beitrag möchte am Beispiel Berlins eine größere Schulstrukturreform beschreiben und erste Ergebnisse der wissenschaftlichen Begleitforschung dieser Reform, die sogenannte BERLIN-Studie, vorstellen. Dafür sollen in einem ersten Schritt Hintergründe der aktuellen Entwicklung im Sekundarschulwesen beleuchtet werden (Abschnitt 1), bevor dann die Berliner Schulstrukturreform mit ihren unterschiedlichen Elementen beschrieben wird (Abschnitt 2). Anschließend werden das Design und die Fragestellungen der BERLIN-Studie dargelegt (Abschnitt 3), bevor schließlich im Abschnitt 4 ausgewählte Ergebnisse dieser Studie zusammenfassend und überblicksartig vorgestellt werden. Der Beitrag schließt mit einem kurzen Fazit und einem Ausblick.

---

1 Wesentliche Teile dieses Beitrags basieren auf früheren Arbeiten der Autoren (Baumert, Maaz, Neumann, Becker, Kropf & Dumont, 2013; Böse, Neumann, Becker, Maaz & Baumert, 2013; Dumont, Neumann, Becker Maaz, & Baumert, 2013; Maaz, Baumert, Neumann, Becker & Dumont, 2013; Maaz, Baumert, Neumann, Becker, Kropf & Dumont, 2013; Neumann, Kropf, Becker, Albrecht, Maaz & Baumert, 2013; Neumann, Maaz & Becker, 2013).

1.   Hintergründe der aktuellen Entwicklung im Sekundarschulwesen

Die Ursprünge des dreigliedrigen deutschen Sekundarschulsystems reichen bis in die zweite Hälfte des 19. Jahrhunderts zurück (vgl. Herrlitz, Hopf, Titze & Cloer, 2008). Das gegliederte Schulsystem, bestehend aus Hauptschule, Realschule und Gymnasium, geriet in den 1960er Jahren zunehmend in die Kritik. Aus bildungs-ökonomischer Sicht wurde argumentiert, dass das gegliederte System aufgrund der zu geringen Übergangsquoten auf das Gymnasium, der mangelnden Durch-lässigkeit zwischen den Schulformen, sowie der als nicht mehr zeitgemäß erach-teten Bindung an starre, schulformspezifische Bildungsvorstellungen, nicht in der Lage sei, ein für das Bestehen im internationalen Wettbewerb ausreichendes Maß an Schülerinnen und Schülern mit weiterführenden Abschlüssen, vor allem mit Hochschulzugangsberechtigung, hervorzubringen (mangelnde Ausschöpfung von Begabungsreserven, vgl. Picht 1964). Hinzu kam eine sozialpolitisch motivierte Kritik, die insbesondere die mit der frühen Übergangsauslese und der mangeln-den späteren Durchlässigkeit einhergehenden sozialen Disparitäten bemängelte (Dahrendorf, 1965; Peisert, 1967).

Eine Folge dieser Kritik am dreigliedrigen Schulsystem war die Einrichtung von zu allen Abschlüssen führenden Gesamtschulen ab Ende der 1960er Jahre (vgl. Köller, 2008). Über ein hohes Maß an innerer Differenzierung, Durchlässigkeit und individueller Förderung war es das erklärte Ziel der Gesamtschulen, Bildungswe-ge möglichst lange offen zu halten und soziale Disparitäten im Bildungserfolg zu minimieren (vgl. Köller, 2008). Allerdings kam es aufgrund fehlender politischer Mehrheiten und eines mangelnden Konsenses in der Bevölkerung nicht zur Erset-zung der vorhandenen Schulformen durch die Gesamtschulen. Stattdessen wurde das dreigliedrige System als eine Art Kompromisslösung durch die Gesamtschulen erweitert. Der Ausbau der Gesamtschulen erfolgte in den Ländern in sehr unter-schiedlichem Maß (vgl. Hurrelmann, 2013a, Köller, 2008). In zwei Bundesländern (Baden-Württemberg und Bayern) wurde auf die Einrichtung von Gesamtschulen gänzlich verzichtet. Damit hatte sich in der Bundesrepublik – bis auf zwei Bundes-länder – überall ein viergliedriges Schulsystem neben den Förderschulen etabliert (vgl. Tillmann, 2012).

Mit der 1982 getroffenen KMK-Rahmenvereinbarung zur gegenseitigen Aner-kennung von Gesamtschulabschlüssen (KMK, 1982) signalisierten die Bundeslän-der ihre grundlegende Akzeptanz für unterschiedliche schulstrukturelle Entwick-lungen in den Ländern (Baumert al., 2013, S. 11). Damit rückten schulstrukturelle Fragen zunächst in den Hintergrund. Dies änderte sich im Zuge der deutschen Wiedervereinigung, als die Ausgestaltung der zukünftigen Schulstruktur in den neuen Bundesländern diskutiert wurde. Die Beibehaltung bzw. Weiterentwicklung des aus Polytechnischer (POS) und Erweiterter Oberschule (EOS) bestehenden Einheitsschulsystems der ehemaligen DDR stand dabei nicht ernsthaft zur Diskus-sion (vgl. Baumert et al., 2013). Die Überlegungen drehten sich eher um die Frage, wie die schulische Gliederung jenseits des als gesetzt angesehenen Gymnasiums aussehen sollte, „wobei die neunjährige Hauptschule gegenüber der zehnjährigen POS und ihrem Abschluss als bildungspolitischer Rückschritt galt" (Baumert et al., 2013, S. 11). Als praktikabler und flexibler Zwischenweg wurde die Zusammenlegung des Haupt- und Realschulbildungsgangs innerhalb der sogenannten Schulen mit mehreren Bildungsgängen (SMB) angesehen, die in den Ländern Sachsen („Mittelschule"), Sachsen-Anhalt („Sekundarschule") und Thüringen („Regelschule") eingeführt wurden. In diesen Ländern wurden damit gleichsam die ersten zweigliedrigen Sekundarschulsysteme geschaffen. Mecklenburg-Vorpommern orientierte sich zunächst an der Dreigliedrigkeit, legte Haupt- und Realschulen aus demografischen Gründen jedoch nach einigen Jahren zur „Regionalen Schule" zusammen. Das Land Brandenburg setzte neben Gymnasium und Realschule als dritte Schulform die Gesamtschule, die hier vielfach mit einer eigenen gymnasialen Oberstufe ausgestattet wurde.

Mit den schulstrukturellen Veränderungen in den neuen Ländern kam auch Bewegung in die Schulstruktur der alten Bundesländer (vgl. Rösner, 2009). Beispielsweise wurden im Saarland aufgrund stark rückläufiger Übergangsquoten in die Hauptschulen, die Haupt- und Realschulen zu einer „Erweiterten Realschule (ERS)" zusammengelegt. Nach einer Versuchsphase führte das Land Rheinland-Pfalz mit der „Regionalen Schule" eine gleichartige Schulform ein. Zu versuchsweisen Zusammenlegungen von Haupt- und Realschulen kam es auch in Niedersachsen (hier „Sekundarschulen").

Seit 2001 haben die großen internationalen Schulleistungsuntersuchungen der IEA und der OECD dem deutschen Bildungssystem ein beträchtliches Qualifikations- und Gerechtigkeitsdefizit attestiert und damit auch die Schulstrukturdebatte wieder aufgeworfen. Vor allem die Ergebnisse der ersten PISA-Studie zu der sogenannten Risikogruppe von Jugendlichen, deren Basiskompetenzen für die Aufnahme einer Berufsausbildung voraussichtlich nicht ausreichten (Baumert & Schümer, 2001, Artelt, Stanat, Schneider & Schiefele, 2001; Klieme, Neubrand & Lüdtke, 2001), haben große öffentliche und bildungspolitische Aufmerksamkeit erfahren. Da diese Jugendlichen überwiegend Haupt-, aber auch Gesamtschulen besuchten und häufig aus sozial schwachen und zugewanderten Familien stammten, konnten in einer beträchtlichen Anzahl von Schulen Entwicklungsmilieus entstehen, die die Qualität der schulischen Arbeit nachweislich beeinträchtigten (Baumert, Stanat & Watermann, 2006), dadurch die Diskussion um notwendige Strukturreformen beflügelten und schließlich in Veränderungen in der Ausgestaltung des Sekundarschulsystems mündeten.

Ausschlaggebend für diese Veränderungen waren mehrere Gründe, die vor allem die Hauptschule als eigenständige Schulform immer stärker vor Probleme und auch grundsätzlich in Frage stellten (vgl. Baumert et al., 2013 sowie Hurrelmann, 2013a; Neumann et al., 2013). Im Einzelnen aufzuführen sind dabei:

- der längerfristige Trend gestiegener Abschlussaspirationen der Eltern, der sich vor allem im Schulwahlverhalten der Eltern im Anschluss an die Grundschule manifestiert und dabei die zurückgehende Attraktivität der Hauptschule aufzeigt,

- die gestiegenen beruflichen Qualifikationsanforderungen für zukunftsfähige Berufe und „der Verlust von Nischen für Schwachqualifizierte auf dem Ausbildungs- und Arbeitsmarkt" (vgl. Baumert et al., 2013, S. 12), die eine zunehmende Devaluierung des Hauptschulabschlusses nach sich ziehen,

- der vor allem in den Flächenstaaten zum Teil dramatische Rückgang der Schülerzahlen, der das Vorhalten eines differenzierten und regional breit gestreuten Schulangebots aus ökonomischen und schulorganisatorischen Gründen vielfach nicht mehr erlaubt,

- empirische Forschungsbefunde aus den großen nationalen und internationalen Schulleistungsstudien der vergangenen 10 - 15 Jahre (insbesondere PISA), die dem deutschen Schulsystem ein hohes Maß an sozialen Disparitäten im Bildungssystem attestierten und vor allem für Hauptschülerinnen und -schüler in weiten Teilen ein Kompetenzniveau offenbarten, das den Anforderungen für die Aufnahme einer qualifizierten Berufsausbildung und einer hinreichenden Teilhabe am gesellschaftlichen Leben voraussichtlich nicht genügen würde (vgl. Maaz & Baumert, 2011a, 2011b). Die Befunde zeigten ebenfalls, dass die Hauptschulen insbesondere dort, wo sie in städtischen Ballungsgebieten aufgrund zurückgegangener Übergangsquoten zur „Restschule" geworden sind, Entwicklungsmilieus darstellen, „die die Qualität der pädagogischen Arbeit nachweislich beeinträchtigen" (vgl. Baumert et al., 2013, S. 12, vgl. auch Trautwein, Baumert & Maaz, 2007).

- die bereits seit Jahrzehnten zu beobachtende Entkopplung von Schulform und Schulabschluss (vgl. Maaz, Watermann & Köller, 2009), wie sie sich unter anderem an Gesamtschulen, die alle Abschlüsse bis zum Abitur vergeben oder auch an der Möglichkeit, den Realschulabschluss an einer Hauptschule zu erwerben (vgl. z. B. Weishaupt, 2009), zeigt. Aber auch die Bereitstellung von vertikalen Öffnungsoptionen im Anschluss an den Erwerb der mittleren Reife – etwa in Form der beruflichen Gymnasien – ist hier zu nennen.

Diese Entwicklungen haben dazu geführt, dass alle Bundesländer nach Wegen suchen, um auf regionale Herausforderungen flexibel und kostengünstig reagieren zu können und langfristig eine Vereinfachung der Schulstruktur vorzubereiten. Die Mehrzahl der Bundesländer hat sich für ein zweigliedriges oder – falls die Gemeinschaftsschule als Sekundarschule mit eigener Primarstufe zusätzlich eingeführt wurde – quasi zweigliedriges Schulsystem entschieden, in dem einerseits das Gymnasium und andererseits eine Sekundarschule – wie sie auch immer heißt – in unterschiedlicher zeitlicher Taktung zu allen allgemeinbildenden Schulabschlüssen führen. In Berlin wurde im Jahr 2010 begonnen, eine umfassende Schulstrukturreform umzusetzen, auf die im folgenden Abschnitt näher eingegangen werden soll.

2.   Die Berliner Schulstrukturreform

Zum Schuljahresbeginn 2010/11 hat das Land Berlin das System der allgemeinbildenden Sekundarstufe I von Viergliedrigkeit auf Zweigliedrigkeit umgestellt. Die strukturelle Umstellung wird durch curriculare und organisatorische Maßnahmen unterstützt. Das Berliner Reformprogramm umfasst inhaltlich zwei große Elemente: (1) Die Neugestaltung des Sekundarschulsystems und (2) die Veränderung des Übergangsverfahrens von der Grundschule in die weiterführende Schule.

2.1   Neugestaltung des Sekundarschulsystems

Die strukturell tiefgreifendste Veränderung ist die Reduktion der Sekundarschulformen auf zwei Angebote. Während vor der Reform bis zu fünf Schulformen und – mit Berücksichtigung der Gemeinschaftsschule – sogar sechs Schulformen im Sekundarschulbereich zur Wahl standen, sind es künftig nur noch das Gymnasium und die Integrierte Sekundarschule (ISS), die die bisherigen Haupt-, Real- und Gesamtschulen in sich vereint (vgl. Abbildung 1). Die alte Schulstruktur wurde noch bis zum Schuljahr 2014/15 parallel in der neuen weitergeführt, um die zum Zeitpunkt der Einführung der neuen Schulstruktur bereits begonnenen Jahrgänge an den Haupt-, Real- und Gesamtschulen noch regulär zu beenden. Die Gemeinschaftsschule, die eine eigene Primarstufe hat, wird in der Sekundarstufe als Integrierte Sekundarschule weitergeführt.

   Die Neugestaltung des Sekundarschulsystems sieht für die Integrierten Sekundarschulen die größten Veränderungen vor. Hierzu gehört unter anderem die flächendeckende Führung der Integrierten Sekundarschule im Ganztagsbetrieb, mit der durch die Integration formeller und informeller Bildungsangebote die individuelle Förderung der Schülerinnen und Schüler unterstützt werden soll. Das Abitur wird im Regelfall nach 13 Schuljahren erworben. Es ist aber auch möglich, das Abitur bereits nach 12 Schuljahren zu erwerben. Um der Heterogenität der Schülerschaft gerecht zu werden, sollen die Schülerinnen und Schüler im Unterricht differenziert, entsprechend ihren Lernvoraussetzungen, lernen. Dabei entscheidet die Schule autonom, welches Konzept der Differenzierung verfolgt wird. Dadurch soll die Binnendifferenzierung gestärkt und das individuelle Lernen gefördert werden. Klassenwiederholungen entfallen an den Integrierten Sekundarschulen in Gänze bzw. kommen nur in Ausnahmefällen im Rahmen von Bildungs- und Erziehungsvereinbarungen zwischen Schule und Eltern zur Anwendung. An allen Integrierten Sekundarschulen soll den Schülerinnen und Schülern der Übergang in die gymnasiale Oberstufe ermöglicht werden, entweder durch eine eigene Ober-

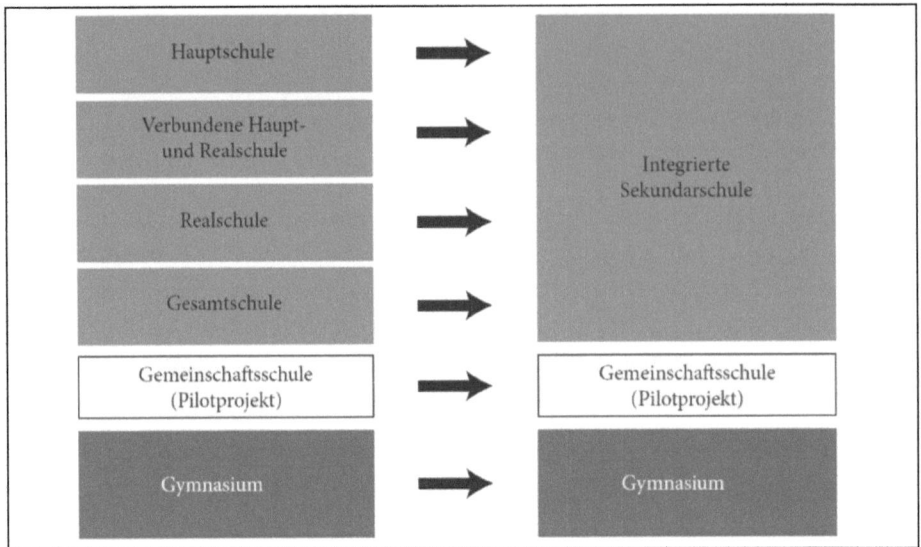

Abb. 1: Schulstruktur im Sekundarschulsystem vor und nach der Schulstrukturreform
        (Quelle: Baumert et al., 2013, S. 15)

stufe oder durch verbindliche Kooperationen mit beruflichen Gymnasien an den
Oberstufenzentren. Das Fach Wirtschaft-Arbeit-Technik (WAT), das die bisherige
Arbeitslehre weiterentwickelt, wurde als Kernelement des gestärkten Dualen Lernens im Sekundarschulcurriculum eingeführt. Die Lerngruppengröße an der Integrierten Sekundarschule wurde auf eine Frequenz von maximal 25 Schülerinnen
und Schüler festgelegt.

Wenngleich das Gymnasium von den zentralen Elementen im Vergleich zu den
Integrierten Sekundarschulen weniger stark betroffen ist, zielen die verschiedenen
Reformaspekte darauf ab, auch am Gymnasium veränderte Lernformen und Möglichkeiten zur individuellen Förderung der Schülerinnen und Schüler zu entwickeln. Anders als an den Integrierten Sekundarschulen ist der Erwerb des Abiturs
nach 12 Jahren vorgesehen. Das Überspringen einer Jahrgangsstufe ermöglicht es
aber auch, in kürzerer Zeit (nach 11 Schuljahren) zum Abitur zu gelangen. Auf
Klassenwiederholungen, die es prinzipiell an den Gymnasien weiterhin gibt, soll
nach Möglichkeit weitestgehend verzichtet werden. Ein durch die Schule initiier-
ter Schulartwechsel ist nach dem Probejahr am Gymnasium nicht mehr möglich.
Neben der Vorbereitung auf eine akademische Ausbildung gehören Berufsorientierung und Berufsvorbereitung ebenfalls zu den Aufgaben des Gymnasiums. In
diesem Zusammenhang kann das Duale Lernen auch im Rahmen des Schulpro-
gramms am Gymnasium angeboten werden.

2.2 Veränderung des Übergangsverfahrens von der Grundschule in die weiterführende Schule

Die neue Regelung des Übergangsverfahrens von der Grundschule in die weiterführende Schule kam erstmals für Schülerinnen und Schüler zur Anwendung, die im Schuljahr 2011/12 in die weiterführenden Schulen eintraten und ist eng an die veränderte Schulstruktur des Sekundarschulsystems gekoppelt. Dies betrifft in erster Linie die Reduzierung der potenziellen Wahlmöglichkeiten auf zwei gleichberechtigte Schulformen.

In zentralen Punkten ähnelt das neue Übergangsverfahren dem bisherigen Verfahren. Unberührt bleibt die Entscheidungshoheit der Eltern bezüglich der gewünschten Schulform. Auch nach dem neuen Verfahren können sie frei und unabhängig von der Förderprognose, die die alte Bildungsgangempfehlung ersetzt, über den Besuch der weiterführenden Schulform für ihr Kind entscheiden. Sie können im Laufe des Übergangsprozesses auch weiterhin drei Wunschschulen für ihr Kind angeben. Hat eine Schule mehr freie Plätze als Schulanmeldungen, muss die Schule alle angemeldeten Schülerinnen und Schüler aufnehmen.

Die wichtigsten Neuerungen beziehen sich auf den Fall, dass eine Schule übernachgefragt ist, das heißt, dass die Anzahl der Anmeldungen die Zahl der freien Plätze übersteigt. In diesem Fall haben die Schulen die Möglichkeit, nach Berücksichtigung von Schülerinnen und Schülern mit sonderpädagogischem Förderbedarf (Integrationskinder) 60 Prozent der freien Plätze nach festgelegten, transparenten und gerichtsfesten Kriterien selbst zu vergeben. Die Schulen sind jedoch bei der Wahl der Auswahlkriterien nicht völlig frei. Die SEK-I-Verordnung (§ 6 Absatz 3) nennt hier neben der Durchschnittsnote der Förderprognose insbesondere die Notensumme von bis zu vier Fächern der beiden letzten Halbjahreszeugnisse, die Kompetenzen der Schülerinnen und Schüler, die die fachspezifischen Ausprägungen des Schulprofils oder der jeweiligen Klasse kennzeichnen, sowie das Ergebnis eines profilbezogenen, einheitlichen Tests oder einer praktischen Übung. Die Schulen haben also die Möglichkeit, den Rahmen des Auswahlverfahrens für einen Großteil der Schülerinnen und Schüler selbst zu bestimmen und damit Gestaltungsoptionen für eine Profilierung der Schule. Weitere 30 Prozent werden bei einer Übernachfrage per Losentscheid vergeben. Weitere 10 Prozent der Plätze werden im Rahmen der sogenannten Härtefallregelung im Einvernehmen zwischen der Einzelschule und dem Bezirk vergeben. Anders als im bisherigen Verfahren wird die Wohnortnähe nicht mehr als Auswahlkriterium herangezogen.

Lässt sich der Erstschulwunsch der Eltern nicht realisieren, werden die Nennungen für die zweite und dritte Wunschschule sowie die Förderprognosen der betreffenden Schülerinnen und Schüler an die für die Zweitwunschschule zuständige Schulbehörde weitergeleitet. Sofern diese Schule nicht übernachgefragt ist, muss sie die Schülerin bzw. den Schüler aufnehmen. Liegt auch an dieser Schule eine Übernachfrage vor, werden die nach Berücksichtigung der dort vorliegenden Erstwünsche freigebliebenen Plätze nach dem Kriterium der Rangfolge der Förderprognose der Zweitwunsch-Schüler vergeben. Dieses Verfahren wiederholt sich für den Drittschulwunsch, wenn der Zweitschulwunsch nicht realisiert werden kann. Ist die Aufnahme auch an der Drittwunschschule nicht möglich, teilt die Schulbehörde den Eltern eine noch aufnahmefähige Schule der im Erstwunsch genannten Schulform im Wohnort mit. Sollte das Kind nach Ablauf einer gesetzten Frist weder an dieser noch an einer anderen Schule angemeldet sein, weist die Behörde der Schülerin bzw. dem Schüler eine in der Schulart dem Erstwunsch entsprechenden Schule zu.

2.3   Ziele der Reform

Mit der gesamten Schulstrukturreform verbinden sich vielfältige Erwartungen der Qualitätssteigerung. Sie beziehen sich auf die individuelle Kompetenzentwicklung und die individuelle Bewältigung des Übergangs am Ende der Grundschule, in die berufliche Erstausbildung oder einen vorakademischen Bildungsgang, aber auch auf strukturelle Verteilungseffekte. Die Erwartungen hinsichtlich der Verbesserung der individuellen Kompetenzentwicklung sind mehrdimensional. Sie betreffen die akademischen Basisqualifikationen ebenso wie spezifische berufsvorbereitende Qualifikationen, motivationale Orientierungen (Lernbereitschaft, Sekundärtugenden, selbstbezogene Kognitionen, Interessenprofilierung, Klärung von Lebenszielen und selbstregulative Fähigkeiten), sozialkognitive Kompetenzen (Perspektivenübernahme, Kompromissbereitschaft und Teamfähigkeit) sowie Wertorientierungen (Bereitschaft zur Verantwortungsübernahme, zivilgesellschaftliches Engagement und Integrationsbereitschaft). Die übergangsbezogenen individuellen Effekte beziehen sich in erster Linie auf eine verbesserte Passung zwischen Qualifikation und Interessen einerseits und der Berufswahl andererseits, ein effizienteres Bewerbungsverhalten mit verbesserten Erfolgschancen und eine Verringerung der Lageorientierung bei Misserfolg.

Die erwarteten strukturellen Effekte der Reform betreffen Abschlüsse und Übergänge. Eine der bedeutsamsten Abschlusserwartungen ist die substanzielle Verkleinerung der sogenannten Risikogruppe – also der Gruppe jener Jugendlichen, die bis zum Ende der Vollzeitschulpflicht keine Mindeststandards in den Basisqualifikationen erreichen. Damit verbunden ist die Annahme, dass der Prozentsatz von Jugendlichen ohne Abschluss – bei Wahrung der Mindeststandards – signifikant reduziert wird. Beide Effekte zusammen sollten zu einer Verminderung der Leistungsvarianz und einem Anstieg des mittleren Leistungsniveaus in der Alterskohorte führen. Gleichzeitig sollte sich die Kopplung sowohl von Schulleistungen als auch von Schulabschlüssen mit Merkmalen der sozialen und ethnischen Herkunft verringern. Zu den erwarteten strukturellen Übergangseffekten gehören steigende Übergangsquoten in die gymnasiale Oberstufe, steigende Besuchsquoten in vollzeitschulischer Berufsausbildung, Erhöhung der Erfolgsquoten bei Bewerbungen für einen dualen Ausbildungsgang (bei Kontrolle des Angebots an Ausbildungsplätzen) und ein bedeutsames Absinken des Transfers in das sogenannte Übergangssystem. Bezogen auf den Übergang von der Grundschule in die weiterführende Schule sollen durch das neue Übergangsverfahren eine Schärfung der Schulprofile im Sekundarschulsystem, eine optimierte Passung zwischen Schülerschaft und Schulprofil sowie auch mehr Wettbewerb zwischen den Schulen erreicht werden. Gleichzeitig soll über das Losverfahren und die Härtefallregelung ein zu hohes Maß an Differenzierung und Spezialisierung vermieden und ein hinreichendes Maß an Heterogenität an den Schulen gesichert werden. In der Konsequenz soll der Übergang transparenter gestaltet und mögliche soziale und ethnische Benachteiligungen minimiert werden. Zu den erwarteten strukturellen Effekten gehört aber auch die Erweiterung des Berufswahlspektrums bei gleichzeitigem relativem Anstieg der Anwahl zukunftsfähiger Berufe. Ähnlich wie bei den Abschlüssen besteht auch für die Übergänge die Erwartung einer Verbesserung der Ausbildungsgerechtigkeit im Hinblick auf die soziale und ethnische Herkunft, aber auch im Hinblick auf differenzielle Berufschancen der Geschlechter.

- Die zentralen Ziele der Reform im Land Berlin lassen sich wie folgt zusammenfassen: Es werden ein Anstieg des mittleren Leistungsniveaus und eine Verringerung der Leistungsstreuung angestrebt.
- Alle Kinder und Jugendlichen sollen zu höchstmöglichen schulischen Erfolgen und die übergroße Mehrheit zum mittleren Schulabschluss am Ende der 10. Jahrgangsstufe geführt werden.
- Der Anteil der Schülerinnen und Schüler, die die Schule ohne Abschluss verlassen, soll sich deutlich verringern;
- Die Abhängigkeit des Bildungserfolgs von der sozialen und ethnischen Herkunft soll deutlich reduziert werden.
- Mittel- bis langfristig (innerhalb der nächsten zehn Jahre) soll die Abiturientenquote deutlich erhöht werden.

3.   Die BERLIN-Studie

Das Berliner Abgeordnetenhaus hat am 25. Juni 2009 beschlossen, die Auswirkungen der Schulstrukturreform, die Umstellung des Systems und das neue Übergangsverfahren wissenschaftlich begleiten und evaluieren zu lassen. Zu diesem Zweck wurde die BERLIN-Studie entwickelt, die in Kooperation zwischen den Max-Planck-Institut für Bildungsforschung (MPIB), dem Institut für die Pädagogik der Naturwissenschaften und Mathematik (IPN) und dem Deutschen Institut für Internationale Pädagogische Forschung (DIPF) durchgeführt wird.

In der BERLIN-Studie wird ein Schülerjahrgang untersucht, der als zweite Kohorte das reformierte Berliner Sekundarschulsystem durchläuft und gleichzeitig als erste Kohorte nach dem modifizierten Übergangsverfahren auf die beiden Sekundarschulformen übergegangen ist. Die Schülerinnen und Schüler werden vom Ende ihrer Grundschulzeit (6. Jahrgangsstufe) bis zum Übergang in die gymnasiale Oberstufe bzw. in die berufliche Erstausbildung begleitet. Das Studiendesign ist quasi-experimentell angelegt und umfasst zwei Stufen: Stufe 1 konzentriert sich auf den Übergang von der Grundschule in die Sekundarstufe I, während Stufe 2 auf die am Ende der Sekundarstufe I erreichten Bildungserträge und den Übergang in die berufliche Erstausbildung bzw. in einen vorakademischen Bildungsgang (gymnasiale Oberstufe) fokussiert ist. In beiden Stufen ist im Studiendesign jeweils eine eigene Quasi-Experimental- und Kontrollgruppe angelegt, wobei die beiden Quasi-Experimentalgruppen am Ende der Sekundarstufe I miteinander verzahnt werden (vgl. Abbildung 2).

In der ersten Studienstufe wird in Untersuchungsmodul 1 der Übergang von der Grundschule in die weiterführende Schule zum Schuljahr 2011/12 untersucht und die schulische Entwicklung der Schülerinnen und Schüler bis zum Ende der Sekundarstufe I dokumentiert. In der 9. Jahrgangsstufe mündet diese Schülerkohorte in die zweite Studienstufe ein und wird dort als Teil von Untersuchungsmodul 2 fortgeführt. Als Kontrollgruppe für die Kohorte des ersten Untersuchungsmoduls dient die Studie Erhebungen zum Lese- und Mathematikverständnis – Entwicklungen in den Jahrgangsstufen 4 bis 6 in Berlin (ELEMENT, vgl. Lehmann & Lenkeit, 2008; Lehmann & Nikolova, 2005). Zu strukturellen Vergleichen wird ferner die TIMSS-ÜBERGANG-Studie (Maaz, Baumert, Gresch & McElvany, 2010) herangezogen, die an einer für die Bundesrepublik Deutschland repräsentativen Stichprobe den Übergang von der Grundschule nach Jahrgangsstufe 4 in die weiterführenden Schulen untersucht.

Die zweite Studienstufe setzt gegen Ende der Sekundarstufe I ein. Als Quasi-Experimentalgruppe wurde am Ende des Schuljahres 2013/14 eine repräsentative Stichprobe von Neuntklässlern und 15-Jährigen gezogen, die als zweite Kohorte das reformierte Sekundarschulsystem vollständig durchläuft (Untersuchungsmodul 2). In diese Stichprobe wurde die bereits längsschnittlich untersuchte Quasi-Experimentalgruppe des Moduls 1 integriert. Diese erweiterte Quasi-Experimentalgruppe wird von der 9. Jahrgangsstufe über die 10. Jahrgangsstufe bis in die berufliche Erstausbildung bzw. die gymnasiale Oberstufe begleitet. Für die Quasi-Experimentalgruppe in Modul 2 wurde am Ende des Schuljahres 2010/11 eine eigene längsschnittliche Kontrollgruppe von Neuntklässlern und 15-Jährigen gezogen, die ebenfalls in den Jahrgangsstufen 9 und 10, sowie nach dem Übergang in die berufliche Erstausbildung oder die gymnasiale Oberstufe untersucht wird (Untersuchungsmodul 3). Die Untersuchungen von Modul 2 und Modul 3 sind in Design und Instrumentierung vollständig parallelisiert.

Da sich die in Abschnitt 4 vorgestellten Befunde auf das erste Studienmodul beziehen, soll im Folgenden nur das Modul 1 beschrieben werden. Eine Beschreibung der zweiten Studienstufe findet sich bei Maaz, Baumert, Neumann, Becker, Kropf & Dumont (2013) sowie Neumann et al. (2016).

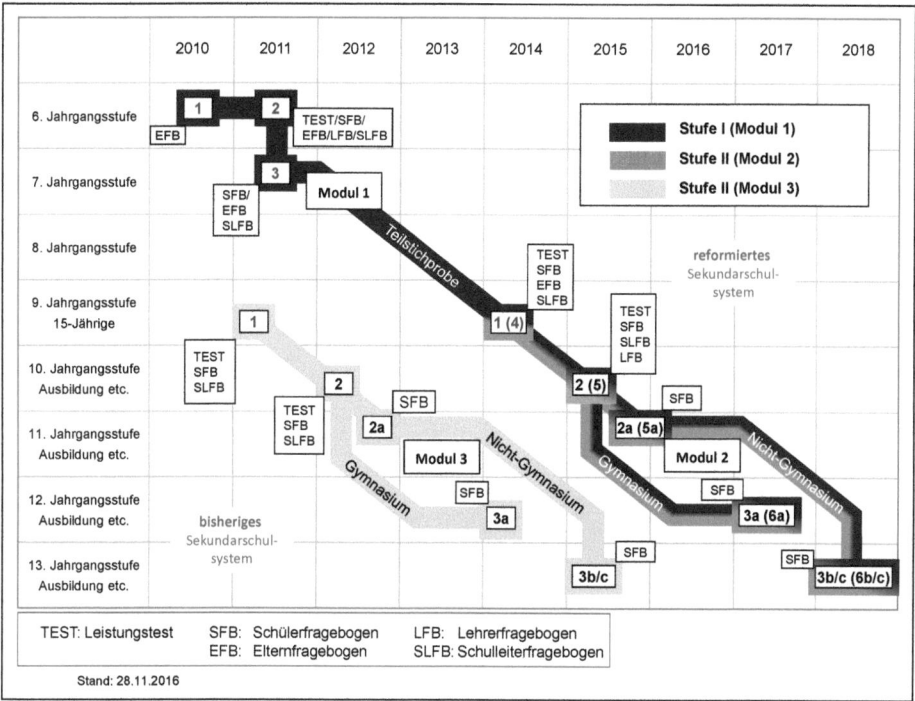

Abb. 2: Untersuchungsdesign der BERLIN-Studie mit den Erhebungen der Kontroll-
und Referenzstudien (Quelle: in Anlehnung an Maaz et al., 2013, S. 36)

Modul 1 der BERLIN-Studie untersucht die Auswirkungen der veränderten Rahmenbedingungen auf den Übergangsprozess von der Grundschule in die weiterführenden Schulen und die weitere Entwicklung der Schülerinnen und Schüler.
Im Mittelpunkt stehen Schülerinnen und Schüler der 6. Jahrgangsstufe der Grundschule, die als erste Schülerpopulation das neue Übergangsverfahren durchlaufen
haben und zu Beginn des Schuljahres 2011/2012 in die Integrierte Sekundarschule
und das Gymnasium übergegangen sind. Zu Vergleichszwecken wurde die Instrumentierung von Modul 1 mit der ELEMENT- und der TIMSS-ÜBERGANGS-
Studie abgestimmt.

Bei den in Modul 1 untersuchten Schülerinnen und Schüler handelt es sich
um den ersten Jahrgang, der das neue Übergangsverfahren durchlaufen hat. Etwa
3.500 Schülerinnen und Schüler aus 87 zufällig gezogenen Berliner Grundschulen werden von der 6. bis zur 7. Jahrgangsstufe der weiterführenden Schulen und
rund die Hälfte der Schülerinnen und Schüler bis zum Übergang in die gymnasiale Oberstufe oder die berufliche Ausbildung begleitet. Die Grundschullehrkräfte
sowie die Schulleitungen der Grundschulen und der weiterführenden Schulen
sind ebenfalls in die Untersuchung mit einbezogen. Eine zentrale Rolle im Übergangsprozess nehmen die Eltern der Schülerinnen und Schüler ein. Sie wurden
in der BERLIN-Studie vor, während und nach dem Übergang ihrer Kinder in die
weiterführende Schule befragt (vgl. Abbildung 3).

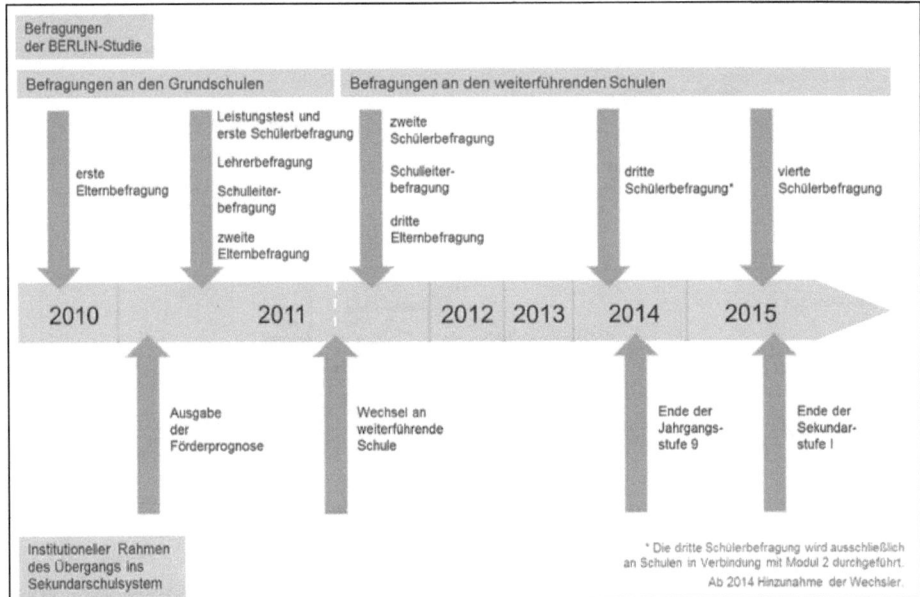

Abb. 3: Detailliertes Untersuchungsdesign der Studienstufe 1 (Modul 1) (Quelle: in
         Anlehnung an Maaz et al., 2013, S. 38)

Eine weitere Neuerung im Übergangsverfahren von der Grundschule in die weiterführenden Schulen ist die Verlängerung der Probezeit am Gymnasium von
einem halben auf ein volles Schuljahr. Das bedeutet, dass einige Schülerinnen
und Schüler am Ende der 7. Jahrgangsstufe vom Gymnasium auf eine Integrierte
Sekundarschule wechseln und dort ihre Schullaufbahn fortsetzen. Die BERLIN-
Studie untersucht die weitere schulische Entwicklung dieser Schülerinnen und
Schüler. Die Mehrzahl dieser Schulformwechslerinnen und Schulformwechsler
wird in Stufe I der BERLIN-Studie eingegliedert und in die weiteren Erhebungen
der Reformkohorte der BERLIN-Studie integriert. Zentrale Fragestellungen der
ersten Studienstufe sind unter anderem:

• Wie beurteilen Schülerinnen und Schüler, Lehrkräfte und Eltern die aktuellen
  Neuerungen im Übergangsverfahren?
• In welchem Maße sind Veränderungen bei den elterlichen Aspirationen für
  den weiteren Bildungsweg der Kinder und bei der Vergabe der Förderprognose
  durch die Grundschulen vor und nach der Systemumstellung beobachtbar?
• Welche Muster im Einfluss der sozialen und ethnischen Herkunft auf den
  Übergang zeigen sich vor und nach der Systemumstellung?
• Nach welchen Kriterien treffen die Eltern die Schulwahl und in welchem Maß
  kann dem Elternwunsch für die weiterführende Schule (Einzelschule) entsprochen werden?

4. Ergebnisse zum Übergang von der Grundschule in die weiterführende Schule (Modul 1) der BERLIN-Studie im Überblick

Zentrale Ergebnisse zu den Kernfragestellungen der ersten Studienstufe wurden in einem ersten Ergebnisband zur BERLIN-Studie 2013 veröffentlicht (Maaz et al., 2013). Im Folgenden werden drei größere Fragekomplexe adressiert, deren Ergebnisse überblickartig vorgestellt werden sollen:

1) Konsequenzen der Reform für die Wahl der Einzelschule,
2) die Auswirkungen der Reform auf Muster sozialer Disparitäten im Übergangsprozess und
3) die Wahrnehmung der Reform durch die unmittelbar betroffenen Akteure.

4.1 Konsequenzen der Reform für die Wahl der Einzelschule

Mit der Reform wurde der Entscheidungsspielraum der Einzelschule gestärkt und die Bedeutung der Schulform abgeschwächt. Eine zentrale Frage des ersten Ergebnisbandes zur BERLIN-Studie war daher, welche Konsequenzen die Reform für die Wahl der Einzelschule hat. Neumann und Kollegen (2013) sind dieser Frage auf verschiedenen Ebenen sehr differenziert nachgegangen. An dieser Stelle sollen ausgewählte Befunde beispielhaft vorgestellt werden.

Schulform oder die Einzelschule?

Der Übergang von der Grundschule in die Sekundarstufe I ist mit zwei Entscheidungen verbunden: die Wahl einer Schulform und die der Einzelschule. Nach der Schulstrukturreform haben Eltern die Möglichkeit, bis zu drei Wunschschulen unabhängig von der Schulform anzugeben. Rund zwei Drittel der Eltern benannten drei Wunschschulen konsistent innerhalb derselben Schulform. 38 Prozent der Eltern entschieden sich eindeutig für Gymnasien und 31 Prozent eindeutig für Integrierte Sekundarschulen. Die Eltern mit einer konsistenten Wunschliste von drei Gymnasien stimmten in ihren Abschlussaspirationen weitgehend überein: Sie strebten für ihre Kinder fast ausnahmslos die Hochschulreife an. In den Fällen einer einheitlichen Wahl von Integrierten Sekundarschulen weist die Verteilung der Abschlusserwartungen darauf hin, dass die Philosophie des Zweisäulenmodells, in beiden Schulformen alle Abschlüsse anzubieten, bei den Eltern angekommen ist. 42 Prozent der Eltern strebten für ihre Kinder das Abitur an, 37 Prozent einen mittleren Abschluss, ein kleiner Prozentsatz die Berufsbildungsreife und der Rest war noch unentschlossen.

Besondere Aufmerksamkeit verdient das Drittel der Eltern, die als Wunschschulen sowohl Gymnasien als auch Integrierte Sekundarschulen angaben. In diesen Fällen ist nicht mehr die Schulform das prioritäre Entscheidungskriterium, sondern die Passung und Qualität der Einzelschule. Dies ist ein Phänomen, das auf eine sich verändernde Schullandschaft, in der sich Sekundarschulen und Gymnasien ineinander schieben, hindeutet und das für die Rationalität von Elternentscheidungen spricht. Die Elterngruppe der inkonsistenten Wähler hatte hohe Bildungsaspirationen: 88 Prozent strebten für ihre Kinder das Abitur an. Gleichzeitig lagen die Noten der Schülerinnen und Schüler in charakteristischer Weise in jenem mittleren Bereich, in dem Grundschullehrkräfte eine Förderprognose sowohl für das Gymnasium als auch für die Integrierte Sekundarschule ausstellen können. Die tatsächliche Quote der Gymnasialprognosen lag bei 61 Prozent. Diese Eltern scheinen sich in einer Situation erhöhter Unsicherheit befunden zu haben, in der – unter den Bedingungen des Zweisäulenmodells – die Wahl der richtigen Einzelschule größere Bedeutung erhält als die Wahl der Schulform. Damit dürfte ein Zweisäulensystem, das die Wahl der Schulform freistellt, an Eltern, deren Kinder einen Notendurchschnitt im mittleren Bereich erzielen, erhöhte Entscheidungsanforderungen stellen.

Institutionelle Auswirkungen der Schulwahl: Über- und Unternachfrage von Schulen

Erwartungsgemäß wurden weiterführende Schulen in unterschiedlichem Maße nachgefragt. Von den 214 weiterführenden Schulen im Land Berlin hatten zu Beginn des Schuljahres 2011/12 nach den Erstwünschen der Eltern 85 Schulen (40 %) eine Über- und 129 (60 %) eine Unternachfrage bzw. ein ausgeglichene Nachfrage zu verzeichnen. Dabei hielten sich Über- bzw. Unternachfrage in der Regel in engeren Grenzen. In knapp zwei Dritteln der Fälle betrug die Abweichung von Nachfrage und Angebot weniger als 45 Prozent der verfügbaren Plätze. Allerdings gab es auch bemerkenswerte Extremfälle. In einem Fall fielen auf 100 verfügbare Plätze 18 und in einem anderen Fall 253 Anmeldungen. Das neue Auswahlverfahren kam in 85 Schulen (40 %) zur Anwendung, obwohl in vielen Fällen nur ein sehr geringer Überhang an Erstwünschen zu verzeichnen war.

Betrachtet man die Auswirkungen der Schulwahlen getrennt für Gymnasien und Integrierte Sekundarschulen, so zeigte sich beim Vergleich der Anteile von über- und unternachgefragten Schulen ein ähnliches Ergebnis: In beiden Schulformen konnten rund 40 Prozent der Schulen die Erstwünsche der Eltern nicht in Gänze erfüllen und mussten Schülerinnen und Schüler abweisen. Bei einem genaueren Blick wird aber auch deutlich, dass die Varianz der Nachfrage-Angebots-Relation[2] zwischen Gymnasien weitaus kleiner war als die zwischen Integrierten

---

2 Die Nachfrage-Angebotsrelation gibt an, wie viele Erstwunschanmeldungen rechnerisch auf 100 vorhandene Plätze an den Schulen entfallen. Werte größer als 100 indizieren eine Übernachfrage, Werte kleiner als 100 eine Unternachfrage.

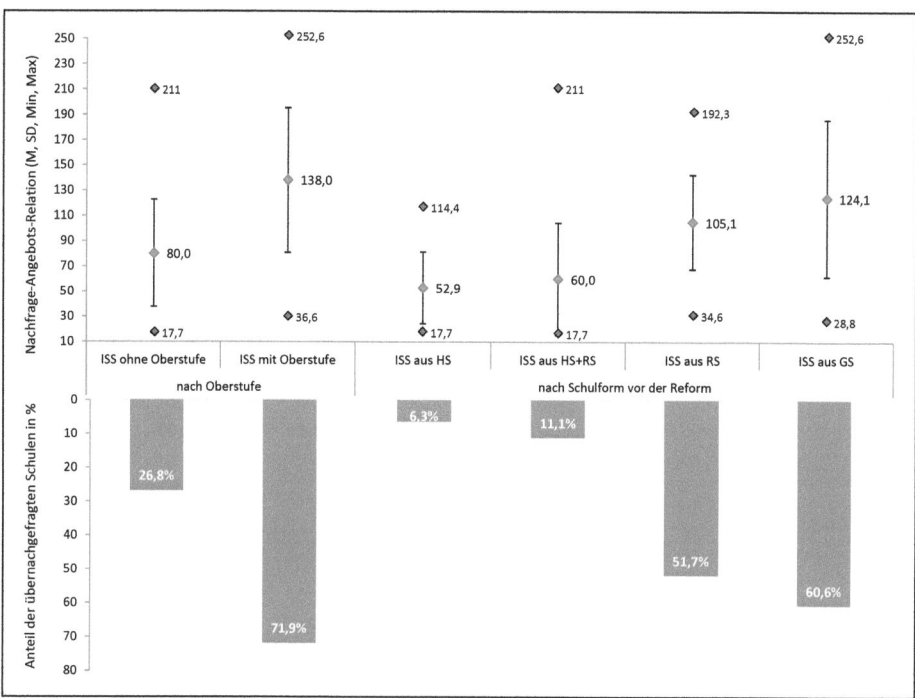

Abb. 4: Nachfrage-Angebots-Relation und Anteil übernachgefragter Schulen (Quelle:
         nach Neumann et al., 2013)

Sekundarschulen. Die Standardabweichung der Nachfrage-Angebots-Relation
betrug im gymnasialen Bereich 25 und im Sekundarschulbereich 55 Prozent. Dies
bedeutet, dass für die Mehrheit der Gymnasien Über- bzw. Unternachfragen eher
gering ausfallen, während sie im Bereich der Integrierten Sekundarschulen schon
beträchtlich sein können. Dieser Befund legt den Schluss nahe, dass sich Gymnasi-
en untereinander weit weniger in der von Eltern wahrgenommenen Qualität ihrer
Arbeit und Ausstattung unterscheiden als dies bei Integrierten Sekundarschulen
der Fall ist.

Eine genauere Analyse der Anwahlen von Integrierten Sekundarschulen belegt eine Attraktivitätsrangreihe, die im Wesentlichen durch die zurückreichende
Schulgeschichte bestimmt wird (vgl. Abbildung 4). Integrierte Sekundarschulen,
die aus Gesamtschulen mit eigener gymnasialer Oberstufe hervorgegangen sind,
konnten zu rund 70 Prozent eine Übernachfrage verzeichnen, bei Integrierten
Sekundarschulen, die durch Umgründung einer Realschule entstanden, wurden
etwa 50 Prozent übernachgefragt. Umgegründete Gesamtschulen ohne eigene
Oberstufe wiesen nur in etwa 30 Prozent der Fälle Über-, aber in rund 70 Prozent
Unternachfrage auf. Im Fall von umgegründeten Haupt- bzw. zusammengelegten
Haupt- und Realschulen war Übernachfrage die Ausnahme; der Anteil übernach-
gefragter Schulen lag unter 10 Prozent. Bemerkenswert ist, dass auch hier einzelne
Schulen hoch akzeptiert waren. Aus diesen Befunden ergibt sich die Schlussfolge-

rung, dass die Geschichte einer Schule ihre Attraktivität bestimmt. Auch mit der Umgründung befreien sich Schulen nicht sofort von ihrer strukturellen Vergangenheit. Dies gilt für die Ausstattung mit einer gymnasialen Oberstufe ebenso wie für die bisherige Schulformzugehörigkeit.

Passung von Nachfrage und Platzangebot

Die letztlich wohl wichtigste Frage im Zusammenhang der Schulwahl von Eltern betrifft die Passung von Nachfrage und Platzangebot. Erzeugt das Wahlsystem Enttäuschung oder Zufriedenheit bei den Betroffenen?

Tab. 1: Realisierung der Erst-, Zweit- und Drittwünsche für die Aufnahme im Schuljahr 2011/12 (Anteile in %, Populationsangaben)

	Gesamt	Integrierte Sekundarschule[1]	Gymnasium
Erstwunsch	84.3	78.6	91.7
Zweitwunsch	6.1	7.8	4.0
Drittwunsch	2.8	3.5	1.9
Erst-, Zweit- oder Drittwunsch	93.2	88.9	97.6

[1] inklusive Gemeinschaftsschulen.
Quelle: in Anlehnung an Neumann et al., 2013, S. 114

Trotz der beschriebenen differenziellen Nachfrage von Einzelschulen erweist sich das Zweisäulenmodell im Hinblick auf die Passung von Nachfrage und Platzangebot als insgesamt gut bis sehr gut ausbalanciert (vgl. Tabelle 1). Im Gymnasialbereich konnten 92 Prozent der Erstwünsche tatsächlich erfüllt werden. In der zweiten Säule der Integrierten Sekundarschulen fiel diese Quote mit 79 Prozent etwas niedriger aus, blieb aber immer noch sehr hoch. Betrachtet man alle drei Schulwünsche zusammen, stieg die Quote der erfüllten Wünsche auf 98 Prozent für die Gymnasien und 89 Prozent für die Integrierten Sekundarschulen. Im Gymnasialbereich kann man also insgesamt von einer entspannten Situation sprechen. Im Bereich der Integrierten Sekundarschulen ist der Wettbewerb etwas größer, da es hier doch eine Reihe von kaum nachgefragten Schulen gab.

Wovon hängt die Erfüllung des Schulwunsches ab?

Was entscheidet darüber, ob ein Schulwunsch erfüllt wird oder nicht? Eine multivariate Prüfung möglicher Faktoren, die für die Verwirklichung eines Schulwunsches verantwortlich sein könnten, zeigt ein eindeutiges Ergebnis: Bei Kontrolle der Nachfrage-Angebots-Relation der einzelnen Schulen entscheidet bei Über-

Tab. 2: Logistische Regression zur Vorhersage der Umsetzung des Erstschulwunsches
für Integrierte Sekundarschulen und Gymnasien durch individuelle Schülermerkmale und die Nachfrage-Angebots-Relation (NAR) der Erstwunschschule
(nur für Schülerinnen und Schüler mit NAR der Erstwunschschule > 100)

	Integrierte Sekundarschule			Gymnasium		
	Modell 1			Modell 1		
	b	*OR*	*p*	*b*	*OR*	*p*
Durchschnittsnote Förder-prognose (recodiert, z-Wert)	**1.538**	**4.66**	<.001	**1.682**	**5.38**	<.001
Durchschnitttestleistung (z-Wert)	-0.121	0.89	.398	0.179	1.20	.418
Geschlecht (Ref. = Jungen)	0.088	1.09	0.609	-0.195	0.82	.472
Sozioökonomischer Status (HISEI, z-Wert)	0.014	1.01	0.927	-0.004	1.00	.978
schulische Ausbildung der Eltern (Ref. Abitur/FHSR)						
maximal Hauptschulabschluss	0.235	1.26	0.423	0.010	1.01	.987
maximal mittlerer Schulabschluss	-0.090	0.91	0.728	-0.262	0.77	.529
Migrationsstatus (Ref. = beide Eltern in Deutschland geb.)	-0.315	0.73	0.135	0.266	1.30	.379
NAR der Erstwunschschule (zentriert an 130)	**-0.025-**	**0.98**	<.001	**-0.026-**	**0.97**	<.001
R^2	0.400			0.333		

OR = Odds Ratio, NAR = Nachfrage-Angebots-Relation, FHSR = Fachhochschulreife, p < .05-Ni-
veau statistisch signifikante Parameter fett; höchster sozioökonomischer Status in der Familie
HISEI (International Socio-Economic Index of Occupational Status ISEI; Ganzeboom, de Graaf,
Treiman & de Leeuw, 1992).
Quelle: in Anlehnung an Neumann et al., 2013, S. 120 und 121

nachfrage über die Realisierung des Schulwunsches sowohl bei den Integrierten
Sekundarschulen als auch bei den Gymnasien die Durchschnittsnote der Förderprognose. Nach Berücksichtigung der Durchschnittsnote hatten weder Geschlecht
noch Sozialstatus noch Bildungsniveau der Eltern noch die ethnische Herkunft
einen Einfluss auf die Platzvergabe an übernachgefragten Schulen (vgl. Tabelle 2).

4.2   Auswirkungen der Reform auf Muster sozialer Disparitäten im Übergangsprozess

Für die Analyse sozialer Disparitäten beim Übergang in die Sekundarstufe I wurde
auf die Unterscheidung von primären und sekundären Herkunftseffekten nach
Boudon (1974) zurückgegriffen. Demnach werden Einflüsse der familiären Herkunft, die sich direkt auf die Kompetenzentwicklung von Schülerinnen und Schü-

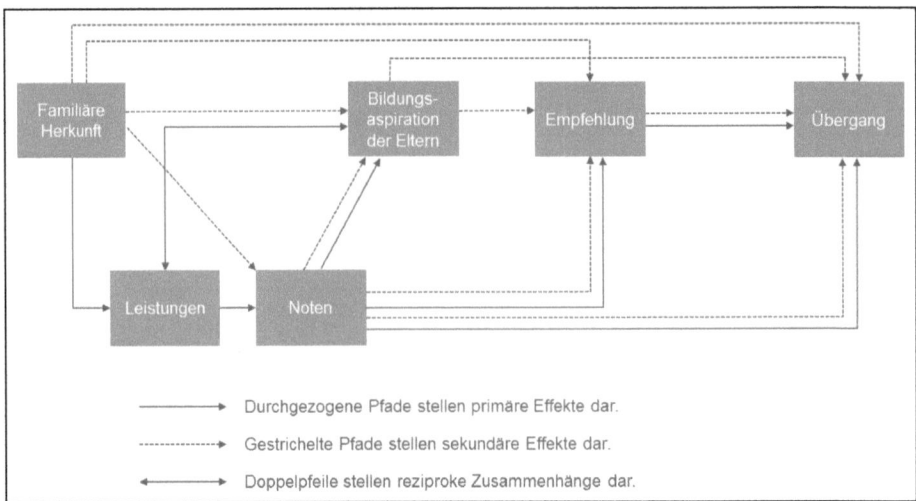

Abb. 5: Theoretisches Modell des Übergangs (Quelle: Dumont et al., 2013, S. 136)

lern auswirken und in unterschiedlichen Schulleistungen resultieren, als primäre Herkunftseffekte bezeichnet. Sekundäre Herkunftseffekte liegen dann vor, wenn soziale Disparitäten in der Bildungsbeteiligung nicht auf Unterschiede in den schulischen Leistungen zurückgeführt werden können, sondern aus unterschiedlichen Bildungsaspirationen und einem unterschiedlichen Entscheidungsverhalten der Familien resultieren (vgl. Abbildung 5).

Unter Berücksichtigung von Leistungstests, Noten, der elterlichen Bildungsaspiration, der Empfehlung und des Übertritts wurde der Einfluss sozialer Hintergrundmerkmale auf den Übergangsprozess sehr differenziert analysiert (vgl. hierzu Dumont, et al., 2013). In der folgenden Darstellung soll lediglich die Analyseperspektive vorgestellt werden, bei der der realisierte Übergang als Kriterium betrachtet wird.

Was entscheidet über den Übergang – Leistung, Herkunft oder beides?

Zur Vorhersage des Übergangs in die weiterführenden Schulen wurden die aus der Theorie und dem aktuellen Forschungsstand relevanten Prädiktoren in die Modellierung aufgenommen. Dabei zeigte sich, dass die wichtigsten Einzelprädiktoren der Übergangsentscheidung in Berlin die Durchschnittsnote, die Übergangsempfehlung bzw. die Förderprognose, die Bildungsaspirationen der Eltern und die durchschnittliche Testleistung sind. Sozialstatus, Bildungsniveau und Migrationsstatus der Familien spielen eine deutlich geringere Rolle. An dieser Reihenfolge hat sich zwischen 2005 (vor der Reform) und 2011 (nach der Reform) nichts geändert und auch die Stärke der Zusammenhänge blieb weitgehend konstant.

Wurden ausschließlich die drei Eignungs- und Leistungsindikatoren – Testleistung, Noten und Empfehlung – betrachtet, klärten diese im Rahmen der BERLIN-

Studie insgesamt 58 Prozent der Varianz der Übergangsentscheidung auf, in einer vergleichbaren Studie vor der Reform (ELEMENT) waren dies 63 Prozent (vgl. Tabelle 3 Modell 2). Damit steht außer Frage, dass die Übergangsentscheidungen der Eltern zu beiden Untersuchungszeitpunkten im Kern Eignungs- und Leistungsentscheidungen sind.

Diesen Befund muss man im Auge behalten, wenn man darauf hinweist, dass bei der Übergangsentscheidung auch Sozialstatus, Bildungsniveau und Zuwanderungsgeschichte der Familie eine Rolle spielen. Die drei familialen Merkmale erklärten gemeinsam 16 Prozent (in BERLIN) bzw. 14 Prozent (in ELEMENT) der Variabilität der Übergangsentscheidung (vgl. Tabelle 3 Modelle 1). Dies ist der Gesamteffekt der Herkunft, in den sowohl primäre als auch sekundäre Herkunftseffekte eingehen. Mit höherer Sozialschicht und höherem Bildungsniveau der Familie steigt auch die Wahrscheinlichkeit des Kindes, ein Gymnasium zu besuchen. Besondere Aufmerksamkeit verdient der Migrationsstatus. In hier nicht abgebildeten bivariaten Zusammenhangsanalysen zwischen Migrationsstatus und Übergangsentscheidung war in der ELEMENT- als auch in der BERLIN-Kohorte der Koeffizient negativ: Kinder aus Zuwandererfamilien haben geringere Chancen, zum Gymnasium zu wechseln. Aus Tabelle 3 die Modelle 1 wird jedoch ersichtlich, dass bereits bei Kontrolle der Sozialschicht und des Bildungsniveaus das Vorzeichen positiv wird: Bei gleicher Sozialschichtzugehörigkeit und gleichem Bildungsniveau der Familie deutet sich ein kleiner Vorteil für Kinder mit Migrationshintergrund an. Berücksichtigte man darüber hinaus Testleistung und Noten (vgl. Tabelle 3 die Modelle 3), wurde ein großer und stabiler Übergangsvorteil zugunsten von Kindern aus Zuwandererfamilien erkennbar. Zuwandererfamilien sind also – stimmen die Leistungsvoraussetzungen ihrer Kinder – sehr wohl in der Lage, ihren Bildungsoptimismus als persönliche Ressource für die Bildungsbeteiligung ihrer Kinder einzusetzen. Dieser Effekt war in BERLIN größer als in ELEMENT.

Betrachtet man die Rolle von Leistungs- und Herkunftsmerkmalen gemeinsam, ließen sich in BERLIN 62 Prozent, in ELEMENT 65 Prozent der Varianz der Übergangsentscheidung aufklären. D. h. die Herkunftsmerkmale tragen einen kleinen zusätzlichen Teil zur Aufklärung der Varianz der Übergangsentscheidung bei; in der BERLIN-Studie handelte es sich um 4 und in der ELEMENT-Studie um 2 Prozentpunkte. Der Großteil des Herkunftseffekts, der in den beiden Studien ja insgesamt 16 bzw. 14 Prozent der Varianz der Übergangsentscheidung ausmachte, ist über Unterschiede in den Leistungen vermittelt. Somit kommt den primären Herkunftseffekten in beiden Studien eine größere Bedeutung beim Übergang auf das Gymnasium zu. Dennoch ließen sich in beiden Studien (d. h. auch im zweigliedrigen Sekundarschulsystem Berlins) zusätzliche sekundäre Herkunftseffekte erkennen und statistisch absichern, die über die Bildungsaspirationen der Eltern vermittelt werden. Dabei hatten die elterlichen Aspirationen auf ein Abitur in

Tab. 3:   Vorhersage des Übergangs auf ein Gymnasium vs. nichtgymnasiale Schulformen durch mehrere Prädiktoren (ELEMENT und BERLIN)

ELEMENT (vor der Reform):

		Modell 1			Modell 2			Modell 3		
		b	SE	OR	b	SE	OR	b	SE	OR
Kontrollvariable	Geschlecht: 1 = Mädchen	.38*	.12	1.46	-.04	.16	0.96	.01	.18	1.01
Familiäre Herkunft	HISEI (z-Wert)	.42***	.07	1.52				.12	.09	1.12
	(Fach-)Abitur der Eltern	.82***	.15	2.27				.49*	.22	1.63
	Mind. ein Elternteil im Ausland geboren	.12	.12	1.13				.84***	.21	2.31
Schulleistungen	Durchschnittstestleistung				.05***	.13	1.05	.05***	.12	1.05
	Durchschnittsnote (rekodiert)				.20***	.25	1.22	.21***	.26	1.23
Übergangsempfehlung:	1 = Gymnasium				1.40***	.25	4.04	1.44***	.25	4.20
Pseudo-R^2			.14			.63			.65	

BERLIN (nach der Reform):

		Modell 1			Modell 2			Modell 3		
		b	SE	OR	b	SE	OR	b	SE	OR
Kontrollvariable	Geschlecht: 1 = Mädchen	.42***	.08	1.52	-.01	.12	0.99	-.01	.12	0.99
Familiäre Herkunft	HISEI (z-Wert)	.52***	.05	1.68				.17*	.08	1.18
	(Fach-)Abitur der Eltern	.77***	.10	2.15				.36*	.14	1.43
	Mind. ein Elternteil im Ausland geboren	.29**	.10	1.34				1.21***	.15	3.34
Schulleistungen	Durchschnittstestleistung				.03*	.14	1.04	.04*	.15	1.04
	Durchschnittsnote (rekodiert)				.15***	.31	1.16	.15**	.35	1.17
Übergangsempfehlung:	1 = Gymnasium				1.74***	.30	5.71	1.80***	.33	6.06
Pseudo-R^2			.16			.58			.62	

* $p < .05$, ** $p < .01$, *** $p < .001$
Quelle: in Anlehnung an Dumont et al., 2013, S. 187

BERLIN einen signifikant größeren Einfluss auf den Übergang auf ein Gymnasium als in ELEMENT.

Die alte Schulstruktur und die Bedeutung der gymnasialen Oberstufen

Während sich beim Vergleich des Gymnasiums mit den Integrierten Sekundarschulen in BERLIN bzw. den zu einer Gesamtgruppe zusammengefassten nichtgymnasialen Schulformen in ELEMENT kaum bedeutsame Veränderung im Übergangsprozess nach der Reform zeigten, ergab sich ein komplexeres Bild in zusätzlichen Analysen, in denen die Schulformen, aus denen die Integrierten Sekundarschulen hervorgegangen sind, mit betrachtet wurden. Dazu wurde analysiert, inwiefern die ehemalige Schulform einer Integrierten Sekundarschule das Übergangsverhalten beeinflusste (ohne Abbildung). Hier zeigte sich in der Tat, dass die alte Schulstruktur noch erkennbar war und sich ein Zusammenhang zwischen Schulform, aus der eine Integrierte Sekundarschule hervorgegangen war, und Wahlverhalten von Eltern und Kindern nachweisen ließ.

Im Einzelnen zeigte sich in den zusätzlichen Analysen, dass zum Zeitpunkt der ELEMENT-Studie vorhandene Unterschiede zwischen Haupt- und Realschulen im Hinblick auf die Ausgangsleistungen der Schülerinnen und Schüler nach der Zusammenlegung der beiden Schulformen weniger stark ausgeprägt waren. Auf der anderen Seite war in der BERLIN-Studie ein neuer Unterschied zwischen Integrierten Sekundarschulen zu beobachten: Während in ELEMENT Kinder mit guten Leistungen und Noten eher auf eine Realschule als auf eine Gesamtschule wechselten, zeigte sich das umgekehrte in BERLIN. Hier gingen Schülerinnen und Schüler mit guten Noten und Leistungen eher auf eine Integrierte Sekundarschule, die vorher eine Gesamtschule war, als auf eine Integrierte Sekundarschule, die aus einer Realschule hervorgegangen ist. D.h. die Klientel an ehemaligen Gesamtschulen unterscheidet sich zwischen den beiden Studienzeitpunkten dahingehend, dass im Schuljahr 2011/12 ehemalige Gesamtschulen von leistungsstärkeren Schülerinnen und Schülern besucht wurden als im Jahr 2005. Auf der Basis weiterer durchgeführter Analysen zeichnete sich darüber hinaus ab, dass die größere Attraktivität von ehemaligen Gesamtschulen für Schülerinnen und Schüler mit besseren Noten und Leistungen mit dem Vorhandensein einer eigenen gymnasialen Oberstufe in Zusammenhang stand. Langfristig könnte dies dazu führen, dass sich aufgrund der unterschiedlichen Schülerzusammensetzung Leistungsunterschiede zwischen Integrierten Sekundarschulen mit und ohne gymnasialer Oberstufe ausbilden könnten.

4.3   Wahrnehmung der Reform durch die unmittelbar betroffenen Akteure

Die Akzeptanz einer Reform ist entscheidend für deren gelingende Implementation und den Erfolg einer Reform. Daher wurden unterschiedliche Akteure, Schulleiterinnen und Schulleiter, Lehrkräfte an den verschiedenen Schulformen und
den unterschiedlichen Bildungsbereichen sowie die Eltern befragt. Die Analysen
von Böse und Kollegen (2013) geben für die verschiedenen Akteure ein differen-
ziertes Bild über die Beurteilung unterschiedlicher Elemente der Schulstrukturreform. An dieser Stelle soll auszugsweise nur auf den Differenzierungsgrad der
Sekundarstufe I sowie die neue Übergangsregelung eingegangen werden.

Einschätzung des Differenzierungsgrades der Sekundarstufe

Die Akzeptanz des Differenzierungsgrades der Sekundarstufe wurde mit drei Fragen erhoben, die unterschiedlich weitgehende Eingriffe in die bisherige Schulstruktur beschrieben (Einzelitems mit 4-stufiger Likert-Skala). Die erste Frage bezog
sich auf die Abschaffung der Hauptschule, die zweite Frage auf die Einführung
der Zweigliedrigkeit und die dritte Frage auf die Einrichtung einer einheitlichen
Sekundarstufe I, die auch das Gymnasium einschließt.

Die Befragung ergab folgendes Bild: Hinsichtlich der Notwendigkeit, die kaum
nachgefragte Hauptschule in Berlin abzuschaffen, war sich eine große Mehrheit
des Leitungspersonals an allen Schulformen einig (vgl. Abbildung 6). Nahezu 70
Prozent der Schulleiterinnen und Schulleiter an Gymnasien und über 80 Prozent
an Grundschulen und Integrierten Sekundarschulen hielten diesen Schritt für
überfällig (stimmten zu oder stimmten eher zu). Eine Mehrheit von rund 65 Prozent der Lehrkräfte an Grundschulen teilte diese Ansicht; aber immerhin gut ein
Drittel von ihnen hätten die Hauptschule offensichtlich gern als Nische für schwache Schülerinnen und Schüler beibehalten. Ein ähnliches Bild zeichnete sich in der
Elternschaft ab, aber mit einer deutlicheren Tendenz zur Polarisierung.

Für die Frage zur Einführung der Zweigliedrigkeit (Item: „Die Zusammenlegung der Haupt-, Real- und Gesamtschulen zur neuen Sekundarschule ist ein rich-
tiger Schritt.") zeigte sich ein vergleichbares Muster (ohne Abbildung). Die Zustimmung zur Strukturreform lag auf Seiten des Leitungspersonals – also bei den
Personen, die systemische Verantwortung übernehmen. Sie lag zwischen 65 (Gym-
nasialleiter) und mehr als 80 Prozent (Leiterinnen und Leiter von Grundschulen
und Integrierten Sekundarschulen). Die Zustimmung der Grundschullehrkräfte
fiel mit 60 Prozent etwas vorsichtiger aus, während sich die Elternschaft – unabhängig davon, ob das Kind eine Integrierte Sekundarschule oder ein Gymnasium
besucht – in zwei Lager teilte, wobei die Fraktion der Befürworter etwas größer ist.

Vor dem Hintergrund dieser Antworten überrascht die Bewertung einer unge-
gliederten Sekundarstufe I nicht (Item: „Die Reform geht nicht weit genug. Man
hätte alle weiterführenden Schulformen [einschließlich des Gymnasiums] zu einer

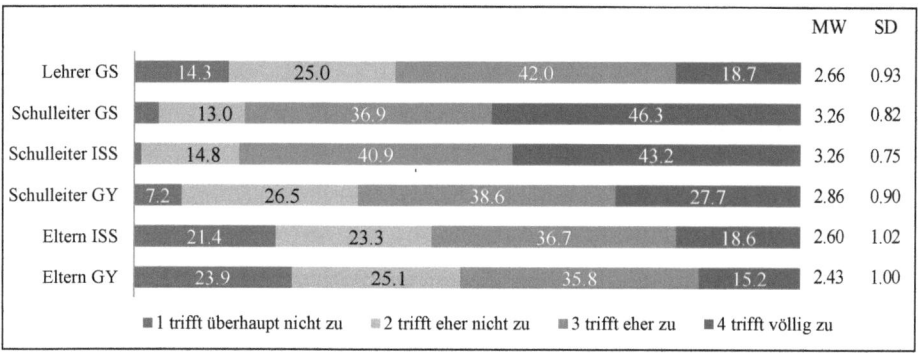

	MW	SD
Lehrer GS: 14.3 / 25.0 / 42.0 / 18.7	2.66	0.93
Schulleiter GS: 13.0 / 36.9 / 46.3	3.26	0.82
Schulleiter ISS: 14.8 / 40.9 / 43.2	3.26	0.75
Schulleiter GY: 7.2 / 26.5 / 38.6 / 27.7	2.86	0.90
Eltern ISS: 21.4 / 23.3 / 36.7 / 18.6	2.60	1.02
Eltern GY: 23.9 / 25.1 / 35.8 / 15.2	2.43	1.00

■ 1 trifft überhaupt nicht zu ■ 2 trifft eher nicht zu ■ 3 trifft eher zu ■ 4 trifft völlig zu

Abb. 6: Globale Bewertung der neuen Schulstruktur durch die Lehrerkräfte sowie Schul-
leiter/Innen der Grundschulen, Schulleiter/Innen der weiterführenden Schulen
und Eltern (Item: „Ich halte die Abschaffung der Hauptschule für richtig.")
Anmerkungen: Angaben in Prozent, Werte unter 5% werden in der Datenbe-
schriftung nicht ausgewiesen. Gruppen: Lehrer GS = Lehrer Grundschule,
Schulleiter GS = Schulleiter Grundschule, Schulleiter ISS = Schulleiter Integrierte
Sekundarschulen, Schulleiter GY = Schulleiter Gymnasien, Eltern ISS = Eltern
Integrierte Sekundarschulen, Eltern GY = Eltern Gymnasien. MW = Mittelwert,
SD = Standardabweichung. (Quelle: in Anlehnung an Böse et al., 2013, S. 224)

Schulform zusammenfassen sollen."). 85 Prozent der Leiter von Gymnasien wiesen die Vorstellung entschieden zurück (Antwortkategorie „trifft überhaupt nicht
zu" oder „trifft nicht zu"). Aber auch eine deutliche Mehrheit von Lehrkräften und
Schulleiterinnen und Schulleitern an Grundschulen, sowie über 75 Prozent der
Elternschaft an Gymnasien hielten eine solche Entscheidung für falsch. Dies galt
auch für rund 65 Prozent der Eltern von Kindern, die eine Integrierte Sekundarschule besuchten. Allein die Leitungen von Integrierten Sekundarschulen konnten
sich mehrheitlich (68 Prozent) eine einheitliche Sekundarstufe I vorstellen (ohne
Abbildung).

Das Gesamtbild dieser Befunde spricht für den politischen aber auch pädagogischen Realismus einer Strukturentscheidung zugunsten der Zweigliedrigkeit. Das
professionelle Personal der Berliner allgemeinbildenden Schulen steht in relativ
großer Mehrheit hinter dieser Entscheidung. Auch eine Mehrheit der Elternschaft
unterstützt sie.

Bewertung der neuen Übergangsregelung

Die Betrachtung der Veränderungen der Regularien des Übergangsverfahrens
lassen verschiedene Vermutungen zu, wie die neuen Übergangsregelungen durch
die betroffenen Akteure bewerten werden. So ist aufgrund der weitgehenden Stabilität beim Beratungs- und Informationsprozess zu erwarten, dass es eine hohe
Zustimmung zu den Einzelregelungen gegeben wird, die diesen Prozess ordnen,
ohne das Entscheidungsrecht der Eltern anzutasten. Durchaus kontrovers könnte

dagegen die Auswahlregelung bei Übernachfrage weiterführender Schulen rezipiert werden. Kritisch dürften alle Vorschriften aufgenommen werden, die möglicherweise einen Kontrollverlust für die beteiligten Akteure bedeuten können. So ist zu erwarten, dass Auswahlentscheidungen nach transparenten inhaltlichen Kriterien noch akzeptiert, Losentscheidungen, bei denen der Zufall regiert, aber abgelehnt werden. Die Ablehnung sollte umso stärker ausfallen, je wichtiger die Profilbildung einer Schule für die Akteure ist.

Wie sehen die Bewertungen der einzelnen Regelungen und des Verfahrens insgesamt aus? Beginnt man mit dem Ergebnis des Übergangsverfahrens, so ist das auffälligste Resultat, dass eine große Mehrheit der Eltern von Kindern an Integrierten Sekundarschulen und Gymnasien (zwischen 80 % und 90 %) mit der tatsächlich gewählten oder zugewiesenen Schule zufrieden oder sogar sehr zufrieden war. Dieser Befund weist darauf hin, dass das Verfahren praktikabel ist und das Ergebnis grundsätzlich mit den Vorstellungen der meisten Eltern verträglich zu sein scheint (ohne Abbildung). Lässt man das Verfahren selbst – unabhängig vom individuellen Ergebnis – insgesamt bewerten, so war eine Mehrheit von etwa 60 Prozent der Eltern und der Leiterinnen und Leiter von Gymnasien damit zufrieden oder eher zufrieden. Besonders ausgeprägt war das positive Urteil bei Schulleiterinnen und Schulleitern an Grundschulen und Integrierten Sekundarschulen. Hier lag die Zustimmung bei über 70 Prozent (ebenfalls ohne Abbildung, Item: „Ich bin insgesamt zufrieden mit dem neuen Verfahren.", 4-stufige Likert-Skala von 1=stimme überhaupt nicht zu bis 4=stimme voll zu).

Wirft man einen genaueren Blick auf die Einzelregelungen des Verfahrens, so zeigte sich im Wesentlichen das vorhergesagte Muster. Sowohl bei den Schulleitungen beider Schulformen als auch bei den Eltern war die Nützlichkeit des verbindlichen Beratungsgesprächs und der schriftlichen Förderprognose unstrittig (vgl. Abbildung 7a und 7b; Lehrkräfte an Grundschulen wurden nicht befragt). Auch die Differenzierungskomponente bei der Auswahl von Schülerinnen und Schülern im Fall der Übernachfrage von weiterführenden Schulen fand überwiegende Zustimmung (vgl. Abbildung 7c). Das Losverfahren, das Profilierung und Wettbewerb von Schulen begrenzen soll, wurde dagegen von allen Beteiligten mit Ausnahme der Schulleitungen an Integrierten Sekundarschulen (Zustimmungsanteil 59 Prozent) deutlich bis vehement abgelehnt (vgl. Abbildung 7d). Über 80 Prozent der Leiterinnen und Leiter von Gymnasien sprachen sich gegen das Losverfahren aus und sahen darin eine besondere Gefahr für das Profil ihrer Schulen. Bei den Eltern fanden sich Ablehnungsanteile zwischen 66 (Eltern, deren Kinder eine Integrierte Sekundarschule besuchen) und 71 Prozent (Eltern, deren Kinder ein Gymnasium besuchen). Die Verlängerung der Probezeit am Gymnasium von einem halben auf ein ganzes Jahr traf auf große Zustimmung der Schulleiterinnen und Schulleiter an Gymnasien sowie der gesamten Elternschaft. Schulleitungen an Integrierten Sekundarschulen standen der verlängerten Probezeit neutral bis eher ablehnend gegenüber (vgl. Abbildung 7e).

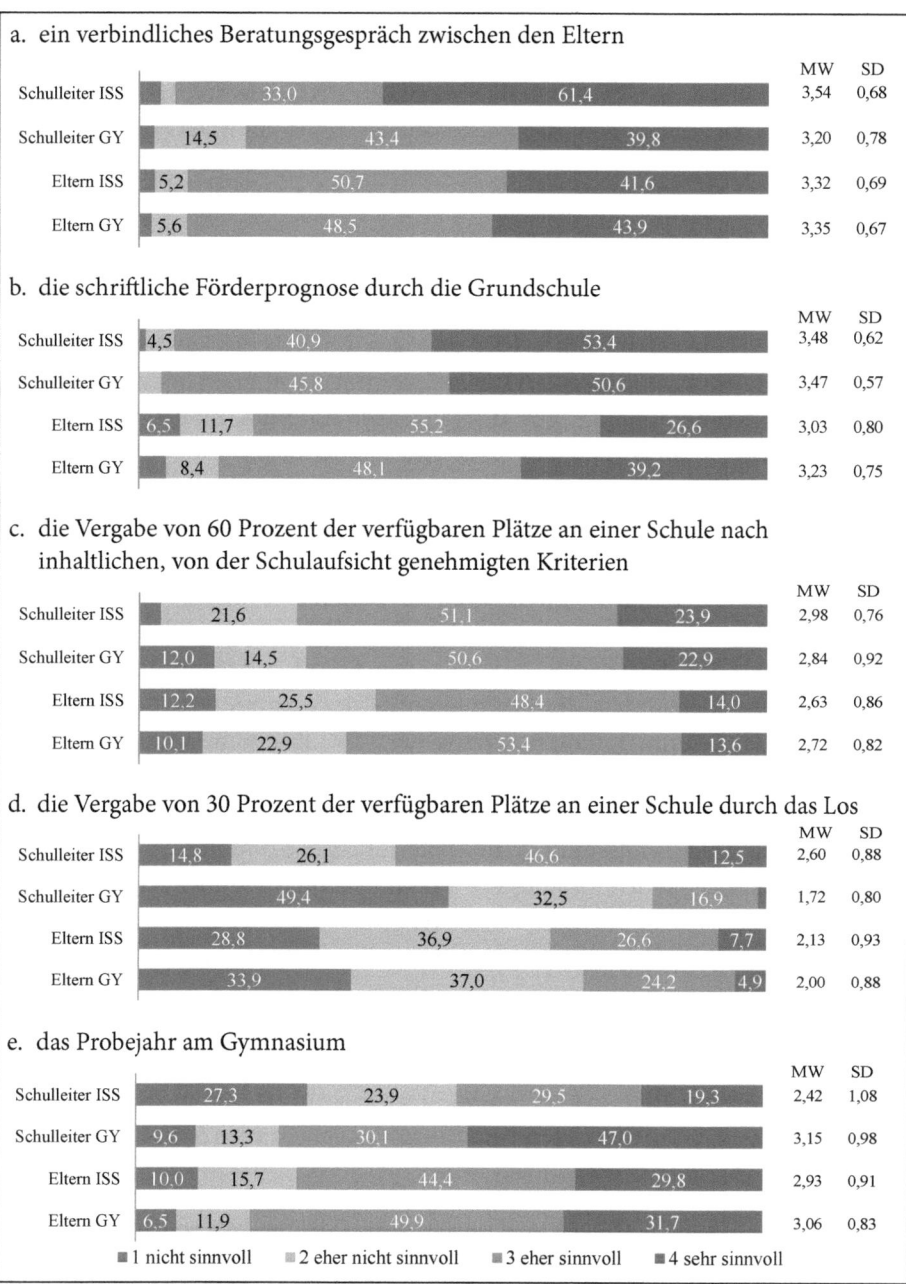

Abb. 7:　Bewertung einzelner Bestandteile des Übergangsverfahrens durch die Schulleiterinnen sowie Schulleiter der weiterführenden Schulen und Eltern
Angaben in Prozent, Werte unter 5% werden in der Datenbeschriftung nicht
ausgewiesen. Gruppen: Schulleiter ISS = Schulleiter Integrierte Sekundarschulen,
Schulleiter GY = Schulleiter Gymnasien, Eltern ISS = Eltern Integrierte Sekundarschulen, Eltern GY = Eltern Gymnasien. MW = Mittelwert, SD = Standardabweichung. (Quelle: In Anlehnung an Böse et al., 2013, S. 259–261)

5.   Fazit und Ausblick

Die hier skizzierten Ergebnisse adressieren zentrale Aspekte der Berliner Schulstrukturreform, die sich an der ersten Gelenkstelle von Bildungsbiographien, nämlich beim Übergang von der Primar- zur Sekundarschule ergeben. Bei der Interpretation der vorliegenden Ergebnisse muss allerdings auch beachtet werden, dass sich Effekte von Reformen im Laufe der Zeit verändern können bzw. erst nach und nach hervortreten. Gerade in den ersten Jahren können tatsächliche Reformeffekte mitunter noch von anfänglichen Umsetzungsproblemen überlagert sein. Im Falle der Berliner Schulstrukturreform wird sich das System beispielsweise allein dadurch weiterentwickeln, dass alle Akteure Erfahrungen mit den neuen Strukturen sammeln werden. Im untersuchten Jahrgang lagen mit Blick auf die neue Schulstruktur lediglich Erfahrungen eines Schuljahres in der neuen Zweigliedrigkeit vor, das neue Übergangsverfahren wurde zum ersten Mal durchgeführt. Insofern kann sich das Verhalten der Akteure bei zunehmender Eingewöhnung und Vertrautheit mit den neuen Strukturen und Abläufen weiterhin verändern (z. B. im Hinblick auf die Einschätzungen und Bewertungen des neuen Systems, die Nachfrage von Integrierten Sekundarschulen mit oder ohne Oberstufe oder Nachfrage-Angebots-Relationen, wie sie gegenwärtig zwischen den Einzelschulen und Schulformen variieren). Um die Stabilität der berichteten Befunde zu untersuchen, wäre eine Replikation der Grundschuluntersuchung der BERLIN-Studie in einigen Jahren wünschenswert.

Die Auswirkungen der Berliner Schulstrukturreform betreffen nicht nur den Übergang von der Grundschule in die weiterführenden Schulen sondern in substanzieller Weise auch den Bildungserwerb im Sekundarschulbereich und spätere Übergänge. Diese bildungsbiografisch später gelagerten Effekte der Schulstrukturreform auf die Kompetenzentwicklung und spätere Bildungsübergänge sind Gegenstand zukünftiger Auswertungen im Rahmen der BERLIN-Studie. So werden in der zweiten Studienphase die Bildungserträge von 15-Jährigen bzw. Schülerinnen und Schülern am Ende der 9. Jahrgangsstufe sowie der Übergangsprozess in die gymnasiale Oberstufe, in eine Ausbildung oder ein Hochschulstudium in den Blick genommen. Die Publikation erster Ergebnisse zu diesen Schwerpunktbereichen ist für das Jahr 2017 vorgesehen.

Literatur

Artelt, C., Stanat, P., Schneider, W., Schiefele, U. (2001). Lesekompetenz. Testkonzeption und Ergebnisse. In J. Baumert, E. Klieme, M. Neubrand, M. Prenzel, U. Schiefele & W. Schneider (Hrsg.), *PISA 2000: Basiskompetenzen von Schülerinnen und Schülern im internationalen Vergleich* (S. 69–137). Opladen: Leske + Budrich.

Baumert, J. & Schümer, G. (2001). Familiäre Lebensverhältnisse, Bildungsbeteiligung und Kompetenzerwerb. In J. Baumert, E. Klieme, M. Neubrand, M. Prenzel, U. Schiefele, W.

Schneider, P. Stanat, K.-J. Tillmann & M. Weiß (Hrsg.), *PISA 2000: Basiskompetenzen von Schülerinnen und Schülern im internationalen Vergleich* (S. 323–407). Opladen: Leske + Budrich.

Baumert, J., Maaz, K., Neumann, M. Becker, M., Kropf, M. & Dumont H. (2013). Die Berliner Schulstrukturreform: Hintergrunde, Zielstellungen und theoretischer Rahmen. In K. Maaz, J. Baumert, M. Neumann, M. Becker & H. Dumont (Hrsg.), *Die Berliner Schulstrukturreform. Bewertung durch die beteiligten Akteure und Konsequenzen des neuen Übergangsverfahrens von der Grundschule in die weiterführenden Schulen* (S. 9–34). Münster: Waxmann.

Baumert, J., Stanat, P. & Watermann, R. (2006). Schulstruktur und die Entstehung differenzieller Lern- und Entwicklungsmilieus. In J. Baumert, P. Stanat & R. Watermann (Hrsg.), *Herkunftsbedingte Disparitäten im Bildungswesen: Differenzielle Bildungsprozesse und Probleme der Verteilungsgerechtigkeit. Vertiefende Analysen im Rahmen von PISA 2000* (S. 95–188). Wiesbaden: VS Verlag für Sozialwissenschaften.

Boudon, R. (1974). *Education, opportunity, and social inequality: Changing prospects in Western society.* New York: Wiley.

Böse, S., Neumann, M., Becker, M., Maaz, K. & Baumert, J. (2013). Beurteilung der Berliner Schulstrukturreform durch Schulleiterinnen und Schulleiter, Lehrkräfte und Eltern. In K. Maaz, J. Baumert, M. Neumann, M. Becker & H. Dumont (Hrsg.), *Die Berliner Schulstrukturreform. Bewertung durch die beteiligten Akteure und Konsequenzen des neuen Übergangsverfahrens von der Grundschule in die weiterführenden Schulen* (S. 209–261). Münster: Waxmann.

Dahrendorf, R. (1965). *Gesellschaft und Demokratie in Deutschland.* München: Piper.

Dumont, H., Neumann, M., Becker, M., Maaz, K. & Baumert, J. (2013). Der Übergangsprozess von der Grundschule in die Sekundarstufe I vor und nach der Schulstrukturreform in Berlin: Die Rolle primärer und sekundärer Herkunftseffekte. In K. Maaz, J. Baumert, M. Neumann, M. Becker & H. Dumont (Hrsg.), *Die Berliner Schulstrukturreform. Bewertung durch die beteiligten Akteure und Konsequenzen des neuen Übergangsverfahrens von der Grundschule in die weiterführenden Schulen* (S. 133–207). Münster: Waxmann.

Ganzeboom, H. B. G., DeGraaf, P. M., & Treiman, D. J. & DeLeeuw, J. (1992). A standard international socio-economic Index of occupational status. *Social Science Research, 21* (1), 1–56.

Herrlitz, H.-G., Hopf, W., Titze, H. & Cloer, E. (2008). *Deutsche Schulgeschichte von 1800 bis zur Gegenwart: Eine Einführung.* Weinheim: Juventa.

Hurrelmann, K. (2013a). Das Schulsystem in Deutschland: Das „Zwei-Wege-Modell" setzt sich durch. *Zeitschrift für Pädagogik, 59*(4), 455–468.

Klieme, E., Neubrand, M. & Lüdtke, O. (2001), Mathematische Grundbildung. Testkonzeption und Ergebnisse. In J. Baumert, E. Klieme, M. Neubrand, M. Prenzel, U. Schiefele, W. Schneider, P. Stanat, K.-J. Tillmann & M. Weiß (Hrsg.), *PISA 2000: Basiskompetenzen von Schülerinnen und Schülern im internationalen Vergleich* (S. 139–190). Opladen: Leske + Budrich.

Köller, O. (2008). Die Gesamtschule – Erweiterung statt Alternative. In K. S. Cortina, J. Baumert, A. Leschinsky, K. U. Mayer & L. Trommer (Hrsg.), *Das Bildungswesen in der Bundesrepublik Deutschland: Strukturen und Entwicklungen im Überblick* (S. 437–465). Reinbek bei Hamburg: Rowohlt.

Köller, O., Knigge, M., & Tesch B. (Hrsg.). (2010). *Sprachliche Kompetenzen im Ländervergleich: Überprüfung der Erreichung der Bildungsstandards für den Mittleren Schulab-*

schluss für Deutsch und die erste Fremdsprache in der neunten Jahrgangsstufe. Münster: Waxmann.

Lehmann, R. & Lenkeit, J. (2008). *Element. Erhebung zum Lese- und Mathematikverständnis. Entwicklung in den Jahrgangsstufen 4 bis 6 in Berlin: Abschlussbericht über die Untersuchungen 2003, 2004 und 2005 an Berliner Grundschulen und grundständigen Gymnasien.* Berlin: Humboldt Universität zu Berlin.

Lehmann, R. & Nikolova, R. (2005). Erhebung zum Lese- und Mathematikverständnis – Entwicklung in den Jahrgangsstufen 4 bis 6 in Berlin (ELEMENT): Bericht über die Untersuchung 2003 an Berliner Grundschulen und grundständigen Gymnasien. Berlin: Senatsverwaltung für Bildung, Jugend und Sport.

Maaz, K. & Baumert, J. (2011a). Risikoschüler in Deutschland: Teil 1. Identifikation und Beschreibung. *Schulverwaltung: NRW, 22*(2), 56–59.

Maaz, K. & Baumert, J. (2011b). Risikoschüler in Deutschland: Teil 2. Schulformspezifische Betrachtung – Ist Hauptschule gleich Hauptschule? *Schulverwaltung: NRW, 22*(3), 89–90.

Maaz, K., Baumert, J., Gresch, C. & McElvany, M. (Hrsg.). (2010). Der Übergang von der Grundschule in die weiterführende Schule – Leistungsgerechtigkeit und regionale, soziale und ethnisch-kulturelle Disparitäten. Bonn & Berlin: BMBF.

Maaz, K., Baumert, J., Neumann, M., Becker, M. & Dumont, H. (Hrsg.). (2013). *Die Berliner Schulstrukturreform. Bewertung durch die beteiligten Akteure und Konsequenzen des neuen Übergangsverfahrens von der Grundschule in die weiterführenden Schulen.* Münster: Waxmann.

Maaz, K., Baumert, J., Neumann M., Becker, M., Kropf, M. & Dumont H. (2013). Anlage und Zielsetzung der BERLIN-Studie. In K. Maaz, J. Baumert, M. Neumann, M. Becker & H. Dumont (Hrsg.), *Die Berliner Schulstrukturreform. Bewertung durch die beteiligten Akteure und Konsequenzen des neuen Übergangsverfahrens von der Grundschule in die weiterführenden Schulen* (S. 35–48). Münster: Waxmann.

Maaz, K., Watermann, R. & Köller, O. (2009). Die Gewährung von Bildungschancen durch institutionelle Öffnung. Bildungswege von Schülerinnen und Schülern an allgemeinbildenden und beruflichen Gymnasien. *Pädagogische Rundschau, 63*(2), 159–177.

Neumann, M., Kropf, M., Becker, M., Albrecht, R., Maaz, K. & Baumert, J. (2013). Die Wahl der weiterführenden Schule im neu geordneten Berliner Übergangsverfahren. In K. Maaz, J. Baumert, M. Neumann, M. Becker & H. Dumont (Hrsg.), *Die Berliner Schulstrukturreform. Bewertung durch die beteiligten Akteure und Konsequenzen des neuen Übergangsverfahrens von der Grundschule in die weiterführenden Schulen* (S. 87–131). Münster: Waxmann.

Neumann, M., Maaz, K. & Becker, M. (2013). Die Abkehr von der traditionellen Dreigliedrigkeit im Sekundarschulsystem: Auf unterschiedlichen Wegen zum gleichen Ziel? *Recht der Jugend und des Bildungswesens, 61*, 274–292.

Peisert, H. (1967). *Soziale Lage und Bildungschancen in Deutschland.* München: Piper.

Picht, G. (1964). *Die deutsche Bildungskatastrophe.* Olten: Walter-Verlag.Prenzel, M., Artelt, C., Baumert, J., Blum, W., Hammann, M., Klieme, E. & Pekrun, R. (Hrsg.). (2008). *PISA 2006 in Deutschland: Die Kompetenzen der Jugendlichen im dritten Ländervergleich.* Münster: Waxmann.

Prenzel, M., Artelt, C., Baumert, J., Blum, W., Hammann, M.; Klieme, E. & Pekrun, R. (Hrsg.). (2008). *PISA 2006 in Deutschland. Die Kompetenzen der Jugendlichen im dritten Ländervergleich.* Münster: Waxmann.

Rösner, E. (2009). Auf dem Weg zum zweigliedrigen Schulwesen? Warum sich das System ändert – und was dabei herauskommt. *Pädagogik, 61*(1), 42–46.

Tillmann, K.-J. (2012). Das Sekundarschulsystem auf dem Weg in die Zweigliedrigkeit. Historische Linien und aktuelle Verwirrungen. *Pädagogik, 64*(5), 8–12.

Trautwein, U., Baumert, J. & Maaz, K. (2007). Hauptschulen = Problemschulen? *Aus Politik und Zeitgeschichte, 28*, 3–9.

Weishaupt, H. (2009). Die Hauptschule – ein Auslaufmodell? *Die Deutsche Schule, 101*(1), 20–32.

Klaus-Jürgen Tillmann

Gleichwertigkeit im Zwei-Säulen-Modell?

Das Beispiel Gemeinschaftsschule im Saarland

Seit Beginn dieses Jahrzehnts wird die Schulstruktur in der Sekundarstufe I des Saarlands massiv verändert: Sämtliche Schulformen jenseits des Gymnasiums – also ursprünglich Hauptschulen, Realschulen und Gesamtschulen – wurden zu einer gemeinsamen Schulform, der „Gemeinschaftsschule" zusammengefasst (vgl. Tillmann, 2012b). Im Saarland gibt es gegenwärtig (2015) 28 Gymnasien und 70 Gemeinschaftsschulen. Von diesen Gemeinschaftsschulen sind 53 aus den ehemaligen „Erweiterten Realschulen" und 17 aus ehemaligen integrierten Gesamtschulen hervorgegangen. Das bedeutet: Im Saarland existiert jetzt ein zweigliedriges Schulsystem, in dem beide Säulen den Weg zum Abitur anbieten. Hier stellt sich die Frage, ob auf diese Weise neben dem Gymnasium tatsächlich eine „gleichwertige Säule" geschaffen wurde " (vgl. Arbeitskammer, 2015, S. 305). Diese Frage wird die folgenden Überlegungen begleiten.

Der Schulstrukturwandel, der sich im Saarland vollzieht, ist kein singuläres Ereignis – er ist vielmehr Teil einer bundesweiten Entwicklung. Fast überall sind die drei- oder viergliedrigen Schulsysteme auf dem Rückzug – und ein Bundesland nach dem anderen trifft Entscheidungen, die Zweigliedrigkeit einzuführen oder zumindest auf den Weg zu bringen. Inzwischen gibt es nur noch ein einziges Bundesland – nämlich Bayern – bei dem man sagen kann, dass dort ein dreigliedriges Schulsystem existiert (vgl. Tillmann, 2012a).

Das bedeutet: Die Schulstrukturreform im Saarland hat zwar sehr viele spezifische Eigenheiten, aber sie ist dennoch Teil einer bundesweiten Entwicklung: Weg von der Mehrgliedrigkeit, hin zum Zwei-Säulen-Modell. Im Folgenden soll herausgearbeitet werden, welche Gemeinsamkeiten über die Ländergrenzen hinweg in dieser Entwicklung stecken. Zugleich soll das saarländische Modell in diesem bundesweiten Kontext verortet und auf Perspektiven seiner Weiterentwicklung betrachtet werden.

1.   Problemdimensionen der Zweigliedrigkeit

Das Modell der Zweigliedrigkeit lässt sich am besten beschreiben, indem man auf vier Problemdimensionen verweist, die länderübergreifend seine Einführung begleiten. Diese sollen jetzt im Einzelnen dargestellt werden.

1.1   Die Geburtsstunde: Eine Strukturreform ohne Gymnasium

Die Diskussion zur Zweigliedrigkeit setzte in der Bundesrepublik schon 1988 ein, und zwar als ein Reflex auf die nicht mehr zu übersehende Krise der Hauptschule. Es war zunächst eine akademische Debatte zwischen den Professoren Hurrelmann (1988), Klemm & Rolff (1988). Einen bildungspolitischen Realitätsgehalt bekam diese Diskussion durch die deutsche Vereinigung: Weil in den neuen Bundesländern nach der Wende zwar alle ein Gymnasium wollten, aber niemand die Hauptschule, wurde Hurrelmanns Empfehlung auf einmal zur Realität: Von Mecklenburg-Vorpommern bis Sachsen wurden in den Jahren 1990 bis 1992 die Hauptschul- und Realschulbildungsgänge in einer Schulform zusammengefasst, die dann neben dem Gymnasium stand. Diese neue Schulform hieß – je nach Bundesland – Mittelschule oder Regelschule oder Sekundarschule oder Oberschule. Ein eigener Abiturzugang ist mit dieser Zusammenfassung von Haupt- und Realschulen aber bis heute nicht verbunden.

In dem Maße, in dem auch in Westdeutschland die Hauptschulen immer notleidender wurden, war auch dort die Bildungspolitik zum Handeln gezwungen. Als erstes reagierten die Stadtstaaten, in denen die Hauptschulen schon um 2005 herum nur noch von 10% des Altersjahrgangs besucht wurden – und denen PISA ganz besonders schlechte Lernergebnisse attestiert hatte (vgl. Baumert, Stanat & Watermann, 2006). Ab 2010 führten Hamburg, Berlin und Bremen eine zweigliedrige Schulstruktur ein – dabei führt auch die zweite Säule bis zum Abitur.

Nun hätte die Krise der Hauptschule nicht zwingend zur Zweigliedrigkeit führen müssen. Denn die Auflösung der Hauptschule und die Installierung heterogener und anregungsreicher Lernumgebungen ließe sich ja genauso gut, vielleicht sogar besser dadurch erreichen, dass man die integrierte Gesamtschule – also die gemeinsame Schule für alle – einführt. Das Lösungsmodell einer „gemeinsamen Schule für alle" würde aber bedeuten, auch das Gymnasium mit in die neuen Strukturen einzubeziehen. Das eigenständige Gymnasium würde damit infrage gestellt. Genau dies gilt aber in Deutschland als politisch völlig unakzeptabel, gilt als Angriff auf die Leistungsfähigkeit unseres Schulsystems und auf das Wahlrecht der Eltern. Und genau das ist der Grund, warum die „gemeinsame Schule für alle" weder in Berlin noch im Saarland noch in einem anderen Bundesland realpolitisch infrage gekommen ist. Damit stoßen wir nicht an eine pädagogische, sehr wohl aber an eine politische Grenze, die bisher die Schulstrukturdiskussion in der Bundesrepublik bestimmt: Die Existenz des Gymnasiums gilt als unantastbar. Man kann somit sagen, dass zwei Ausgangsbedingungen den Weg in die Zweigliedrigkeit befördert haben: das Elend der Hauptschule und die Unantastbarkeit des Gymnasiums.

Der Erfolg der Zweigliedrigkeit in immer mehr Bundesländern lässt sich nur vor dem Hintergrund dieser beiden Ausgangspunkte verstehen. Denn wenn bei der Reform der Schulstrukturen nur die Grenzen zwischen Hauptschulen, Realschulen und Gesamtschulen verschoben oder gar aufgehoben werden, wird davon das Gymnasium kaum tangiert. Deshalb ist die Zweigliedrigkeit auch ein politisches Konsensmodell, das in etlichen Bundesländern (so z. B. in Bremen und im Saarland) als Teil eines politischen Schulfriedens installiert wurde. Zu diesem Schulfrieden gehört, dass das Gymnasium in seiner Struktur, seiner Bedeutung, seinem Gratifikationspotential unangetastet bleibt. Es bietet weiterhin den „Königsweg" zum Abitur an und es verfügt immer über eine gymnasiale Oberstufe. Es ist für die weniger leistungsstarken Schülerinnen und Schüler nicht zuständig und darf seine leistungsschwächeren Schülerinnen und Schüler als „Rückläufer" in die zweite Schulform schicken.

Demgegenüber ist die zweite Schulform nicht auf einen, sondern auf mehrere Bildungsgänge ausgerichtet: auf den Hauptschul- und den Realschulabschluss und in einigen Bundesländern auch auf das Abitur. Die zweite Schulform hat damit eine wesentlich komplexere Aufgabe als das Gymnasium; denn sie soll Schülerinnen und Schüler ganz unterschiedlicher Leistungsfähigkeiten fördern. Sie soll auf der einen Seite den Zugang zum Abitur ermöglichen, auf der anderen Seite aber auch den Schülern und Schülerinnen der „Risikogruppe" zu einem Schulabschluss verhelfen. Dazu gehört dann auch, dass sich vor allem die zweite Schulform um die Inklusion kümmert und sich der Flüchtlingskinder annimmt.

Mit dem Nebeneinander von Gymnasium und zweiter Schulform sind somit grundlegende und hierarchisch angelegte Unterschiede zwischen beiden verbunden. Denn bei aller Annäherung bleibt es dabei, dass sie unterschiedliche Positionen im sozialen Geflecht von Traditionen, Prestige und Auslese einnehmen. Wie man unter solchen Bedingungen zu einer „Gleichwertigkeit" kommen kann, ist nun das große Problem.

1.2   Die Umsetzung: Schulstrukturvarianten in den Bundesländern

In allen Bundesländern, die im Folgenden betrachtet werden, gab es die zwei zentralen übereinstimmende Merkmale in der Ausgangslage – die notleidende Hauptschule und das unantastbare Gymnasium. Dabei wurde in den ostdeutschen Bundesländern nach der Wende die notleidende Hauptschule antizipiert und das unantastbare Gymnasium gern übernommen. Als Reaktion auf diese Ausgangssituation wurde inzwischen in elf von 16 Bundesländern eine Zweigliedrigkeit realisiert, dabei sind allerdings höchst unterschiedliche Lösungsvarianten entstanden:

- Die Frage, ob die neue Schulform auch den gymnasialen Bildungsgang einbeziehen soll, wurde in den Ländern unterschiedlich beantwortet: Wir finden etliche Länder, in denen die zweite Schulform ausdrücklich nur als H/R-Kombination – und als nichts mehr – ausgewiesen ist. Dies gilt für alle ostdeutschen Bundesländer, aber auch für Rheinland-Pfalz – also für insgesamt *sechs* Bundesländer. Das bedeutet, dass der Anspruch auf eine gleichwertige zweite Schulform hier gar nicht erst erhoben wird. In den meisten dieser Länder existiert neben der kombinierten H/R-Schule eine Gesamtschule mit Abiturzugang.

- Und es gibt *fünf* Bundesländer, in denen die Gesamtschulen – z. T. gegen ihren Willen – in die zweite Schulform einbezogen wurden: Berlin[1], Bremen, Hamburg, Schleswig-Holstein und das Saarland. In all diesen Ländern existiert damit ein Schulsystem, das man als konsequentes Zwei-Säulen-Modell bezeichnen kann: Es gibt dort in der Mittelstufe wirklich nur zwei Schulformen – und sie haben beide einen eigenen Zugang zum Abitur. Was die Grundstrukturen angeht, finden wir somit im Saarland eine solche konsequente Zweigliedrigkeit.
- Und – gleichsam als Kontrastprogramm dazu – gibt es *fünf* westdeutsche Bundesländer, die weiterhin drei, vier oder gar fünf Schulformen in der Mittelstufe anbieten. Allerdings lassen dort erste Entscheidungen erkennen – so das Angebot der Gemeinschaftsschule in Baden-Württemberg und der Sekundarschule in Nordrhein-Westfalen – dass man sich vorsichtig auf den Weg zur Zweigliedrigkeit macht.

Geht man von diesen Kriterien aus, so ergibt sich die folgende Übersicht:

Tab. 1:   Schulstrukturvarianten in den Bundesländern (Stand: 1/2016)

1. Drei- und viergliedrige Schulsysteme (5 Länder) Baden-Württemberg, Bayern, Hessen, Niedersachsen, Nordrhein-Westfalen
2. Zweite Säule als H/R-Kombination, zusätzlich Gesamt- bzw. Gemeinschaftsschulen (6 Länder) Brandenburg, Mecklenburg-Vorpommern, Rheinland-Pfalz, Thüringen, Sachsen-Anhalt, Sachsen[2]
3. Zwei Säulen, beide mit Abiturzugang (5 Länder) Berlin, Bremen, Hamburg, Saarland, Schleswig-Holstein

Von einem konsequenten Zwei-Säulen-Modell kann man also nur in fünf Bundesländern sprechen, das Saarland gehört dazu. Zu ergänzen ist noch, dass in diesen fünf Ländern im Jahr 2015 auch gleiche Regelungen für die gymnasialen Schulzeiten galten: Das Gymnasium führt in all diesen Ländern nach acht Jahren zum Abitur, die zweite Schulform nach neun Jahren. Dies ist eine Regelung, die von vielen Lehrern und Eltern der zweiten Schulform als Vorteil angesehen wird. In diesen fünf Ländern wird von einer Gleichwertigkeit der zweiten Säule gesprochen.

---

1   Dabei werden in Berlin einige der dortigen Sekundarschulen als reformorientierte „Gemeinschaftsschulen" geführt.

2   In Sachsen gibt es keine Gesamt- oder Gemeinschaftsschulen.

1.3   Das Erbe: Die Reste der Dreigliedrigkeit

Unabhängig von der jeweiligen Variante gilt: Wird in einem Bundesland ein zweigliedriges Schulsystem installiert, so werden stets bisher eigenständige Schulformen zu einer neuen zusammengefasst. Dabei geht es zunächst um die Zusammen-
führung von Haupt- und Realschulen, die zu einer Kooperation finden müssen.
Die Ausgangsbedingungen in den verschiedenen Bundesländern sind dafür sehr
unterschiedlich: Während in Hamburg und Bremen beide Schulformen schon
vorher als kooperative Systeme – allerdings mit nach Schulformen getrennten
Klassen – arbeiteten, existierten z. B. in Rheinland-Pfalz, aber auch in Berlin die
Schulformen strikt getrennt voneinander. Beide Schulformen müssen nun zu einer
neuen Kooperation finden.

Dabei bringen beide Seiten spezifische Merkmale und Traditionen ein, die sich
bei einer solchen Kooperation auch als hinderlich erweisen können. Das beginnt
bei unterschiedlichen Lehrergehältern und Stundenverpflichtungen, verknüpft
sich mit unterschiedlichem Prestige und setzt sich nicht selten fort in einem unterschiedlichen Verständnis von Leistung und Auslese. Solche Unterschiede kann
man in einem Fusionsprozess betonen, man kann sich aber auch konstruktiv um
eine Überwindung bemühen. Dies ist allerdings nicht allein eine Frage der Men-
talitäten, sondern hat auch etwas mit den institutionellen Strukturen der neuen
Schulform zu tun.

Hierzu ein Beispiel: Die zweite Schulform in Rheinland-Pfalz heißt „Erweiterte
Realschule". Das bedeutet, dass die Realschule weiter existiert und um den Haupt-
schulbildungsgang ergänzt wurde. In mehr als der Hälfte der 185 Schulen gibt es
vom 7. Jahrgang an „abschlussbezogene Klassen" – anders formuliert: getrennte
Hauptschul- und Realschulklassen. Und bei einer solchen Trennung liegt es natür-
lich nahe, auch den Lehrereinsatz schulformspezifisch vorzunehmen. Eine solche
Organisation hält den Veränderungsdruck für die Realschulen möglichst gering
– verzichtet aber zugleich auf die Chance, die Hauptschülerinnen und Hauptschüler einen erweiterten, einen stärker heterogenen Lernkontext einzubinden (vgl.
Tillmann, 2015).

Damit soll deutlich werden: Hinter dem Etikett „Zweigliedrigkeit" kann sich
sehr Unterschiedliches verbergen, sogar die Dreigliedrigkeit von Gymnasium, Realschule und Hauptschule kann dabei erhalten bleiben. Diese Praxis der getrennten
Hauptschul- und Realschulklassen ist übrigens in den neuen Bundesländern weit
verbreitet. Dem stehen die Länder gegenüber, die in ihrer zweiten Schulform (fast)
ausschließlich mit integrierten Lerngruppen arbeiten – und folglich auch den
Lehrereinsatz nicht schulformspezifisch organisieren. Dies gilt z. B. für Schleswig-
Holstein, Hamburg, Bremen und Berlin und für das Saarland. Die zweite Schulform steht also vor der Notwendigkeit, mit dem eigenen Erbe der Dreigliedrigkeit
umzugehen. Das Ausmaß, in dem die bisherigen Schulformen auch unter dem
neuen gemeinsamen Dach ihre Eigenständigkeit praktizieren wollen, prägt dann

den Charakter als eine stärker integrative oder stärker selektive Einrichtung. Wenige Probleme an dieser Stelle haben die ehemaligen Gesamtschulen, die in fünf Bundesländern in die neue zweite Schulform einbezogen wurden. Diese Schulen können ihre bisherige integrative Praxis unter dem neuen Namen fortsetzen.

1.4   Die Schlüsselfrage: Wie viele gymnasiale Oberstufen für die zweite Säule?

Wenn die zweite Säule einen eigenständigen Weg zum Abitur anbietet, sind dort eigene Oberstufen erforderlich. Denn nur auf diese Weise lässt sich der Anspruch auf Gleichwertigkeit zum Gymnasium glaubwürdig vertreten. Die Umsetzung dieses Anspruchs ist jedoch mit erheblichen Problemen verbunden. Dies gilt insbesondere bei Schulen, die in der Mittelstufe zu klein sind, um eine eigene Oberstufe zu tragen.

Wie gehen nun die soeben genannten Länder mit dieser Anforderung um? Ich skizziere das in leichter Vereinfachung: In Bremen verfügt etwa jede dritte „Oberschule" über eine eigene gymnasiale Oberstufe; die übrigen Schulen sind diesen Oberstufen bzw. Oberstufenzentren zugeordnet. In Hamburg verfügen etwa 80% der „Stadtteilschulen" über eine eigene Oberstufe, die übrigen sind diesen Oberstufen fest zugeordnet. In Berlin verfügen etwa 30% der „Integrierten Sekundarschulen" über eine eigene Oberstufe; dabei handelt es sich ganz überwiegend um ehemalige Gesamtschulen. Die anderen Sekundarschulen haben meist Kooperationsverträge mit gymnasialen Bildungsgängen im beruflichen Schulsystem abgeschlossen (eigene Recherchen bei den zuständigen Ministerien).

Die Frage ist nun: Wie wichtig ist denn eigentlich bei der zweiten Säule die eigene Oberstufe? Dazu liegen inzwischen erste empirische Ergebnisse vor, die sich auf das Schulsystem in Berlin beziehen. Denn Berlin ist bisher das einzige Bundesland, das den Umbau von der Mehrgliedrigkeit zur Zweigliedrigkeit wissenschaftlich begleiten lässt. Deshalb gibt es nur dort aussagekräftige Daten. In einem Projekt unter der Leitung von Jürgen Baumert und Kai Maaz (2013) sind bei der Ersterhebung 2011 die Übergangsprozesse von der Grundschule in die Sekundarstufe I bei ca. 4.000 Schülerinnen und Schüler untersucht worden. Damals gab es in Berlin 86 staatliche Gymnasien und 114 integrierte Sekundarschulen. Von diesen Sekundarschulen hatten 32 (also knapp 30%) eine eigene Oberstufe, 82 endeten hingegen mit der 10. Klasse (vgl. Maaz, Baumert, Neumann, Becker & Dumont, 2013, S. 109; s. auch den Beitrag von Maaz et al. in diesem Band). Aus der Analyse der Übergangsprozesse in diesem zweigliedrigen System lassen sich wichtige Rückschlüsse insbesondere auf die Bedeutung der gymnasialen Oberstufe ziehen.

Zunächst einmal stellt sich die Frage, welche Schulen denn von den Eltern in welchem Ausmaß nachgefragt werden: An welchen Schulen gibt es eine Übernachfrage, an welchen gibt es nicht genug Anmeldungen? Weil es in Berlin eine sechsjährige Grundschule gibt, geht es hier um den Übergang von der 6. zur 7. Klasse. Abbildung 1 zeigt die Ergebnisse (s. auch Beitrag Maaz et al. in diesem Band).

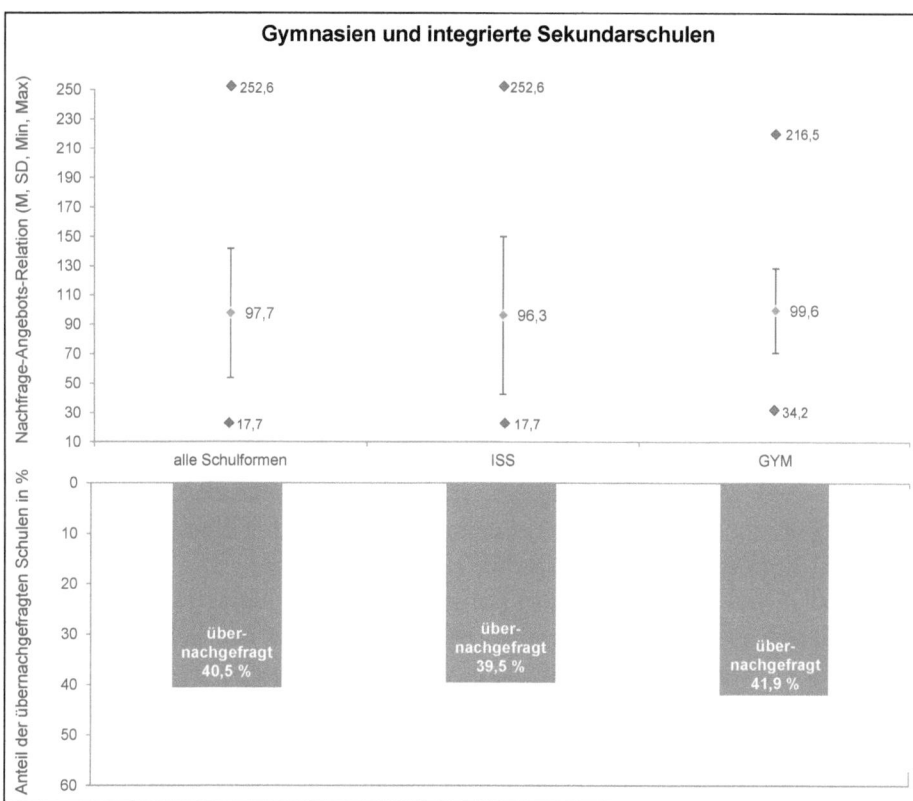

Abb. 1: Unterschiede in der Schulnachfrage in Berlin (Quelle: Maaz 2013)

Betrachtet man unter dieser Perspektive zunächst einmal die *Gymnasien*, so stellt man fest: Im Schnitt werden bei diesen Schulen 99,6% der Plätze nachgefragt – also fast ein idealer Wert. Nur gibt es dabei aber massive schulspezifische Schwankungen: Das attraktivste Gymnasium hat mehr als zwei Mal so viele Anmeldungen wie Plätze (216,5%), das am wenigsten attraktive hat nur 34%. Insgesamt sind 41,9% aller Gymnasien übernachgefragt.

Vergleicht man damit die *integrierte Sekundarschule*, so sind die Unterschiede zunächst einmal gar nicht so groß: Insgesamt werden dort 96,3% der Plätze nachgefragt, hier hat die attraktivste Schule sogar zweieinhalb Mal so viele Anmeldungen (252,6%) wie Plätze – und der niedrigste Wert liegt bei 17,7%. Von allen Sekundarschulen sind 39,5% übernachgefragt, der Wert liegt fast so hoch wie bei den Gymnasien.

Interessant wird es nun aber, wenn wir uns die Nachfrage bei den *Sekundarschulen* einmal genauer anschauen (s. Abbildung 4 im Beitrag Maaz et al., in diesem Band,). Welche dieser Schulen sind attraktiv, welche weniger? Hier zeigt sich jetzt zu allererst die große Bedeutung der gymnasialen Oberstufe: Schulen ohne eigene Oberstufe haben insgesamt nur eine Anmeldequote von 80%, Schulen mit Oberstufe liegen bei 138%. Von den Sekundarschulen mit Oberstufe haben 71,9%

eine Übernachfrage, das ist weit mehr als bei den Gymnasien. Also: Sekundarschulen mit eigener Oberstufe sind in Berlin eine hochattraktive Schulform.

Was diese Werte mit der Entstehungsgeschichte der Schulen zu tun haben, machen die nächsten Balken klar: Wenn Sekundarschulen aus Gesamtschulen hervorgegangen sind (und deshalb meist eine Oberstufe besitzen), sind sie zu 60,6%
übernachgefragt. Bei Sekundarschulen, die aus Hauptschulen hervorgegangen
sind, sind es nur 6,3%. Anders gesprochen: Etwa 80% dieser Schulen haben eine
zu geringe Nachfrage. Sie können nur weiter existieren, weil bei ihnen Zweit- oder
Drittwahlen greifen und ihnen auch Schülerinnen und Schüler zugewiesen werden. Hierzu muss man jetzt wissen, dass *alle* Berliner Sekundarschulen über einen
ausgewiesenen Zugang zum Abitur verfügen: Wenn sie keine eigene Oberstufe
haben, haben sie einen Vertrag mit einer Oberstufe (meist im beruflichen System)
abgeschlossen, zu dem die eigenen Schülerinnen und Schüler nach der 10. Klasse
sicher wechseln können. Allerdings zeigen die Anmeldedaten, dass diese Vertrags-
und Kooperationsbeziehungen zu anderen Schulen von den Eltern keineswegs als
gleichwertig zu einer eigenen Oberstufe angesehen werden.

Aus all diesen Daten lässt sich zunächst schlussfolgern, dass sowohl Gymnasien
wie auch integrierte Sekundarschulen bei den Eltern gut nachgefragt sind. Dies
gilt bei den Sekundarschulen vor allem, wenn diese über eine eigene gymnasiale
Oberstufe verfügen. Demgegenüber haben Sekundarschulen, die aus Hauptschulen oder aus Hauptschulen und Realschulen hervorgegangen sind, so geringe Anmeldezahlen, dass auch Bestandsgefährdungen nicht auszuschließen sind.

Nun hat das Berliner Forschungsteam nicht nur untersucht, *wie viele* Schülerinnen und Schüler für die verschiedenen Schulformen angemeldet wurden. Sie
haben auch analysiert, *welche* Schülerinnen und Schüler mit welcher Leistungsfähigkeit wohin überwechseln. Die nächste Tabelle zeigt die Ergebnisse:

Tab. 2: Realisierte Übergänge auf Gymnasien und integrierte Sekundarschulen nach
         Schulzensuren in Berlin (2011/2012) – in Prozent des Schulformanteils

Zensuren in der Grundschule	Gymnasium	Sekundarschule mit GO	Sekundarschule ohne GO
schwach (schlechter als 2,9)	3 %	38 %	69 %
mittel (von 2,15 bis 2,9)	32 %	47 %	27 %
stark (besser als 2,15)	65 %	15 %	3 %
Gesamt	100% n = 1.601	100% n = 609	100% n = 1.165

Quelle: Maaz et al., 2013, S. 117 – und eigene Berechnungen

Diese Tabelle ist in mehrfacher Hinsicht aufschlussreich. Sie zeigt zunächst mit aller Deutlichkeit, dass auch das Zwei-Säulen-Modell ein selektives Schulsystem ist: Nach Abschluss der Grundschule wechselt der weitaus größte Teil der leistungsstarken Grundschüler zum Gymnasium, in den Sekundarschulen findet sich nur eine Minderheit dieser Kinder. Zugleich zeigt sich aber auch, dass es in der Leistungszusammensetzung zwischen den Sekundarschulen mit und ohne gymnasiale Oberstufe deutliche Unterschiede gibt: In den Schulen ohne Oberstufe gehören 69% der Kinder dem unteren Leistungsdrittel an, in den Schulen mit Oberstufe sind es nur 38%. Und immerhin gehören dort 15% zu den Leistungsstarken. Sekundarschulen mit einer eigenen Oberstufe haben also nicht nur den größeren Elternzulauf, sie erhalten auch eine leistungsstärkere Schülerschaft. Und bei einzelnen, besonders stark nachgefragten Sekundarschulen lässt sich sogar aufzeigen, dass sie an die gymnasialen Werte heranreichen. Demgegenüber besteht in einigen Fällen bei Schulen ohne Oberstufe die Gefahr, dass genau die Hauptschulen reproduziert werden, die man doch gerade überwinden wollte.

Nun kann man dieses Berliner Ergebnis – trotz der Strukturgleichheit des Schulsystems – nicht einfach auf Flächenstaaten wie das Saarland übertragen, denn in der Millionenstadt Berlin gibt es ganz andere Schülerpopulationen, und auch die Verkehrsanbindungen sind ganz anders als in ländlichen Regionen. Dennoch ist zu fragen, ob man es nicht auch im Saarland mit solchen Ausleseprozessen zu tun hat – und wie man damit umgehen kann.

2.　　Gemeinschaftsschulen im Saarland: Perspektiven für die Zukunft

Im Folgenden will ich mich vor dem Hintergrund der bisherigen Analyse mit der spezifischen Situation der Gemeinschaftsschulen im Saarland beschäftigen. Dazu vier Thesen:

These 1: Die Gemeinschaftsschule im Saarland arbeitet unter vergleichsweise günstigen Strukturbedingungen.

Der Variantenvergleich hat bereits verdeutlicht: Die Gemeinschaftsschule im Saarland hat einen eigenen Zugang zum Abitur, sie hat die Gesamtschule und deren Oberstufen einbezogen, sie vergibt alle Abschlüsse. Sie bezieht in ihren Unterricht das gymnasiale Niveau mit ein, und zumindest perspektivisch werden dort Lehrer/innen aller Ausbildungsgänge unterrichten. Dies sind institutionelle Voraussetzungen, um von einer „gleichwertigen Säule" sprechen zu können. Es kommt hinzu, dass die Gemeinschaftsschule das Abitur nach neun Schuljahren anbietet und sich darin von dem Gymnasium deutlich unterscheidet.

Kurz: Unter den Bedingungen der Zweigliedrigkeit sind die strukturellen Merkmale für die saarländische Gemeinschaftsschule günstig gestaltet – jedenfalls günstiger als in vielen anderen Bundesländern. So positiv diese Aussage auch ist, es bleibt aber dennoch der grundsätzliche Sachverhalt: Die Gemeinschaftsschule ist als zweite Schulform gegenüber dem Gymnasium strukturell in einer benachteiligten Position. Dies ist im Rahmen der Zweigliedrigkeit auch nicht auflösbar.

These 2: Die Gemeinschaftsschule muss sich in der Konkurrenz bewähren.

Aus Papieren des Saarländischen Kultusministeriums ist zu entnehmen, dass man zwischen 2010 und 2020 im allgemeinbildenden Bereich mit einem Rückgang der Schülerzahlen zwischen 18% und 21% rechnet. Ob dies angesichts der Flüchtlingsentwicklung immer noch gilt, weiß vermutlich niemand. Fortbestehen wird aber wohl die Regelung, dass eine Schule – will sie weiter existieren – nicht unter 220 Schülerinnen und Schüler fallen darf.

Nimmt man diese Zahlen auch weiterhin als Hintergrund, dann wird klar: Bei den Übergängen von der Grundschule in die Sekundarstufe I wird künftig auch über den Fortbeststand einzelner Schulen entschieden. Nun liegt im Saarland die Übergangsquote zum Gymnasium bei 46% – und damit im Ländervergleich eher niedrig. Man kann sich also sehr gut vorstellen, dass künftig die Übergangsquote zum Gymnasium noch steigen wird. Das würde zugleich aber bedeuten, dass bei insgesamt sinkenden oder stagnierenden Schülerzahlen vor allem die Gemeinschaftsschulen einen Schülerzahlenrückgang zu verkraften hätten. Und dort wird es – das haben die Berliner Zahlen gezeigt – vor allem die kleineren Schulen ohne gymnasiale Oberstufe treffen. Ob dies dann jeweils durch Dependance-Lösungen aufgefangen werden kann, steht dahin. Wie bei allen Prognosen gilt: Das muss nicht so kommen – aber es ist ein Szenario, mit dem man sich beschäftigen sollte. Was können die Gemeinschaftsschulen tun, um diesem Druck zu widerstehen?

Nicht nur aus der Berliner Studie wissen wir, dass der Ruf und das pädagogische Profil einer Schule für die Elternentscheidungen wichtig sind. Und dass gerade bei Schülern/innen im mittleren Leistungsspektrum die Eltern nicht einfach nur eine Schulform wählen, sondern sehr häufig nach der pädagogischen Qualität der Einzelschule fragen. Hier setzt eine erste Empfehlung an: Man muss standortspezifisch herausfinden, welche Angebotsprofile hier auf besonderen Zuspruch stoßen. Das können Laptop-Klassen sein, das kann ein musischer oder ein sportlicher Schwerpunkt sein, das können besondere Aktivitäten in der Berufsorientierung sein, dass kann aber auch eine gelungene Ausgestaltung der Ganztagsschule – hin zum gebundenen Ganztag – sein. Wichtig ist, dass solche Schwerpunkte gemeinsam mit den Eltern entwickelt werden, und dass sie durch eine aktive Öffentlichkeitsarbeit in der Region bekannt gemacht werden.

Es ist klar, dass das nicht unbedingt eine neue Idee ist, und dass damit den Kollegien ein weiterer Arbeitseinsatz abverlangt wird. Doch nur durch eine solche Steigerung der pädagogischen Attraktivität kann man in der Konkurrenz bestehen.

These 3: Die Einrichtung einer gymnasialen Oberstufe ist ein zentraler Schlüssel der weiteren Schulentwicklung.

Wenn die Gemeinschaftsschule auch bei leistungsstärkeren Schülerinnen und Schüler und ihren Eltern den Anspruch auf „Gleichwertigkeit" glaubwürdig vertreten will, müssen vor allem zwei Anforderungen erfüllt sein: Die Leistungsorientierung im Unterricht, verbunden mit entsprechender Förderung, muss stimmen – und es muss eine klare Perspektive bestehen, wo das Abitur abgelegt werden kann. Eine solche Perspektive – das zeigen die Berliner Ergebnisse in aller Deutlichkeit – ist für Eltern dann gegeben, wenn die Gemeinschaftsschule über eine eigene Oberstufe verfügt. Damit gerät die weitere Schulentwicklung im Saarland in eine schwierige Situation:

Von den gegenwärtig 70 Gemeinschaftsschulen verfügen die 17 ehemaligen Gesamtschulen über Oberstufen, die wohl auch fortbestehen werden. Diese Gemeinschaftsschulen sind in einer günstigen Situation. Weniger günstig sieht es für die 53 Gemeinschaftsschulen aus, die aus „Erweiterten Realschulen" hervorgegangen sind. Ob und welche dieser Schulen eine Oberstufe erhalten sollen, war Ende Januar 2016 noch nicht entschieden. Da sich die obersten Klassen aber bereits im 8. Jahrgang befinden, besteht inzwischen ein massiver Entscheidungsdruck. Regionale Vorentscheidungen in den Landkreisen sind wohl auch schon gefallen, so ist in der Presse von Dillingen, Saarlouis und Lebach die Rede. Und die Gemeinschaftsschule Freisen hat einen – wie ich finde – wohlbegründeten Antrag vorgelegt, an ihrer Schule eine Oberstufe einzurichten. Hier hat allerdings der Kreis ablehnend entschieden. Im Februar 2016 – so ist der Presse zu entnehmen – will der Kultusminister die Liste der neuen Oberstufen vorlegen[3].

Mein erster Punkt hierzu: Wenn man die Gemeinschaftsschule als „gleichwertige Säule" ausgestalten will, dann müssen die Schülerinnen und Schüler auch innerhalb des Gemeinschaftsschul-Systems ihr Abitur ablegen können. Sie nach der 10. Klasse auf berufliche Schulen oder gar auf Gymnasien zu verweisen, ist eine Dokumentation der fehlenden Gleichwertigkeit. Von der 10. Klasse der Gemeinschaftsschule sollte der Weg in aller Regel auch in eine Oberstufe einer Gemeinschaftsschule führen. Nun weiß ich auch, dass nicht jede Schule eine eigene Oberstufe bekommen kann, deshalb muss man zu Oberstufen-Verbünden kommen: Geht man einmal überschlägig davon aus, dass in der Regel drei Mittelstufen eine Oberstufe tragen können, so könnten im System der saarländischen Gemeinschaftsschulen deutlich mehr als zehn weitere Oberstufen errichtet werden. Sie müssten lokal so angesiedelt werden, dass eine konkrete Kooperation von zwei oder drei Schulen auch praktisch gut möglich ist (etwa beim Lehreraustausch). In den Jahrgängen 9 und 10 sollten alle beteiligten Schulen bestimmte Unter-

---

3 Die Saarbrücker Zeitung vom 28.1.16 berichtet, dass das Ministerium beabsichtige „zwölf neue Oberstufen-Verbünde" in Kooperation insbesondere mit beruflichen Oberstufengymnasien einzurichten.

richtsprojekte bereits am Oberstufen-Standort durchführen, um das Bewusstsein für die „eigene" Oberstufe zu stärken. In dem Maße, in dem es gelingt, auch in der Öffentlichkeit – insbesondere bei den Eltern – diese Verknüpfung zwischen Mittelstufen- und Oberstufenstandort im Alltagsbewusstsein zu verankern, besteht auch die Chance, dass die Eltern diese Schule als eine mit gymnasialer Oberstufe ansehen und entsprechend bewerten.

Damit wird deutlich: Ob und wie gut die Gemeinschaftsschule in der Konkurrenz mit dem Gymnasium bestehen kann, hängt mindestens von zwei Faktoren ab: Von der zuvor beschriebenen pädagogischen Qualität und von der jetzt skizzierten glaubwürdigen Ausstattung mit eigenen Oberstufen. Und gerade aus Sicht der Eltern ist die eigene Oberstufe der Prüfstein für die behauptete „Gleichwertigkeit".

These 4: Die Förderung der „Risikogruppen" ist eine Aufgabe, die nicht in den Hintergrund geraten darf.

Die Frage nach der Gleichwertigkeit, die bisher im Zentrum der Überlegungen stand, ist bei aller Berechtigung nicht ohne Tücken und Einseitigkeiten. Denn sie lenkt den Blick stets auf den Vergleich mit dem Gymnasium und damit gleichsam automatisch auf die eher leistungsstarken Schülerinnen und Schüler. Ob und wie man diese erreichen kann, ob man ihnen gerecht werden kann, ist dann die völlig berechtigte Frage. Aber dies darf nicht davon ablenken, dass die Gemeinschaftsschule ja einen vielfältigen Bildungsauftrag hat. Und dazu gehört es eben auch, sich angemessen den Schülerinnen und Schüler zuzuwenden, die mit einem Realschul- oder auch einem Hauptschulabschluss die Schule verlassen werden. Und man darf nicht vergessen, dass ja ein Motiv zur Einführung der Zweigliedrigkeit darin besteht, die Hauptschülerinnen und Hauptschüler aus ihrer Abschiebung zu befreien und ihnen bessere Lernmöglichkeiten in heterogenen Gruppen zu bieten (vgl. Maaz et al., 2013, S. 17). Kurz: Die Schülerinnen und Schüler, die bei PISA als „Risikogruppe" bezeichnet werden, sollen in der Gemeinschaftsschule besser gefördert und zu besseren Lernergebnissen geführt werden. Dabei geht es nicht um einen Platz in der gymnasialen Oberstufe, aber sehr wohl um das Erreichen eines Schulabschlusses. Vor der Einführung des Zwei-Säulen-Modells (2012) verließen im Saarland 5,5 % aller Schülerinnen und Schüler die Schule ohne Abschluss (vgl. Autorengruppe Bildungsberichterstattung, 2014, S. 274). Und die PISA-Studie 2006 zeigte, dass bei Lesen und Mathematik zwischen 18% und 20% der saarländischen Schülerinnen und Schüler zur „Risikogruppe" gehörten (vgl. Prenzel, Artelt, Baumert, Blum, Hammann, Klieme & Pekrun, 2008, S. 113, 139). Das bedeutet auch, dass ihre fachlichen Kompetenzen nicht ausreichen, um problemlos in Berufsausbildungen einmünden zu können.

Es ist ein wichtiges Ziel der Schulstrukturreform, durch eine bessere Förderung in heterogenen Gruppen dieses Schulversagen deutlich zu verringern: Weniger Schulabbrecher und weniger Schülerinnen und Schüler in der „Risikogruppe" –

dies ist nicht weniger wichtig als die Steigerung der Abiturquote. Doch kann der Förderaspekt leicht in den Hintergrund geraten, wenn der Blick vor allem immer wieder auf die „Gleichwertigkeit" zum Gymnasium gerichtet wird. Es wäre deshalb sehr wünschenswert, dass die Gemeinschaftsschule gerade bei der Förderung weniger leistungsstarker Schülerinnen und Schüler jetzt und in Zukunft gute Erfolge erzielt. Dies kann aber nur gelingen, wenn insbesondere für die Aufgaben der Inklusion und der Integration von Flüchtlingen praktikable Konzepte entwickelt werden können – und wenn für diese Arbeit auch genug Ressourcen zur Verfügung stehen.

3.　　Schluss

Wenn man genauer wissen will, welche Schülerinnen und Schüler (und ihre Eltern) durch die Gemeinschaftsschule erreicht werden – und ob es ihr gelingt, sich in der Konkurrenz der Schulformen zu behaupten. Wenn man genauer wissen will, ob es der Gemeinschaftsschule gelingt, die Schülerinnen und Schüler ganz unterschiedlicher Leistungsfähigkeiten angemessen zu fördern. Und wenn man genauer wissen will, ob durch die Schulstrukturreform die Abiturquoten erhöht und das Schulversagen reduziert wird, dann wird man dies – wie in Berlin – in einer Studie wissenschaftlich untersuchen müssen. Es ist zu hoffen, dass es im Saarland für eine solche Studie auch eine Finanzierung gibt. Wenn nicht, werden wir auch weiterhin auf die Berliner Daten angewiesen sein – und auf Vermutungen, was denn in Berlin anders ist als im Saarland.

Literatur

Arbeitskammer des Saarlands. (2015). *Bericht an die Regierung des Saarlands 2015. Zur wirtschaftlichen, ökologischen, sozialen und kulturellen Lage der Arbeitnehmerinnen und Arbeitnehmer.* Saarbrücken: Arbeitskammer des Saarlandes.

Autorengruppe Bildungsberichterstattung. (Hrsg.). (2014). *Bildung in Deutschland 2014. Ein indikatorengestützter Bericht mit einer Analyse zur Bildung von Menschen mit Behinderung.* Bielefeld: Bertelsmann.

Baumert, J., Stanat, P. & Watermann, R. (Hrsg.). (2006). *Herkunftsbedingte Disparitäten im Bildungswesen. Vertiefende Analysen im Rahmen von PISA 2000.* Wiesbaden: VS-Verlag.

Hurrelmann, K. (1988). Thesen zur strukturellen Entwicklung des Bildungssystems in den nächsten fünf bis zehn Jahren. *Die Deutsche Schule, 80. Jg.* (Heft 4), 451–461.

Klemm, K. & Rolff, H.G. (1988). Kritik der Zweigliedrigkeit. *Pädagogik, 41*, 33–43.

Maaz, K. (2013). Die Berliner Schulstrukturreform. *Anlage der BERLIN-Studie und erste Befunde. PP-Präsentation vom 15.10.2013.* Berlin: Max-Planck-Institut für Bildungsforschung.

Maaz, K., Baumert, J., Neumann, M., Becker, M. & Dumont, H. (Hrsg.). (2013). *Die Berliner Schulstrukturreform. Bewertung durch die beteiligten Akteure und Konsequenzen des neu-*

en *Übergangsverfahrens von der Grundschule in die weiterführenden Schulen.* Münster: Waxmann.

Prenzel, M., Artelt, C., Baumert, J., Blum, W., Hammann, M., Klieme, E. & Pekrun, R. (Hrsg.). (2008). *PISA 2006 in Deutschland. Die Kompetenzen der Jugendlichen im dritten Ländervergleich.* Münster: Waxmann.

Tillmann, K. J. (2012a). Das Sekundarschulsystem auf dem Weg in die Zweigliedrigkeit. Historische Linien und aktuelle Verwirrungen. *Pädagogik, 64* (5), 8–12.

Tillmann, K. J. (2012b). Perspektiven der Gemeinschaftsschule im Saarland. Die Zweigliedrigkeit als Chance? *Broschüre, Hrsg. von der Gewerkschaft Erziehung und Wissenschaft, Landesverband Saarland.* Saarbrücken.

Tillmann, K. J. (2015). *Die Heterogenität der Schülerschaft als Chance, die Realschule plus als Beispiel.* Vortrag auf einer Tagung des rheinland-pfälzischen Ministeriums für Bildung, Wissenschaft, Weiterbildung und Kunst. Mainz: 4.12.2015.

Kai Averbeck, Julia Weischenberg und Heinz Günter Holtappels

Ausgangsbedingungen und Entwicklungschancen eines Reformmodells

Der Schulversuch Gemeinschaftsschule in Nordrhein-Westfalen

Die Schullandschaft in Nordrhein-Westfalen befindet sich im Wandel. Maßgeblich sind dafür zwei Entwicklungen verantwortlich: Erstens ist die demografische Entwicklung durch einen Rückgang der Schülerzahlen im letzten Jahrzehnt gekennzeichnet, wobei sich der erreichte vorläufige Tiefstand auch nicht kurzfristig verändern wird. Daher sind vor allem in ländlichen Regionen Schulstandorte von der Schließung bedroht; dies führt mancherorts dazu, dass in einigen Kleinstädten und Gemeinden sogar kein Sekundarschulangebot vor Ort mehr zu halten sein wird. Zweitens kommt das veränderte Schulwahlverhalten der Eltern hinzu, dass dadurch charakterisiert ist, dass Eltern einerseits zunehmend höhere und mindestens mittlere Schullaufbahnen für ihre Kinder anstreben und andererseits möglichst alle Optionen wahren und somit den Bildungsweg ihrer Kinder länger offen halten wollen. Dies begünstigt Schulformen des längeren gemeinsamen Lernens, die – neben den auch von Eltern geschätzten Vorzügen der individuellen und differenzierten Förderung mit Ganztagsbetrieb – zugleich alle Schullaufbahnen und –abschlüsse ohne weitere Schulwechsel bietet.

In diesem Beitrag wird auf die Schülerkomposition und die Organisations- und Lernkultur an Gemeinschaftsschulen fokussiert. Die Befunde resultieren dabei aus der Begleitforschung zum Schulversuch Gemeinschaftsschulen in NRW. Im Folgenden werden zunächst die Strukturelemente der Gemeinschaftsschule beschrieben. Es schließen sich eine Darstellung ausgewählter Forschungsbefunde, die Beschreibung der Begleitforschung und die Ergebnisse an. Der Beitrag schließt mit einer Diskussion der Befunde sowie einem Fazit zum Schulversuch Gemeinschaftsschule.

1. Einführung

Die Einführung der Gemeinschaftsschule in NRW als Schulversuch kann schulstrukturell und pädagogisch durchaus eine adäquate Antwort auf diese beiden Entwicklungen sein. Grundsätzlich verfolgt die Gemeinschaftsschule das Ziel, durch längeres gemeinsames Lernen die Bildungswege aller Kinder länger offen zu halten und somit mehr Schülerinnen und Schülern den Zugang zu höheren Bildungsabschlüssen zu ermöglichen. Sie will außerdem soziale Chancengleichheit herstellen und frühe Leistungsselektion vermeiden, unabhängig von den Voraussetzungen,

die die Kinder und Jugendlichen vom Elternhaus her mitbringen (vgl. auch Löhrmann, 2010; Rösner, 2008, S. 17 ff.).

Diese Argumente haben auch bei der Einführung der Gemeinschaftsschulen in
Flächenländern mit ländlich geprägten Regionen mit dünner Besiedlungsdichte,
nämlich in Schleswig-Holstein (vgl. Rösner, 2008), aber etwa auch in Baden-Württemberg oder Thüringen eine zentrale Rolle gespielt. Dabei wird von offizieller
Seite durchaus nicht nur der schulstrukturelle Vorteil in Bezug auf den Erhalt der
Schulangebotsdichte im ländlichen Raum durch kleine Schulen mit breiten Schul-
abschlussmöglichkeiten betont, sondern auch die pädagogische Umsetzung einer
auf die Förderung unterschiedlicher Begabungen und individuelles Lernen zuge-
schnittene Schulform, die alle Kinder aufnimmt und mehr Bildungsgerechtigkeit
und bessere Berufschancen gewährleisten soll (vgl. Ministerium für Kultus, Jugend
und Sport Baden-Württemberg, 2015) oder die auf längeres gemeinsames Lernen
für alle Kinder und die Möglichkeiten aller Bildungsabschlüsse in einer Schulform
setzt (vgl. Ministerium für Schule und Berufsbildung Schleswig-Holstein, 2016;
Thüringer Ministerium für Bildung, Jugend und Sport, 2016).

Auf der einen Seite stellt die Implementation der Gemeinschaftsschule demnach in ländlichen Regionen eine Chance dar, da sie den Zugang zu verschiedenen
Bildungsabschlüssen in sich vereint und ein wohnortnahes Schulangebot durch
den Zusammenschluss von Schulen ermöglicht. Hier ersetzen integrierte Schulformen, wie Gemeinschafts- und Gesamtschule, oftmals weitgehend ein umfassendes
Schulformangebot mit traditionellen Schulformen des gegliederten Systems; zugleich besteht regional eine abgeschwächte Schulformkonkurrenz aufgrund der im
ländlichen Raum weiterer Schulwege.

Auf der anderen Seite steht die Gemeinschaftsschule in städtischen Gebieten
in aller Regel in direkter lokaler Konkurrenz zu den etablierten Schulformen und
muss sich als neugegründete Schulform erst behaupten bzw. eine günstige Markt-
position erarbeiten. Insbesondere dort besteht – wie stets schon für die Integrierten
Gesamtschulen – die Gefahr des sogenannten „Creaming-Effekts" (vgl. Holtappels
& Rösner, 2000, S. 118), also das Abschöpfen der leistungsstarken Kinder durch
das Gymnasium im Zuge des Grundschulübergangs. Anders ausgedrückt: Eltern
könnten bei gymnasialempfohlenen Kindern die Gemeinschaftsschule nicht als
geeignete Schulform ansehen, um ihre Kinder in einem leistungsstarken Lernmilieu zum Abitur zu führen; damit könnte jedoch die Gemeinschaftsschule nicht
konzeptgerecht arbeiten und ihrem Ziel als Schule für alle nicht gerecht werden,
weil ihr eventuell die Leistungsstarken fehlen – ein ähnliches Schicksal, wie es seit
Jahrzehnten viele Gesamtschulen teilen. Ein weiteres Problem für die Schulwahl
der Gemeinschaftsschulen kann darin bestehen, dass sie zunächst als Regelschul-
form eingeführt werden sollten wie es beispielsweise in Thüringen, Baden-Württemberg und Berlin der Fall ist. Im Zuge eines schulpolitischen Kompromisses
wurde die geplante Einführung jedoch abgebrochen und stattdessen nur eine Er-
probung als Schulversuch ab dem Schuljahr 2011/12 vorgenommen. Das bedeutet,

dass der Bestand der Schulen in der Schulform als Gemeinschaftsschule voraussichtlich nicht vorgesehen ist und die Schulen zum Schuljahr 2019/20 in andere
Schulformen umzuwandeln sind, sofern sich nicht die Option wahrnehmen sich
auf Antrag hin in eine Gesamtschule (bei eigener Oberstufe) oder Sekundarschule
(bei einer verbindlichen Kooperation mit einer Oberstufe) umzuwandeln. Diese
eingeschränkte Entwicklungsperspektive kann die Implementation und Schulentwicklung hinsichtlich der pädagogischen Umsetzung belasten und zugleich die
Akzeptanz bei Eltern einschränken.

Grundsätzlich soll mit der Schulform der Gemeinschaftsschule die Möglichkeit
geboten werden, dass Kinder länger gemeinsam lernen. Die Einteilung in Kurse
für Schülerinnen und Schüler unterschiedlicher Fähigkeitsniveaus oder in die
klassischen Bildungszweige Haupt- und Realschule sowie Gymnasium erfolgt hier
später, frühestens jedoch ab der siebten Klasse, oder die Gemeinschaftsschule wird
integriert bis zum Ende der Sekundarstufe I geführt. Weiterhin sollen Wechsel
zwischen verschiedenen Leistungsniveaus vereinfacht werden und dadurch Bildungschancen für alle Schülerinnen und Schüler, unabhängig von ihrem individuellen und familiären Hintergrund, gestärkt werden.

Es ist anzunehmen, dass in Schulklassen des längeren gemeinsamen Lernens
für alle Schülerinnen und Schüler die Möglichkeit besteht, auch nach der Schul-
formentscheidung am Ende der Grundschulzeit einen Zugang zu einem Schulabschluss auf Gymnasialniveau zu erlangen. Dies wird insbesondere durch die
gymnasialen Standards der Gemeinschaftsschulen ermöglicht. Insgesamt sind an
Gemeinschaftsschulen die Verläufe der Bildungswege der einzelnen Schülerinnen
und Schüler nicht im Vorhinein festgelegt und der Wechsel zwischen verschiedenen Leistungsniveaus einfacher möglich – in den meisten Fällen sogar ohne einen
Schulklassenwechsel.

Die Gemeinschaftsschule in NRW innerhalb des Schulversuchs „Längeres
Gemeinsames Lernen – Gemeinschaftsschule" ist als Schule für alle Schülerinnen
und Schüler konzipiert, muss also der Heterogenität ihrer Schülerschaft hinsichtlich ihrer pädagogischen und konzeptionellen Arbeit auf professionelle Art
begegnen. Daher ist es geboten, insbesondere die leistungsbezogene und soziale
Schülerkomposition der einzelnen Schulen innerhalb dieses Artikels zu erfassen,
um die strukturellen konzeptgemäßen Voraussetzungen für die Lernprozesse und
den Bildungserfolg in Gemeinschaftsschulen einschätzen zu können. Ein weiterer
wichtiger Aspekt für „Entwicklungschancen" von Gemeinschaftsschulen, umfasst
Merkmale der Organisations- und Lernkultur von Gemeinschaftsschulen wie Innovationsbereitschaft, Lehrerkooperation, Individualisierung und Differenzierung.

Im Folgenden wird aufgezeigt, welche Forschungsergebnisse für die Schülerkomposition und die Merkmale der Organisations- und Lernkultur an Gemeinschaftsschulen vorliegen.

2.   Ausgewählte Forschungsbefunde im Kontext
der Gemeinschaftsschule

Die Qualität des Konzepts der Gemeinschaftsschule und die oftmals günstigen Be-
dingungskonstellationen der Einführung von Gemeinschaftsschulen stellen eine
Besonderheit in der Schulentwicklung dar. Es liegen bisher nur wenige empirische
Untersuchungen über Implementationsvorhaben vor, obwohl diese aus wissen-
schaftstheoretischer, schulpädagogisch-praktischer und implementationspoliti-
scher Perspektive von großer Relevanz sind. Die Studien, die es zum Implementationsvorhaben neuer Schulformen gibt, stammen überwiegend aus den 1970er
Jahren und stehen im Zusammenhang mit der Einführung beziehungsweise
Gründung von Kooperativen und Integrierten Gesamtschulen. So kam eine zentrale Studie von Tillmann, Bussigel, Philipp und Rösner (1979) zu der Erkenntnis,
dass unterschiedliche Gründungsszenarien und systembezogene Ausgangsstruk-
turen Folgen für das bildungspolitische Klima, das Schulimage und das elterliche
Schulwahlverhalten haben, ebenso aber auch auf die Organisations- und Lernkultur, also die Entwicklung des Kollegiums, die pädagogischen Orientierungen und
die pädagogische Praxis haben können.

Speziell zur Einführung und zur Entwicklung von Gemeinschaftsschulen
liegen drei größere Studien in Berlin (vgl. Senatsverwaltung für Bildung, Jugend
und Wissenschaft, 2010; 2016), Baden-Württemberg (vgl. Bohl & Wacker, 2016)
und Thüringen (vgl. Ritter, Krützfeldt & Melzer, 2014) vor. Im Folgenden werden zentrale Ergebnisse der Studien in Bezug auf die Schülerkomposition und
die Organisations- und Lernkultur (Innovationsbereitschaft, Lehrerkooperation,
Individualisierung, Differenzierung) berichtet. Aufgrund der unterschiedlichen
Erhebungsdesigns, werden einerseits nicht alle Aspekte in jeder Studie betrachtet
und anderseits unterscheiden sich teilweise die Blickwinkel, je nachdem welche
Personengruppen in den Studien befragt wurden.

Schülerkomposition

Empirische Studien zeigen, dass neben den heterogenen individuellen Lernvoraussetzungen auch die leistungsbezogene und soziale Zusammensetzung des
Lernkontextes für den schulischen Kompetenzerwerb relevant ist (Scharenberg,
2013). Dieser Effekt wird in der Literatur als Kompositionseffekt bezeichnet und ist
im Hinblick auf differentielle Lernmilieus von Schulformen bzw. Schulen national
(Baumert, Trautwein & Artelt, 2003; Baumert, Stanat & Watermann, 2006) und
international (z. B. Bryk, Lee & Holland, 1993; Coleman, 1966; Jencks & Mayer,
1990) empirisch untersucht worden.

Gemeinschaftsschulen können sich hinsichtlich der Schülerkomposition
voneinander unterscheiden und somit mit verschiedenen Ausgangslagen starten. Insgesamt zeigt sich, dass viele Gemeinschaftsschulen in den untersuchten

Bundesländern eher mit einer schwierigen Ausgangslage in Bezug auf die Schülerkomposition gestartet sind. Es ergeben sich jedoch auch große Unterschiede zwischen den Einzelschulen. Dies wird z.B. deutlich, wenn die Gemeinschaftsschulen in Berlin betrachtet werden, die in der Begleitforschung (n = 14–18 Schulen, je nach Untersuchungszeitpunkt) untersucht wurden (vgl. Senatsverwaltung für Bildung, Jugend und Wissenschaft, 2010). Werden alle Gemeinschaftsschulen zusammen betrachtet, haben 54 Prozent der befragten Schülerinnen und Schüler zwei Elternteile, die in Deutschland geboren sind. Von jeweils ca. ein Viertel der Schülerinnen und Schüler ist ein Elternteil in Deutschland geboren oder beide im Ausland. Ein Blick auf die Einzelschulen zeigt, dass es sowohl Berliner Gemeinschaftsschulen mit einem Schüleranteil zwischen 75 und 85 Prozent, deren Eltern beide in Deutschland geboren wurden, gibt, als auch zwei Schulen an denen 60 bzw. 74 Prozent der Schülerinnen und Schüler Eltern haben, die beide im Ausland geboren wurden. In Bezug auf die Familiensprache, die zu Hause gesprochen wird, sprechen insgesamt 80 Prozent der Schülerinnen und Schüler zu Hause deutsch, 20 Prozent sprechen zu Hause überwiegend eine andere Sprache als deutsch. Auch hier zeigt sich dass es deutliche Schulunterschiede in der Schülerkomposition gibt: An jeder zweiten Schule sprechen zwischen 93 und 100 Prozent deutsch zu Hause und an drei Schulen spricht jedes zweite Kind zu Hause nicht Deutsch.

Mit Fokus auf die Übergangsempfehlungen zeigt sich, dass die größte Gruppe von Schülerinnen und Schülern mit einer Realschulempfehlung (45 %) auf die Gemeinschaftsschule geht, 19 Prozent mit einer Gymnasialempfehlung, und jeweils 17 Prozent mit einer Gesamtschul- und Hauptschulempfehlung.

Auch an den untersuchten Gemeinschaftsschulen in Thüringen (n = 10), lässt sich feststellen, dass nur knapp über die Hälfte der Schülerinnen und Schüler einen hohen familiären Wohlstand aufweisen, sie befinden sich damit hinsichtlich ihrer sozialen Herkunft in einer mittleren Position zwischen Gymnasium und Realschule. Aber auch hier muss wie in Berlin, die jeweilige Einzelschule betrachtet werden (Ritter, Krützfeldt & Melzer, 2014).

An den wissenschaftlich begleiteten Gemeinschaftsschulen in Baden-Württemberg (n = 42) unterscheiden sich die Schülerinnen und Schüler an Gemeinschaftsschulen von denen, die eine andere Schulform besuchen in mehreren Punkten (Batzerl-Kremer, Pietsch, Merk, Bohl, Prinz & Schneider, 2016). Sie weisen eine kognitive Grundfähigkeit auf, die mehr als 10 Prozent unter der von Schülerinnen und Schülern anderer Schularten liegt. Dieser kognitive Unterschied ist hoch signifikant ($p < 0.1$). Des Weiteren verfügen Gemeinschaftsschülerinnen und -schüler über ein hoch signifikant geringeres kulturelles Kapital ($p < 0.1$) und über ein signifikant etwas höheres ökonomisches Kapitel ($p < 0.5$) als die Schülerinnen und Schüler an Nicht-Gemeinschaftsschulen.

Innovationsbereitschaft

Für die Einführung von Innovationen auf Schulebene ist die individuelle Bewertung durch die Lehrkräfte von hoher Relevanz (vgl. u.a Altrichter & Wiesinger, 2004; Holtappels, 2013a; Schäfer, Reinhoffer & Wacker, 2016).

An dem Gemeinschaftsschulen in Berlin stimmen rund 80 Prozent der Lehrpersonen der Aussage zu, dass sie von dem Konzept der Gemeinschaftsschule überzeugt sind und rund 66 Prozent geben ihre Zustimmung bei dem Item „Bei der Einführung der Gemeinschaftsschule verfolgen die Kolleginnen und Kollegen dieselben Ziele". Und auch allgemein besteht im Kollegium an Berliner Gemeinschaftsschulen eine große Bereitschaft gegenüber Veränderungen (trifft voll zu: 24.1 %; trifft eher zu: 48.9 %; vgl. Senatsverwaltung für Bildung, Jugend und Wissenschaft, 2016). Dieses Ergebnis zeigt sich auch bei Lehrkräften an Gemeinschaftsschulen in Baden-Württemberg, die im Mittel eine signifikant höhere Innovationsbereitschaft aufzeigen als vergleichbare Lehrpersonen an anderen Schulformen ($p < 0.5$). An den Gemeinschaftsschulen in Thüringen zeigt sich über alle Befragungsgruppen (u. a. Schülerinnen und Schüler, Schulleitung, Schulberater) hinweg, dass positive Einschätzungen in Bezug auf die neue Schulart überwiegen, insbesondere das längere gemeinsame Lernen wird hervorgehoben (Ritter, Krützfeldt & Melzer, 2014).

Kooperation

„Kollegiale Kooperation ist einerseits zentrale Bedingung einer gemeinsamen und systematischen Entwicklung des Unterrichts, andererseits aber aufgrund der traditionellen Vereinzelung der Lehrerarbeit eine große Herausforderung" (Senatsverwaltung für Bildung, Jugend und Wissenschaft, 2016, S. 67). Für rund 77 Prozent der Lehrpersonen an Berliner Gemeinschaftsschulen trifft die Aussage, dass sie fachspezifisch mit anderen Lehrkräften zusammenarbeiten eher zu oder voll zu. Auch gemeinsame Projekte werden gemeinsam durchgeführt (72 %), die pädagogische Arbeit wird zwischen den Jahrgangsstufen abgestimmt (68 %) und auch Unterricht wird oftmals gemeinsam vorbereitet (61 %). Des Weiteren hat die wissenschaftliche Begleitforschung in Baden-Württemberg herausgefunden, dass Gemeinschaftsschullehrkräfte signifikant ausgeprägter kooperieren ($p < .05$) als vergleichbare Lehrkräfte anderer Schularten (vgl. Batzel-Kremer et al., 2016). Die beiden Gruppen unterscheiden sich weniger bei der Kooperation in Form von Materialaustausch, als bei den aufwändigeren Kooperationsformen wie gemeinsame Arbeitsorganisation und Ko-Konstruktion. Diese werden im Mittel häufiger von Gemeinschaftsschullehrkräften genutzt.

Individualisierung und Differenzierung

Die Befunde an Berliner Gemeinschaftsschulen zu Maßnahmen der Individualisierung und Differenzierung zeigen, dass diese Maßnahmen im Mittel häufiger
Teil des Unterrichts sind (vgl. Senatsverwaltung für Bildung, Jugend und Wissenschaft, 2016). Zum Beispiel stimmten die Lehrkräfte zu 77 Prozent zu, dass sie
häufiger oder sehr häufig, bei der Stillarbeit Aufgabenstellungen variieren, um
Schülerinnen und Schülern unterschiedlicher Leistungsstärke gerecht zu werden.
Fast zum gleichen Anteil geben die Lehrkräfte den Schülerinnen und Schülern je
nach Leistung häufiger oder sehr häufig unterschiedliche schweren Aufgaben. Der
Bildung in leistungshomogenen Gruppen stehen die Lehrpersonen eher skeptisch
gegenüber, rund zwei Drittel geben an, dass die Aufteilung der Schülerinnen und
Schüler in Leistungsgruppen selten bis nie oder manchmal vorkommt. In Thüringen wurde die individuelle Förderung u. a. anhand der Skala „Binnendifferenzierung" gemessen. Als Ergebnis zeigt sich, dass die Schülerinnen und Schüler eine
Steigerung der individuellen Förderung von Messzeitpunkt 1 (M = 16.4) zu Messzeitpunkt 2 (M = 17.1) wahrnehmen (Ritter, Krützfeldt & Melzer, 2014).[1]

   Wie aufgezeigt gibt es einige Ergebnisse aus Forschungen zum Thema Gemeinschaftsschule, jedoch kann weiterhin von einem relevanten Forschungsdesiderat in
diesem Bereich gesprochen werden, da die Ergebnisse sich jeweils nur auf einzelne
Bundesländer beziehen, die Gemeinschaftsschulen eingeführt haben. Daher wird
im Folgenden die wissenschaftliche Begleitforschung von Gemeinschaftsschulen
in Nordrhein-Westfalen mit ausgewählten Ergebnissen zur Schülerkomposition
und Merkmalen der Organisations- und Lernkultur vorgestellt.

3.   Forschungsfragen und Datengrundlage

Der Schulversuch Gemeinschaftsschule wird wissenschaftlich vom Institut für
Schulentwicklungsforschung der TU Dortmund begleitet. Übergeordnetes Ziel
der wissenschaftlichen Begleitforschung ist die formative Evaluation des Schulversuchs „Längeres Gemeinsames Lernen – Gemeinschaftsschule". In der Begleitforschung werden nicht nur die Prozesse der Implementationsphase, sondern auch
weitergehende Innovationsverläufe evaluiert. Konkret werden die Voraussetzungen und das Bedingungsgefüge der Errichtungsprozesse sowie die Bedingungen
der Umsetzung der pädagogischen Konzepte an den Gemeinschaftsschulen untersucht. In diesem Beitrag sollen folgende Fragestellungen untersucht werden:

---

1   Es wurde ein Index „Individuelle Förderung" gebildet, wobei die Werte aufsummiert
    und ein Mittelwert gebildet wurde. Hohe Werte indizieren dabei ein hohes Ausmaß
    binnendifferenzierten Unterrichts. (Für detaillierte Informationen zur Indexbildung s.
    Ritter, Krützfeldt & Melzer, 2014).

1. Wie stellen sich die Ausgangssituationen und die Startbedingungen der Gemeinschaftsschulen hinsichtlich der Schülerkomposition dar?
2. Welche Schulmerkmale lassen sich kurze Zeit nach Start des Schulbetriebs auf
   der Ebene der Organisationskultur vorfinden?
3. Wie begegnen Gemeinschaftsschule ihrer schulstrukturellen Situation und der
   leistungsheterogenen Schülerzusammensetzung?

Datengrundlage und Stichprobe

Zum Ausgangspunkt der wissenschaftlichen Begleitforschung nahmen zwölf Schulen in Nordrhein-Westfalen seit dem Schuljahr 2011/2012 an dem Schulversuch
„Längeres gemeinsames Lernen – Gemeinschaftsschule" teil. Die Schulen werden
dabei schrittweise beziehungsweise jahrgangsstufenweise aufgebaut und werden
über voraussichtlich mindestens sechs Jahre die aufgenommenen Schülerinnen
und Schüler bis zum Schulabschluss beschulen. Im Verlaufe des Berichtszeitrau-
mes haben zwei Schulen den Schulversuch verlassen und eine Umwandlung in
eine andere Schulform bzw. eine Fusion vorgezogen, sodass aktuell noch zehn
Schulen weiterhin wissenschaftlich begleitet werden.

     In einem Längsschnittdesign mit zwei Messzeitpunkten (von 2013 bis 2016)
wurden mit standardisierten Fragebögen die Schülerinnen und Schüler des siebten bzw. neunten Jahrgangs und deren Eltern ebenso befragt wie die Lehrkräfte
und Steuergruppen der Schulen; mit Schulleitungen und Steuergruppen wurden zudem qualitative Interviews zur Implementation und Schulorganisation
durchgeführt. Zur Beantwortung der Forschungsfragen dieses Beitrags wurden
deskriptive Analysen mit Daten des ersten Messzeitpunktes hinsichtlich der Komposition der Schülerschaft und der Merkmale der Organisations- und Lernkultur
vorgenommen.

     Zum ersten Messzeitpunkt im Mai 2014 wurden zur Beantwortung der For-
schungsfragen alle Schülerinnen und Schüler des siebten Jahrgangs sowie deren
Eltern schriftlich befragt, in die Auswertungen sind diejenigen Schülerergebnisse
berücksichtigt worden, bei denen eine Elterngenehmigung vorlag ($n = 1024$). Bei
den Eltern lag die Rücklaufquote mit $n = 802$ ausgefüllten Fragebögen bei 64 Prozent.

4.   Forschungsergebnisse aus der Begleitforschung in Nordrhein-Westfalen

Im folgenden Abschnitt wird zunächst die Ausgangslage des Reformmodells Ge-
meinschaftsschulen in NRW hinsichtlich der leistungsbezogenen und sozialen
Schülerkomposition präsentiert. Darauf folgt eine Darstellung von Merkmalen der
Organisations- und Lernkultur an Gemeinschaftsschulen.

4.1 Leistungsbezogene und soziale Schülerkomposition an Gemeinschaftsschulen

Insgesamt zeigt sich in dem aktuellen Forschungsstand zu Zusammensetzungen von Lerngruppen oftmals eine starke Heterogenität sowohl in einzelnen Schulklassen, als auch innerhalb der klassischen Schulformen (Clayton, 2011). Jedoch weisen Schulformen des längeren gemeinsamen Lernens wie auch die Gesamtschule meist noch divergentere Lerngruppen auf (Scharenberg, 2012). Da Deutschland ein gegliedertes Schulsystem hat und die Schulform der Gemeinschaftsschule daher in Konkurrenz zu anderen Schulformen steht, stellt sich die Frage, ob die Aufteilung in homogenere Lerngruppen tatsächlich zu besseren Leistungen der Gesamtgruppe führt oder aber ob längeres gemeinsames Lernen und daraus resultierende heterogenere Lerngruppen auch nach der Grundschule im Mittel zu gleich hohen oder sogar höheren Leistungen und einer Verringerung von Unterschieden zwischen den Schülerinnen und Schülern beitragen kann.

Um diese Frage beantworten zu können es ist wichtig zunächst die Schülerkomposition an Gemeinschaftsschulen zu untersuchen. Daher wird anhand verschiedener Faktoren dargestellt, wie sich die Schülerschaft an Gemeinschaftsschulen leistungsmäßig und sozialstrukturell zusammensetzt. Als Leistungsindikatoren werden neben den Übergangsempfehlungen durch die Grundschulen auch die kognitiven Grundfähigkeiten der Schülerinnen und Schüler betrachtet. Als sozialstrukturelle Indikatoren werden für die Analyse der Schülerkomposition die sozioökonomische Herkunft und der Migrationshintergrund herangezogen.

4.1.1 Übergangsempfehlungen durch die Grundschule

Die Übergangsempfehlungen, die durch die Grundschulen erteilt werden, zeigen einerseits die prognostizierte Leistungsfähigkeit der Lernenden an, womit sie einen Indikator für die leistungsbezogene Schülerzusammensetzung darstellen; andererseits geben sie auch indirekt Hinweise zur Akzeptanz der Eltern für die neue Schulform. Die Angaben wurden bei den beteiligten Schulen des Schulversuchs direkt abgefragt.

Zu etwa einem Drittel haben die Schülerinnen und Schülern aller Gemeinschaftsschulen von der Grundschule eine Empfehlung für die Hauptschule (36.8 %) und nahezu die Hälfte der Schülerinnen und Schüler eine Empfehlung für die Realschule (46.2 %) erhalten (vgl. Abbildung 1). Kumuliert betrachtet, bedeutet dies, dass die Schülerinnen und Schüler vorwiegend eine Empfehlung für einen unteren bzw. mittleren Bildungsgang erhielten (83.0 %). Der Anteil gymnasialempfohlener Kinder war mit 12.9 Prozent eher gering und 4.2 Prozent der Kinder in der Gesamtstichprobe hatten einen sonderpädagogischen Förderbedarf.

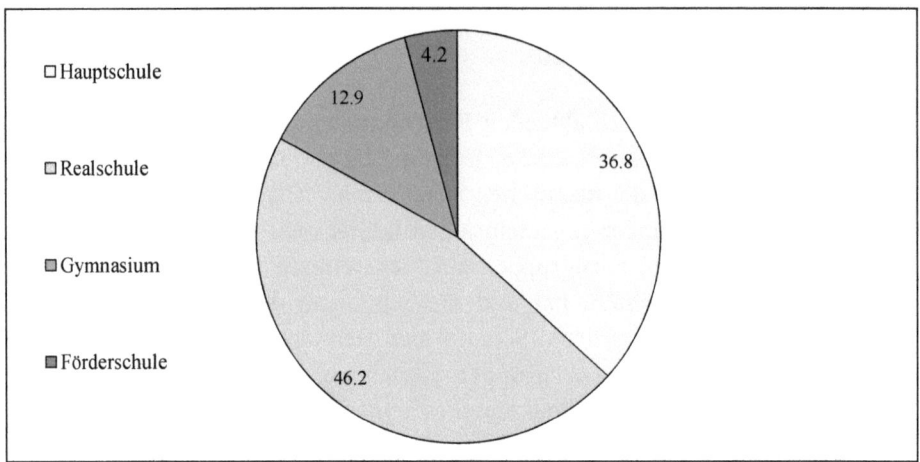

Abb.1:   Übergangsempfehlungen der Schülerinnen und Schüler nach Schulform in
         Prozent (n = 1175)

Die Anteile der verschiedenen Empfehlungen variieren allerdings in Abhängigkeit vom Schulstandort. Nahezu die Hälfte der beteiligten Schulen des Schulversuchs ist durch einen sehr hohen Anteil (ca. 40 bis 60 Prozent) hauptschulempfohlener Kinder gekennzeichnet. Eine Schule besitzt eine Ausnahmestellung: Hier zeigt sich eine nahezu umgekehrte Verteilung der Empfehlungen, der Anteil von Schülerinnen und Schülern mit einer Gymnasialempfehlung (40.0 %) bzw. Realschulempfehlung (36.0 %) ist hier deutlich höher.

Die Verteilungen der Übergangsempfehlung zeigen, dass die Gemeinschaftsschulen vorwiegend von Eltern gewählt wurden, deren Kinder eine Haupt- oder Realschulempfehlung erhalten haben. Eine Heterogenität des Leistungspotentials ist dennoch vorhanden, der Anteil potentiell leistungsstärkerer Kinder mit einer Empfehlung für das Gymnasium aber eher gering.

4.1.2 Kognitive Grundfähigkeiten der Schülerinnen und Schüler

Die kognitiven Fähigkeiten geben Informationen darüber, wie leistungsheterogen die Schülerschaft zusammengesetzt ist, bzw. auf welchem intellektuellen Niveau die Schülerinnen und Schüler agieren. Um die kognitiven Fähigkeiten zu erfassen, wurden zwei Subtests für den siebten Jahrgang (verbal Version V3A und figural Version N2A) des Kognitiven Fähigkeitstest (KFT) nach Heller und Perleth (2000) eingesetzt. Ausgewertet wurden ausschließlich Ergebnisse von Schülerinnen und Schülern, die mindestens 50 Prozent der Testaufgaben beantwortet haben. Nach diesem Kriterium wurden 30 (verbaler Subtest) bzw. 26 (figuraler Subtest) Schülerinnen und Schüler aus der Auswertung ausgeschlossen.

Für die Auswertung wurden zunächst für jede einzelne Schülerin, jeden einzelnen Schüler die richtigen Lösungen der einzelnen Subtests ausgezählt. Danach wurde die Rohwert-Summe (Summenscores) gebildet, das heißt die Werte auf die T-Skala transformiert. Als Vergleichsstichprobe (Normierungsstichprobe) diente die von Heller und Perleth zwischen 1995 und 1997 bei 958 Schülerinnen und Schülern des siebten Jahrgangs durchgeführte Erhebung in Bayern und Baden-Württemberg (vgl. ebd). Diese Vergleichsstichprobe bietet Daten für Ergebnisse von Schülerinnen von Haupt- und Realschulen sowie für das Gymnasium. Die entsprechenden Vergleichsmaßstäbe lieferten Normentabellen. Die T-Standardskala, auf der die Vergleichswerte verankert sind, ist durch einen Mittelwert von 50 und einer Standardabweichung von 10 definiert (M_t = 50, SD_t = 10). Damit entspricht beispielsweise ein Rohmittelwert von elf Punkten einer Schule einem Mittelwert bezogen auf die Hauptschulnorm von 54 Punkten, bezogen auf die Realschulnorm aber von 44 Punkten. Das heißt im Vergleich mit der Normierungsstichprobe (M_t = 50, SD_t = 10) liegt diese Schule fast eine halbe Standardabweichung über dem Mittelwert der verglichenen Hauptschulen, aber mehr als eine halbe Standardabweichung unter dem Vergleichsmittelwert der Realschulen der Normierungsstichprobe.

Ergebnisse des figuralen kognitiven Fähigkeitstests:

Die Schülerinnen und Schüler erreichen im Durchschnitt einen Punktwert von 45.62 (von 79 möglichen Punkten) bei einer Standardabweichung von 9.1 (n = 946). Dieser Wert lag unter dem Wert der Normierungsstichprobe (M_t = 50, SD_t = 10) für den Vergleichsjahrgang.

Die Ergebnisse deuten auf Unterschiede zwischen den Einzelschulen hin. Vier Schulen liegen nahezu eine Standardabweichung unter den Vergleichswerten der Normierungsstichprobe. Lediglich eine Schule erreicht in etwa einen Mittelwert, der dem der Normierungsstichprobe entspricht. Der Vergleich des Mittelwertes aller teilnehmenden Schülerinnen und Schüler mit der Hauptschul- bzw. Jahrgangsnorm verdeutlicht, dass die Schülerinnen und Schüler hinsichtlich ihrer kognitiven Grundfähigkeit im figuralen Bereich vorwiegend auf Hauptschulniveau zu verorten sind. Das Ergebnis steht in Einklang mit den oben berichteten Verteilungen der Schulformempfehlungen.

Ergebnisse des verbalen kognitiven Fähigkeitstests

Die Ergebnisse der Schülerinnen und Schüler in dem verbalen Subtest sind analog zu den Ergebnissen des figuralen Tests, hier zeigen die Schülerinnen und Schüler mittlere verbale Fähigkeiten auf einem insgesamt niedrigeren Niveau. So befindet sich der Mittelwert (M = 42.2, SD = 7.8) hier etwa eine dreiviertel Standardabweichung unterhalb des Mittelwerts der Normierungsstichprobe. Drei Schulen weisen einen Mittelwert auf, der mindestens eine bis zu einer anderthalbfachen

Standardabweichung unterhalb der Normstichprobe zu verorten ist. Der Vergleich mit der Haupt- und Realschulnorm der Normierungsstichprobe zeigt, dass die Schülerinnen und Schüler der Gemeinschaftsschulen durchschnittlich im Bereich verbaler kognitiven Fähigkeiten auf Hauptschulniveau zu verorten sind.

Zusammenfassung kognitive Grundfähigkeiten:

Hinsichtlich der kognitiven Grundfähigkeiten im verbalen und (nonverbalen) figuralen Bereich befinden sich die Schülerinnen und Schüler der Gemeinschaftsschulen vorwiegend auf dem Niveau der Hauptschulnorm für die siebte Klassenstufe. Zu berücksichtigen ist, dass dieser Vergleich nicht auf Grundlage gematchter Stichproben vollzogen werden konnte, sodass nicht auszuschließen ist, dass die sozialstrukturellen Bedingungen zwischen der Gemeinschaftsschulstichprobe und der Normstichprobe des KFT variieren. Etwaige nicht kontrollierte Unterschiede könnten das Ergebnis mitbedingen. Zusammenfassend ist festzuhalten, dass die Lehrkräfte an Gemeinschaftsschulen Schülerschaften unterrichteten, die teilweise herausfordernde kognitive Voraussetzungen aufweisen und eine intensive Förderung benötigten.

4.1.3 Sozioökonomischer Hintergrund

Internationale Vergleichsstudien wie das *Programme for International Student Assessment* (PISA) und die *Internationale Grundschul-Lese-Untersuchung* (IGLU) haben den Zusammenhang des Bildungserfolgs und der Bildungschancen mit dem sozialen Hintergrund der Schülerinnen und Schüler mehrfach gezeigt. Auch geben die PISA-Ergebnisse Hinweise auf den Zusammenhang zwischen der besuchten Schulform der Sekundarstufe und dem sozioökonomischen Herkunft der Kinder.
    Die besuchte Schulform bildet ein spezifisches Lern- und Entwicklungsmilieu, das die Bildungserfolge und -ergebnisse beeinflussen kann (Baumert, Stanat & Watermann, 2006). Um die Zusammensetzung der Schülerschaft an den Gemeinschaftsschulen zu beschreiben, wurde der sozioökonomische Hintergrund der Schülerinnen und Schüler anhand des *International Socio-Economic Index of Occupational Status* (ISEI, Ganzeboom, De Graaf & Treimann, 1992) erfasst. Dessen Verkodung von Berufs-, Tätigkeits- und Branchenangaben in die gängigen ISCO-08 (International Standard Classification of Occupations, vgl. ILO, 2012) und ISEI Klassifizierungsschemata wurde vom Data Processing and Research Center durchgeführt (DPC). Darauf basierend erfolgte die Berechnung des HISEIs (*Highest* ISEIs), die Berücksichtigung des Elternteils mit dem höchsten ISEI Wert. Diesem Ansatz liegt die Idee zugrunde, dass der Berufsstatus von Personen indirekt auch Informationen über das kulturelle (Bildungsniveau, das für bestimmte Berufe notwendig ist) und über das ökonomische (Einkommen in den einzelnen

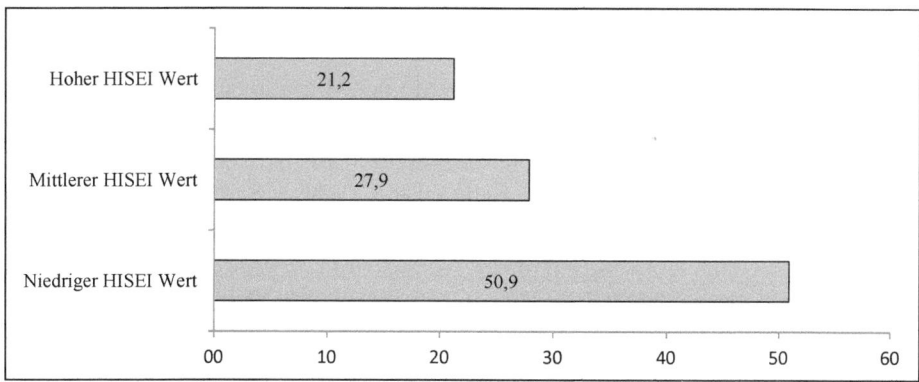

Abb. 2: Sozioökonomische Herkunft der Schülerinnen und Schüler (HISEI) aller Schulen nach Gruppen, Prozentanteile

Berufen) Kapital liefert. Die notwendigen Fragen wurden sowohl von den Schülerinnen und Schülern als auch von den Eltern beantwortet, wobei vorzugsweise die Angaben der Eltern herangezogen wurden, da diese als valider erachtet werden können. Lediglich wenn keine Fragebögen der Eltern vorlagen, wurden die Informationen aus der Schülerbefragung genutzt.

Die Auswertungen der *t*-Tests bezogen auf einzelne Schulen zeigen signifikante Unterschiede zum Mittelwert aller Gemeinschaftsschulen. Drei Schulen liegen mit Mittelwerten von 34.45 bis 39.07 deutlich unter dem Mittelwert aller Gemeinschaftsschulen (M = 43.43), während fünf Schulen mit Mittelwerten zwischen 46.4 und 48.3 deutlich darüber liegen.

Zur Darstellung der erreichten HISEI Mittelwerte wurde eine normative Einteilung in drei Gruppen vorgenommen, die sich an der Schulleistungsstudie *International Computer and Information Literacy Study* (ICILS 2013) orientiert (Fraillon, Ainley, Schulz, Friedman & Gebhardt, 2014). Die erste Gruppe beinhaltet Eltern, die einen HISEI unter 40 Punkten erreichen (z.B. Briefträgerinnen und Briefträger, Friseurinnen und Friseure etc.), die zweite Gruppe mit einem mittleren HISEI zwischen 40 und 60 Punkten beschreibt Eltern, die z.B. als Polizeibeamtinnen bzw. Polizeibeamten oder in der Verwaltung tätig sind. Die Gruppe mit dem höchsten HISEI Wert (mehr als 60 Punkte, 89 können maximal erreicht werden) setzt sich aus Eltern zusammen, die einen akademischen Abschluss haben und entsprechend als Juristinnen/Juristen, Ärztinnen/Ärzte, Lehrkräfte etc. tätig sind.

Die Abbildung 2 zeigt, dass mehr als die Hälfte der Schülerinnen und Schüler der Gemeinschaftsschulen aus einem Elternhaus mit einem niedrigen HISEI Wert kommen, d.h. das Elternteil mit dem höchsten ISEI übt einen Beruf aus, der dem Dienstleistungssektor zuzuordnen ist (z.B. Briefträger/-innen, Friseur/-innen etc.). Gut ein Viertel (27.9 %) sind dem Bereich von mittleren Beamtinnen und Beamten, Verwaltungskräften etc. zuzuordnen. Etwa ein Fünftel (21.2 %) der Kinder hat mindestens ein Elternteil, welches einen Beruf mit hohem Prestige bzw. Einkommen ausübt (vgl. Abbildung 2).

4.1.4 Migrationshintergrund der Schülerinnen und Schüler

Neben dem sozioökonomischen Status wurde der Migrationshintergrund als Aspekt des sozialen Hintergrunds erfasst. Der Einfluss des Vorliegens eines Migrationshintergrundes auf verschiedene Kompetenzen ist national und international umfassend untersucht worden (vgl. national u.a. Gebhardt, Rauch, Mang, Sälzer & Stanat, 2013; Schwippert, Wendt & Tarelli, 2012; international u.a. OECD, 2013). Diese Studien geben Hinweise auf die im Durchschnitt oftmals geringer ausgeprägten Kompetenzen von Schülerinnen und Schülern mit Migrationshintergrund, woraus sich eine aktuelle Herausforderung des Bildungssystems in Deutschland ergibt (vgl. Gebhard et al., 2013).

Geburtsorte der Familienmitglieder

In der vorliegenden Begleitforschung wurde der Migrationshintergrund der Schülerinnen und Schüler zum einen anhand des Geburtsortes der Familienmitglieder erfasst (Elternangaben) sowie außerdem anhand der gesprochenen Sprache im Elternhaus (Schülerangaben). Diese Indikatoren sind wissenschaftlich erprobt, z.B. in der Internationalen Grundschul-Lese-Untersuchung (IGLU 2006; Bos et al., 2007). Eine mehrperspektivische Erfassung wurde als sinnvoll erachtet, um je nach Fragestellung differenzierte Auswertungen zur Schülerkomposition auf Schulebene und zu Schülermerkmalen auf Individualebene vornehmen zu können.

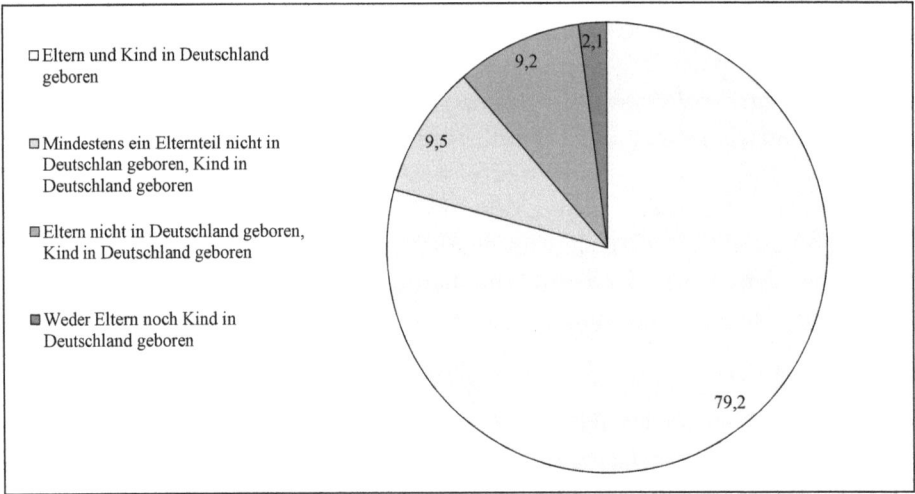

Abb. 3: Migrationshintergrund nach Geburtsort der Familienmitglieder in Prozent
(Elternangaben) (*n* = 634)

Nach Elternangaben weisen insgesamt 79.2 Prozent der Schülerinnen und Schüler keinen Migrationshintergrund auf, in dieser Gruppe waren sowohl die Eltern als auch das untersuchte Kind an der Gemeinschaftsschule in Deutschland geboren (vgl. Abbildung 3). Demzufolge haben 20.8 Prozent der Kinder einen Migrationshintergrund. Bei 9.2 Prozent der Kinder wurde nur das Kind in Deutschland geboren, bei 2.1 Prozent weder das Kind noch die Eltern (vgl. Abbildung 3). Zu beachten ist hierbei, dass lediglich 634 Eltern auswertbare Angaben machten. Von 33.6 Prozent der Eltern fehlen die Angaben, so dass die Anteile nur als Annäherungen gelten können.

Sprachlicher Hintergrund der Schülerinnen und Schüler

Bei Betrachtung des zweiten Indikators zum Migrationshintergrund zeigt sich auf Grundlage der Angaben der Schülerinnen und Schüler ($n = 1040$) folgendes Bild: Drei Viertel der befragten Schülerinnen und Schüler geben an, zuhause nur Deutsch zu sprechen (75.2 %). Ein geringer Anteil von lediglich 1.4 Prozent hat angekreuzt, dass sie zuhause kein Deutsch, sondern ausschließlich eine andere Sprache sprechen. Gut ein Viertel (23.4 %) sprechen zu Hause sowohl Deutsch als auch eine andere Sprache.

Bei Betrachtung der einzelnen Schulen lässt sich erkennen, dass sich die Anteile des Migrationshintergrundes anhand der gesprochenen Sprache sehr unterschiedlich verteilen. So reicht die Spannweite der Schülerinnen und Schüler, die nur Deutsch zuhause sprechen, von 44.0 bis 91.8 Prozent. Für die meisten Schulen gilt: Nicht-vernachlässigbare Anteile der Schülerinnen und Schüler wachsen offenbar mehrsprachig auf und sprechen zuhause Deutsch und eine andere Sprache; lediglich jeweils kleine Anteile sprechen nur eine andere Sprache als Deutsch zuhause.

4.1.5 Zusammenfassung der Schülerkomposition

Bei Betrachtung leistungsbezogener und sozialstruktureller Indikatoren zeigt sich folgende Ausgangslage der Gemeinschaftsschulen: Die Gemeinschaftsschulen sind als Schulform mit einer heterogenen Schülerschaft konfrontiert, wobei die Ergebnisse auf Einzelschulebene variieren. Gemessen an der Jahrgangsnorm wird in Bezug zu den kognitiven Grundfähigkeiten der Schülerinnen und Schüler deutlich, dass sie unterhalb der Normstichprobe liegen und sich insgesamt eher auf Hauptschulniveau bewegen. Bei einem Teil der Schulen war eine eher homogen schwache Schülerschaft erkennbar. Dies spiegelt sich unter anderem auch in den erworbenen Übergangsempfehlungen der Schülerinnen und Schüler wider. Des Weiteren variieren die Einzelschulen untereinander bezüglich der sozioökonomischen Zusammensetzung teilweise deutlich. Zusätzlich weisen rund drei Viertel der Schulen anhand des Indikators der Familiensprache einen Anteil von mindestens 20.0 Prozent Schülerinnen und Schüler mit Migrationshintergrund auf, zwei Schulen einen Anteil von mehr als 50.0 Prozent. Schlussfolgernd lässt sich

festhalten, dass die Ausgangslagen der Gemeinschaftsschulen aufgrund eher ungünstiger Bedingungen in den Bereichen leistungsbezogene und sozialstrukturelle
Komposition überwiegend als herausfordernd beschrieben werden können.

4.2   Merkmale der Organisations- und Lernkultur
der Gemeinschaftsschulen

Um die zweite Forschungsfrage nach den Schulmerkmalen auf der Ebene der Organisationskultur beantworten zu können, wird die Innovationsbereitschaft und
das Kooperationsverhalten in den Fokus der Untersuchung gestellt. Die Ergebnisse
zur Innovationsbereitschaft zeigen, dass in den Gemeinschaftsschulen eine eher
hohe Motivation der Lehrkräfte besteht, die eigene Schule innovativ zu entwickeln
und zu gestalten. Dies galt durchgängig für alle in den Items abgefragten Aspekte
von Innovationsbereitschaft (vgl. Abbildung 4). Damit ein neues pädagogisches
Konzept gelingen kann, ist es von Relevanz, dass die an der Schule tätigen Lehrpersonen, neuen pädagogische Ansätzen gegenüber aufgeschlossen sind. Dies ist
an Gemeinschaftsschulen in NRW in hohem Maße der Fall (M = 4.2).

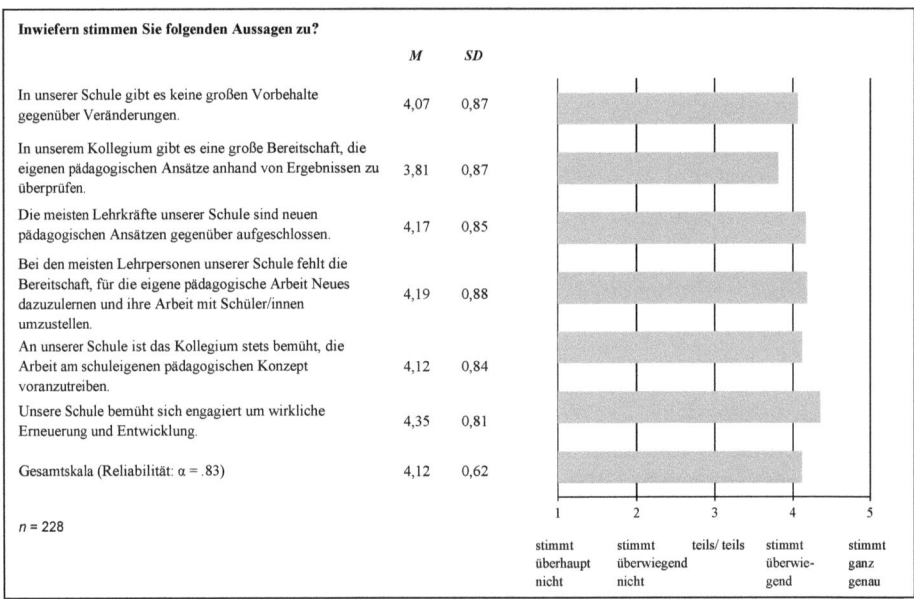

Abb. 4: Innovationsbereitschafts im Kollegium (Lehrerfragebogen; n = 245)

Was die innerschulische Kooperation betrifft, so scheinen die Intensität und die
Qualität des Kooperationshandelns von der Existenz institutionalisierter Teambildungen abhängig zu sein, wie Studien belegen (vgl. Holtappels, 2013b). Solche festen Teambildungen bestehen in den Gemeinschaftsschulen vor allem in Klassen-
und Jahrgangsteams auf horizontaler Ebene der Schülerjahrgänge und Fachteams

auf vertikaler Ebene des Fachunterrichts, zudem arbeiteten einzelne Lehrkräfte auch in Steuergruppen, die die Schulentwicklung koordinieren und steuern. In der Lehrerbefragung wurde erfasst, ob Lehrkräfte in solche festen Teambildungen selbst eingebunden sind. Die Ergebnisse zeigen (ohne Abbildung): Jeweils mehr als vier Fünftel der Lehrkräfte sind nach eigenen Angaben in Klassen-, Jahrgangs- oder Fachteams eingebunden. Dies kann als vergleichsweise hoher Entwicklungs- stand in Bezug auf Teamstrukturen angesehen werden; in bisherigen Studien sind Lehrerinnen und Lehrer zumeist zu 50.0 bis 70.0 Prozent in feste Teams einge- bunden (Holtappels, 2013). 28.0 Prozent der Befragten sind zudem Mitglied der Steuergruppe der Schule, was darauf zurückführbar ist, dass mit Gründung der Gemeinschaftsschule fast überall eine Entwicklungsgruppe bestanden hat.

Den ausgebauten Teamstrukturen steht allerdings teilweise eine eher geringe Intensität der Lehrerkooperation in zentralen Handlungsfeldern entgegen: Die be- fragten Lehrkräfte (n=228) konnten auf einer fünfstufigen Intensitätsskala zu acht Handlungsbereichen der Zusammenarbeit die Kooperationshäufigkeit eintragen (1 = nie bis 5 = fast jeden Tag). Die Resultate zeigen: Die Kooperationsformen Pla- nung von Unterrichtseinheiten oder Projekten (M = 3.8; SD=0.87), Unterrichtsvor- bereitung (M = 3.8; SD = 0.90) und gemeinsame Unterrichtsdurchführung (M = 3.6; SD = 1.24) weisen eine beachtliche Kooperationsintensität auf. Hingegen zeigen Kooperationsformen wie fächerübergreifende Behandlung von Unterrichtsthemen (M = 2.7; SD = 1.00), gegenseitige Unterrichtsbeobachtungen (M = 2.5; SD = 1.3) und Begleitung und Beratung (M = 2.9; SD = 1.24) neuer Lehrkräfte nur eine Ko- operationshäufigkeit, die bestenfalls im Mittelbereich der Skala liegt, was im Durch- schnitt nur eine monatliche Zusammenarbeit bedeutete. Und im Zeitverlauf wird auch keine Höherentwicklung erkennbar. Der Schulvergleich zeigt, dass es deutliche Unterschiede zwischen einzelnen Schulen gibt: Fünf Schulen liegen deutlich über dem theoretischen Mittelwert, die anderen streuen in der Gesamtskala um diesen Mittelwert, der ohnehin weit von einer hohen Kooperationsintensität entfernt ist.

Zudem wurde erfasst, inwieweit professionelle Teamarbeit im Sinne professio- neller Lerngemeinschaften praktiziert wird; der Fokus der Lehrerteams liegt nach Selbstreport in Bezug auf den Fokus auf Analyse, Diagnose und Evaluation sowie auf Unterrichtsentwicklung jeweils etwas über dem theoretischen Mittelwert, am ehesten fokussieren die Teams ihre Arbeit noch auf das Schülerlernen. Insgesamt scheint demnach hinsichtlich der Lehrerkooperation noch Entwicklungsbedarf zu bestehen, was angesichts der bestehenden Teambildungen auch zu erwarten und möglich wäre.

4.3   Differenzierung und Individualisierung

Die dritte Forschungsfrage befasst sich mit der Gestaltung der Lernkultur an Ge- meinschaftsschulen. In Gemeinschaftsschulen ist angesichts der Anforderung, pä- dagogisch mit heterogenen Schülergruppen arbeiten zu müssen, ein hohes Niveau der Praxis von innerer Differenzierung einerseits und von individueller Förderung andererseits zu erwarten. Allerdings sind hier entsprechende Praxisformen notwendig, um unterschiedlich lernende Schülerinnen und Schüler bestmöglich in ihrer eigenen Lernentwicklung zu fördern.

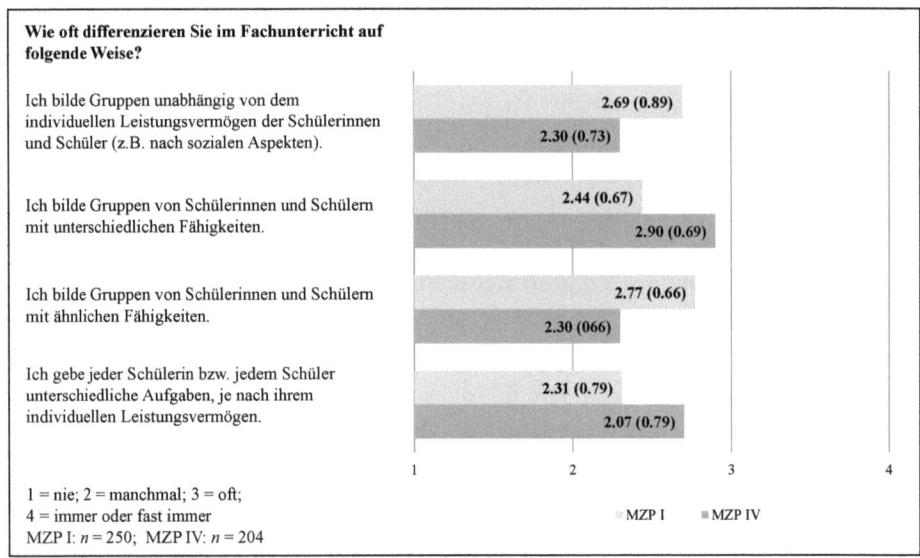

Abb. 5: Praktizierte Formen der Differenzierung im Fachunterrichtim Zeitverlauf
(Längsschnitt, Lehrerfragebogen)

Zu beiden Gestaltungsansätzen wurden mittels entsprechender Itemlisten bei Lehrkräften Angaben zur eigenen Praxis auf einer vierstufigen Häufigkeitsskala (von „nie" bis „immer oder fast immer") erfragt (vgl. Abbildung 5); die vier Items schlossen sich nicht gegenseitig aus, wurden aber möglicherweise jeweils im Sinne einer Präferenz für eine Differenzierungsform beantwortet. Abbildung 5 zeigt mit der Erfassung zu zwei Messzeitpunkten die Entwicklung im Zeitverlauf von zwei Jahren. Die Praxisformen der Differenzierung scheinen insgesamt eher durchschnittlich häufig vorzukommen, zumindest werden von den Lehrkräften jeweils unterschiedliche Vorgehensweisen präferiert und nicht durchgängig alle Differenzierungsformen von allen Lehrkräften intensiv praktiziert, allerdings verändert sich das Bild mit der Zeit: Die Bildung von Schülergruppen mit unterschiedlichen Fähigkeiten kommt nach starkem Zuwachs nun am häufigsten vor, gefolgt von der Praxis der Aufgabendifferenzierung je nach individuellem Entwicklungsstand der Lernenden, die ebenfalls einen deutlichen Anstieg verzeichnet; beide Items zeigen die Praxis von leistungsbezogener Binnendifferenzierung mit Beibehaltung heterogener Kleingruppen an. Stark zurückgegangen ist die Praxis einer leistungsunabhängigen Gruppierung sowie die Gruppierung von Lernenden mit ähnlichen Fähigkeiten, was eher äußerer Leistungsdifferenzierung ähnlich ist. Die Lehrkräfte der Gemeinschaftsschulen haben somit – nach eigenen Angaben – ihre

Differenzierungsmethoden in einem kurzen Zeitraum von zwei Jahren sichtbar in Richtung einer Praxis der inneren Differenzierung verändert. Im Sinne einer Individualisierung des Lernens und der Nutzung gegenseitiger Anregungen in leistungsheterogenen Gruppen kann dies durchaus als Qualitätsverbesserung in der Lernkultur angesehen werden.

Praktizierte Formen der Lernförderung im Fachunterricht wurden ebenfalls per Lehrerselbstbericht erfasst, und zwar mit acht Items und einer sechsstufigen Häufigkeitsskala (von „nie" bis „fast jeden Tag"). Insgesamt wird eine beachtliche Intensität von Formen der Lernunterstützung im Fachunterricht sichtbar, wenngleich die Praxis nicht bei allen Lehrkräften täglich etabliert zu sein scheint. Am stärksten ausgeprägt ist das lernunterstützende Lehrerverhalten zugunsten von Lernschwächeren (zusätzliche Unterstützung, Übung/Wiederholung mit langsamer Lernenden). Zugleich werden daneben auch hier wieder differenzierte Vorgehensweisen bei der Lernunterstützung erkennbar: Die Differenzierungsarten nach Lernziel und Niveau (z. B. Extraaufgaben für Leistungsstarke, Variation der Aufgabenstellung) sowie nach Lernzeit sind offenbar recht verbreitet und intensiv praktiziert. Die Differenzierung über Lernmaterialien wird nicht ganz so häufig angewendet und die Bildung von leistungsdifferenten Schülergruppen kommt deutlich seltener vor (vgl. Abbildung 6).

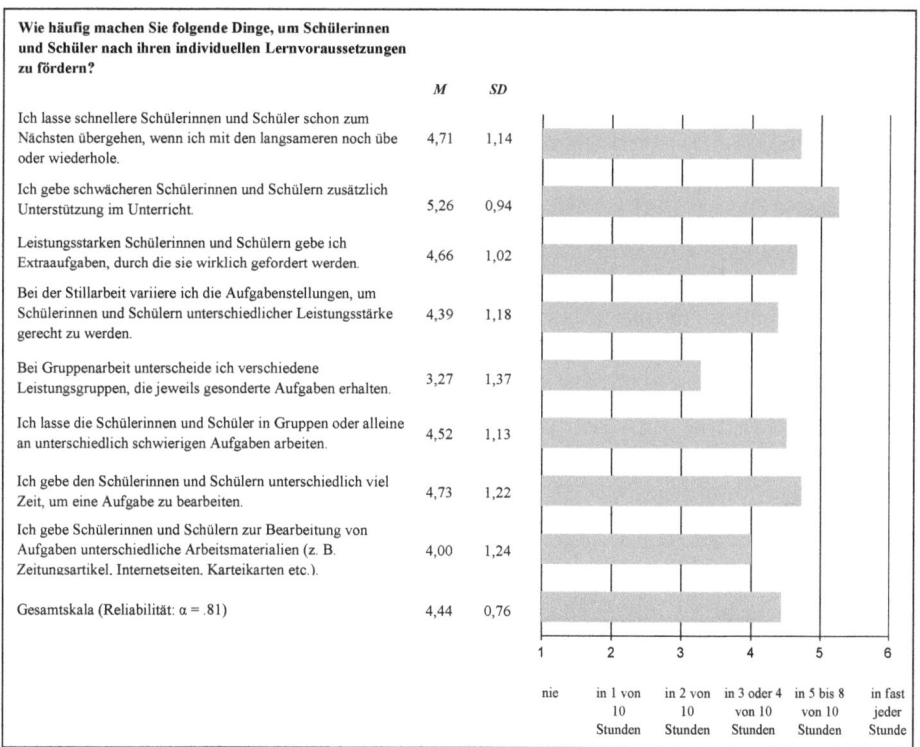

Abb. 6:   Praktizierte Formen der Lernunterstützung im Fachunterricht (Lehrerfragebogen; *n* = 235)

5.   Zusammenfassung, Ausblick und Perspektiven

Die Gemeinschaftsschulen variieren untereinander bezüglich der sozioökonomischen Zusammensetzung teilweise sehr deutlich, ein Großteil liegt signifikant
unter dem Mittelwert der PISA Untersuchung. Im Vergleich zu dem mittleren
HISEI der PISA Studie 2012 (M = 50.9, SD = 20.6) weisen neun der beteiligten
Gemeinschaftsschulen einen signifikant geringeren, mittleren HISEI auf (p < .05;
ohne Abbildung).

Rund drei Viertel der Schulen weisen einen Anteil von mindestens 20 Prozent
von Schülerinnen und Schüler mit Migrationshintergrund auf, zwei davon sogar
einen Anteil von mehr als 50 Prozent. Der Vergleich mit Gemeinschaftsschulen in
anderen Bundesländern zeigt ein ähnliches Bild, der Anteil von Schülerinnen und
Schülern mit Migrationshintergrund variiert von Einzelschule zu Einzelschule.

Gemessen an der Jahrgangsnorm wird deutlich, dass die kognitiven Fähigkeiten
der Schülerinnen und Schüler deutlich unterhalb der Normstichprobe liegen und
sich insgesamt eher auf Hauptschulniveau bewegen. Dieses Ergebnis spiegeln auch
die Schulen in Baden-Württemberg wider, an denen die kognitiven Fähigkeiten
der Schülerinnen und Schüler im Mittel 10 Prozent unter denen der Schülerinnen
und Schülern anderer Schularten liegen. Unterschiede der kognitiven Fähigkeiten
zwischen dem figuralen und dem verbalen Subtest lassen sich durch sprachliche
Rückstände (aufgrund des Migrationshintergrunds) erklären.

Es zeigt sich, dass die Gemeinschaftsschulen in NRW als auch in anderen
Bundesländern mit einer sehr heterogenen Schülerschaft konfrontiert sind, die
diesbezüglichen Ergebnisse auf Einzelschulebene aber variieren ebenso wie ihre
pädagogischen Ansätze. Ein Teil der Gemeinschaftsschulen weist hinsichtlich der
sozioökonomischen und kognitiven Zusammensetzung sowie dem Migrationshintergrund der Schülerinnen und Schüler überwiegend sehr herausfordernde
Bedingungen auf. Nicht zuletzt scheint dafür auch die Konkurrenzsituation in
der lokalen Schulstruktur verantwortlich zu sein. Die Verteilung der Grundschulempfehlungen, vorwiegend die Empfehlungen für einen unteren bzw. mittleren
Bildungsgang, deuten jedenfalls auf selektive Schulformwahlen hin. Die Situation
der Gemeinschaftsschulen zeigt, wie problematisch (abgebrochene) Schulsystem-
reformen sein können, die eine weitere integrierte Schulform nicht konsequent
ersetzend einführen, sondern als Modellschulen in die Marktkonkurrenz mit bestehenden Schulformen der Sekundarstufe bringen.

Entscheidend für den Erfolg der Gemeinschaftsschulen wird sein, wie die
Schulen pädagogisch und organisatorisch mit diesen Herausforderungen umgehen, beispielsweise in der Intensität der Kooperation und Formen der Individualisierung und Differenzierung. Insgesamt wird deutlich, dass die Schulen in der
Differenzierungs- und Förderpraxis der Lehrkräfte bereits über ein beachtliches
Niveau verfügen, was jedoch angesichts heterogener Lerngruppen und der individuellen Lern- und Unterstützungsbedarfe der Schülerinnen und Schüler auch

noch weiter entwickelt werden sollte. Auch die Kooperationsformen Konzipierung von Unterrichtseinheiten, Unterrichtsvorbereitung und gemeinsame Unterrichtsdurchführung weisen eine beachtliche Kooperationsintensität auf, die jedoch noch auf andere Bereiche wie z. B. Unterrichtshospitation ausgeweitet werden könnte.

Ein weiterer wichtiger Aspekt für das Gelingen von Gemeinschaftsschulen wird sein, welcher Lernerfolg sich bei den Schülerinnen und Schülern einstellt. Der Erfolg von Gemeinschaftsschulen wird zukünftig noch anhand der Lernstandsdaten von Schülerinnen und Schüler überprüft werden, um zeigen zu können, inwiefern die Schülerkomposition einerseits und die Lernkultur andererseits mit den Fähigkeiten der Schülerinnen und Schüler korrespondieren. Daran wird sich auch maßgeblich entscheiden, ob diese Schulform eine Option für solche Eltern sein kann, die bei entsprechenden Fähigkeiten ihre Kinder ansonsten offensichtlich eher am Gymnasium anmelden.

Literatur

Altrichter, H. & Wissinger, S. (2004). Der Beitrag der Innovationsforschung im Bildungswesen zum Implementationsproblem. In G. Reinmann & H, Mandel (Hrsg.), *Psychologie des Wissensmanagements. Perspektiven, Theorien und Methoden* (S. 220—233). Göttingen: Hogreve.

Batzel-Kremer, A., Pietsch, M., Merk, S., Bohl, T., Prinz, E. & Schneider, S. (2016). Die Gemeinschaftsschule in Baden-Württemberg: Situation und Sicht der Akteurinnen und Akteure. Propensity-Score-Analysen differenzieller Entwicklungsmilieus. In T. Bohl & A. Wacker (Hrsg.), *Die Einführung der Gemeinschaftsschule in Baden-Württemberg. Abschlussbericht der wissenschaftlichen Begleitforschung* (WissGem) (S. 47—72). Münster: Waxmann.

Baumert, J. & Schümer, G. (2001). Schulformen als selektionsbedingte Lernmilieus. In Deutsches PISA-Konsortium (Hrsg.), *Basiskompetenzen von Schülerinnen und Schülern im internationalen Vergleich* (S. 454—467). Opladen: Leske + Budrich.

Baumert, J., Stanat, P & Watermann, R. (2006). Schulstruktur und die Entstehung differenzieller Lern- und Entwicklungsmilieus. In J. Baumert, P. Stanat, & R. Watermann (Hrsg.), *Herkunftsbedingte Disparitäten im Bildungswesen. Differenzielle Bildungsprozesse und Probleme der Verteilungsgerechtigkeit. Vertiefende Analysen im Rahmen von PISA 2000* (S. 95—188). Wiesbaden: VS Verlag für Sozialwissenschaften.

Baumert, J., Trautwein, U. & Artelt, C. (2003). Schulumwelten – institutionelle Bedingungen des Lehrens und Lernens. In Deutsches PISA-Konsortium 2000 (Hrsg.), *PISA 2000 -Ein differenzierter Blick auf die Länder der Bundesrepublik Deutschland* (S. 261—331). Opladen: Leske + Budrich.

Bohl, T. & Wacker, A. (Hrsg.). (2016). *Die Einführung der Gemeinschaftsschule in Baden-Württemberg. Abschlussbericht der wissenschaftlichen Begleitforschung (WissGem).* Münster: Waxmann.

Bos, W., Hornberg, S., Arnold, K.-H., Faust, G., Fried, L., Lankes, E.-V., Schwippert, K. & Valtin, R. (2007). *IGLU 2006 – Lesekompetenzen von Grundschulkindern in Deutschland im internationalen Vergleich.* Münster: Waxmann.

Bryk, A., Lee, V. & Holland, P. (1993). *Catholic schools and the common good*. Cambridge, Ma: Harvard University Press.

Coleman, J.S. (1966). *Equality of educational opportunity*. Washington, D.C.: Government Printing Office.

Clayton, J. K. (2011). Changing Diversity in U.S. Schools. The Impact on Elementary Student Performance and Achievement. *Education and Urban Society, 43* (6), 671—695.

Ganzeboom, H.B.G., De Graaf, P.M. & Treiman, D.J. (1992). A standard international socio-economic index of occupational status. Social Science Research, 21 (1), 1—56.

Gebhardt, M., Rauch, D., Mang, J., Sälzer, C. & Stanat, P. (2013). Matehmatische Kompetenzen von Schülerinnen und Schülern mit Zuwanderungshintergrund. In M. Prenzel, C. Sälzer, E. Klieme & O. Köller (Hrsg), *PISA 2012. Fortschritte und Herausforderungen in Deutschland* (S. 275—308). Münster: Waxmann.

Heller, K.A. & Perleth, C. (2000). *Kognitiver Fähigkeitstest für 4. bis 12. Klassen, Revision KFT 4–12+R*. Göttingen: Hogrefe.

Holtappels, H.G. & Rösner, E. (2000). Gesamtschule unter schwierigen Entwicklungsbedingungen. In B. Frommelt, K. Klemm, E. Rösner & K.-J. Tillmann (Hrsg.), *Schule am Ausgang des 20. Jahrhunderts* (S. 113—132). Weinheim: Juventa Verlag.

Holtappels, H.G. (2013a). Innovationen in Schulen – Theorieansätze und Forschungsbefunde zur Schulentwicklung. In I. Bormann & M. Rürup (Hrsg.), *Innovationen im Bildungswesen. Analytische Zugänge und empirische Befunde* (S. 45—69). Wiesbaden: VS Verlag für Sozialwissenschaften.

Holtappels, H.G. (2013b). Schulentwicklung und Lehrerkooperation. In N. McElvany & H. G. Holtappels (Hrsg.), *Empirische Bildungsforschung. Theorien, Methoden, Befunde und Perspektiven* (S. 35—61). Münster: Waxmann.

Fraillon, J., Ainley, J., Schulz, W., Friedman, T. & Gebhardt, E. (2014). *Preparing for life in a digital age. The IEA International Computer and Information Literacy Study international report*. Cham: Springer

ILO [International Labour Office]. (2012). *International standard classification of occupations. ISCO-08*. Genf: International Labour Service.

Jencks, C. & Mayer, S.E. (1990). The Social Consequences of Growing Up in a Poor Neighborhood. In L.E. Lynn, J. & M.G.H. McGeary (Hrsg.), *Inner City Poverty in the United States*. Washington, D.C.: National Academy Press.

Löhrmann, S. (2010). Gemeinschaftsschulen: Das Kind in den Mittelpunkt stellen. *Schule NRW, 10* (10), 486–489.

Ministerium für Kultus, Jugend und Sport Baden-Württemberg (Hrsg.) (2015). *Die Gemeinschaftsschule in Baden-Württemberg*. Stuttgart: Broschüre (Eigendruck).

Ministerium für Schule und Berufsbildung Schleswig-Holstein (2016). *Gemeinschaftsschule. Landesportal Schleswig-Holstein*. Verfügbar unter http://www.schleswig-holstein.de/DE/Fachinhalte/S/schulsystem/gemeinschaftsschule.html [10.10.2016].

OECD. (2013). *PISA 2012 Results. Excellence through equity: Giving every student the chance to succeed* (Volume II). Paris OECD.

Ritter, M., Krützfeldt, J. & Melzer, W. (2014). *Wissenschaftliche Begleitung der Thüringer Gemeinschaftsschule. Abschlussbericht*. Verfügbar unter:

https://www.thueringen.de/mam/th2/tmbwk/bildung/schulwesen/schulsystem/gemeinschaftsschule/2014_wissenschaftliche_begleitung_thueringer_gemeinschaftsschule_abschlussbericht.pdf [10.10.2016].

Rösner, E. (2008). *Die Einführung von Gemeinschaftsschulen in Schleswig-Holstein. Veränderungen der Schulstruktur als Konsequenz demografischer und gesellschaftlicher Entwicklungen.* Münster: Waxmann.

Schäfer, L., Reinhoffer, B. & Wacker, A. (2016). Schulkultur. Zur Bedeutung der Schulebene für die Implementierung der Gemeinschaftsschule. In T. Bohl & A. Wacker (Hrsg.), *Die Einführung der Gemeinschaftsschule in Baden-Württemberg. Abschlussbericht der wissenschaftlichen Begleitforschung* (WissGem) (S. 173—192). Münster: Waxmann.

Scharenberg, K. (2013). Heterogenität in der Schule. Definitionen, Forschungsbefunde, Konzeptionen und Perspektiven für die empirische Bildungsforschung. In N. McElvany, M. M. Gebauer, W. Bos & H.G. Holtappels (Hrsg.), *Jahrbuch der Schulentwicklung Bd. 17. Daten, Beispiele und Perspektiven* (S. 10—49). Weinheim: Juventa.

Scharenberg, K. (2012). *Leistungsheterogenität und Kompetenzentwicklung. Zur Relevanz klassenbezogener Kompositionsmerkmale im Rahmen der KESS-Studie.* Münster: Waxmann.

Schwippert, K., Wendt, H. & Tarelli, I. (2012). Lesekompetenzen von Schülerinnen und Schülern mit Migrationshintergrund. In W. Bos, I. Tarelli, A. Bremerich-Vos & K. Schwippert (Hrsg.). *IGLU 2011. Lesekompetenzen von Grundschulkindern in Deutschland im internationalen Vergleich* (S. 191—207). Münster: Waxmann.

Senatsverwaltung für Bildung, Jugend und Wissenschaft (2016). *Wissenschaftliche Begleitung der Pilotphase Gemeinschaftsschule. Abschlussbericht.* Verfügbar unter: https://www.berlin.de/sen/bildung/schule/bildungswege/gemeinschaftsschule/gems_2013_2014_abschlussbericht_mit_isbn_pdf.pdf [10.10.2016].

Senatsverwaltung für Bildung, Jugend und Wissenschaft (2010). *Wissenschaftliche Begleitung der Pilotphase Gemeinschaftsschule. 2. Zwischenbericht.* Verfügbar unter https://www.berlin.de/sen/bildung/schule/bildungswege/gemeinschaftsschule/gemeinschaftsschule_zweiter_zwischenbericht.pdf [10.10.2016].

Thüringer Ministerium für Bildung, Jugend und Sport (2016). *Thüringer Gemeinschaftsschule.* Verfügbar unter: unter https://www.thueringen.de/th2/tmbjs/bildung/schulwesen/schulsystem/gemeinschaftsschule/index.aspx [10.10.2016].

Tillmann, K.-J., Bussigel, M., Philipp, E. & Rösner, E. (1979). *Kooperative Gesamtschule – Modell und Realität. Eine Analyse schulischer Innovationsprozesse.* Weinheim und Basel: Beltz.

Hartmut Ditton, Sibylle Elsäßer, Nicole Gölz, Veronika Stahn und Florian Wohlkinger

Soziale Disparitäten im Bildungsverlauf

Schulische Laufbahnen von der 2. bis zur 7. Jahrgangsstufe

1   Einführung

Bildungsbezogene Ungleichheiten sind ein zentrales Thema der Bildungsverlaufs-forschung. Oft liegt der Fokus dabei auf bildungsbezogenen Übergängen. Nur selten werden Entwicklungen innerhalb einer Etappe (Grundschule, Sekundarstufe I, Sekundarstufe II) über längere Zeiträume erfasst. Analysen zu Verläufen über Etappen hinweg fehlen in der Forschung nahezu völlig. Ziel dieses Beitrags ist es, anhand einer Zusammenschau zentraler Befunde der Längsschnittstudie KOALA-S[1] die Leistungsentwicklung und die schulischen Laufbahnen vom Ende der zweiten Jahrgangsstufe in der Grundschule bis zum Beginn der siebten Jahrgangsstufe der Sekundarstufe I im Zusammenhang zu betrachten. Wir gehen dabei von der These aus, dass durch die Betrachtung längerfristiger Bildungsverläufe vertiefte und differenziertere Einsichten gewonnen werden können, die unter Umständen auch die bislang vorliegenden Ergebnisse zur Entwicklung von schulischen Leistungen sowie zu Übergängen im Bildungssystem in einem anderen Licht erscheinen lassen können. Im Hinblick auf die verschiedenen theoretischen Zugänge im Kontext der vorgestellten Bildungsetappen werden sowohl bildungssoziologische als auch erziehungswissenschaftliche Ansätze und Argumentationslinien aufgegriffen und skizziert.

Der Beitrag ist folgendermaßen gegliedert: Zunächst stellen wir den Aufbau und die Anlage der KOALA-S-Studie vor, die als Datengrundlage für die Analysen dient (Kapitel 2). Anschließend (Kapitel 3) werden drei für die Entstehung von Bildungsungleichheiten als besonders relevant anzusehende Etappen im Bildungs-verlauf behandelt: die Kompetenzentwicklung in der Grundschulzeit, der Übergang von der Grundschule in die Sekundarstufe I, und Schulformwechsel in den ersten beiden Jahren der Sekundarstufe I. Hierzu werden eingangs für jede Etappe separat kurz theoretische Bezugspunkte und die Forschungslage vorgestellt, bevor anschließend die wesentlichen Befunde ausgewählter Bezugsstudien resümiert werden.[2] Im abschließenden Teil des Beitrags (Kapitel 4) werden die zu den drei

---

1   Die Studie wurde unter dem Projekttitel Disparitäten der Bildungsbeteiligung und des Schulerfolgs" von der DFG gefördert.

2   Für einen umfassenden Einblick in die zugrundeliegenden theoretischen Konzepte und Analysemethoden sowie die zu jeder einzelnen Etappe vorliegenden empirischen Befunde sei auf die entsprechenden Bezugsstudien verwiesen: Ditton und Krüsken (2009)

Bildungsabschnitten gewonnenen Befunde aufeinander bezogen und kritisch hinsichtlich ihres Zusammenwirkens diskutiert.

2   Die KOALA-S Studie

Die Längsschnittstudie KOALA-S (*Ko*mpetenz*a*ufbau und *La*ufbahnen im Schulsystem) wurde zwischen 2003 und 2007 in zwei aufeinander folgenden Erhebungswellen durchgeführt. Während sich die erste Erhebungswelle von 2003 bis 2004 ausschließlich auf Bayern bezieht, wurden in der zweiten Erhebungswelle von 2005 bis 2007 bayerische und sächsische Grundschüler/innen von der zweiten bis zur vierten Klasse befragt. Eine ergänzende Nacherhebung im Jahr 2009, gegen Ende der siebten Jahrgangsstufe, erfasste außerdem noch Daten zum Wechsel der Schulformen. Daten aus der zweiten Erhebungswelle und Angaben aus der ersten Nacherhebung bilden die Basis der hier dargestellten Befunde.

Leitziel des von der Deutschen Forschungsgesellschaft geförderten Projekts war eine Analyse bestehender Disparitäten der Bildungsbeteiligung und des Bildungserfolgs am Übertritt in die Sekundarstufe I. Ausgehend von der Annahme, dass eine Vielzahl von Bedingungsfaktoren für die Entstehung und Reproduktion sozialer Ungleichheiten im Schulsystem verantwortlich sein können, wurden zu drei Messzeitpunkten (T1 bis T3) neben Fachleistungen in Deutsch und Mathematik sowohl motivationale und affektive Schülermerkmale als auch familiäre Hintergrundmerkmale und institutionelle sowie regionale Bedingungsfaktoren erfasst. Neben der schriftlichen Befragung von Schüler/innen, Eltern und Lehrkräften liegen zu jedem Erhebungszeitpunkt standardisierte und erprobte Schulleistungstests für den Primarbereich vor.

Stichprobe. Datenbasis der vorliegenden Analysen bilden Angaben aus geschichteten Zufallsstichproben öffentlicher Grundschulen in Bayern und Sachsen (Schichtungsmerkmale: Urbanisierung, Schulgröße, Schultyp, Region). Aus jeder Schule wurde eine zufällig ausgewählte Klasse in die Stichprobe aufgenommen. Von den für die erste Erhebung ausgewählten 84 Schulklassen nahmen 77 ($n = 1.453$ Schüler/innen) an allen drei Erhebungen teil (Sachsen: 35 Schulklassen mit $n = 582$ Schüler/innen; Bayern: 42 Schulklassen mit $n = 871$ Schüler/innen). Da für die Teilnahme an der Studie das Vorliegen einer schriftlichen Elterngenehmigung für jeden Messzeitpunkt erforderlich war, liegen für alle Erhebungen in Bayern 89% ($n = 778$) und in Sachsen 80% ($n = 469$) der Elterngenehmigungen (zusammen: $n = 1.247$) vor. In den vorliegenden Analysen findet der Bereich Migration und Muttersprache keine Berücksichtigung. Begründet wird dies einerseits durch die insgesamt geringe Fallzahl in der Gesamtstichprobe sowie andererseits dadurch,

---

für die Kompetenzentwicklung während der Grundschulzeit, Ditton (2010; 2013b) für den Übergang in die weiterführenden Schulen sowie Ditton (2013a) für Wechsel der Schulform in der Sekundarstufe I.

dass in entsprechenden Untersuchungen keine eigenständigen Effekte der migrationsbedingten Merkmale nachgewiesen werden konnten (Ditton & Krüsken, 2009). Bezüglich der Angaben zur sozialen Herkunft liegen nahezu vollständige Angaben vor, da fast alle Eltern (99%), die der ersten Teilnahme ihrer Kinder zugestimmt haben, im Verlauf der Erhebung mindestens einmal an den schriftlichen Befragungen teilnahmen. Über beide Länder hinweg liegen zusätzlich dazu vollständige Testdatensätze von T1 bis T3 für 83% der Ursprungsstichprobe vor (Bayern: $n = 753$; Sachsen: $n = 448$).

Erhebungsinstrumente

Schulische Leistungen. Schulische Leistungen umfassen in den vorliegenden Analysen *Testergebnisse* und *Zeugnisnoten*. Diese wurden jeweils am Ende der zweiten, dritten und vierten Jahrgangsstufe erhoben. Die an zwei aufeinanderfolgenden Tagen erhobenen Testdaten liegen für Deutsch (Leseverständnis: 15–26 Items, $\alpha = .64$-.69; Rechtschreibung: 48–64 Items, $\alpha = .85$-.90) und Mathematik (14–15 Items, $\alpha = .71$-.78) vor und sind curricular valide. Zu jedem Messzeitpunkt korrelieren die Fachleistungen der drei Testbereiche (zu T1 alle $r > .49$; T2 alle $r > .50$; T3 alle $r > .49$). Daher wurde für eine zusammenfassende Darstellung aus den drei Einzeltests ein gemittelter Leistungsindex für die drei Erhebungszeitpunkte gebildet (Cronbachs α T1/T2/T3 > .75). Die kognitiven Grundfähigkeiten wurden mit dem KFT 1–3 (Heller & Geisler, 1983) sowie dem CFT 20 (Weiß, 1998) erhoben (KFT/CFT: 18–60 Items, $\alpha = .68$-.80). Aus Angaben der Lehrkraftbefragung liegen zudem für alle drei Messzeitpunkte die Zeugnisnoten in Deutsch, Mathematik sowie Heimat- und Sachkunde vor. Zusätzlich dazu werden für Analysen zum Übergang am Ende der Grundschulzeit Angaben zur formal erteilten Schulempfehlung verwendet; erhoben aus der Befragung der Lehrkräfte am Ende der vierten Jahrgangsstufe. Zusätzlich verwendete Indikatoren der schulischen Leistung werden in den spezifischen Analysen eigens angeführt. Für detailliertere Informationen zu den verwendeten Testverfahren sei an dieser Stelle auf Ditton und Krüsken (2009) verwiesen.

Merkmale der sozialen Herkunft. Der *Bildungsstatus* der Schülereltern wurde über die Angaben der Elternbefragung ermittelt. Die Abschlüsse wurden zu drei Kategorien zusammengefasst (nicht höher als Hauptschule; mittlerer Abschluss bis Klasse 10; Hochschulreife/Abitur). Für die vorliegenden Analysen wird der höchste Abschluss im Haushalt verwendet. Die Erfassung der *beruflichen Position* der Eltern erfolgte über eine offene Angabe zum ausgeübten Beruf und geschlossene Angaben zur beruflichen Stellung, der Weisungsbefugnis und dem zeitlichen Umfang der Tätigkeit. Aus diesen Angaben wurde der höchste *sozioökonomische Status* der Familie (HISEI) gebildet (vgl. Ganzeboom, Graaf & Treiman, 1992). Eine Indexbildung zum *Berufsprestige* erfolgte aus kategorisierten Angaben zur beruflichen Position (Hoffmeyer-Zlotnik, 2003). Das *Haushaltsnettoeinkommen* der Schülerfamilien wurde im Elternfragebogen über ein Item mit geschlossenen Antwortvorgaben zu neun aufsteigenden Einkommensgruppen erfasst. Zusätzlich verwendete Indikatoren des sozialen Hintergrunds werden in den spezifischen Analysen eigens angeführt.

3   Schullaufbahnen und soziale Herkunft – Ausgangslage und Befunde zu einzelnen Bildungsetappen

Das nachfolgende Kapitel widmet sich drei zentralen Fragestellungen, die im Rahmen der KOALA-S-Studie untersucht wurden. Während der erste Teil Fragen zur Kompetenzentwicklung in der Grundschulzeit nachgeht, folgen im zweiten Teil des Kapitels Analysen zum Übergang von der Grundschule in die Sekundarstufe I. Der anschließende dritte Teil widmet sich Schulformwechseln in der Sekundarstufe I.

3.1   Kompetenzentwicklung in der Grundschulzeit – Matthäus-Effekte oder Kompensation?

Insbesondere die Primarschule als grundständige und allgemeinbildende Schulform steht im Spannungsfeld der vielfältigen Aufgaben und Funktionen, die sie zu erfüllen hat (Fend, 1980; vgl. auch Ditton & Krüsken, 2009). So lautet ihr Bildungsauftrag einerseits, allen Schüler/innen ein Grundniveau an Fähigkeiten zu vermitteln, welches – bei gleichzeitig individueller Förderung jedes Einzelnen – eine Teilhabe an weiterführenden Bildungs- und Lernprozessen ermöglichen soll (KMK – Sekretariat der Ständigen Konferenz der Kultusminister der Länder in der Bundesrepublik Deutschland, 2004). Andererseits erfordert es die Selektions- und Legitimationsfunktion der Grundschule insbesondere beim anstehenden Übergang in die Sekundarstufe I nach Leistungsniveaus zu differenzieren (vgl. Ditton & Krüsken, 2009).

Bei der Analyse möglicher Mechanismen sozialer Ungleichheit steht daher unter anderem die Frage nach Ausmaß und Entwicklung von Leistungsunterschieden zwischen Schüler/innen in Abhängigkeit von der sozialen Herkunft im Zentrum (Maaz, Baumert & Trautwein, 2009; Neumann, Becker & Maaz, 2014). In Bezug auf die Kompetenzentwicklung ergibt sich die Frage, ob der Besuch der Grundschule eher zu einem Ausgleich anfänglicher Leistungsunterschiede im Sinne kompensatorischer Prozesse führt oder ob von einer Stabilisierung oder gar Vergrößerung der Leistungsunterschiede, auch in Abhängigkeit von der sozialen Herkunft, gesprochen werden kann.

In diesem Zusammenhang wird häufig das Konzept des „cumulative advantage" als einer von drei Argumentationssträngen für die Entstehung sozialer Ungleichheit innerhalb von Bildungsinstitutionen herangezogen (Maaz et al., 2009).

Zentraler Gedanke hierbei ist die Annahme eines positiven Zusammenhangs zwischen vorhandenem Ausgangsniveau und Zuwachs bestimmter Güter im Laufe der Zeit (DiPrete & Eirich, 2006). Demnach führen anfänglich noch relativ gering ausgeprägte Unterschiede zu einer disproportionalen Anhäufung persönlicher, sozialer oder wirtschaftlicher Ressourcen über die Lebensspanne (DiPrete & Eirich, 2006; Maaz et al., 2009). Cumulative advantage kann sowohl auf individueller als auch auf gruppenbezogener Ebene auftreten und lässt sich nach DiPrete und Eirich (2006) in drei zugrundeliegende Mechanismen einteilen. Unter *zeitabhängigen Mechanismen* verstehen die Autoren die kumulative Anhäufung von Ressourcen in Abhängigkeit von zeitlichen Komponenten wie Alter oder Erfahrung. *Pfadabhängige Prozesse* liegen vor, wenn die Höhe der anfänglichen Ressourcenausstattung direkt das später zu erreichende Ressourcenniveau beeinflusst. Sind hierbei zusätzliche oder interagierende Effekte mit gruppenspezifischen Merkmalen wie der sozioökonomischen Lage, dem Geschlecht oder dem Migrationsstatus erkennbar, liegen *statusabhängige Mechanismen* vor (vgl. Baumert, Nagy & Lehmann, 2012).

In der Bildungs- und Schulforschung sind insbesondere sog. Matthäus- oder Schereneffekte untersucht worden (Überblick z. B. bei Baumert et al., 2012). *Matthäus-Effekte* bezeichnen leistungsabhängige (pfadabhängige) Mechanismen, welche im Verlauf von Bildungsbiografien auftreten können und sich in einer überproportionalen Kumulation zentraler Kompetenzen zu Gunsten von Kindern mit anfänglich höherem Leistungsniveau zeigen („wer hat, dem wird gegeben werden"; vgl. auch Stanovich, 1986). Unterscheiden sich darüber hinaus solche Effekte je nach sozialer Herkunftsgruppe oder stehen in Wechselwirkung mit dieser, liegen statusabhängige Effekte, also Matthäus-Effekte auf Gruppenebene vor (Neumann et al., 2014). Im Falle einer sozial selektiven Leistungsentwicklung in der Grundschulzeit hieße dies beispielsweise, dass Kinder mit anfangs hohen Vorläuferfähigkeiten der Lesekompetenz im Verlauf der Grundschulzeit einen größeren Lernfortschritt erzielten, als Kinder mit einem anfangs niedrigeren Fähigkeitsniveau. Leistungsunterschiede in der Lesekompetenz zwischen leistungsstarken und leistungsschwachen Schülern würden so vom Beginn bis zum Ende der Grundschulzeit noch vergrößert werden (Schereneffekt bzw. pfadabhängige Mechanismen). Darüber hinaus müssten Schüler/innen je nach sozialer Herkunftsgruppe während der Grundschulzeit eine unterschiedlich hohe Lesekompetenz und einen unterschiedlich großen Lernfortschritt aufweisen (statusabhängige Mechanismen).

Tatsächlich bestätigen zahlreiche Forschungsbefunde, dass sich das Vorwissen als starker Prädiktor für die spätere Schulleistung erweist und offenbar schon zu Beginn der Schulzeit ein unterschiedlich hohes Fähigkeitsniveau in Abhängigkeit von familiären Ausgangsbedingungen feststellbar ist (Ditton & Krüsken, 2009). Ob jedoch auch differentielle und sozialschichtspezifische Unterschiede in den Entwicklungsverläufen zentraler Kompetenzbereiche feststellbar sind und wie stabil bestehende Kompetenzunterschiede zwischen den Schüler/innen im Laufe der Grundschulzeit sind, ist weniger eindeutig belegt (Baumert et al., 2012; Ditton

& Krüsken, 2009). Ergebnisse internationaler Schulleistungsstudien zeigen größer werdende Leistungsstreuungen und zunehmende sozialschichtspezifische Unterschiede auf, welche aber eher mit unterschiedlichen Lern- und Entwicklungsmilieus in Zusammenhang gebracht werden können (Baumert, Stanat & Watermann, 2006; Ditton & Krüsken, 2009). In einem Überblick über Forschungsbefunde zu cumulative-advantage-Prozessen innerhalb von Bildungsinstitutionen konnten Baumert und Kollegen (2012) zeigen, dass im Laufe der Schulzeit die Lernzuwachsrate und der Zuwachs interindividueller Unterschiede je nach untersuchtem Zeitabschnitt der Bildungslaufbahn offenbar anders zu verlaufen scheinen. Befunde aus internationalen Forschungsarbeiten mit Schulkindern deuteten eher auf einen negativen Zusammenhang zwischen anfänglichem Fähigkeitsniveau und Leistungszuwachs sowie auf eine Abnahme der individuellen Unterschiede in der Mathematik- und Lesekompetenz hin. Wenn überhaupt, dann wären demnach pfadabhängige Matthäus-Effekte in frühen (vorschulischen) Phasen der Bildungslaufbahn empirisch beobachtbar und es könnte im Falle der Lesekompetenz sogar eher von einer Angleichung (Kompensation) der Leistungsunterschiede gesprochen werden (vgl. Baumert et al., 2012). Baumert u. a. fanden im Rahmen ihrer Analysen mit Daten der ELEMENT-Studie keinen pfadabhängigen Matthäus-Effekt für die Mathematik- und Lesekompetenz bei Schüler/innen der vierten bis sechsten Jahrgangsstufe in Berlin. Die Ergebnisse aus latenten Wachstumskurvenmodellen und Quasi-Simplex-Modellen weisen für die Mathematikleistung auf einen statusabhängigen Schereneffekt sowie für die Lesekompetenz auf einen kompensatorischen pfadabhängigen Effekt hin, wenngleich auch hier Personen aus sozial benachteiligteren Schichten von diesem kompensatorischen Effekt weniger zu profitieren scheinen (Baumert et al., 2012).

In Bezug auf nationale Forschungsbefunde ist nach wie vor ein Mangel an entsprechenden Längsschnittstudien feststellbar (Ditton & Krüsken, 2009; Neumann et al., 2014). Neumann und Kollegen (2014) kommen bei ihrer Darstellung zentraler Befunde zu statusabhängigen Matthäus-Effekten in der Grund- und Sekundarschulzeit zu dem Schluss, dass „(…) die nationalen und internationalen Befunde überwiegend für eine Öffnung der Leistungsschere zwischen Schüler/innen aus sozial privilegierten und weniger privilegierten Familien [sprechen]" (ebd., S. 189). Wie bei der Analyse von Baumert und Kollegen zeigt sich jedoch auch hier besonders in nationalen Forschungsarbeiten eine Inkongruenz der referierten Ergebnisse, welche sich nicht zuletzt auch in der methodischen Umsetzung äußert (Neumann et al., 2014).

Zusammenfassend kann bezüglich möglicher cumulative-advantage-Prozesse innerhalb von Bildungsinstitutionen festgehalten werden, dass die Befundlage für pfadabhängige Mechanismen je nach statistischem Auswertungsverfahren, erfasstem Kompetenzbereich sowie untersuchtem Abschnitt der Bildungslaufbahn unterschiedlich ausfällt. Insbesondere im Falle der Lesekompetenz liegen empirische Hinweise für eine Abnahme der Kompetenzunterschiede vor. Insgesamt gesehen deutet aber die Mehrzahl der längsschnittlichen Befunde auf das Vorhandensein statusabhängiger Mechanismen von cumulative advantage hin (Neumann et al., 2014). Inwiefern die Grundschule als institutionalisiertes Lernumfeld dazu beiträgt, dass Matthäus-Effekte bei der Leistungsentwicklung auftreten, ist nicht eindeutig aus den bisherigen Forschungsergebnissen abzuleiten.

Im Folgenden werden ausgewählte Ergebnisse zur Kompetenzentwicklung in der Grundschulzeit vorgestellt, die sich auf KOALA-S-Daten der zweiten Erhebungswelle stützen und sich auf die Entwicklung der Schülerleistungen in den Domänen Mathematik, Leseverständnis und Rechtschreibung und den Zusammenhang zwischen schulischer Leistung und sozialen Herkunftsmerkmalen der Kinder beziehen. Die Analysen beziehen sich auf die im vorherigen Teil beschriebene Stichprobe (allgemeiner Überblick vgl. Abschnitt 2. bzw. Ditton & Krüsken, 2009). Neben korrelativen und deskriptiven Analysemethoden werden Ergebnisse aus gemischt-faktoriellen Varianzanalysen sowie Regressionsanalysen berichtet (vgl. auch Ditton & Krüsken, 2009).[3]

Pfadabhängige Mechanismen

Eingangs ist festzuhalten, dass in allen drei getesteten Domänen die Schülerleistungen der dritten und vierten Klasse in engem Zusammenhang mit dem Vorwissen aus der zweiten Klasse stehen, wobei diese nicht bedeutsam zwischen den Bundesländern (Bayern und Sachsen) differieren. Der Zusammenhang ist bei den Rechtschreibleistungen besonders stark ausgeprägt ($r = .78$, $r = .73$), zeigt sich aber auch beim Leseverständnis ($r = .53$, $r = .54$) und den Mathematikleistungen ($r = .62$, $r = .53$) deutlich. Die Korrelationen mit einem zusammenfassenden Leistungsindex fallen über die Zeit etwa ebenso hoch aus wie bei den Rechtschreibleistungen ($r = .77$, $r = .80$). Die Rechtschreibleistung nimmt auch in allen weiteren Analysen eine gesonderte Rolle ein. So ergeben sich für alle Testbereiche in beiden Ländern sehr erhebliche *Leistungszuwächse* in der zweiten Hälfte der Grundschulzeit, wobei die größten mittleren Zuwächse mit 79 Skalenpunkten bei den Rechtschreibleistungen zu beobachten sind, was etwa einer Größenordnung von mehr als einer 1.5-fachen Standardabweichung entspricht. Diese Zuwächse weisen negative Korrelationen mit der Anfangsleistung sowohl für die Mathematikleistung (T2-Zuwachs $r = .54$; T3-Zuwachs $r = .66$) und das Leseverständnis (T2-Zuwachs $r = .46$; T3-Zuwachs $r = .65$), als auch für die Rechtschreibung (T2-Zuwachs $r = .42$; T3-Zuwachs $r = .37$) auf. Die *Heterogenität der Schülerleistungen* im Leseverständnis und in der Mathematik nimmt von der zweiten bis zur vierten Klasse deutlich ab, wobei insbesondere anfänglich schwache Schüler/innen höhere Zuwächse zeigen. Eine solch ausgleichende Tendenz zeigt sich für die Rechtschreibung jedoch

---

3   Die nachfolgend berichteten Befunde konnten darüber hinaus anhand latenter Wachstumskurvenmodelle und Quasi-Simplex-Modellen im Wesentlichen repliziert werden.

nur in Sachsen. Es zeigen sich folgende Veränderungen der Mathematikleistungen in Abhängigkeit von den Eingangsleistungen, die sich in ähnlicher Weise auch für das Leseverständnis nachweisen lassen (vgl. exemplarisch für die bayerische Stichprobe *Abbildung 1*): Die anfänglich schwache Leistungsgruppe erzielt in der bayerischen Stichprobe einen größeren Leistungszuwachs von 74 Punkten (Differenz aus 278 Punkten zu T3 und 204 Punkten zu T1; Sachsen: 68 Punkte Leistungszuwachs) als die leistungsstärkste Gruppe mit 31 Punkten (Sachsen: 24 Punkte). Damit reduziert sich auch der Leistungsabstand zwischen den Gruppen von 96 auf 52 Skalenpunkte für Sachsen und von 92 auf 49 Punkte für Bayern. Allerdings bleiben die *Rangreihen der drei Leistungsgruppen* in allen drei untersuchten Kompetenzbereichen bestehen und auch am Ende der Grundschulzeit sind immer noch erhebliche Niveauunterschiede zwischen den leistungsstärksten und leistungsschwächsten Schüler/innen beobachtbar (Sachsen: 24 Punkte; Bayern: 31 Punkte, vgl. *Abbildung 1*).

Statusabhängige Mechanismen

Erste querschnittliche Analysen zu Beginn und Ende des Erhebungszeitraums (T1-T3) ergeben für beide Länder strukturell ähnliche Beziehungen zwischen sozialer Herkunft und schulischer Leistung. Die Stärke der Zusammenhänge ist in Sachsen allerdings geringer als in Bayern, wobei der Effekt des elterlichen Bildungsstatus in allen drei Domänen der bedeutsamste ist. So beträgt beispielsweise die Varianzaufklärung der Leistungen durch die Herkunftsmerkmale in Bayern am Ende der zweiten Klasse ca. 9%–10%, in Sachsen etwa 5%–7%.

Über alle Kompetenzbereiche hinweg lässt sich sowohl für die sächsische als auch für die bayerische Teilstichprobe zeigen, dass Schüler/innen der höheren Statusgruppen in allen Leistungsbereichen die besseren Ergebnisse erzielen. Auch unter Kontrolle der Vortestleistungen erklären die sozialen Herkunftsmerkmale immer noch 1%–2% der Leistungsvarianz in beiden Bundesländern. Aufgrund der oben berichteten negativen Korrelation zwischen anfänglichem Kompetenzniveau und -zuwachs zeigen sich diese statusabhängigen Effekte erst bei der Betrachtung der Leistungszuwächse je nach Eingangsleistung und sozialem Status. Dies wird anhand folgender deskriptiver Ergebnisse für die gesamte Stichprobe exemplarisch verdeutlicht (vgl. *Abbildung 1*). Vergleicht man das Ausmaß der Lernzuwächse gemessen an dem Ausmaß der Veränderung des allgemeinen Leistungsindex zwischen der zweiten und vierten Klasse je nach Bildungsstatus der Eltern, ergeben sich im Mittel – also über alle Niveaustufen hinweg summiert – keine nennenswerten Unterschiede zwischen den Statusgruppen (Hauptschule $M = 55{,}7$, $SD = 26{,}1$; Realschule $M = 54{,}2$, $SD = 25{,}3$; Gymnasium $M = 53{,}8$, $SD = 27{,}5$).

Differenziert nach anfänglichem Leistungsniveau ist jedoch *innerhalb der drei Niveaugruppen* für Kinder aus Familien mit höherem Bildungsstatus ein größerer Leistungszuwachs zu verzeichnen als für Kinder aus Familien mit niedrigerem

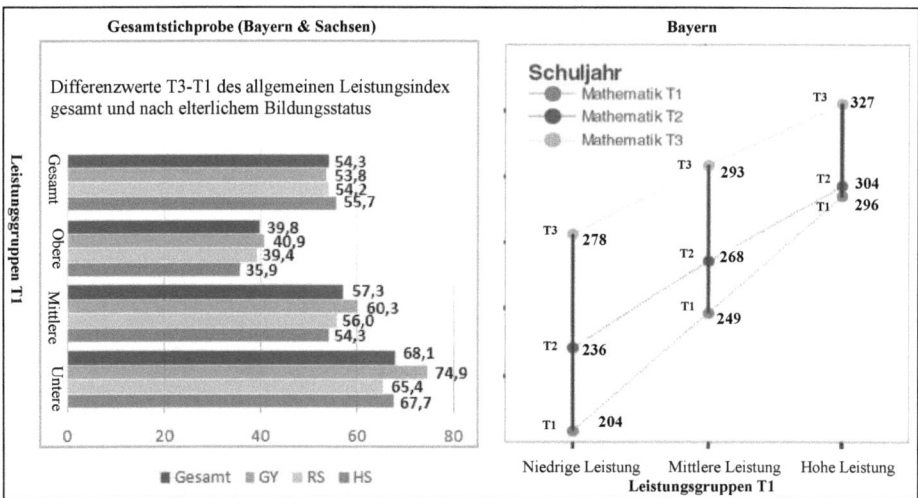

Abb. 1: Ausgewählte Kernbefunde zur Leistungsentwicklung in der Grundschulzeit:
         Zuwachs im Leistungsindex nach Eingangsleistung gesamt und nach dem
         Bildungsabschluss der Eltern in Bayern und Sachsen, sowie Veränderung der
         Testleistungen im Fach Mathematik gruppiert nach Eingangsleistung in Bayern
         (vgl. Ditton & Krüsken, 2009, S. 47 u. S. 54)

Bildungsstatus. So weisen beispielsweise Kinder mit den schwächsten Eingangsleistungen zu T1, deren Eltern mindestens einen Gymnasialabschluss aufweisen,
einen mittleren Lernzuwachs von 74,9 Skalenpunkten auf ($SD = 25,4$). Kinder, deren Eltern einen Hauptschulabschluss aufweisen, verzeichnen im Vergleich dazu
einen geringeren mittleren Lernzuwachs von 67,7 Skalenpunkten ($SD = 26,7$).

Dies geht darauf zurück, dass die unterschiedliche Verteilung der Statusgruppen am Ende der zweiten Klasse auf die Leistungsgruppen in Verbindung mit
den differentiellen Zuwachswerten über alle Leistungsgruppen hinweg gerechnet
gleiche Zuwachswerte ergeben. Beispielsweise erzielen Schüler/innen mit anfangs
niedrigerer Eingangsleistung größere Leistungszuwächse ($M = 68,1, SD = 25,2$ bzw.
$M = 57,3, SD = 21,6$) als Schüler/innen mit anfangs höherer Leistung ($M = 39,8,
SD = 24,9$) und weisen einen größeren Anteil an Kindern aus bildungsferneren
Familien (40%) auf.

Zusammenfassend kann festgehalten werden, dass die Befunde aus KOALA-S
zur Leistungsentwicklung in der Grundschulzeit in Bezug auf die Lese- und
Mathematikleistung von der zweiten bis zur vierten Klasse einen *Rückgang* der
Leistungsstreuung aufzeigen, der im Sinne *kompensatorischer pfadabhängiger Prozesse* auf stärkere Zuwächse leistungsschwächerer Schüler/innen zurückführbar
ist. Lediglich für die Rechtschreibleistungen findet sich dieser Effekt nicht; aber
auch hier findet sich kein Matthäus-Effekt, vielmehr bleiben die Leistungsabstände
gleich. Außerdem verdeutlicht die Analyse bezüglich *statusabhängiger* Mechanismen, dass zwar sozialschichtspezifische Leistungsunterschiede beobachtbar sind,
sich jedoch ohne Differenzierung nach anfänglichem Kompetenzniveau zunächst

keine sozial stratifizierten Leistungszuwächse ergeben. Unter Berücksichtigung der Eingangsleistung zeigen sich jedoch für Schüler/innen mit vergleichbarem Ausgangsniveau unterschiedliche Lernzuwächse zugunsten von Kindern aus sozial privilegierteren Elternhäusern.

3.2   Übergang in die Sekundarstufe I – Leistung oder institutionelle Diskriminierung?

Am Ende der Grundschulzeit stehen Eltern zusammen mit ihren Kindern und den Lehrkräften vor der Entscheidung, unter den zur Verfügung stehenden weiterführenden Schulformen „die richtige" auszuwählen und dadurch die weitere Entwicklung des Kindes optimal zu fördern. Dass vor allem diesem frühen Übergang als „sensibler Phase" (Blossfeld, 1988) ein besonders hoher Stellenwert für den gesamten Bildungsverlauf des Kindes zukommt, wurde inzwischen in zahlreichen Studien nachgewiesen (vgl. z. B. Ditton, 2007a; Ditton & Krüsken, 2010b; Kleine, Paulus & Blossfeld, 2009; Maaz, Baumert, Gresch & McElvany, 2010). Dabei werden dem deutschen Bildungssystem regelmäßig gravierende soziale Ungleichheiten bescheinigt, an denen sich über die Zeit nicht allzu viel geändert hat (Becker, 2000). Wie kommen diese Ungleichheiten zustande?

Zur Analyse von Bildungsübergängen bzw. den dabei getroffenen Entscheidungen sowie den sich daraus ergebenden sozialen Disparitäten wird in der Forschung häufig auf Boudons Modell rationaler Wahlentscheidungen zurückgegriffen. Boudon (1974) unterscheidet zwei Arten von Effekten der sozialen Herkunft auf die Bildungsbeteiligung. Mit *primären Effekten der sozialen Herkunft* bezeichnet er diejenigen Einflüsse, die sich direkt auf das Leistungsniveau der Kinder auswirken. Abhängig von der sozialen Position der Eltern erfahren Kinder zuhause in unterschiedlichem Maße Anregung und Förderung, was bereits vor Schuleintritt zu deutlichen Unterschieden im Kompetenzniveau der Heranwachsenden führt. Mit *sekundären Effekten der sozialen Herkunft* sind diejenigen Einflüsse gemeint, die sich auf die bezüglich der schulischen Laufbahn zu treffenden Entscheidungen auswirken. Unabhängig von den Leistungen variieren familiäre Bildungsansprüche sowie Kosten-Nutzen-Abwägungen mit der sozialen Position und führen dadurch zu systematischen Unterschieden in der Bildungsbeteiligung. Anhand der Unterscheidung der beiden Herkunftseffekte lassen sich Überlegungen bezüglich der Wirksamkeit von Maßnahmen zur Reduktion bildungsbezogener Ungleichheiten anstellen: je nachdem, welcher Effekt einen stärkeren Einfluss auf die Schullaufbahn ausübt, werden unterschiedliche Ansatzpunkte bedeutsam (vgl. Ditton, 2010). Überwiegen primäre Effekte, lassen sich soziale Disparitäten über Maßnahmen zum Ausgleich der Leistungsdifferenzen (etwa Nachhilfeangebote) reduzieren. Sekundäre Effekte könnten dagegen eher über Maßnahmen ausgeglichen werden, die am Entscheidungsverhalten der Akteure ansetzen (z. B. Erweiterung des Beratungsangebots für Eltern).

Über kindliche Schulleistungen und elterliches Entscheidungsverhalten hinaus kommt auch den Lehrkräften und den durch sie ausgesprochenen Empfehlungen eine hohe Bedeutung für Bildungsverläufe und die dabei beobachteten Selektivitäten zu. In einigen Bundesländern (darunter auch Bayern und Sachsen) erfordert der Besuch eines Gymnasiums die entsprechende Empfehlung der Grundschullehrkraft, so dass die Empfehlung eine Schlüsselrolle im Übergangsgeschehen einnimmt. Doch auch in solchen Bundesländern, wo die Empfehlung keinen verbindlichen Charakter innehat, wird in den meisten Fällen eine der Empfehlung entsprechende Anmeldung vorgenommen (vgl. Gresch, Baumert & Maaz, 2009). Dass auch die Vergabe der Lehrkraftempfehlung nachweislich in Zusammenhang mit der sozialen Herkunft von Schüler/innen steht (vgl. etwa Ditton & Krüsken, 2010b; Maaz et al., 2010), wird gelegentlich als Hinweis darauf interpretiert, verbindliche Laufbahnempfehlungen abzuschaffen und den Eltern freie Hand bei der Entscheidung über die Schullaufbahn ihrer Kinder zu lassen, um bestehende soziale Ungleichheiten zu verringern (vgl. etwa Schimpl-Neimanns, 2000). Dagegen lässt sich argumentieren, dass die Tendenz von Eltern, eine höhere Anmeldung vorzunehmen als durch die Lehrkraft empfohlen wurde, systematisch mit dem elterlichen Bildungsniveau variiert, weshalb die Freigabe des Elternwillens eine höhere soziale Selektivität zur Folge haben könnte (vgl. Ditton, 2007b, 2013b; Ditton & Krüsken, 2010a; Dollmann, 2011; Harazd, 2007; Neugebauer, 2010).

Insgesamt zeigt sich für den Übergang in die Sekundarstufe I – bei aller Unterschiedlichkeit der zahlreichen Untersuchungen – eine recht einheitliche Befundlage im Hinblick auf einige grundlegende Aspekte. Einigkeit besteht dahingehend, dass der Lehrkraftempfehlung über die Schulleistungen hinaus eine bedeutsame Rolle für die Übergangsentscheidung zukommt. Konsens herrscht auch hinsichtlich der hohen Bedeutung des Übergangs für die Entstehung sozialer Disparitäten. Nach wie vor ungeklärt ist hingegen die Frage, in welchem Verhältnis primäre und sekundäre Herkunftseffekte zueinander stehen. Eng damit zusammen hängt die Frage nach dem besten Ansatzpunkt für Maßnahmen zur Reduktion von Bildungsungleichheiten – eignen sich im familialen Bereich ansetzende Maßnahmen (Nachhilfe, Beratungsangebote) besser, oder lässt sich über die Stellschraube schulischer Regelungen mehr bewirken? Nachfolgend werden Analysen mit Daten der KOALA-S-Studie vorgestellt, anhand derer die soziale Selektivität des Übergangs von der Grundschule in die weiterführenden Schulen gezielt in den Blick genommen wird. Dabei wurde zunächst mithilfe logistischer Regressionsanalysen geprüft, inwieweit sich die soziale Herkunft auf die Empfehlung der Grundschullehrkraft sowie die Anmeldung an einem Gymnasium auswirkt. Anschließend wurde mittels kontrafaktischer Berechnungen (vgl. Erikson, Goldthorpe, Jackson, Yaish & Cox, 2005) eine Zerlegung in primäre und sekundäre Herkunftseffekte vorgenommen. Durch dieses Verfahren wird überprüft, inwieweit sich die Schulbesuchsquoten ändern würden, wenn jeweils gleiche Leistungen bzw. gleiches Entscheidungsverhalten „simuliert" werden (eine detailliertere Beschreibung der Methode kann bei

Ditton (2010) nachgelesen werden). Die Analysen zum Übertritt ins Gymnasium beziehen sich auf die Daten der gesamten KOALA-S-Stichprobe (vgl. Ditton, 2010). Da es in Sachsen keine Hauptschulen gibt, werden für den Übertritt an eine Hauptschule (vgl. Ditton, 2013b) die Daten der bayerischen Stichprobe verwendet.

Übertritte in das Gymnasium

Für den Übertritt auf ein Gymnasium erweisen sich auch in den Analysen mit KOALA-S-Daten die schulischen Leistungen als bedeutsamstes Kriterium. Über Testleistungen und Noten hinaus hat die soziale Herkunft lediglich einen vergleichsweise geringen zusätzlichen Erklärungswert für die *Gymnasialempfehlungen*. Besonders in Bayern ergeben sich für die *Gymnasialanmeldungen* größere zusätzliche Effekte der sozialen Herkunft als für die Gymnasialempfehlungen. Von den berücksichtigten Merkmalen der sozialen Herkunft kommt dem Bildungsstatus die größte Bedeutung zu.

Die Effektzerlegung anhand kontrafaktischer Berechnungen zeigt darüber hinaus, dass sich hinsichtlich der Gymnasialanmeldung in Bayern primäre und sekundäre Effekte in etwa die Waage halten (Ditton, 2010). *Abbildung 2* veranschaulicht exemplarisch die Befunde für den Vergleich der unteren mit der oberen Statusgruppe. Der je Modell und Bundesland angegebene erste Wert stellt die reale Anmeldequote dar. Der jeweils zweite Wert gibt die Anmeldequote wieder, die sich ohne primären Effekt ergeben würde. Die jeweils dritte Angabe bezieht sich auf Anmeldungen unter der Annahme identischen Entscheidungsverhaltens. In den drei Modellen werden zunächst nur Testleistungen, anschließend Noten und Testleistungen sowie zuletzt Testleistungen und Erreichbarkeitseinschätzungen der Eltern bzgl. eines höheren Abschlusses kontrolliert. Insgesamt überwiegen in Bayern die primären Effekte, in Sachsen insbesondere im ersten Modell dagegen die sekundären. Im Vergleich zwischen unterer und mittlerer Statusgruppe (hier nicht dargestellt; vgl. Ditton, 2010) überwiegt in Bayern eher der primäre Effekt, im Vergleich der mittleren zur oberen Gruppe ist er wiederum geringer als der sekundäre. In Sachsen sind die primären Effekte mit etwa einem Drittel durchgängig geringer als die sekundären Effekte, die demgegenüber etwa zwei Drittel des gesamten Herkunftseffekts ausmachen.

Bezogen auf die Empfehlung der Grundschullehrkraft erweisen sich in Bayern die primären Effekte als substantiell sehr viel größer als die sekundären. Die Gymnasialquote würde in der unteren Sozialgruppe von 19,8% auf 45,6% ansteigen, wenn primäre Effekte neutralisiert werden könnten, während eine Ausschaltung der sekundären Effekte nur einen Anstieg auf 32% bewirken würde. Wenn neben den Testleistungen auch die Durchschnittsnote der Hauptfächer berücksichtigt wird, machen die primären Effekte sogar zwischen 72% und 86% des gesamten Effektes aus. Ein signifikanter sekundärer Effekt findet sich in Bayern dann nur noch im Vergleich der unteren zur oberen Statusgruppe. Unter Kontrolle der No-

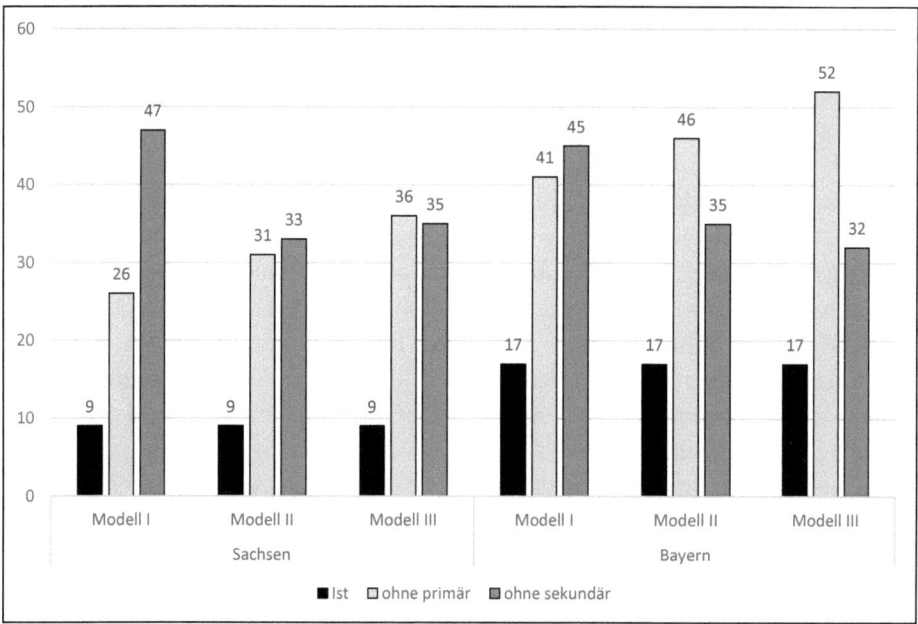

Abb. 2: Gymnasialanmeldungen in der unteren Sozialgruppe – real und nach kontrafak-
tischen Berechnungen (Referenz: obere Sozialgruppe; Modell I: Kontrolle von
Testleistungen; Modell II: Kontrolle von Testleistungen und Noten; Modell III:
Kontrolle von Testleistungen und Erreichbarkeit eines höheren Abschlusses;
Quelle: Ditton, 2010, S. 93)

ten überwiegen auch in Sachsen die primären Effekte mit etwa zwei Drittel des
Herkunftseffekts.

Übertritte in die Hauptschule

Bezogen auf die Hauptschule wird anhand der KOALA-S-Daten deutlich, dass
Eltern wie Schüler/innen diese Schulform wenig wertschätzen: lediglich 8% der
befragten bayerischen Eltern und sogar nur 6% der Kinder wünschen sich nach
der Grundschulzeit den Besuch einer Hauptschule. Am Ende des Entscheidungs-
prozesses an einer Hauptschule angemeldet werden dagegen 29% der Kinder – und
damit ein ebenso hoher Anteil, wie von der Lehrkraft eine Hauptschulempfehlung ausgesprochen bekommt. Unter allen Anmeldungen an den weiterführenden
Schularten fallen 19,5% auf von Eltern und Schüler/innen nicht gewollte Haupt-
schulanmeldungen. Bezogen auf die Schülerschaft der Hauptschulen bedeutet
dies, dass lediglich 26,3% der Eltern ihr Kind auf diese Schulform schicken wollten,
während die Mehrheit eine andere Schulform anvisiert hatte. Damit ist die Diskrepanz zwischen familiären Bildungsaspirationen und realisierter Anmeldung
für Kinder auf dieser Schulform sehr erheblich (Ditton, 2013b). Ferner variiert die
Übergangsquote an eine Hauptschule mit dem familiären Bildungsstatus: verfügen

die Eltern selbst höchstens über einen Hauptschulabschluss, besteht bei 18% der Wunsch für einen Hauptschulbesuch des Kindes, schließlich dort angemeldet werden jedoch 53% der Kinder aus dieser Gruppe. In Familien mit Realschulabschluss sind sowohl die Wunsch- als auch die Anmeldequote an einer Hauptschule mit 7% bzw. 29% nur etwa halb so hoch. Nochmals wesentlich geringer (1% bzw. 11%) sind die Hauptschulquoten in Familien, in denen die Eltern Abitur haben. Die Korrelation (Spearmans Rho) zwischen dem elterlichen Bildungsstatus und den Bildungsaspirationen liegt für Eltern ebenso wie für Schulkinder bei $r = .25$. Die Zusammenhänge zwischen Bildungsaspirationen und den schulischen Leistungen sind zwar etwas höher, betragen aber selbst für die Noten maximal $r = .38$ und fallen damit moderat aus. Den familiären Bildungsaspirationen gegenüberstellen lassen sich die Zusammenhänge mit den Übertrittsempfehlungen und den Schulanmeldungen: sowohl hinsichtlich Bildungsstatus ($r = .60$) als auch bezogen auf Leistungstests ($r = .32$) und erzielte Noten ($r = .77$) zeigen sich durchgängig höhere Korrelationen als mit den Aspirationen der Eltern bzw. den Wünschen der Schüler/innen. Damit zeigt sich, dass die Urteile der Lehrkräfte deutlich leistungsbezogener ausfallen als die Wünsche der Eltern und Schüler/innen, allerdings ist auch die Kopplung an Merkmale der sozialen Herkunft etwas enger.

In einem weiteren Schritt wurden anhand von binären logistischen Regressionsanalysen die Beziehungen der Hauptschulübertritte mit Herkunftsmerkmalen und schulischen Leistungen näher untersucht. Für jede der drei abhängigen Variablen (Bildungsaspirationen der Eltern, Übertrittsempfehlungen der Lehrkräfte sowie Schulanmeldungen) wurden Modelle gerechnet, in denen zu den Testleistungen als einzigem Faktor im Basismodell sukzessive weitere Faktoren (Noten, Herkunftsmerkmale, Einschätzung der Eltern zur Erreichbarkeit eines höheren schulischen Abschlusses) ergänzt wurden. Zur Erklärung der Varianz der *elterlichen Bildungsaspirationen* tragen Leistungskennwerte alleine nicht allzu viel bei, lediglich die mittlere Note zeigt einen signifikanten Effekt ($R^2 = .413$). Bei alleiniger Betrachtung der sozialen Herkunftsmerkmale (Bildungsstatus, ISEI, Haushaltseinkommen) sind die Effekte des Bildungsstatus und des sozialen Status signifikant, verlieren ihre Wirkung jedoch in Kombination mit den Leistungen, von denen weiterhin nur die mittlere Note einen signifikanten Effekt aufweist. Die Einschätzung der Erreichbarkeit eines höheren Abschlusses ist dagegen ein bedeutsamer Faktor, bei dem sich der Noteneinfluss zwar reduziert, aber weiterhin signifikant bleibt. Die *Empfehlungen der Lehrkräfte* sind durch die schulischen Leistungen sehr gut erklärbar ($R^2 = .856$). Ein überragender Effekt findet sich hier für die mittlere Note, und zusätzlich bewirken die schulischen Leistungen in der dritten Klasse einen signifikanten Effekt. Im Modell für die Herkunftsmerkmale sind alle drei Faktoren signifikant und die Erklärungskraft durch die Herkunftsfaktoren allein ist etwas höher, als es für die Aspirationen der Eltern der Fall ist. Bei kombinierter Betrachtung der Leistungen und der sozialen Herkunft verbleibt für die Herkunftsmerkmale ein signifikanter Effekt des Bildungsstatus. Dieser Effekt ist allerdings nicht mehr signifikant, wenn die Elterneinschätzung zur Erreichbarkeit eines höheren schulischen Abschlusses einbezogen wird. Für die *Schulanmeldungen* fallen die Ergebnisse sehr ähnlich aus wie für die Empfehlungen. Die Noten und die Elterneinschätzung zur Erreichbarkeit eines höheren Abschlusses erweisen sich als die vorrangig wichtigen Faktoren.

Zur Zerlegung der Herkunftseffekte wurden analog zur Untersuchung des Gymnasialübergangs kontrafaktische Analysen durchgeführt, anhand derer überprüft wurde, welche Auswirkungen auf die Hauptschulquoten eine Neutralisierung der primären und sekundären Effekte hätte (Ditton, 2013b). Für Bildungsaspirationen, Übertrittsempfehlungen und Anmeldungen wurden jeweils drei Modelle gerechnet, in denen Testleistungen (Modell I), Testleistungen und Noten (Modell II) sowie Testleistungen und Elterneinschätzungen zur Erreichbarkeit eines höheren Abschlusses (Modell III) einbezogen wurden. In allen drei Modellen zu den *Bildungsaspirationen der Eltern* würde sowohl die Kontrolle der primären als auch der sekundären Effekte eine sehr deutliche Reduzierung der Hauptschulquoten bewirken. Rechnerisch überwiegen im ersten Modell die sekundären Effekte, in den anderen beiden Modellen ergeben sich annähernd gleiche Anteile für beide Effekte. Angesichts der absolut geringen Differenzen zwischen den ermittelten Quoten von maximal 4% ist das bemerkenswertere Ergebnis aber die nahezu völlig schwindende Akzeptanz für die Hauptschule als präferierte Schulform bei den Eltern der Unterschicht, wenn eine Angleichung an die Oberschicht simuliert wird – und zwar unabhängig davon, ob eine Annäherung an das Leistungsniveau oder an das Entscheidungsverhalten der Oberschicht erreicht würde. Für die *Schulformempfehlungen der Lehrkräfte* und die *Schulanmeldungen* zeigen sich sehr ähnliche Ergebnisse: in allen drei Modellen erscheinen durchgängig die schulischen Leistungen (primäre Effekte) weitaus bedeutsamer als die sozial selektiven Entscheidungen in der Familie bzw. die sozial selektiven Empfehlungen der Lehrkräfte (sekundäre Effekte). Ein höheres Leistungsniveau der Kinder aus den unteren sozialen Gruppen würde somit erheblich größere Veränderungen in den Anmeldequoten an den Hauptschulen bewirken als Änderungen des Übergangsverfahrens bzw. Entscheidungsverhaltens.

Zusammenfassend zeigen die Daten der KOALA-S-Studie damit, dass beim Übergang in die weiterführenden Schulen den primären Herkunftseffekten die insgesamt gewichtigere Rolle zukommt. Die mit der sozialen Herkunft variierende Zusammensetzung der Schülerschaft auf den verschiedenen Schulformen (insbesondere auf der Hauptschule) ist insofern in erster Linie ein Ergebnis der Schulleistungen und weniger eine Folge institutioneller Diskriminierung oder sozial selektiven Entscheidungsverhaltens.

3.3   Schulformwechsel in der Sekundarstufe I – Erhöhung der sozialen Durchlässigkeit des Bildungssystems?

Der Vergleich der sozialen Selektivität des deutschen Bildungssystems zum Ende der Primar- und Sekundarstufe auf der Basis der IGLU- und PISA-Ergebnisse deutet an, dass die Bildungsverläufe im Anschluss an die Grundschule ungleichheitsverstärkend wirken (Autorengruppe Bildungsberichterstattung, 2008, S. 87). Zur Frage der sozialen Selektivität bei der Wahl der weiterführenden Schule im Anschluss an die Grundschule liegen zahlreiche Befunde vor, die das Zusammenspiel von primären und sekundären Effekten nach Boudon (1974) bestätigen (Becker, 2011; Ditton, 2007a; Gresch et al., 2009; Kleine et al., 2009; Stocké, 2009). Die Studien verweisen auf die Bedeutsamkeit von schulischen Leistungsaspekten, Kosten-Nutzen-Erwägungen und Bemühungen um den Erhalt des sozialen Status. Insbesondere der von Bourdieu (1982) beschriebene Bildungshabitus scheint bei Übergängen hinsichtlich der wahrgenommenen Passung zwischen der familialen Herkunft und der Kultur der weiterführenden Schule bedeutsam zu sein (Kramer, Helsper, Thiersch & Ziems, 2009). Es ist anzunehmen, dass diese Mechanismen auch bei Entscheidungen über die Beibehaltung oder Modifizierung von Laufbahnen in der Sekundarstufe zur Wirkung kommen. Es stellt sich die Frage, inwiefern Auf- oder Abstiege zwischen Schulformen und Bildungsgängen durch sozialspezifisches Wechselverhalten geprägt sind.

Das bundesweite Verhältnis von Auf- und Abstiegen wird mit einem Faktor von etwa 2:8 angegeben (Autorengruppe Bildungsberichterstattung, 2008, S. 66). Länderspezifische Analysen von Bellenberg (2014) weisen auf einen Zusammenhang zwischen den Schulstrukturen und den Wechselmustern in der Sekundarstufe hin: Während in mehrgliedrigen Schulsystemen mit niedrigen Hauptschulquoten die Abstiege deutlich gegenüber den Aufstiegen überwiegen, ist diese Relation in mehrgliedrigen Schulsystemen mit bedeutsamen Anteilen an Hauptschüler/innen günstiger ausgeprägt. Länder mit zweigliedrigen Schulsystemen weisen ein Auf- und Abstiegsverhältnis auf, das zwischen diesen beiden Extremen liegt. Die Erfassung der Wechsel in den Statistiken liefert nach Cortina (2003) eher Näherungswerte als exakte Zahlen oder Anteilswerte und diese haben als isolierte Kennwerte keine Aussagekraft über die Handlungsmotive der Beteiligten oder die Funktion bezüglich der Chancengleichheit im Bildungswesen. Auch die Ermittlung von Bildungsgangwechseln innerhalb einer Schulform blieb bisher weitestgehend unberücksichtigt. Insgesamt liegen für die Faktoren und Bedingungen, die für stabile Bildungsverläufe im Vergleich zu Schulformwechseln entscheidend sind, wenige aktuelle Längsschnittstudien vor. Die von Bofinger (1977, 1990) durchgeführten Längsschnitterhebungen für das bayerische Schulsystem zeigten auf, dass gymnasiale Laufbahnen durch eine hohe Abbruchquote bei Schüler/innen aus unteren Schichten gekennzeichnet sind. Abhängig vom Jahrgang stiegen von dieser Schülergruppe bis zu 67% bis zum Ende der Sekundarstufe aus dem Gymnasium in eine niedrigere Schulform ab, während dieser Anteil für Schüler/innen aus der Mittelschicht ca. 40% und der Oberschicht zwischen 16% und 26% betrug. Ebenfalls hatten Absteiger aus den oberen Schichten deutlich schlechtere Noten, während Schüler/innen der unteren Schichten bereits bei drohendem Misserfolg das Gymnasium verließen. Weitere retrospektive Studien (Henz, 1997; Hillmert & Jacob, 2008) bestätigen, dass Korrekturen der Schullaufbahn nicht zu einer Verringerung, sondern zu einer Vergrößerung sozialer Bildungsungleichheit im Verlauf der Bildungskarriere führen. Laut den Ergebnissen der KESS-Studie aus Hamburg bleiben bei den Abstiegen in Schulformen mit niedrigeren Abschlussoptionen die Effekte der sozialen Herkunft über die Leistungsdifferenzen hinaus bestehen (Stubbe, 2009). Nach Analysen von Roeder und Schmitz (1995) zum Abgang aus dem Gymnasium in Berlin sind die Noten in der Grundschule und die Übertrittsempfehlung der Lehrkräfte entscheidende Prädiktoren für die Konstanz bzw. den Wechsel von Laufbahnen in der Sekundarstufe. Zusammenfassend liegen derzeit keine Ergebnisse von aussagekräftigen quantitativen Längsschnittuntersuchungen mit ausreichend großen Stichproben zu Bildungsverläufen in der Sekundarstufe vor. Stattdessen wird bislang auf Daten aus nicht eigens dafür konzipierten Studien, retrospektiven Erhebungen oder Aufbereitungen statistischen Materials (Pseudolängsschnitte) zurückgegriffen.

In der Auswertung der KOALA-S-Studie werden die Bildungskarrieren von Schüler/innen mit stabilen Laufbahnen und Schüler/innen mit Schulform- bzw. Bildungsgangwechseln in den ersten beiden Jahren der Sekundarstufe I vergleichend analysiert. Zentral ist die Fragestellung, inwiefern die Laufbahnwechsel in der Sekundarstufe zu einer Verstärkung oder Relativierung der sozialen Selektivität im Bildungsverlauf führen. Diesbezüglich wurde erwartet, dass die Faktoren, von denen die Laufbahnwahl nach der Grundschule abhängen, auch für die weitere Bildungskarriere bedeutsam sind. Unterschieden wird zwischen Schulform- und Bildungsgangwechsel. Schulformwechsel sind definiert als Übergänge, bei denen ein Wechsel in eine Schule mit einer anderen Schulformbezeichnung erfolgt. Damit ist zumeist eine Änderung des zu erwartenden Schulabschlusses verbunden. Bei einem Bildungsgangwechsel ändert sich ebenfalls der angestrebte Abschluss, allerdings erfolgt nicht zwingend ein Wechsel der Schule (z. B. Übertritt in den mittleren Bildungszweig einer bayerischen Hauptschule oder Wechsel zwischen Haupt- und Realschulzweig in Sachsen).

Die folgenden Analysen beziehen sich auf eine Stichprobe von 227 Schüler/innen der sächsischen Teilstichprobe und 319 Schüler/innen der bayerischen Teilstichprobe, die über drei Messzeitpunkte verfolgt wurden und an der Nachbefragung teilnahmen. Dies entspricht dem Anteil von 44% der Ausgangsstichprobe (vgl. Ditton, 2013a). Das gesamte Wechselvolumen zwischen den Jahrgangsstufen fünf und sieben beträgt im zweigliedrigen Bildungssystem Sachsens 6,6%, wobei die Abstiege mit 5,3% gegenüber den Aufstiegen überwiegen. Der Anteil der Schulformwechsel ist mit 1,3% sehr gering ausgeprägt und wurde ausschließlich für Aufstiege von der Mittelschule in das Gymnasium genutzt (3 Fälle). Abgänge aus dem Gymnasium sind im untersuchten Zeitraum nicht zu verzeichnen. Die Bildungsgangwechsel führten für die 12 Schüler/innen zu Abstiegen innerhalb der Mittelschulen in den Hauptschulzweig. Allerdings handelt es sich insgesamt um ein strukturell bedingtes Ergebnis, da die Differenzierung zwischen Haupt- und Realschulzweig in Sachsen erst mit der siebten Jahrgangsstufe beginnt. Vergleichend dazu ist die Mobilität in der bayerischen Teilstichprobe mit einer Wechselquote von 14,1% höher ausgeprägt und weist eine günstigere Relation der Auf- und Absteiger (8,8% vs. 5,3%) auf. Die Schulformwechsel führten für 11 Schüler/innen zu Aufstiegen (Hauptschule zu Realschule) und 17 Schüler/innen zu Abstiegen (Realschule zu Hauptschule und Gymnasium zu Realschule). Die Bildungsgangwechsel wurden für 17 Aufstiege innerhalb der Hauptschule in einen mittleren Bildungszweig genutzt. In beiden Bundesländern zeichnet sich ab, dass ein nachträglicher Wechsel in das Gymnasium entweder nur selten (Sachsen) oder gar nicht (Bayern) vollzogen wurde.

Die weiteren Ergebnisse fokussieren die drei am häufigsten vorkommenden Schulform- und Bildungsgangwechsel der Analysegesamtheit. Dies umfasst die Aufstiege von der Hauptschule in einen Schulzweig, der zu einem mittleren schulischen Abschluss führt (n = 28 Schüler/innen in Bayern), die Abstiege vom Gymnasium (n = 14 Schüler/innen in Bayern) und schließlich Abstiege von der Mittelschule in den Hauptschulzweig in Sachsen (n = 12). Zu berücksichtigen ist bezüglich der nachfolgend vorgestellten Ergebnisse, dass die zu Grunde liegenden Fallzahlen gering sind.

Während zwischen den Schüler/innen, denen der Wechsel in einen mittleren Bildungsgang gelungen ist, und den verbleibenden Hauptschüler/innen bezüglich der elterlichen Bildungsaspirationen sowie der Übertrittsempfehlungen der Lehrkräfte am Ende der vierten Klasse keine Unterschiede bestehen, hatten die späteren Aufsteiger bereits von der zweiten bis vierten Jahrgangsstufe im Fach Deutsch signifikant bessere Noten ($\eta2 \sim .10$). Dies zeichnet sich nur tendenziell für die Mathematiknoten ab. Auch für die Testleistungen in Lesen, Rechtschreibung und Mathematik erzielten sie wesentlich bessere Ergebnisse in der Grundschulzeit, wobei die Anteile an erklärter Varianz zwischen 12% und 16% liegen.

Von den Schüler/innen, die das Gymnasium in Bayern im Verlauf der fünften bis sechsten Jahrgangsstufe wieder verlassen mussten, erhielt ein etwas geringerer Anteil eine Empfehlung für das Gymnasium (78%) als von den Schüler/innen, die auf dem Gymnasium verblieben sind (90%). Bezüglich der elterlichen Aspirationen bestehen nur am Ende der dritten Jahrgangsstufe signifikante Unterschiede (87% vs. 31%). Ebenfalls lagen bis zum Ende der dritten Jahrgangsstufe die späteren Gymnasialabgänger in den Deutschnoten signifikant hinter der Vergleichsgruppe zurück, erst am Ende der vierten Klasse glichen sich diese an. Allerdings blieben die Mathematiknoten der Gymnasialabgänger von der zweiten zur vierten Jahrgangsstufe signifikant schlechter. Insgesamt fallen die Differenzen der Noten und Testleistungen allerdings gering aus.

Beide Schülergruppen der Mittelschule in Sachsen erhielten am Ende der vierten Klasse eine Übertrittsempfehlung für diese Schulform. Signifikante Unterschiede bestehen in den Aspirationen der Eltern. Während sich alle Eltern der Schüler/innen, die ab der siebten Jahrgangsstufe in den Hauptschulzweig eingemündet sind, für den Besuch der Mittelschule ausgesprochen hatten, äußerten 28% der Eltern der Schüler/innen des Realschulzweiges einen Gymnasialwunsch. Die Wechsler in den Hauptschulzweig erzielten während der Grundschulzeit über alle Hauptfächer- und Leistungsbereiche hinweg signifikant schlechtere Noten und Testergebnisse. Zusammenfassend erweisen sich die Noten und Testleistungen der Grundschulzeit als Prädiktoren für alle aufgeführten Schul- und Bildungsgangwechsel.

Die weitere Analyse von Rangkorrelationen (nach Spearman) unter dem Einbezug von Leistungsindikatoren und Faktoren der sozialen Herkunft bestätigen und erweitern diese Befunde. Für die *Aufstiege von der Hauptschule* in einen mittleren Bildungsgang in Bayern erweisen sich die Durchschnittsnoten der Hauptfächer am Ende der vierten Jahrgangsstufe sowie die Erreichbarkeitseinschätzung der Eltern für einen höheren Abschluss jeweils als bedeutsame Prädiktoren ($r = .47$). Die Korrelation mit dem Prestige der Familie fällt im Vergleich zum höchsten vorliegenden Schulabschluss der Familie höher aus ($r = .51$ vs. $r = .29$). Weitere hochsignifikante Einflussfaktoren sind das mit Tests erhobene Leistungsniveau am Ende der Grundschulzeit ($r = .44$), die Elterneinschätzung der Instrumentalität eines höheren Schulabschlusses ($r = -.38$), die Möglichkeit der Lernhilfe bei schlechten Noten ($r = .56$) und die Häufigkeit des Lesens als Ferienaktivität ($r = .41$). Schwächere Zusammenhänge weisen die antizipierten Kosten des Gymnasialbesuches ($r = .29$), sowie das kulturelle Kapital der Familie auf ($r = .30$). Für den sozioökonomischen Status (ISEI) zeigt sich kein signifikanter Effekt.

Für die *Gymnasialabsteiger* fällt einzig die Korrelation mit dem Bildungsstatus der Familie hochsignifikant aus ($r = .19$). Geringe Zusammenhänge ergeben die Noten ($r = .12$) und Testleistungen ($r = .14$) der Grundschulzeit sowie die Elterneinschätzung der Erreichbarkeit eines höheren Abschlusses ($r = .11$). Der *Bildungsgangwechsel innerhalb der Mittelschule* in einen Hauptschulzweig korreliert hochsignifikant mit den Noten ($r = .26$) und Testleistungen ($r = .27$) am Ende der vierten Jahrgangsstufe, wobei auch hier die Erreichbarkeitseinschätzung einen weiteren Einflussfaktor darstellt ($r = .23$).

Die nähere Betrachtung der in *Tabelle 1* dargestellten Beziehungen zwischen dem Bildungsstatus der Herkunftsfamilie und den Aufstiegen aus der Hauptschule sowie den Abstiegen aus dem Gymnasium impliziert sozialspezifische Wechselmuster. Von den wenigen Schüler/innen ($n = 14$), die in der fünften Klasse auf der Hauptschule eingestiegen sind und in deren Familien wenigstens ein Elternteil über das Abitur verfügt, ist im Verlauf der Sekundarstufe dem überwiegenden

Anteil (71,4%) der Aufstieg in einen mittleren Bildungsgang gelungen. Diese Aufstiegschancen sind für Kinder von Eltern mit niedrigen (*n* = 23) und mittleren (*n* = 23) Bildungsabschlüssen deutlich geringer (26,1% bzw. 39,1%). Spiegelbildlich dazu fallen die Ergebnisse für die Abstiege aus dem Gymnasium aus. Abstiege von Kindern, deren Eltern über das Abitur verfügen, sind seltene Ereignisse (2,9% von *n* = 103), während Kinder aus Familien mit mittlerem (13,5% von *n* = 52) oder niedrigem Bildungsabschluss (26,7% von *n* = 15) deutlich häufiger von der Abwärtsmobilität betroffen sind.

Tab. 1:   Aufstiege aus der Hauptschule und Abstiege aus dem Gymnasium in Bayern nach höchstem Schulabschluss in der Familie

| | Höchster Schulabschluss in der Familie | | | | | |
| Zunächst besuchte Schulform | HS-Abschluss | | RS-Abschluss | | Abitur | |
	5.Klasse	7.Klasse	5.Klasse	7.Klasse	5.Klasse	7.Klasse
Hauptschule	23	17	23	14	14	4
Aufstiege		6		9		10
in %		26,1		39,1		71,4
Gymnasium	15	11	52	45	103	100
Abstiege		4		7		3
in %		26,7		13,5		2,9

Insgesamt besteht in der siebten Jahrgangsstufe ein engerer Zusammenhang zwischen dem Bildungsstatus und der besuchten Schulform, als es direkt nach dem Eintritt in die Sekundarstufe der Fall war (Spearman-Korrelation: Anstieg von .37 auf .44; bzw. Somers-d: Anstieg von .33 auf .39). Somit haben die Schulform- bzw. Bildungsgangwechsel nicht zu einer Reduzierung, sondern vielmehr zur Verstärkung der sozialen Disparitäten beigetragen.

In Analysen von Mediatoreffekten anhand saturierter Pfadmodelle in Mplus erreicht das Modell für die gymnasialen Abstiege sowie das Modell für die Bildungsgangwechsel in der Mittelschule in Sachsen jeweils nur eine geringe Erklärungskraft (vgl. Ditton, 2013a). Die Aufstiege aus der Hauptschule (*n* = 50) konnten hingegen vollständig erklärt werden. Dabei zeigt das Berufsprestige des Vaters einen signifikanten direkten Effekt (.34). Ein tendenzieller indirekter Effekt des Berufsprestiges besteht vermittelt über die Lernhilfe in der Familie (.49; .21). Darüber hinaus bedeutsam sind die Noten am Ende der Grundschulzeit (-.43) sowie die Elterneinschätzung zur Erreichbarkeit eines höheren Abschlusses (.46). Der Gesamteffekt für das Berufsprestige auf einen Hauptschulaufstieg beträgt .61 und ist jeweils hälftig auf direkte (.34) und indirekte Effekte (.27) zurückzuführen.

4 Bildungsverläufe in längerfristiger Perspektive

Gerade in der Primarstufe stellt sich die Frage, ob anfangs bestehende Leistungsunterschiede zwischen Schüler/innen insgesamt und in Abhängigkeit von der
familiären Herkunft beobachtbar sind und wie sich diese im Laufe der Grundschulzeit entwickeln. Nach Annahmen des cumulative-advantage-Ansatzes wird
oftmals von einer positiven Korrelation zwischen Ausgansniveau und Zuwachs der
Schülerleistung ausgegangen, d. h., dass sich bestehende Leistungsunterschiede
vergrößern – zugunsten von bereits zu Beginn leistungsstärkeren Schüler/innen
(„Matthäus-Effekte"; Stanovich, 1986; vgl. Abschnitt 3.1). Die empirischen Ergebnisse fallen jedoch in Abhängigkeit von den statistischen Auswertungsverfahren,
dem erfassten Kompetenzbereich und dem untersuchten Abschnitt der Bildungslaufbahn unterschiedlich aus (vgl. auch Baumert et al., 2012). Zwar deutet die
Mehrzahl der längsschnittlichen Befunde auf sozialschichtspezifisch divergierende
Lernverläufe hin, es liegen jedoch insbesondere für die Lesekompetenz auch empirische Hinweise auf kompensatorische Prozesse vor (vgl. Neumann et al., 2014).

Die hier berichteten Befunde aus Analysen mit KOALA-S Daten deuten ebenfalls, zumindest in Bezug auf die Lese- und Mathematikleistung, auf vergleichsweise stärkere Zuwächse leistungsschwächerer Schüler/innen von der zweiten bis zur
vierten Klasse hin – bei gleichzeitigem Rückgang der Leistungsstreuung. Sowohl
in Bayern als auch in Sachsen erzielen Schüler/innen der höheren Statusgruppen
in allen untersuchten Kompetenzbereichen jedoch die besseren Ergebnisse und
es finden sich unter Kontrolle der Vortestleistungen in beiden Bundesländern Effekte der sozialen Herkunft. Aufgrund des negativen Zusammenhangs zwischen
Ausgangsniveau und Leistungszuwachs zu Beginn der zweiten Klasse und aufgrund des Zusammenhangs von Leistungsniveau und sozialer Herkunft zeigt sich
allerdings erst bei Berücksichtigung der Anfangsleistung, dass Kinder aus sozial
privilegierteren Elternhäusern bei vergleichbarem Ausgangsniveau größere Lernzuwächse erzielen als Kinder aus sozial weniger privilegierten Familien.

Bezogen auf die anfänglich beobachtete Leistungsheterogenität scheinen in
der Grundschulzeit demnach eher kompensatorische Prozesse wirksam zu sein.
Diese reichen jedoch offenbar nicht aus, die ursprünglichen Leistungsdifferenzen
völlig auszugleichen. Trotz einer vergleichsweise stark ausgeprägten Homogenisierung der Leistungsniveaus bleiben immer noch deutliche Leistungsdifferenzen
bestehen. Zudem sind innerhalb der anfänglichen Leistungsgruppierungen sozialschichtspezifische Matthäus-Effekte feststellbar, die sich jedoch über alle Leistungsgruppen hinweg gemittelt „neutralisieren".

Für den Übergang in die weiterführenden Schulen nach der Grundschulzeit
sind die schulischen Leistungen das mit Abstand wichtigste Kriterium (vgl. Abschnitt 3.2). Allerdings finden sich ebenfalls substantielle Effekte der sozialen
Herkunft. Die Effekte der sozialen Herkunft verringern sich unter Kontrolle
der Leistungen merklich, verschwinden jedoch nicht ganz. Durchgängig sind

die Übertrittsempfehlungen der Lehrkräfte weitaus leistungsbezogener als die Schulformwünsche und die Schulanmeldungen der Eltern. Von den Herkunftsmerkmalen hat praktisch ausnahmslos der Bildungsstatus die größte Bedeutung. Werden die Herkunftseffekte in primäre (leistungsbezogene) und sekundäre (entscheidungsbedingte) Anteile zerlegt, so ergeben sich unterschiedliche Befunde in Abhängigkeit davon, ob als Leistungsmaß die Testleistungen oder die Noten herangezogen werden. Unter Rückgriff auf die Noten als Leistungsinformation reduziert sich der sekundäre Anteil der Herkunftseffekte und der primäre Anteil erhöht sich entsprechend. Diese Beobachtung lässt sich dahingehend interpretieren, dass Noten offenbar Aspekte von Leistung beinhalten, die in den Tests nicht abgebildet sind. Bisher noch nicht veröffentlichte Ergebnisse aus KOALA-S zeigen diesbezüglich, dass die Noten zwar hoch mit den Testleistungen korrelieren (ca. $r = .70$), zudem aber auch von sprachlichen Fähigkeiten, leistungsrelevanten Eigenschaften (u. a. Anstrengung) sowie Begabungseinschätzungen durch die Lehrkräfte beeinflusst sind. Inwieweit diese Komponenten berechtigterweise in die Notengebung einfließen (sollten), ist eine äußerst wichtige Frage, die durchaus kontrovers diskutiert werden kann, in jedem Fall aber weiterer differenzierter Analysen bedarf. Im Gesamtüberblick finden sich in den Empfehlungen durch die Lehrkräfte größere Anteile primärer und in den Schulanmeldungen durch die Eltern größere Anteile sekundärer Effekte. Besonders auffällig ist bezüglich der Ergebnisse zum Übergang in die Hauptschulen, dass hier die primären Effekte völlig eindeutig überwiegen. Ganz besonders der sozialspezifisch höchst unterschiedliche Besuch der Hauptschule ist insofern sehr eindeutig eine Folge schwacher schulischer Leistungen und kein Anzeichen für individuelle oder institutionelle Diskriminierung. Änderungen am Übergangsverfahren würden gerade hier kaum Veränderungen der sozialen Selektivität erwarten lassen, vielmehr ginge es darum, das Leistungsniveau dieser Schülergruppe deutlich zu verbessern.

Weiterhin ist bemerkenswert, dass der „kompensatorische Effekt" in der Leistungsentwicklung von der zweiten zur vierten Jahrgangsstufe die Struktur der Übergänge in die weiterführenden Schulen und deren soziale Selektivität nicht entscheidend verändert. Die Leistungsschwachen haben zwar erheblich aufgeholt, im Vergleich zur Leistungsspitze liegen sie aber immer noch sehr weit zurück. Damit ist der Kompensationseffekt zwar für die weitere Schullaufbahn nicht sonderlich relevant, dennoch ist der substantielle Zugewinn an Kompetenzen insofern von Bedeutung (vermutlich sogar erheblich), als für die leistungsschwachen Kinder die grundlegenden Voraussetzungen für das weitere schulische Lernen überhaupt erst geschaffen worden sind. Gerade für diese Gruppe dürfte das institutionelle Lernangebot der Grundschule eine wichtige Grundlegung für die weitere Bildungslaufbahn sein, da im außerschulischen Umfeld die notwendigen Lerngelegenheiten kaum oder nur unzureichend vorhanden sein dürften.

Insgesamt ist sowohl ein Wechsel der Schulform als auch des Bildungsgangs im zweigliedrigen System Sachsens deutlich seltener als im dreigliedrigen System Bayerns (vgl. Abschnitt 3.3). Allerdings ergibt sich für beide Länder, dass der nachträgliche Aufstieg in das Gymnasium äußerst schwierig zu sein scheint. Am häufigsten traten in unserer Stichprobe die Aufstiege aus der Hauptschule und Abstiege aus dem Gymnasium in Bayern sowie die Einmündung in den Hauptschulzweig der Mittelschulen in Sachsen nach der sechsten Klasse als Wechsel auf. Bei allen Wechseln zeigen sich die schulischen Leistungen (insbesondere in Form von Noten) in der Grundschulzeit als bedeutsame Prädiktoren. Eine weitergehende Erklärung gelingt für die untersuchten Wechsel mit den vorliegenden Daten unterschiedlich gut: Bei den Aufsteigern aus der Hauptschule handelt es sich um Schüler/innen mit einem hohen Leistungspotential, wobei ein hohes berufliches Prestige des Vaters eine gute Vorhersage dieses Aufstiegs ermöglicht. Vermittelte Effekte bestehen über das Zutrauen in die Fähigkeiten des Kindes sowie über die Möglichkeit, Lernhilfe geben zu können. Weiterhin ist von den wenigen Kindern der Oberschicht, die zunächst auf eine Hauptschule übergetreten sind, der Mehrzahl (71%) ein nachträglicher Aufstieg in eine mittlere Laufbahn gelungen. Während Abstiege aus den Mittelschulen in den Hauptschulzweig Sachsens in gar keiner Beziehung zu den Merkmalen sozialer Herkunft stehen, finden sich für die Abstiege vom Gymnasium signifikante Effekte des familiären Bildungsstatus. Überwiegend handelt es sich dabei um einen direkten Effekt, zum Teil ist dieser auch über die Möglichkeiten zur Lernhilfe durch die Eltern vermittelt. Weiterhin scheiden Schüler/innen aus Familien mit hohem Bildungsstatus nur zu 3% aus dem Gymnasium aus, während dieser Anteil für Kinder aus Familien mit niedrigem Bildungsstatus 27% beträgt. Zu berücksichtigen ist bei diesen Befunden, dass die zur Verfügung stehende Stichprobe klein ist.

Die vorliegenden Daten deuten zumindest an, dass die Optionen für Veränderungen der zunächst eingeschlagenen Laufbahn im Verlauf der Sekundarstufe I durchaus genutzt werden. Soziale Disparitäten werden dadurch jedoch nicht reduziert, sie bleiben entweder bestehen (Sachsen) oder nehmen sogar noch zu (Bayern). Die Ergebnisse weisen darauf hin, dass für Aufstiege bzw. die Vermeidung von Abstiegen Ressourcen nötig sind, die eher in den bildungsnäheren und prestigehöheren sozialen Gruppen vorhanden sind. Dies entspricht den Ergebnissen von Hillmert und Jacob (2005). Zur Absicherung der Befunde sind vertiefende Analysen bezüglich horizontaler und vertikaler Schulform- und Bildungsgangwechsel mit den Schülerkohorten des nationalen Bildungspanels (vgl. Blossfeld, Roßbach & Maurice, 2011) in Vorbereitung. Die bisher dazu vorliegenden Ergebnisse zu retrospektiv gewonnenen Bildungsverlaufsdaten deuten ebenfalls darauf hin, dass die Aufstiegsmobilität aus der Haupt- oder Realschule heraus für Schüler/innen aus Familien mit hohem Bildungsstatus deutlich stärker ausgeprägt ist, während diese Gruppe im Vergleich zu Familien mit niedrigerem Bildungsniveau zudem eine deutlich geringere Abstiegswahrscheinlichkeit aus dem Gymnasium hat (Buchholz et al., 2016).

Interessant ist es wiederum, den Übergang nach der Grundschule und die anschließend stattfindenden Wechsel in der Sekundarstufe im Zusammenhang zu betrachten. Pointiert formuliert lässt sich sagen, dass die soziale Selektivität der Übergänge direkt im Anschluss an die Grundschule durch die anschließenden Bildungswege in der Sekundarstufe mit beeinflusst ist und – wenigstens teilweise – durch die ebenfalls sozial selektiven Auf- und Abstiege in dieser Anschlussphase geradezu als nachträglich „gerechtfertigt" erscheinen könnte. Kindern aus den statushohen Familien, denen der Zugang zu einer höheren Schulform zunächst nicht möglich war, gelingt fast immer der Aufstieg aus der Hauptschule durch eine nachträgliche Korrektur der schulischen Laufbahn. Umgekehrt gehen Kinder aus Familien mit niedrigem sozialem Status ein erheblich größeres Risiko des Scheiterns ein, wenn sie den Sprung aufs Gymnasium wagen, als Kinder aus statushöheren Familien. Von daher hat es eine gewisse Plausibilität, wenn statushöhere Familien ihre Kinder auch ohne eine entsprechende Schulformempfehlung auf einer höheren Schulform anmelden und wenn umgekehrt Familien mit niedrigem sozialem Status selbst bei einer vorliegenden Gymnasialempfehlung auf einen Gymnasialbesuch ihres Kindes verzichten und stattdessen eine „niedrigere" Schulform wählen (Ditton & Krüsken, 2010b). Diese Verlaufsmuster können durchaus hinterfragt und auch als „problematisch" beurteilt werden. Die Problematik wird jedoch nicht in erster Linie durch die Übergänge oder das Übergangsverfahren in die weiterführenden Schulen erzeugt, sie ergibt sich vielmehr aus den Strukturen des schulischen Systems im Zusammenhang bzw. im Hinblick auf die Abfolge der schulischen Wege. Die antizipierten Folgen des Übertritts für die weitere schulische Laufbahn beeinflussen schon die Wahl der Schulform und führen zu riskanteren Wahlen bei den oberen und zu vorsichtigeren Wahlen bei den unteren sozialen Gruppen. In nicht wenigen Fällen erscheinen diese unterschiedlichen Strategien im Nachhinein insofern als nachvollziehbar, als dadurch Umwege durch Auf- und Abstiege und die damit entstehenden „Kosten" für das Kind und die Familie vermieden werden können. Veränderungen in der Wahl der Schulform wären von daher dann zu erwarten, wenn sich die weiterführenden Schulen ändern, z. B. durch größere zu erwartende „Gewinne" für obere soziale Gruppen beim Besuch der niedrigeren Schulformen oder größere Erfolgschancen beim Besuch eines Gymnasiums bei den unteren sozialen Gruppen. Möglicherweise könnten diesbezüglich spezifische Förderangebote für Kinder und Jugendliche an den Gymnasien, die kaum Chancen auf außerschulische Förderung haben, wirksam sein.

Die hier vorgestellten Ergebnisse zeigen im Überblick, dass die soziale Herkunft sowohl die Eingangsleistungen in der Grundschule als auch die Leistungsentwicklung beeinflusst. Die soziale Herkunft hat außerdem einen substantiellen Einfluss auf den Übergang auf die weiterführende Schulform. Nach unseren Ergebnissen überwiegen hierbei in einer Gesamtbilanz die über die schulischen Leistungen vermittelten (primären) Effekte. Für die Übergänge in eine Hauptschule ist das sehr eindeutig der Fall. Für die Beurteilung der Übertritte in ein Gymnasium ist von Bedeutung, ob die Testleistungen oder die Noten als (korrektes) Maß für schulische Leistungen herangezogen werden. Je nachdem welchen Leistungsprädiktor man heranzieht, sind unterschiedlich hohe Anteile der primären und sekundären Effekte der sozialen Herkunft festzustellen. Noten scheinen demnach spezifische Eigenschaften zu umfassen, die für Bildungserfolge im weiteren Schulverlauf relevant erscheinen. Außerdem zeigt sich sowohl für die Hauptschul- als auch die Gymnasialübergänge, dass die Empfehlungen der Lehrkräfte im Vergleich zu den Schulanmeldungen durch die Eltern (und auch im Vergleich zu den Bildungsaspirationen der Eltern) viel enger auf die Leistungen bezogen sind. Hinsichtlich der Mobilität in den weiteren Laufbahnen in der Sekundarstufe I finden sich wiederum signifikante Effekte der sozialen Herkunft. Aufstiege in höhere Schulformen gelingen eher den privilegierteren Gruppen, Abstiege treffen eher die weniger privilegierten. Dabei spielen wiederum schulische Leistungen, aber auch die Fördermöglichkeiten durch die Familie und das Zutrauen der Eltern in ihre Kinder eine Rolle.

In der Gesamtschau ergibt sich somit ein recht gemischtes Bild: Kompensatorische Prozesse im Verlauf der Grundschulzeit führen nach unseren Befunden dazu, dass die Schere zwischen leistungsstarken und leistungsschwachen Kindern reduziert wird. Absolut gesehen profitieren leistungsschwächere Kinder also mehr von der Grundschulzeit als leistungsstärkere. Völlig ausgeglichen werden die Leistungsunterschiede allerdings nicht, und auch die Schere zwischen den sozialen Gruppen wird nicht geringer, sondern nimmt noch etwas zu. Das institutionelle Lernarrangement der Grundschule zeigt so zwar eine ausgleichende Wirkung. Trotzdem scheint es so zu sein, dass die Situation in der Familie im Vergleich dazu ein noch bedeutsamerer Einflussfaktor ist. Es stellt sich insofern die Frage, wie in der Schulpraxis damit umgegangen werden könnte, wenn es tatsächlich gewollt sein sollte, nicht nur Leistungs-, sondern auch soziale Differenzen (etwas) auszugleichen. Zu diskutieren wäre dabei auch, inwieweit ein Ausgleich *sozialer* Differenzen im Widerspruch zum meritokratischen Gerechtigkeitsprinzip steht.

Insgesamt erlauben die Analysen den Schluss, dass die soziale Herkunft im Bildungsverlauf – zumindest in der hier untersuchten Phase – vorwiegend über schulische Leistungen vermittelt zur Wirkung kommt. Das trifft für die Leistungsentwicklung, die Übergänge in die weiterführenden Schulen und schließlich auch für die Korrektur von Laufbahnen durch Schulformwechsel zu. Betrachtet man Noten als maßgebliches Kriterium, sind Anschlussanalysen zur (sozialschichtspezifischen) Zusammensetzung von Noten denkbar, um auf Grundlage dessen darüber zu diskutieren, inwiefern jene zusätzlich zur Testleistung gefundenen Notenkomponenten schulrechtlich legitimiert sind und systemerhaltend wirken und welche Komponenten im Sinne einer gewünschten – sozialschichtunspezifischen – Leistungsniveauangleichung überhaupt ausgeglichen werden müssten. Man kann zudem auch festhalten, dass Verzweigungen im schulischen System nicht geeignet erscheinen, zur Reduktion sozialer Disparitäten beizutragen. Die Frage, ob ein Verzicht auf Verzweigungen soziale Disparitäten reduzieren würde, ist allerdings nicht eindeutig zu beantworten (Esser, 2016). Auf den ersten Blick erscheint das paradox. Es ist aber durchaus möglich, dass vor allem die höheren sozialen Gruppen sich in ihren Handlungen und in den Entscheidungen, die sie treffen, auf die spezifischen Bedingungen des Bildungssystems einstellen und dass sie je nach Struktur und Situation unterschiedliche Strategien verfolgen, um ihre soziale Position zu sichern. Weiterführende Forschungsvorhaben müssten demnach auch in den Blick nehmen, wie genau die kompensatorischen Effekte auf der einen Seite und die reproduzierenden Strukturen auf der anderen Seite ermittelt werden, und welche Entstehungs- und Transmissionsmechanismen zwischen familiären Ausgangsbedingungen und dem Entscheidungsverhalten der Akteure wirksam sein können. Differenzierte Analysen zur Entstehung entscheidungskonstituierender Faktoren und Erfolgserwartungen und die Berücksichtigung motivationaler und sozial-kognitiver Faktoren stellen hierfür denkbare Anhaltspunkte dar. Damit könnte (teilweise) erklärbar sein, dass selbst tiefer greifende Reformen im Bildungssystem nur selten die Effekte hinsichtlich des Abbaus sozialer Disparitäten zeigen, die von ihnen erhofft werden (Blossfeld & Shavit, 1993).

Literatur

Autorengruppe Bildungsberichterstattung (Hrsg.) (2008). *Bildung in Deutschland 2008. Ein indikatorengestützter Bericht mit einer Analyse zu Übergängen im Anschluss an den Sekundarbereich I.* Bielefeld: W. Bertelsmann Verlag.

Baumert, Jürgen; Nagy, Gabriel & Lehmann, Rainer (2012). Cumulative Advantages and the Emergence of Social and Ethnic Inequality: Matthew Effects in Reading and Mathematics Development Within Elementary Schools? *Child Development, 83* (4), 1347–1367.

Baumert, Jürgen; Stanat, Petra & Watermann, Rainer (2006). Schulstruktur und die Entstehung differenzieller Lern- und Entwicklungsmilieus. In Jürgen Baumert (Hrsg.), *Herkunftsbedingte Disparitäten im Bildungswesen. Differenzielle Bildungsprozesse und Probleme der Verteilungsgerechtigkeit.* Vertiefende Analysen im Rahmen von PISA 2000. Wiesbaden: VS Verlag für Sozialwissenschaften.

Becker, Rolf (2000). Klassenlage und Bildungsentscheidungen. Eine empirische Anwendung der Wert-Erwartungstheorie. *Kölner Zeitschrift für Soziologie und Sozialpsychologie, 52* (3), 450–474.

Becker, Rolf (2011). Entstehung und Reproduktion dauerhafter Bildungsungleichheiten. In Rolf Becker (Hrsg.), *Lehrbuch der Bildungssoziologie* (2. Aufl., S. 87–138). Wiesbaden: VS Verlag für Sozialwissenschaften.

Bellenberg, Gabriele (2014). Welchen Beitrag leisten Schulformwechsel während der Sekundarstufe I zur Durchlässigkeit des Schulsystems? In Anke Barbara Liegmann, Ingelore Mammes & Kathrin Racherbäumer (Hrsg.), *Facetten von Übergängen im Bildungssystem. Nationale und internationale Ergebnisse empirischer Forschung* (S. 163–172). Münster: Waxmann.

Blossfeld, Hans-Peter (1988). Sensible Phasen im Bildungsverlauf. Eine Längsschnittanalyse über die Prägung von Bildungskarrieren durch den gesellschaftlichen Wandel. *Zeitschrift für Pädagogik, 34,* 45–64.

Blossfeld, Hans-Peter; Roßbach, Hans-Günther & Maurice, Jutta von (Hrsg.) (2011). *Education as a Lifelong Process. Zeitschrift für Erziehungswissenschaft, Sonderheft 14/2011*: VS Verlag für Sozialwissenschaften.

Blossfeld, Hans-Peter & Shavit, Yossi (1993). Dauerhafte Ungleichheiten. Zur Veränderung des Einflusses der sozialen Herkunft auf die Bildungschancen in dreizehn industrialisierten Ländern. *Zeitschrift für Pädagogik, 39* (1), 25–52.

Bofinger, Jürgen (1977). *Schullaufbahnen im gegliederten Schulwesen und ihre Bedingungen. Eine empirische Untersuchung.* München: Ehrenwirth.

Bofinger, Jürgen (1990). *Neuere Entwicklungen des Schullaufbahnverhaltens in Bayern. Schulwahl und Schullaufbahnen an Gymnasien, Real- und Wirtschaftsschulen von 1974/75 bis 1986/87.* München: Ehrenwirth.

Boudon, Raymond (1974). *Education, Opportunity, and Social Inequality. Changing Prospects in Western Society.* New York [usw.]: Wiley-Interscience.

Bourdieu, Pierre (1982). *Die feinen Unterschiede. Kritik der gesellschaftlichen Urteilskraft.* Frankfurt am Main: Suhrkamp.

Buchholz, Sandra; Skopek, Jan; Zielonka, Markus; Ditton, Hartmut; Wohlkinger, Florian & Schier, Antonia (2016). Secondary school differentiation and inequality of educational opportunity in Germany. In Hans-Peter Blossfeld, Sandra Buchholz, Jan Skopek & Moris Triventi (Hrsg.), *Models of Secondary Education and Social Inequality. An International Comparison* (S. 79–92). Cheltenham, UK and Northampton, MA, USA: Edward Elgar Publishing.

Cortina, Kai S. (2003). Der Schulartwechsel in der Sekundarstufe I: Pädagogische Maßnahme oder Indikator eines falschen Systems? *Zeitschrift für Pädagogik, 49* (1), 127–141.

DiPrete, Thomas A. & Eirich, Gregory M. (2006). Cumulative Advantage as a Mechanism for Inequality: A Review of Theoretical and Empirical Developments. *Annual Review of Sociology, 32,* 271–297.

Ditton, Hartmut (Hrsg.) (2007a). *Kompetenzaufbau und Laufbahnen im Schulsystem. Ergebnisse einer Längsschnittuntersuchung an Grundschulen.* Münster: Waxmann.

Ditton, Hartmut (2007b). Schulübertritte, Geschlecht und soziale Herkunft. In Hartmut Ditton (Hrsg.), *Kompetenzaufbau und Laufbahnen im Schulsystem. Ergebnisse einer Längsschnittuntersuchung an Grundschulen* (S. 63–87). Münster: Waxmann.

Ditton, Hartmut (2010). Schullaufbahnen und soziale Herkunft – eine Frage von Leistung oder Diskriminierung? In Stefan Aufenanger, Franz Hamburger, Luise Ludwig & Rudolf Tippelt (Hrsg.), *Bildung in der Demokratie* (S. 79–99). Opladen: Barbara Budrich.

Ditton, Hartmut (2013a). Bildungsverläufe in der Sekundarstufe. Ergebnisse einer Längsschnittstudie zu Wechseln der Schulform und des Bildungsgangs. *Zeitschrift für Pädagogik, 59* (6), 887–911.

Ditton, Hartmut (2013b). Wer geht auf die Hauptschule? Primäre und sekundäre Effekte der sozialen Herkunft beim Übergang nach der Grundschule. *Zeitschrift für Erziehungswissenschaft, 16* (4), 731–749.

Ditton, Hartmut & Krüsken, Jan (2009). Denn wer hat, dem wird gegeben werden? Eine Längsschnittstudie zur Entwicklung schulischer Leistungen und den Effekten der sozialen Herkunft in der Grundschulzeit. *Journal for Educational Research Online, 1* (1), 33–61.

Ditton, Hartmut & Krüsken, Jan (2010a). Bildungslaufbahnen im differenzierten Schulsystem. Entwicklungsverläufe von Laufbahnempfehlungen und Bildungsaspirationen in der Grundschulzeit. *Zeitschrift für Erziehungswissenschaft, Sonderheft* (12), 74–102.

Ditton, Hartmut & Krüsken, Jan (2010b). Effekte der sozialen Herkunft auf die Schulformwahl beim Übergang von der Primar- in die Sekundarstufe. In Markus Neuenschwander & Hans-Ulrich Grunder (Hrsg.), *Schulübergang und Selektion. Forschungsbefunde – Praxisbeispiele – Umsetzungsperspektiven* (S. 35–59). Zürich: Rüegger.

Dollmann, Jörg (2011). Verbindliche und unverbindliche Grundschulempfehlungen und soziale Ungleichheiten am ersten Bildungsübergang. *Kölner Zeitschrift für Soziologie und Sozialpsychologie, 63* (4), 595–621.

Erikson, Robert; Goldthorpe, John H.; Jackson, Michelle; Yaish, Meir & Cox, D. R. (2005). On class differentials in educational attainment. *Proceedings of the National Academy of Sciences of the United States of America, 102* (27), 9730–9733.

Esser, Hartmut (2016). Bildungssysteme und ethnische Bildungsungleichheiten. In Claudia Diehl, Christian Hunkler & Cornelia Kristen (Hrsg.), *Ethnische Ungleichheiten im Bildungsverlauf* (S. 331–396). Wiesbaden: Springer Fachmedien Wiesbaden.

Fend, Helmut (1980). *Theorie der Schule*. München: Urban and Schwarzenberg.

Ganzeboom, Harry B.G; Graaf, Paul de & Treiman, Donald J. (1992). A Standard International Socio-Economic Index of Occupational Status. *Social Science Research, 21* (1), 1–56.

Gresch, Cornelia; Baumert, Jürgen & Maaz, Kai (2009). Empfehlungsstatus, Übergangsempfehlung und der Wechsel in die Sekundarstufe I: Bildungsentscheidungen und soziale Ungleichheit. In Jürgen Baumert, Kai Maaz & Ulrich Trautwein (Hrsg.), *Bildungsentscheidungen* (S. 230–256). Zeitschrift für Erziehungswissenschaft, Sonderheft 12/2009. Wiesbaden: VS Verlag für Sozialwissenschaften.

Harazd, Bea (2007). *Die Bildungsentscheidung. Zur Ablehnung der Schulformempfehlung am Ende der Grundschulzeit*. Münster [u. a.]: Waxmann.

Heller, Kurt A. & Geisler, Hans-Jürgen (1983). *Kognitiver Fähigkeits-Test. KFT 1–3*. Weinheim: Beltz.

Henz, Ursula (1997). Der Beitrag von Schulformwechseln zur Offenheit des allgemeinbildenden Schulsystems. *Zeitschrift für Soziologie, 26* (1), 53–69.

Hillmert, Steffen & Jacob, Marita (2008). Zweite Chance im Schulsystem? Zur sozialen Selektivität bei „späteren" Bildungsentscheidungen. In Peter Berger & Heike Kahlert (Hrsg.), *Institutionalisierte Ungleichheiten. Wie das Bildungswesen Chancen blockiert* (2. Aufl., S. 155–176). Weinheim: Juventa-Verl.

Hoffmeyer-Zlotnik, Jürgen (2003). „Stellung im Beruf" als Ersatz für eine Berufsklassifikation zur Ermittlung von sozialem Prestige. *ZUMA-Nachrichten, 27* (53), 114–127.

Kleine, Lydia; Paulus, Wiebke & Blossfeld, Hans-Peter (2009). Die Formation elterlicher Bildungsentscheidungen beim Übergang von der Grundschule in die Sekundarstufe I. In Jürgen Baumert, Kai Maaz & Ulrich Trautwein (Hrsg.), *Bildungsentscheidungen* (S. 103–125). Zeitschrift für Erziehungswissenschaft, Sonderheft 12/2009. Wiesbaden: VS Verlag für Sozialwissenschaften.

KMK – Sekretariat der Ständigen Konferenz der Kultusminister der Länder in der Bundesrepublik Deutschland (2004). *Bildungsstandards im Fach Deutsch für den Primarbereich. Beschluss der Kultusministerkonferenz vom 15.10.2004.*

Kramer, Rolf-Torsten; Helsper, Werner; Thiersch, Sven & Ziems, Carolin (2009). *Selektion und Schulkarriere. Kindliche Orientierungsrahmen beim Übergang in die Sekundarstufe I*. Wiesbaden: VS Verlag für Sozialwissenschaften.

Maaz, Kai; Baumert, Jürgen; Gresch, Cornelia & McElvany, Nele (Hrsg.) (2010). *Der Übergang von der Grundschule in die weiterführende Schule. Leistungsgerechtigkeit und regionale, soziale und ethnisch-kulturelle Disparitäten* (Bildungsforschung, Band 34). Berlin: Bundesministerium für Bildung und Forschung.

Maaz, Kai; Baumert, Jürgen & Trautwein, Ulrich (2009). Genese sozialer Ungleichheit im institutionellen Kontext der Schule: Wo entsteht und vergrößert sich soziale Ungleichheit? In Jürgen Baumert, Kai Maaz & Ulrich Trautwein (Hrsg.), *Bildungsentscheidungen* (S. 11–46). Zeitschrift für Erziehungswissenschaft, Sonderheft 12/2009. Wiesbaden: VS Verlag für Sozialwissenschaften.

Neugebauer, Martin (2010). Bildungsungleichheit und Grundschulempfehlung beim Übergang auf das Gymnasium: Eine Dekomposition primärer und sekundärer Herkunftseffekte. *Zeitschrift für Soziologie, 39* (3), 202–214.

Neumann, Marko; Becker, Michael & Maaz, Kai (2014). Soziale Ungleichheiten in der Kompetenzentwicklung in der Grundschule und der Sekundarstufe I. In Kai Maaz, Marko Neumann & Jürgen Baumert (Hrsg.), *Herkunft und Bildungserfolg von der frühen Kindheit bis ins Erwachsenenalter. Forschungsstand und Interventionsmöglichkeiten aus interdisziplinärer Perspektive* (S. 167–205). Zeitschrift für Erziehungswissenschaft, Sonderheft 24/2014. Wiesbaden: Springer VS.

Roeder, Peter Martin & Schmitz, Bernhard (1995). *Der vorzeitige Abgang vom Gymnasium.* Berlin: Max-Planck-Institut für Bildungsforschung.

Schimpl-Neimanns, Bernhard (2000). Soziale Herkunft und Bildungsbeteiligung. Empirische Analysen zu herkunftsspezifischen Bildungsungleichheiten zwischen 1950 und 1989. *Kölner Zeitschrift für Soziologie und Sozialpsychologie, 52* (4), 636–669.

Stanovich, Keith (1986). Matthew effects in reading: Some consequences of individual differences in the acquisition of literacy. *Reading Research Quarterly, 21* (4), 360–407.

Stocké, Volker (2009). Adaptivität oder Konformität? Die Bedeutung der Bezugsgruppe und der Leistungsrealität der Kinder für die Entwicklung elterlicher Bildungsaspirationen am Ende der Grundschulzeit. In Jürgen Baumert, Kai Maaz & Ulrich Trautwein (Hrsg.), *Bildungsentscheidungen* (S. 257–281). Zeitschrift für Erziehungswissenschaft, Sonderheft 12/2009. Wiesbaden: VS Verlag für Sozialwissenschaften.

Stubbe, Tobias C. (2009). *Bildungsentscheidungen und sekundäre Herkunftseffekte. Soziale Disparitäten bei Hamburger Schüler/innen und Schülern der Sekundarstufe I.* Münster [u. a.]: Waxmann.

Weiß, Rudolf H. (1998). *Grundintelligenz Skaka 2. CFT 20.* Göttingen: Hogrefe.

Andreas Hinz

Inklusion im Schulsystem

1.   Einführung

Inklusion ist seit einigen Jahren in aller Munde. Recht schnell hat der pädagogisch konnotierte Begriff zur Jahrtausendwende in Deutschland den Weg in die Wissenschaft und in die Massenmedien gefunden (Hinz, 2002, Sander, 2003). International reicht die Diskussion um ‚inclusive education‘ jedoch bis in die 1970er Jahre zurück (Hinz, 2008). Zudem gibt es eine Entwicklung und zahlreiche Anstöße, die dem Start der Inklusionsdebatte zur Jahrtausendwende vorausgehen und mit dem Begriff der Integration von Kindern und Jugendlichen mit und ohne Behinderungen und der Entwicklung einer Integrationspädagogik beschrieben werden können.

Insofern ist die Inklusion weder eine plötzliche noch eine überraschende Herausforderung für ein auf Homogenität ausgerichtetes und segregativ strukturiertes Bildungssystem. Vielmehr kommt mit dem Anstoß durch die Ratifizierung und das Inkrafttreten der UN-Behindertenrechtskonvention (BRK) ein neuer Akzent in die Diskussion, der zum einen eine menschenrechtliche Basis einführt und zum anderen von der Frage des Ob zur Frage des Wie eines gemeinsamen Aufwachsens von vor allem als unterschiedlich wahrgenommenen Menschen im Schulsystem leitet. Damit erreicht die Auseinandersetzung um Inklusion einen anderen Stellenwert und auch eine andere Schärfe – wenngleich viele Argumentationen an die entsprechenden Auseinandersetzungen um die ‚Integration behinderter Kinder‘ in den 1980er Jahren erinnern.

Der folgende Beitrag bearbeitet die Frage der Inklusion im Schulwesen in folgenden Schritten: Zunächst wendet er sich der Frage zu, worum es sich bei inklusiver Bildung eigentlich handelt, denn bereits hier sind deutlich unterschiedliche Auffassungen zu finden. Im zweiten Schritt thematisiert er, wie auf der Basis eines prozessorientierten Verständnisses von Inklusion inklusive Schulentwicklung verstanden werden kann. Im dritten Schritt geht er der Frage nach, wie Deutschland den Forderungen nach Umsetzung der BRK entspricht – und dabei kommen deutliche Tendenzen der Rekontextualisierung ins Spiel. Im vierten Schritt rekapituliert der Beitrag wesentliche Ergebnisse aus 30 Jahren Integrationsforschung, die zwar nicht explizit den intersektional ausgerichteten Ansprüchen der Inklusionsforschung entsprechen, jedoch implizit bedeutsame Ergebnisse enthalten, an die es sich anzuschließen lohnt. Im Weiteren wirft er einen Blick auf die aktuelle Phase von Forschung, die im Zuge der Umsetzung der BRK begonnen hat. Schließlich endet der Beitrag mit einem vorläufigen Fazit und einem Ausblick.

2.   Inklusive Bildung – Impulse, Entwicklung, Verständnisse

2.1   Vorläufer und Impulse für die Entwicklung
inklusiver Bildung

Die pädagogische Inklusionsentwicklung in Deutschland knüpft stark an die Integrationspädagogik seit den 1980er Jahren an, sowohl personell als auch vom Verständnis her. Ein Blick auf einige Etappen von Praxis, Politik und Theorie kann dies belegen:

- Seit den 1980er Jahren gab es – zunächst in der BRD, später auch im vereinten Deutschland – eine Reihe von Modellversuchen mit behinderten und nicht behinderten Kindern, die wissenschaftlich begleitet wurden; zu dieser Zeit war der Gemeinsame Unterricht noch nicht gesetzlich verankert (Deppe-Wolfinger, Prengel & Reiser, 1990).
- In den 1990er Jahren begann die Entwicklung gesetzlicher Regelungen zum Gemeinsamen Unterricht in den Schulgesetzen der Bundesländer, zuerst im Saarland 1987.
- Auf theoretischer Ebene entwickelte sich in Verbindung mit der Theorie integrativer Prozesse (Reiser, 1991) die Pädagogik der Vielfalt (Prengel, 1993, Hinz, 1993), die am systematischsten den Blick über die Differenzlinie der Beeinträchtigung hinaus und auf Gender und Interkulturalität richtete, später erweitert auf sozialen Status und Alter (Hinz, 1998, 2004).
- Zur Jahrtausendwende begann dann die Diskussion um inklusive Bildung, zunächst in Abhebung zur Integration, vor allem mit der Reflexion problematischer Aspekte von deren Praxisentwicklung, für deren Lösung ein anderer Zugang attraktiv erschien (Hinz, 2002). Logischerweise entstanden hier Kontroversen darüber, ob ein anderer Begriff – der der Inklusion – überhaupt eine Veränderung von theoretischen Zugängen und Praktiken bedeuten würde und ob nicht mit ihm eine Abwertung der Integration verbunden sei (u.a. Preuss-Lausitz, 2005).
- Mit der Verabschiedung der UN-Behindertenrechtskonvention 2006 und deren Inkrafttreten in Deutschland 2009 ist die rechtliche Verpflichtung verbunden, ein inklusives Bildungssystem auf allen Ebenen mit hochwertiger Pädagogik, einem diskriminierungsfreien Zugang zur allgemeinen Schule sowie mit angemessenen Vorkehrungen vorzuhalten (UN, 2006, Art. 24, Aichele, 2010). Dies stellt einen wesentlichen, wenngleich auch – wegen der möglichen Verkürzung auf den Aspekt der Beeinträchtigung – ambivalenten Impuls für die rasante Entwicklung der Inklusionsdebatte dar.

2.2   Inklusive Bildung – unterschiedliche Positionen

Wie schon bei der Integration – mit Blick auf Schüler*innen mit sonderpädagogi-schem Förderbedarf –, finden sich auch bei der Inklusion zwei grundlegend unter-schiedliche Verständnisse. Auf der einen Seite wird Inklusion in einem umfassen-den Sinne verstanden als zunehmende Fähigkeit einer Bildungseinrichtung, ohne Klassifikation unterschiedlichen Bedarfen und Bedürfnissen aller Beteiligten zu entsprechen und Barrieren für Lernen und Partizipation abzubauen (z. B. Booth, 2008). Auf der anderen Seite wird Inklusion weitgehend auf sonderpädagogische Fragen bezogen, womit dann ein zunehmender Ausbau des Gemeinsamen Unter-richts bezeichnet wird (z. B. KMK, 2011). Während das erste Verständnis aus kon-servativer Sicht auch als radikal oder demagogisch als ‚totale Inklusion' bezeichnet wird, wird das zweite kritisch als reduktionistisch oder als De-Segregation bzw. „Integration plus" (von Saldern, 2012) gesehen (Boban & Hinz, 2017b). Diese Kon-troversen werden häufig mit hoher normativer Ladung und massiver Emotionali-tät ausgetragen.

2.3   Eckpunkte eines umfassenden Verständnisses von Inklusion

Im vorliegenden Text wird für ein Verständnis von Inklusion plädiert, da sich Inklusion auf internationaler Ebene kritisch mit Fragen des Umgangs mit Unter-schieden und damit verbundenen diskriminierenden Haltungen und Praktiken auseinandersetzt. Diese lassen sich nicht auf einen Aspekt von Heterogenität be-schränken, da jede Person durch vielfältige Zugehörigkeiten und Identitätsanteile und somit auch entsprechende Diskriminierungsrisiken charakterisiert ist. Daraus resultiert die Herausforderung, Barrieren für das Lernen und für Partizipation al-ler Akteur*innen abzubauen, wie es auch der Index für Inklusion vorschlägt (Bo-ban & Hinz, 2003).

Für ein solches umfassendes Inklusionsverständnis lassen sich aus dem inter-nationalen Diskurs heraus vier Eckpunkte benennen (Hinz, 2004):

- Inklusion wendet sich der Vielfalt positiv zu, d. h. Vielfalt wird nicht als Pro-blem, sondern als produktives Potenzial gesehen – mit anregenden wie mit konflikthaften Anteilen.
- Inklusion umfasst alle Dimensionen von Heterogenität (ability, gender, eth-nicity, nationality, first language, races, classes, religions, sexual orientation, physical conditions, …), wobei es nicht um objektive Merkmale von Personen geht, sondern um Zuschreibungen und mit ihnen verbundene, v. a. abwertende Konnotationen; insofern steht hinter jeder Dimension eine entsprechende De-batte um Diskriminierung.

- Inklusion orientiert sich an den Menschenrechten sowie insbesondere in Nordamerika an der Bürgerrechtsbewegung und wendet sich gegen jede Tendenz zu gesellschaftlicher Marginalisierung.
- Inklusion vertritt die Vision einer inklusiven Gesellschaft – und damit bedeutet Inklusion nicht einen irgendwann vorhandenen Status einer ‚inklusiven Kita‘ oder einer ‚inklusiven Schule‘, sondern eine Orientierung für die Entwicklung in eine entsprechende vorurteilsbewusste, diversitätsbejahende Richtung.

Mit diesen Eckpunkten ist klar, dass Inklusion eine normative Basis hat und immer politische Anteile aufweist, die sich kritisch mit gesellschaftlichen Gegebenheiten und entsprechenden Exklusionsrisiken auseinandersetzen.

Darüber hinaus kann Inklusion mit unterschiedlichem Fokus betrachtet werden, wobei Booth (2008) drei sich ergänzende vorschlägt, die erst gemeinsam eine vollständige Perspektive auf Inklusion ermöglichen – hier auf inklusive Bildung:

- Partizipation von Personen fragt nach dem institutionellen ‚Drinnen‘ und ‚Draußen‘ von Menschen in einer Bildungseinrichtung.
- Partizipation in Systemen fragt nach bewussten und unbewussten Barrieren innerhalb von Bildungseinrichtungen, die somit strukturell diskriminieren.
- Partizipation an Werten fragt nach der Wertorientierung von Bildungseinrichtungen, die die Basis für deren Selbstverständnis sowie für ihre Handlungsweisen darstellen.

Mit solchem Zugang ist Inklusion eine Herausforderung für jede Bildungseinrichtung, jede Bildungseinrichtung ist aber auch bereits auf dem Weg, denn es dürfte wohl keine geben, die nicht reflektiert, in welchem Maß sie unterschiedlichen Bedarfen und Bedürfnissen aller Beteiligten entspricht – Lernender wie Lernbegleitender (Boban & Hinz, 2017b).

3.   Inklusive Schulentwicklung

Mittlerweile ist eine Vielfalt von Entwicklungen zu finden, die – v. a. auf der Basis der Einzelschule oder im Rahmen ihrer kommunalen Vernetzung – Schritte auf dem Weg zur Inklusion zeigen (Boban & Hinz, 2011, 2015a, 2016a). Viele Schulen machen sich auf den Weg, ihren aktuellen Status-Quo zu reflektieren und dabei in den Blick zu nehmen, in welchen Bereichen sie inklusiv arbeiten, also unterschiedlichen Bedarfen und Bedürfnissen aller Beteiligten in hohem Maße zu entsprechen in der Lage sind, und wo dies eher nicht der Fall ist und sie daher nächste Schritte auf dem Weg zu mehr Inklusion planen (Boban & Hinz, 2017a).

3.1   Der Index für Inklusion als Orientierungshilfe für Schulentwicklung

Dabei beziehen sie sich vielfach auf den Index für Inklusion, ein Material zur Inspiration und Evaluation inklusiver Entwicklung im Bildungsbereich, das in England entwickelt wurde und in mehr als 30 Sprachen auf allen Kontinenten genutzt wird. In Deutschland liegen drei Versionen des Index vor, eine für Schulen (Boban & Hinz, 2003), eine für Kindertageseinrichtungen (Booth, Ainscow & Kingston, 2006, GEW, 2015) und ein eigens in Deutschland entwickelter „Kommunaler Index für Inklusion" (MSJG, 2011), mit dessen Hilfe auch die inklusive Qualität in Vereinen, Verbänden, Rathäusern und kommunalen Körperschaften reflektiert und gesteigert werden kann. Zudem sind auch Adaptionen für Sport und für das Wohnen in Nachbarschaften sowie für die Kinder- und Jugendhilfe entwickelt worden – teils in eher problematischer Form (Boban & Hinz, 2015b, S. 175).

Hinter der Idee, Barrieren für das Lernen und die Partizipation bei allen Beteiligten zu identifizieren und Ressourcen für deren Abbau zu aktivieren, steht die Überlegung, dass keine Bildungseinrichtung alle vorhandenen Ressourcen nutzt (ausführlich Boban & Hinz, 2015a). Damit ist keine Distanzierung von politischen Forderungen nach angemessener Ressourcenausstattung für Bildungseinrichtungen – etwa in neoliberalem Sinne einer marktförmigen Konkurrenz – verbunden, sondern ein pragmatischer Weg markiert, die momentane Situation möglichst inklusiv zu gestalten. Politische Forderungen sind ergänzend in der bildungspolitischen Arena zu stellen (Dannenbeck & Hinz, 2017). Um Barrieren und ihren Abbau sinnvoll angehen zu können, zeigt es sich als produktiv, möglichst viele Perspektiven miteinander zu verbinden, so dass eine breite interne Partizipation, insbesondere auch von Schüler*innen, und eine intensive Vernetzung mit externen Kooperationspartner*innen anstrebenswert erscheint. Gleichwohl zeigt die zweite Seite der partizipativen Medaille, dass es dadurch zu zeitaufwändigen und eher langsamen Prozessen kommen kann, zumal wenn sie häufig eher gegen die Strukturen als mit deren Unterstützung gegangen werden müssen (Boban & Hinz, 2016a, 2016b, 2017a).

3.2   Inklusive Schulentwicklung auf unterschiedlichen Ebenen

In der Praxis finden sich vielfältige Zugänge zu inklusiven Entwicklungen auf unterschiedlichen Ebenen:

- Schulen starten inklusive Entwicklungsprozesse in Eigeninitiative, ggf. unterstützt durch externe Prozessbegleitung (z. B. in Nordrhein-Westfalen durch die Montag Stiftung Jugend und Gesellschaft; Brokamp, 2012).
- Schulrät*innen starten eine Initiative zur Unterstützung von allgemeinen Schulen, in Kooperation mit ihren regionalen Förderzentren und dem Schulträger (so in Schleswig-Holstein; Hinz & Jesumann 2010).

- Eine Kommune mit langer Tradition des Gemeinsamen Unterrichts in der Nähe von Wien startet ein Projekt zur Vernetzung aller Bildungseinrichtungen und der Gemeinde, dessen Fokus sich immer weiter auf die Gemeinde als Ganzes und Partizipationsmöglichkeiten aller Bürger*innen ausweitet (Wiener Neudorf; Gebhardt & Gredler, 2015).
- Ein Bundesland verbindet die bundesweite Vergabe von Investitionsmitteln zur Entwicklung der Ganztagsschule (IZBB) mit Schulentwicklungsprozessen, die einzelne Schulen teilweise als drängende Herausforderung den Umgang mit Heterogenität in den Blick nehmen lassen (Sachsen-Anhalt; Hinz u. a., 2013).
- Ein Bundesland startet eine Initiative für den Aufbau eines landesweiten Unterstützungssystems für inklusive Schulentwicklung durch die Qualifizierung und Bereitstellung regionaler Moderationstandems in den Kreisen und kreisfreien Städten (Schleswig-Holstein; Hinz & Kruschel, 2017); dieses Projekt wird nach zweijähriger Laufzeit in den Regelstatus überführt und in bestehende Beratungsstrukturen eingegliedert.

Nicht existent ist dagegen eine systematische Entwicklung eines inklusiven Schulsystems auf verschiedenen Ebenen, obwohl dies mit der Umsetzung der BRK zu erwarten wäre.

4.   Implementierung der Behindertenrechtskonvention

Da die Behindertenrechtskonvention meist isoliert betrachtet wird, ist daran zu erinnern, dass der Menschenrechtsansatz mit der Allgemeinen Erklärung der Menschenrechte 1948 einen ersten Kulminationspunkt hat. Auf der Basis der allen Menschen eigenen Menschenwürde sind die Menschenrechte (Gummich & Feige, 2013, S. 148)

- unteilbar, d. h. es können nicht einzelne Menschenrechte negiert werden, sondern sie gelten als Ganzes in ihrer Gesamtheit,
- unveräußerlich, d. h. sie können nicht von Personen, Institutionen oder Staaten in Frage gestellt werden, sondern sind automatisch gültig und
- interdependent, d. h. sie stehen miteinander in wechselseitiger Abhängigkeit.

Auch wenn in der Allgemeinen Erklärung der Menschenrechte die allen Menschen eigenen Rechte beschrieben werden, können sie nicht auf alle damals oder heute aktuell diskutierten Menschenrechtsverstöße eingehen. Daher ist der Menschenrechtsansatz als ‚living document' zu verstehen, das immer wieder bezogen auf bestimmte Problemstellungen und/oder bestimmte Personengruppen aktualisiert wird. Sie zu präzisieren und zu aktualisieren, ist u. a. Aufgabe der UN-Menschenrechtskonventionen, etwa durch die Antirassismus-Konvention 1966, die Frauenrechtskonvention 1979, die Anti-Folter-Konvention 1984, die Kinderrechtskonvention 1989 und die Behindertenrechtskonvention 2006 (Gummich & Hinz, 2017). In ihnen geht es nicht um spezifische Rechte spezifischer Menschen, sondern um die explizite Bekräftigung, dass die Menschenrechte für diese Menschen und in diesen Situationen gelten, und um den Hinweis, dass sie besonders stark der Gefahr von Menschenrechtsverletzungen ausgesetzt sind.

4.1 Ausgangssituation der Umsetzung mit juristischen Kontroversen

Die BRK legt in Artikel 24 vor allem zwei Punkte fest: Zum einen garantiert Deutschland als Vertragsstaat den diskriminierungsfreien Zugang zur allgemeinen Schule (UN 2006). Das bedeutet, dass bisherige Quotenregelungen oder die Bereitstellung einer bestimmten Anzahl von Plätzen für Schüler*innen mit sonderpädagogischem Förderbedarf nicht den Ansprüchen der Konvention entsprechen. Auch ein Finanzierungsvorbehalt, der in fast allen Bundesländern für den Gemeinsamen Unterricht bzw. das Gemeinsame Lernen in der allgemeinen Schule besteht, entspricht ihnen nicht. Zum anderen garantiert der Vertragsstaat Deutschland eine hochwertige Bildung mit angemessenen Vorkehrungen (UN 2006). Worin diese hochwertige Bildung besteht und was im Einzelfall angemessene Vorkehrungen sind, lässt die Konvention jedoch offen. Hier sind die Bundesländer als Gesetzgeber und Gestaltende von Ausführungsbestimmungen und Erlassen gefordert, dies zu definieren. Nirgends ist dagegen die juristische Durchsetzbarkeit angemessener Vorkehrungen realisiert – ein Verstoß gegen einen klar formulierten Anspruch der Konvention.

In der BRK steht dagegen in Artikel 24 nichts davon, dass Eltern von Kindern mit sonderpädagogischem Förderbedarf ein Wahlrecht zwischen allgemeiner und Förderschule hätten. Als konfliktminimierende Strategie innerhalb bestimmter Koalitionen praktiziert und als Friedensangebot für Eltern offeriert, die die Förderschule präferieren, entwickelt dies Bremswirkungen für die inklusive Entwicklung, da zwei parallele Systeme vorgehalten werden müssen – die teuerste wie langsamste Variante der Weiterentwicklung. Grundlegend problematisch ist zudem, dass die Realisierung von Menschenrechten für Kinder nicht in das Belieben ihrer Eltern gestellt werden kann (UN, 2016, 3). Ebenso wenig steht in der BRK, dass alle Förderschulen unverzüglich geschlossen werden sollen – eine Forderung, die immer wieder von konservativer Seite sogenannten ‚radikalen Inklusionisten‘ unterstellt wird.

Laut dem Kommentar des Völkerrechtlers Riedel (2010) sind mit der Konvention zum einen ein sofortiger individueller Rechtsanspruch auf Zugang zur allgemeinen Schule und zum anderen perspektivisch ein systemischer Anspruch auf eine zügige und mit wirksamen Maßnahmen versehene Entwicklung zu einem inklusiven System verbunden. Dass die Kultusministerkonferenz hierzu eine andere Position vertritt, ist nicht verwunderlich (KMK, 2011): Sie sieht das Individualrecht auf diskriminierungsfreien Zugang zur allgemeinen Schule erst nach Änderung der Schulgesetze in den Ländern, die alle nicht den Anforderungen der Konvention entsprechen; wie weit sie dies nach ihren Neufassungen tun, wird in einem Gutachten kritisch analysiert (hierzu auch Missling & Überckert 2014). Feststellen lässt sich:

- Einzig Hamburg hat zweifelsfrei den Kostenvorbehalt für den Gemeinsamen Unterricht abgeschafft, während er in einer teils abgeschwächten Form ansonsten weiter besteht und somit fast bundesweit nur ein mit Diskriminierung verbundener Zugang zur allgemeinen Schule vorgehalten wird.
- Weitgehend besteht weiterhin die Notwendigkeit, über die Etikettierung einzelner Schüler*innen zusätzliche Ressourcen zu akquirieren – auch dies angesichts eines systemischen Verständnisses von Beeinträchtigung, die in einer fehlenden Passung von pädagogischen Möglichkeiten der Schule und den individuellen Unterstützungsbedarfen von Schüler*innen besteht, eine einseitige, diskriminierende Regelung, auch wenn sie mitunter in Teilbereichen durch pauschalisierte Ressourcenzuweisung ergänzt wird.
- Weiterhin wird dem Elternwahlrecht ein hoher Stellenwert zugemessen, was nicht durch die BRK abgedeckt ist und den Veränderungsprozess finanziell und vom Tempo her behindert.

Überdies ignoriert die KMK (2011) die in der BRK geforderten individuellen Beschwerde- und ggf. Klagemöglichkeiten beim Vorenthalten von Menschenrechten.

4.2   Anhaltspunkte für die Umsetzung der Behindertenrechtskonvention

Wie weit die BRK angemessen umgesetzt wird, lässt sich an drei Anhaltspunkten ablesen, die im Folgenden analysiert werden (hierzu Hinz, 2016):

- quantitativ an den Statistiken der Kultusministerkonferenz über die Entwicklung der Anteile von Schüler*innen mit sonderpädagogischem Förderbedarf in allgemeinen und Förderschulen,
- qualitativ an den Aktionsplänen des Bundes und der Länder zum Bereich Schule und
- beides an der ersten Staatenprüfung zum Art. 24 und den „abschließenden Bemerkungen" des UN-Ausschusses.

4.2.1 Quantitative Entwicklung laut den Statistiken der KMK

Neben der programmatisch-rhetorischen Ebene der Auseinandersetzung lässt sich mittlerweile auch quantitativ nachvollziehen, was sich seit dem In-Kraft-Treten der BRK in den deutschen Bundesländern getan hat. Dabei ist diesen Angaben gegenüber Skepsis angebracht, wie mitunter fast wundersame Veränderungen von

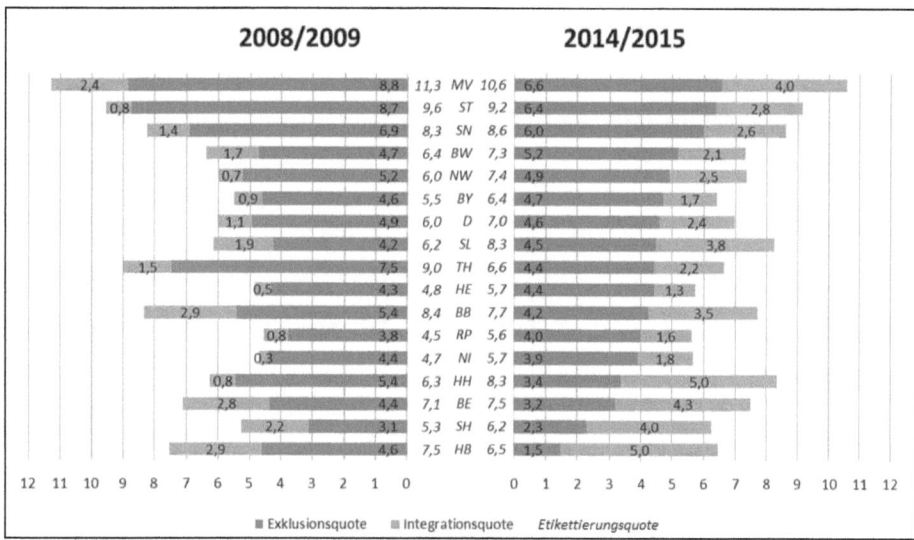

Abb.1:   Etikettierungs-, Integrations- und Exklusionsquoten der Bundesländer 2008 und
         2014 (eigene Berechnung nach KMK, 2016)

Integrationsquoten in einzelnen Ländern zeigen, die vielfach durch Umdefinition
zustande kommen (zu Bayern Wocken, 2011).

Hierbei folgt die Darstellung nicht den mittlerweile üblichen „Inklusionsquo-
ten" (z. B. Bertelsmann, 2014, kritisch dazu Hinz, 2013), da sie nichts über Inklusion, sondern über die Platzierung von Schüler*innen mit sonderpädagogischem
Förderbedarf in der allgemeinen und in der Förderschule sagen – andere Heterogenitätsdimensionen wie sexuelle Orientierungen lassen sich so nicht darstellen.

Da Quoten angesichts der massiven demographischen Veränderungen die
entscheidenden Größen sind, beziehen sich die folgenden Darstellungen, auf der
Basis der KMK-Daten (2016), auf drei Anteile:

- die Exklusionsquote als Anteil der Schüler*innen in Förderschulen an allen
  Schüler*innen,
- die Integrationsquote als Anteil der Schüler*innen mit sonderpädagogischem
  Förderbedarf in allgemeinen Schulen an allen Schüler*innen und
- die Etikettierungsquote als Anteil der Schüler*innen mit sonderpädagogischem
  Förderbedarf, unabhängig vom besuchten Schultyp, an allen Schüler*innen.

Vor dem Hintergrund der juristischen Ansprüche inklusiver Bildung müssten

- die Exklusionsquoten massiv sinken, da die allgemeine Schule laut BRK diskri-
  minierungsfrei zugänglich wird,
- die Integrationsquoten aus dem gleichen Grund massiv ansteigen und
- die Etikettierungsquoten sinken, da die Heterogenität in Lerngruppen zunehmend zur Normalität wird – allerdings dürfte hier die problematische Ver-

bindung zwischen Etikettierung und Ressourcenzuweisung hemmend wirken (zum Ressourcen-Etikettierungs-Dilemma Wocken, 1996, Hinz & Köpfer, 2016).

Um Veränderungen in der Folge der BRK aufzeigen zu können, werden die Daten für die Bundesländer zwischen 2008/2009 mit dem Startpunkt ihrer Gültigkeit und 2014/2015 mit den jüngsten verfügbaren Daten verglichen. In den KMK-Statistiken lassen sich folgende Entwicklungen finden (Abb. 1):

- Im Einklang mit den Forderungen der BRK nimmt die Exklusionsquote in elf Bundesländern ab – in BE, BB, HB, HH, MV, NI, NW, SN, ST und TH. Dagegen nimmt sie in fünf Bundesländern zu (BY, BW, HE, RP und SL), davon in einem deutlich (BW). Bundesweit lässt sich mit 0,3 % lediglich ein leichter Abwärts-trend feststellen.
- In allen 16 Bundesländern finden sich teilweise erhebliche Zuwächse bei der Integrationsquote, bundesweit steigt sie um 1,3 %.
- Die Etikettierungsquote nimmt in elf Bundesländern in sehr unterschiedlichem Ausmaß zu, dagegen nimmt sie in fünf Ländern ab, neben HB sind dies die vier Bundesländer mit den aktuell höchsten Etikettierungsquoten: MV, ST, TH und BB. Bundesweit nimmt die Etikettierungsquote um 1,0 % zu.

Damit lässt sich für die ersten sechs Jahre ihrer Gültigkeit insgesamt ein Ergebnis feststellen, das den Anforderungen der BRK wenig entspricht: Der geforderte An-stieg der Integrationsquoten findet statt und wird von den Bildungsministerien immer wieder als Erfolgsmeldung berichtet. Dass aber gleichzeitig die Exklusions-quote nur leicht abnimmt und die Zunahme der Integrationsquote weitgehend auf eine Steigerung der Etikettierungsquote zurückgeht, ist bedenklich und taucht in der öffentlichen Berichterstattung nicht auf. Deutliche Schritte zu einem inklusiven Bildungssystem sind dies nicht – und auch von De-Segregation (Hinz, 2013, 2016) kann nicht die Rede sein, wenn die Exklusionsquote nur unwesentlich sinkt. Dies lässt den Schluss zu, dass sich an der Segregation im deutschen Bildungswesen so gut wie nichts geändert hat. Damit kommt Deutschland seiner Verpflichtung wenig nach, strukturell „geeignete Maßnahmen zu ergreifen, die zielgerichtet und wirksam sind, um ein inklusives Bildungssystem zügig aufzubauen (progressive Verwirklichung)" (DIMR, 2011, S. 2). Hier hat sich insgesamt zwar mehr Integra-tion entwickelt, die jedoch weitgehend auf vermehrte Etikettierungsprozesse bei unveränderter Segregation zurückgeht – und damit weitgehend Stagnation.

4.2.2 Qualitative Entwicklung laut den Aktionsplänen der Bundesländer zu Artikel 24

Qualitative Aspekte der Umsetzung der BRK lassen sich anhand der Aktionspläne des Bundes und der Länder von 2011 bis 2015 aufzeigen (ausführlich Hinz 2016).

Dass der Aktionsplan des Bundes unverbindlich bleibt, liegt an der Zuständigkeit der Länder für Bildung. Insofern bleibt er bei den pauschalen Feststellungen, dass der Gemeinsame Unterricht – offenbar mit inklusiver Bildung gleichgesetzt – in allen Ländern vorgesehen und häufig präferiert wird (BMAS, 2011, S. 47) und die KMK 2010 beschlossen hat, dass die „Inklusionsquote" erhöht werden soll (ebd., S. 48).

Insgesamt lässt sich mit der auf die Schule beschränkten Analyse der Aktionspläne von 15 Bundesländern (ohne Schleswig-Holstein, das unabhängig von der BRK ein Zehn-Jahres-Programm aufgestellt hat) feststellen, „dass

• durchaus unterschiedliche Verständnisse von Inklusion artikuliert werden, die sich von verengten sonderpädagogischen bis zu umfassenderen Verständnissen erstrecken, die allerdings auf der Ebene von Maßnahmen nicht durchgehalten werden und wieder in sonderpädagogische Verengungen zurückfallen,
• die neuen juristischen Verpflichtungen in unterschiedlichem Maß je nach Gusto des jeweiligen Bundeslandes bruchstückhaft dokumentiert, jedoch nicht konsequent benannt und bearbeitet werden,
• eine fundierte Problemanalyse des Status-Quo nirgends zu finden ist und so der Schluss nahe liegt, dass offenbar wenig Probleme wahrgenommen werden und
• eine angemessene Verbindlichkeit in den Aktionen ebenfalls nirgends realisiert wird, indem bis auf wenige Ausnahmen weder zeitliche noch inhaltliche Zielpunkte benannt werden – denn so würden (Selbst-)Verpflichtungen definiert" (Hinz, 2016, S. 75 f.).

Wie weit die aus Sicht der BRK weitgehend inadäquaten Ausführungen in den Aktionsplänen der Länder aus Unwissenheit über die Kriterien für deren Formulierung resultieren oder auch mit dem Interesse an der Aufrechterhaltung des tradierten Systems erklärbar sind, muss hier offen bleiben. Jedenfalls vermisst auch der zuständige UN-Ausschuss für Menschen mit Behinderungen in den Aktionsplänen „die konsequente Verfolgung eines konventionskonformen, menschenrechtsbasierten Ansatzes" (VN, 2015, S. 2).

4.2.3 Erste Staatenprüfung – Besorgnisse und Empfehlungen

Deutschland ist 2015 zu einer ersten Staatenprüfung aufgefordert. Neben zehn Zeilen der Anerkennung bekommt der Vertragsstaat Deutschland in den „Abschießenden Bemerkungen" des VN-Ausschusses 14 Seiten Besorgnisse und Empfehlungen rückgemeldet. Auf Art. 24 reagiert der VN-Ausschuss mit folgenden Formulierungen: „Der Ausschuss ist besorgt darüber, dass der Großteil der Schülerinnen und Schüler mit Behinderungen in dem Bildungssystem des Vertragsstaats segregierte Förderschulen besucht. Der Ausschuss empfiehlt dem Vertragsstaat,

a) umgehend eine Strategie, einen Aktionsplan, einen Zeitplan und Zielvorgaben zu entwickeln, um in allen Bundesländern den Zugang zu einem qualitativ hochwertigen, inklusiven Bildungssystem herzustellen, einschließlich der notwendigen Finanzmittel und des erforderlichen Personals auf allen Ebenen;

b) im Interesse der Inklusion das segregierte Schulwesen zurückzubauen, und empfiehlt, dass Regelschulen mit sofortiger Wirkung Kinder mit Behinderungen aufnehmen, sofern dies deren Willensentscheidung ist;

c) dafür Sorge zu tragen, dass auf allen Bildungsebenen angemessene Vorkehrungen bereitgestellt werden und vor Gericht rechtlich durchsetzbar und einklagbar sind;

d) die Schulung aller Lehrkräfte auf dem Gebiet der inklusiven Bildung sowie die erhöhte Barrierefreiheit des schulischen Umfelds, der Schulmaterialien und der Lehrpläne und die Bereitstellung von Gebärdensprache in den regulären Bildungseinrichtungen, einschließlich für Postdoktoranden, sicherzustellen" (VN-Ausschuss 2015, S. 8 f.).

Interessanterweise findet sich im Internet im Februar 2016 ein Dokument ohne Autorenschaft, in dem Deutschland zu den Abschließenden Bemerkungen Stellung bezieht (o. V., 2016): Dort wird der negativen Konnotation von Segregation mit dem Argument widersprochen, dass diese Konnotation nur legitimiert wäre, wenn sie zwangsweise gegen den Willen des Betreffenden und seiner Erziehungsberechtigten erfolgt (so, wie es juristisch seit 1938 in Deutschland mit der Pflicht zum Besuch der Sonderschule der Fall war; Anmerkung d. Verf.). Ansonsten könnten jedoch vorhandene Ressourcen nur in dem Maß von Förderschulen in allgemeine Schulen verlagert werden, wie dies dem Elternwillen entspreche (ebd., S. 3). Diese Aussagen werden wiederum von zahlreichen Inklusionsforscher*innen als „grundlegende menschenrechtliche Fehleinschätzungen" kritisiert, da das Menschenrecht des Kindes „nicht zur Disposition der Eltern" steht, sondern das Agieren der Eltern an das Wohl des Kindes gebunden ist – und somit an die Realisierung seiner Menschenrechte (Politik ohne Aussonderung, 2016).

4.2.4 Zwischenfazit

Zur Umsetzung der BRK lässt sich festhalten, dass das deutsche Schulsystem in den acht Jahren ihrer Gesetzeskraft weitgehend nach dem Motto ‚weiter wie bisher' (re-)agiert hat. Dass dieses den strukturellen Prinzipien von Homogenisierung und Segregation folgende System gegenüber dem menschenrechtlichen Ansatz auf diskriminierungsfreien Zugang ignorierend reagiert, kann nicht überraschen. Dass es stattdessen rekontexualisierend mit einer Rhetorik von mehr Gemeinsamem Unterricht agiert, der weitgehend über vermehrte Etikettierung zustande kommt, und den Förderschulbereich nur in wenigen Bundesländern rückbaut, erscheint ebenfalls logisch. Es ist interessant, wie sich die Auseinandersetzung um einen menschenrechtlichen Zugang und die bildungspolitische Ignoranz ihm gegenüber fortsetzen wird. Erwartbar ist wohl eine zunehmende Schärfe, die sich in aktuellen Dokumenten andeutet: Bei der Integration im 20. Jahrhundert ging es vorwiegend um Nischen in der allgemeinen Schule für artikulationsfähige Eltern und ihre Kinder, aktuell geht es um einen allgemeinen menschenrechtlich begründeten Zugang, der rechtlich abgesichert und mit Beschwerde- und Klagemöglichkeiten versehen werden müsste – und da sind härtere Kontroversen vorprogrammiert.

5. Forschungsergebnisse zum Gemeinsamen Unterricht seit den 1980er Jahren

Im Zuge der Integrationsentwicklung seit den Modellversuchen der 1980er Jahre wurde eine Vielzahl von Forschungsvorhaben realisiert, die durchaus als anregende Folie für aktuelle Untersuchungen genutzt werden können, wenngleich weitgehend die Differenzlinie Beeinträchtigung im Vordergrund stand. Im Folgenden werden vergröbernd wesentliche Linien der Ergebnisse skizziert (zum Überblick Hinz, 1993, Hildeschmidt & Schnell, 1998, Eberwein & Knauer, 2002, Hinz, 2008, Textor, 2015). Dabei spielt sicherlich eine Rolle, dass es sich teilweise um Schulversuche handelt, teils ist dies jedoch auch nicht der Fall – und auf einen kritischen forschungsmethodischen Blick muss ebenfalls verzichtet werden.

Zahlreiche Untersuchungen widmen sich der *Leistungsentwicklung*, da sie eine zentrale Legitimationsfrage darstellt. Dazu werden Vergleichsuntersuchungen sowohl innerschulisch zwischen integrativen und nicht integrativen Parallelklassen als auch interschulisch (Schulen in vergleichbarem sozialem Umfeld) durchgeführt, die sich meist auf Lesen, Schreiben und Rechnen beziehen. Als durchgehende Linie lässt sich das Ergebnis festhalten, dass es eine vergleichbare Leistungsentwicklung nichtbehinderter Kinder gibt. Auch hochbegabte Kinder haben keine Nachteile von integrativer Bildung, allerdings erreichen ,schulschwache' Kinder tendenziell bessere Leistungen. Wocken (1999) fasst dieses Ergebnis als „Patt der Systeme" zusammen – was auch dem Ergebnis der Vergleichsuntersuchungen zwischen gegliedertem System und Gesamtschulen in den 1970er Jahren entspricht.

Eine Reihe von Untersuchungen vergleicht die *Entwicklung ,leistungsschwacher Kinder'* in Grund- und Förderschulen, die sich teilweise auf Klassen ohne spezifische Ausstattung sowie ein Schweizer Präventionsmodell beziehen. Hier zeigt sich wiederum, dass die Leistungsentwicklung in der Grundschule deutlich positiver ist, sogar ohne sonderpädagogische Unterstützung. Es finden sich keine Untersuchungen, die eine längerfristig günstigere Leistungsentwicklung behinderter Kinder in Förderschulen nachweisen können; insbesondere beim Förderschwerpunkt Lernen zeigen sich deutliche Vorteile für die allgemeine Schule (Wocken, 2005, Kocaj u. a., 2014). Die sozial-emotionale Situation gestaltet sich dagegen weniger eindeutig, teils erscheint sie in der allgemeinen, teils in der Förderschule günstiger;

eine an individueller Förderung ausgerichtete ‚Heilpädagogische Schülerhilfe‘ in der Schweiz trägt allerdings bei additiver Gestaltung zu einem negativeren Selbstbild und Wohlbefinden bei.

Bei Untersuchungen *zur Entwicklung von Schüler*innen mit sonderpädagogischem Förderbedarf* zeigt sich eine starke Abhängigkeit von praktizierten Unterrichtsstilen, agierenden Personen und ihren Haltungen, die durchaus in Einzelfällen auch Prozesse des Scheiterns einschließen können. Dennoch gibt es eine Vielzahl positiver Verläufe, insbesondere in überraschender Weise beim Förderschwerpunkt geistige Entwicklung, aber auch bei den Schwerpunkten Sehen und Hören. Solche Ergebnisse werfen kritische Rückfragen zur Konstruktion von geistiger Behinderung auf, die zu der Vermutung führen, dass sie weniger mit (nicht vorhandenen) Potenzialen so bezeichneter Personen, sondern mehr mit Rahmenbedingungen, Erwartungshorizonten und zukünftigen Perspektiven zu tun hat (Boban & Hinz, 1993). Vor allem in der Sekundarstufe I kommt es mitunter zu (Pubertäts-) Krisen, die jedoch in vielen Fällen bis zum Abschluss der Sek I nach Klasse 10 überwunden werden können (Köbberling & Schley, 2000).

Zahlreiche *soziometrische Untersuchungen* zu Sympathiestrukturen weisen darauf hin, dass Schüler*innen mit sonderpädagogischem Förderbedarf im gesamten Spektrum sozialer Rollen vorkommen (Star bis Außenseiter), das soziale Netz mit aufsteigender Klassenstufe in der Primarstufe dichter wird und die größte Ablehnung bei aggressiv ausagierten Lern- und Verhaltensproblemen erfolgt (Maikowski & Podlesch, 2002). Zudem widmen sich zwei Untersuchungen Befragungen von Schüler*innen in verschiedenen Schulformen der *Sozialen Distanz*, die zum einen eine klare Rangfolge zunehmender Distanz zu den ‚Abweichungen‘ Lernbehinderung, Körperbehinderung, Ausländerstatus, Geistige Behinderung und Verhaltensstörung sowie eine größere Distanz bei Jungen als bei Mädchen zeigen und zudem erwartungsgemäß die geringste soziale Distanz in Integrationsklassen, allerdings auch erwartungswidrig eine mittlere in Grund-, Gesamt-, Hauptschulen und Gymnasien und die höchste Distanz in Förderschulen feststellen (Wocken, 1993). Durch den Vergleich zwischen Schüler*innen mit Förderbedarf in allgemeinen und Förderschulen wird deutlich, dass es sich um einen Systemeffekt und nicht um einen Personeneffekt handelt (Preuss-Lausitz, 1998).

Ein größerer Grundschulversuch in Hamburg zielt auf die *Integration in sozialen Brennpunkten* und bringt diverse Ergebnisse hervor (Hinz u. a., 1998). Zusammenfassend lässt sich sagen, dass die Grundschule auch in sozialen Brennpunkten bei Kindern mit Entwicklungserschwernissen auf Überweisungen in Förderschulen verzichten kann. Die Leistungsentwicklung zeigt mehr Gemeinsamkeiten als Unterschiede zwischen integrativ und nicht integrativ ausgestatteten Schulen; entscheidend ist die Kultur der einzelnen Schule. Gleiches gilt für die sozial-emotionale Situation der Kinder. Die Kooperation der Pädagog*innen verdichtet sich im Verlauf der vier Grundschuljahre, es kommt nur zu wenigen Abbrüchen. Eine große Herausforderung in vielen Klassen bildet die hohe Fluktuation von Kindern.

Es kommt nicht zur teilweise erhofften Reduzierung des sonderpädagogischen Förderbedarfs am Ende der 4. Klasse; daher erfolgen auch Übergänge von Kindern in Förderschulen, da behördlich keine Fortsetzung in der Sek I geplant worden ist. Bedeutsam erscheint die explizite Einladung der Schulbehörde zur Weiterentwicklung der einzelnen Schulen vor Ort – aktuell als inklusive Perspektive zu bezeichnen: So entwickelt sich eine integrative Schule als gesunde, multikulturelle, jahrgangsübergreifend strukturierte Nachbarschaftsschule im Stadtteil weiter (Hinz, 1998).

Mit dieser Skizzierung kann eine durchaus reichhaltige Ergebnislage der integrationspädagogischen Entwicklung aufgezeigt werden, die es im inklusiven Kontext wahrzunehmen, an sie anzuknüpfen gilt und die intersektional weiterzuentwickeln sich lohnen würde.

6.   Aktuelle Forschungsschwerpunkte und Ausblick

Wie Preuss-Lausitz (2015) eruiert, werden in 14 von 16 Bundesländern im Kontext der Umsetzung der BRK wissenschaftliche Untersuchungen in sehr unterschiedlichem Ausmaß und mit entsprechend verschiedenem Fokus realisiert; hier kann jedoch nicht von einem bundesweit koordinierten Forschungsprogramm gesprochen werden, das erst später mit den Vorgaben der Qualitätsoffensive des Bundesforschungsministeriums erfolgt. Bei den in Auftrag gegebenen Untersuchungen finden sich viele Aspekte, die bereits in der Integrationsforschung bearbeitet wurden und daher auch auf sie bezogen werden können:

- Inklusiver Unterricht,
- Inklusive Schulentwicklung, Schulprogramme, Steuerung,
- Diagnostik und diagnostische Verfahren,
- Lern- und Sozialentwicklung der Schüler*innen,
- Erfahrungen/Einstellungen von Schüler*innen, Lehrkräften, Schulleitungen, Eltern, Berater*innen,
- Teamarbeit und Kooperation der beteiligten Professionen,
- Evaluation der Fortbildung von Lehrkräften, Beratung etc. sowie
- Vernetzung mit außerschulischen Unterstützungssystemen.

Es dürfte interessant werden, wie weit die Inklusionsforschung in dieser neuen Phase auf vorangegangene Untersuchungen aufbaut, den gebotenen menschenrechtlich begründeten Zugang berücksichtigt und wie weit sie sich – damit verbunden – der notwendigen Bedingung einer intersektionalen Anlage stellt; andernfalls handelte es sich um alten, u. U. guten integrativen Wein in neuen inklusiven Schläuchen.

Mit einer Portion Subjektivität lässt sich die aktuelle Situation folgendermaßen einschätzen und daraus Entwicklungstrends sowie Brennpunkte künftiger Entwicklung ableiten:

- Quantitativ sind mit den Statistiken der KMK in den Bundesländern graduell unterschiedliche Entwicklungen feststellbar, die weitgehend der Tendenz zur Steigerung der Integrationsquoten und stagnierende Exklusionsquoten folgen. Involviert sind dabei vor allem Grund- und Gemeinschaftsschulen, während Gymnasien in vielen Bundesländern bestenfalls zielgleichen Gemeinsamen Unterricht entwickeln. Das bildungspolitisch postulierte, mit der BRK nicht konform gehende Elternwahlrecht verlangsamt einen Rückbau segregierter sonderpädagogischer Unterstützung. Des Weiteren fehlt weitgehend eine Steuerung, die den weiteren Anstieg von Etikettierungen verhindert.
- Qualitativ lässt sich zusammenfassend feststellen, dass offenbar die (Aktions-) Planungen zur Umsetzung der BRK vorwiegend strukturell konservativ und wenig prozessorientiert ausgerichtet sind. Dennoch gibt eine Elternbefragung die Tendenzmeldung, dass sie mit „inklusiven Klassen" – ein problematischer Begriff, der an integrative Klassen anschließt, wogegen die Schule als Ganze inklusiv gefragt ist – tendenziell zufriedener sind als mit anderen (vgl. Bertelsmann, 2015). Dagegen zeigen sich Lehrer*innen in erheblichen Anteilen als skeptisch bis ablehnend und artikulieren das deutliche Gefühl ungenügender Vorbereitung; gleichzeitig äußern sie in breiter Übereinstimmung den Wunsch nach Doppelbesetzung im inklusiven Unterricht (vgl. Forsa, 2015). Zudem erweisen sich die bisherigen Konzeptionierungen für die Fortbildung als eher wenig funktional, da sie in großen Teilen punktuell und eher sonderpädagogisch orientiert sind (Amrhein & Badstieber, 2013).

Brennpunkte zukünftiger Entwicklung dürften vor allem die folgenden vier Aspekte werden:

- Es gilt systemisch orientierte Unterstützungssysteme zu entwickeln, die sich nicht auf den Aspekt sonderpädagogischen Förderbedarfs und eine entsprechend konstruierte Zielgruppe beschränken, sondern bestehende Bedarfe im ganzen Spektrum pädagogisch relevanter Heterogenitätsdimensionen aufnehmen.
- Weiter sind innerschulische Strukturen mit multiprofessionellen Teams zu entwickeln, zu denen nicht nur Lehrkräfte, sondern weitere pädagogische Professionen gehören.
- Zudem gilt es einen Übergang von der weitere Etikettierung provozierenden individuellen zu einer pauschalen Ressourcenzuweisung nach Schüler*innenzahl zu gestalten, in die Sozialindikatoren eingehen, so dass unterschiedlichen Bedarfen je nach sozialem Umfeld angemessener entsprochen werden kann.

- Schließlich gilt es in der weiteren Steuerung inklusiver Entwicklung verschiedene Heterogenitätsdimensionen zu berücksichtigen und damit von einer weitgehenden Integrations- zu einer Inklusionsentwicklung zu kommen.

Von der Gestaltung dieser vier Brennpunkte dürfte es vor allem abhängen, wie weit inklusive Bildung auf der Systemebene erfolgreich entwickelt werden kann – und dazu sind in der Tat Veränderungen des Systems nötig. Sie würden den vielen Schulen, die mit hohem Kraftaufwand und wenig angemessener Unterstützung durch die Bildungsverwaltung bereits vielfältige, auch didaktisch erfolgreiche Schritte im Sinne des kooperativen Lernens (Vanier & Wendt, 2014) oder des pluralistischen und expansiven Lernens (Hinz, 2014) auf dem Weg zur inklusiven Bildung gehen, inklusive Entwicklungen deutlich leichter machen (Boban & Hinz, 2015a, 2016a).

Literatur

Aichele, V. (2010). Das Recht auf inklusive Bildung gemäß Artikel 24 der UN-Behindertenrechtskonvention: Inhalt und Wirkung. In A. Hinz, I. Körner & U. Niehoff (Hrsg.), *Auf dem Weg zur Schule für alle. Barrieren überwinden – inklusive Pädagogik entwickeln* (11–25). Marburg: Lebenshilfe.

Amrhein, B. & Badstieber, B. (2013). *Lehrerfortbildungen zur Inklusion – eine Trendanalyse*. Gütersloh: Bertelsmann Stiftung. Verfügbar unter: http://www.jakobmuthpreis.de/uploads/tx_itao_download/Lehrerfortbildung_Inklusion.pdf [29.08.2015].

Bertelsmann Stiftung (2014). *Update Inklusion – Datenreport zu den aktuellen Entwicklungen*. Gütersloh: Bertelsmann Stiftung. Verfügbar unter: http://www.bertelsmann-stiftung.de/fileadmin/files/BSt/Publikationen/GrauePublikationen/Studie_IB_Update_Inklusion_2014.pdf [29.08.2015].

Bertelsmann Stiftung (2015). *Wie Eltern Inklusion sehen: Erfahrungen und Einschätzungen*. Gütersloh (Bertelsmann Stiftung). Verfügbar unter: https://www.bertelsmann-stitung.de/fileadmin/files/BSt/Publikationen/GrauePublikationen/IB_Studie_Elternbefragung_Inklusion_in_Deutschland.pdf [28.05.2016].

BMAS (Bundesministerium für Arbeit und Soziales) (2011). *Unser Weg in eine inklusive Gesellschaft. Der Nationale Aktionsplan der Bundesregierung zur Umsetzung der UN-Behindertenrechtskonvention*. Berlin: BMAS. Verfügbar unter: http://www.einfach-teilhaben.de/SharedDocs/Downloads/DE/StdS/UN_BRK/NAP.pdf?__blob=publicationFile [13.09.2015].

Boban, I. & Hinz, A. (1993). Geistige Behinderung und Integration. Überlegungen zum Verständnis der ‚Geistigen Behinderung' im Kontext integrativer Erziehung. *Zeitschrift für Heilpädagogik, 44,* 327–340.

Boban, I. & Hinz, A. (Hrsg.) (2003). *Index für Inklusion. Lernen und Teilhabe in der Schule der Vielfalt entwickeln*. Halle (Martin-Luther-Universität). Verfügbar unter: http://www.eenet.org.uk/resources/docs/Index%20German.pdf [28.05.2016].

Boban, I. & Hinz, A. (2011). „Index für Inklusion" – ein breites Feld von Möglichkeiten zur Umsetzung der UN-Konvention. In P. Flieger & V. Schönwiese (Hrsg.), *Menschenrechte – Integration – Inklusion. Aktuelle Perspektiven aus der Forschung* (169–175). Bad Heilbrunn: Klinkhardt.

Boban, I. & Hinz, A. (Hrsg.) (2015a). *Erfahrungen mit dem Index für Inklusion. Kindertages-einrichtungen und Grundschulen auf dem Weg*. Bad Heilbrunn: Klinkhardt.

Boban, I. & Hinz, A. (2015b). Der Index für Inklusion – eine Einführung. In I. Boban & A. Hinz (Hrsg.), *Erfahrungen mit dem Index für Inklusion. Kindertageseinrichtungen und Grundschulen auf dem Weg* (11–41). Bad Heilbrunn: Klinkhardt.

Boban, I. & Hinz, A. (Hrsg.) (2016a). *Arbeit mit dem Index für Inklusion. Entwicklungen in weiterführenden Schulen und in der Lehrerbildung*. Bad Heilbrunn: Klinkhardt.

Boban, I. & Hinz, A. (2016b). Das Ringen um Inklusion und Entwicklungen mit dem Index. In I. Boban & A. Hinz, *Arbeit mit dem Index für Inklusion. Entwicklungen in weiterführenden Schulen und in der Lehrerbildung* (15–49). Bad Heilbrunn: Klinkhardt.

Boban, I. & Hinz, A. (Hrsg.) (2017a). *Inklusive Bildungsprozesse gestalten. Nachdenken über Horizonte, Spannungsfelder und mögliche Schritte*. Seelze: Klett Kallmeyer.

Boban, I. & Hinz, A, (2017b). Das Inklusionsverständnis und seine Bedeutung für die Entwicklung von Bildungsprozessen. In I. Boban & A. Hinz (Hrsg.), *Inklusive Bildungsprozesse gestalten – Nachdenken über Horizonte, Spannungsfelder und mögliche Schritte* (32–50). Seelze: Klett Kallmeyer.

Booth, T. (2008). Ein internationaler Blick auf inklusive Bildung: Werte für alle? In A. Hinz, I. Körner & U. Niehoff (Hrsg.), *Von der Integration zur Inklusion. Grundlagen – Perspektiven – Praxis* (53–73). Marburg: Lebenshilfe.

Booth, T., Ainscow, M. & Kingston, D. (2006). *Index für Inklusion (Tageseinrichtungen). Lernen, Partizipation und Spiel in der inklusiven Kindertageseinrichtung entwickeln*. Frankfurt am Main: GEW. Verfügbar unter: http://www.eenet.org.uk/resources/docs/ Index%20EY%20German2.pdf [28.05.2016].

Brokamp, B. (2012). Qualifizierte Begleitung inklusiver Schulentwicklung. In V. Moser (Hrsg.), *Die inklusive Schule – Standards für die Umsetzung* (62–70). Stuttgart: Kohlhammer.

Dannenbeck, C. & Hinz, A. (2017). Das Politische (in) der Gestaltung inklusionsorientierter Bildungsprozesse. In I. Boban & A. Hinz (Hrsg.), *Inklusive Bildungsprozesse gestalten – Nachdenken über Horizonte, Spannungsfelder und mögliche Schritte* (52–69). Seelze: Klett Kallmeyer.

Deppe-Wolfinger, H., Prengel, A. & Reiser, H. (1990). *Integrative Pädagogik in der Grundschule. Bilanz und Perspektiven der Integration behinderter Kinder in der Bundesrepublik Deutschland 1976–1988*. München: DJI.

DIMR (Deutsches Institut für Menschenrechte) (2011). *Eckpunkte zur Verwirklichung eines inklusiven Bildungssystems (Primarstufe und Sekundarstufen I und II). Empfehlungen an die Länder, die Kultusministerkonferenz (KMK) und den Bund*. Berlin: DIMR. Verfügbar unter: http://www.institut-fuer-menschenrechte.de/uploads/tx_commerce/stellungnahme_der_monitoring_ stelle_eckpunkte_z_verwirklichung_eines_inklusiven_bildungssystems_31_03_2011.pdf [30.08.2015].

Eberwein, H. & Knauer S. (Hrsg.) (2002). *Integrationspädagogik. Kinder mit und ohne Beeinträchtigung lernen gemeinsam*. 6. Aufl. Weinheim/Basel: Beltz.

Forsa (2015). *Inklusion an Schulen aus Sicht der Lehrerinnen und Lehrer – Meinungen, Einstellungen und Erfahrungen*. Berlin (forsa). Verfügbar unter: http://www.vbe.de/index. php?eID=tx_nawsecuredl&u=0&g=0&t=1464527290&hash=571b58f4f4a5d45d8a71cc 1ff8b6350bab25450c&file=fileadmin/vbe-pressedienste/Studien/Inklusion_Ergebnisse_-_Bund.pdf [28.05.2016].

Gebhardt, I. & Gredler, A. (2015). Der Index als Basis für Vernetzung von Bildungseinrichtungen und die inklusive Entwicklung der Gemeinde In I. Boban & A. Hinz (Hrsg.), *Erfahrungen mit dem Index für Inklusion. Kindertageseinrichtungen und Grundschulen auf dem Weg* (126–134). Bad Heilbrunn: Klinkhardt.

GEW (Gewerkschaft Erziehung und Wissenschaft) (Hrsg.) (2015). *Index für Inklusion in Kindertageseinrichtungen: Gemeinsam leben, spielen und lernen.* Frankfurt am Main: GEW.

Gummich, J. & Feige, J. (2013). Inklusion – ein menschenrechtlicher Auftrag. *Betrifft Mädchen, 26,* 148–154.

Gummich, J. & Hinz, A. (2017). Inklusion – Strategie zur Realisierung von Menschenrechten. In I. Boban & A. Hinz (Hrsg.), *Inklusive Bildungsprozesse gestalten – Nachdenken über Horizonte, Spannungsfelder und mögliche Schritte* (16–30). Seelze: Klett Kallmeyer.

Hildeschmidt, A. & Schnell, I. (Hrsg.) (1998). *Integrationspädagogik. Auf dem Weg zu einer Schule für alle.* Weinheim/München: Juventa.

Hinz, A. (1993). *Heterogenität in der Schule.* Hamburg: Curio. Verfügbar unter: http://bidok. uibk.ac.at/library/hinz-heterogenitaet_schule.html [28.05.2016].

Hinz, A. (1998). Pädagogik der Vielfalt – ein Ansatz auch für Schulen in Armutsgebieten? Überlegungen zu einer theoretischen Weiterentwicklung. In A. Hildeschmidt & I. Schnell (Hrsg.), *Integrationspädagogik. Auf dem Weg zu einer Schule für alle* (127–144). Weinheim/München: Juventa.

Hinz, A. (2002). Von der Integration zur Inklusion – terminologisches Spiel oder konzeptionelle Weiterentwicklung? *Zeitschrift für Heilpädagogik, 53,* 354–361.

Hinz, A. (2004). Vom sonderpädagogischen Verständnis der Integration zum integrationspädagogischen Verständnis der Inklusion!? In I. Schnell & A. Sander (Hrsg.), *Inklusive Pädagogik* (41–74). Bad Heilbrunn: Klinkhardt.

Hinz, A. (2008). Inklusion – historische Entwicklungslinien und internationale Kontexte. In A. Hinz, I. Körner & U. Niehoff (Hrsg.), *Von der Integration zur Inklusion. Grundlagen – Perspektiven – Praxis* (33–52). Marburg: Lebenshilfe.

Hinz, A. (2013). Inklusion – von der Unkenntnis zur Unkenntlichkeit?! Kritische Anmerkungen zu zehn Jahren Diskurs zur schulischen Inklusion. *Inklusion Online – Zeitschrift für Inklusion.* H. 1. Verfügbar unter: http://www.inklusion-online.net/index.php/inklusion-online/article/view/26/26 [29.08.2015].

Hinz, A. (2014). Einführung – Was ist Inklusion? In M. Klein-Landeck (Hrsg.), *Inklusions-Material Englisch. Klasse 5–10* (6–21). Berlin: Cornelsen.

Hinz, A. (2016). Umsetzung der UN-Behindertenrechtskonvention im Schulsystem – Segregation und „Integration plus" statt Inklusion!? In U. Böing & A. Köpfer (Hrsg.), *Be-Hinderung der Teilhabe. Soziale, politische und institutionelle Herausforderungen inklusiver Bildungsräume* (60–81). Bad Heilbrunn: Klinkhardt.

Hinz, A., Boban, I., Gille, N., Kirzeder, A., Laufer, K. & Trescher, E. (2013). *Entwicklung der Ganztagsschule auf der Basis des Index für Inklusion. Bericht zur Umsetzung des Investitionsprogramms „Zukunft Bildung und Betreuung" im Land Sachsen-Anhalt.* Bad Heilbrunn: Klinkhardt.

Hinz, A. & Jesumann, C. (2010). Eine Region macht sich verstärkt auf den inklusiven Weg – der Kreis Schleswig-Flensburg und die Stadt Flensburg. In A. Hinz, I. Körner & U. Niehoff (Hrsg.), *Auf dem Weg zur Schule für alle. Barrieren überwinden – inklusive Pädagogik entwickeln* (228–238). Marburg: Lebenshilfe.

Hinz, A., Katzenbach, D., Rauer, W., Schuck, K.D., Wocken, H. & Wudtke, H. (1998). *Die Integrative Grundschule im sozialen Brennpunkt. Ergebnisse eines Hamburger Schulversuchs.* Hamburg: Feldhaus.

Hinz, A. & Köpfer, A. (2016). Unterstützung trotz Dekategorisierung? Beispiele für Unterstützung durch Dekategorisierung. *VHN, 85,* 36–47.

Hinz, A. & Kruschel, R. (2017). *Entwicklung schulischer Inklusion auf Landesebene. Eine Untersuchung am Beispiel eines Unterstützungssystems in Schleswig-Holstein.* Bad Heilbrunn: Klinkhardt (in Vorbereitung).

Kocaj, A., Kuhl, P. Kroth, A.J., Pant, H.A. & Stanat, P. (2014): Wo lernen Kinder mit sonderpädagogischem Förderbedarf besser? Ein Vergleich schulischer Kompetenzen zwischen Regel- und Förderschulen in der Primarstufe. *Kölner Zeitschrift für Soziologie und Sozialpsychologie 66,* 165–191.

KMK (2011). *Inklusive Bildung von Kindern und Jugendlichen mit Behinderungen in Schulen. Beschluss der KMK vom 20.10.2011.* Verfügbar unter: www.kmk.org/fileadmin/… /2011/2011_10_20-Inklusive-Bildung.pdf [28.07.2015].

KMK (2016). *Sonderpädagogische Förderung in Schulen 2005 bis 2014.* Dokumentation 210, Februar 2016. Verfügbar unter: https://www.kmk.org/fileadmin/Dateien/pdf/Statistik/ Dokumentationen/Dok_210_SoPae_2014.pdf [28.05.2016].

Köbberling, A. & Schley, W. (2000). *Sozialisation und Entwicklung in Integrationsklassen. Untersuchungen zur Evaluation eines Schulversuchs in der Sekundarstufe.* Weinheim/ München: Juventa.

Maikowski, R. & Podlesch, W. (2002): Zur Sozialentwicklung von Kindern mit und ohne Behinderung. In H. Eberwein & S. Knauer (Hrsg.), *Integrationspädagogik. Kinder mit und ohne Beeinträchtigung lernen gemeinsam* (226–238), 6. Aufl. Weinheim/Basel: Beltz.

Missling, S. & Ückert, O. (2014). *Inklusive Bildung. Schulgesetze auf dem Prüfstand.* Berlin: DIMR. Verfügbar unter: http://www.institut-fuer-menschenrechte.de/uploads/tx_commerce/Vorabfassung_Studie_Inklusive_Bildung_Schulgesetze_auf_dem_Pruefstand. pdf [28.05.2016].

MSJG (Montag Stiftung Jugend und Gesellschaft) (Hrsg.) (2011). *Inklusion vor Ort. Kommunaler Index für Inklusion – ein Praxishandbuch.* Berlin: Deutscher Verein für öffentliche und private Fürsorge.

o. V. (ohne Verfasser*in) (2016). *German Statement concerning the Draft General Comment on Article 24 CRPD.* Verfügbar unter: http://www.ohchr.org/Documents/HRBodies/ CRPD/GC/RighttoEducation/Germany.pdf [23.02.2016].

Politik gegen Aussonderung (2016). *Gegenentwurf zur gemeinsamen Stellungnahme von Bund und Ländern unter Mitwirkung der Kultusministerkonferenz (KMK) an das Büro des Hochkommissars für Menschenrechte in Genf vom 15.01.2016.* Verfügbar unter: http:// www.politik-gegen-aussonderung.net/index.php/gegenentwurf-zur-stellungnahme-von-bund-laendern-und-kmk-an-das-buero-des-hochkommissars-fuer-menschen-rechte-in-genf [23.02.2016].

Prengel, A. (1993). *Pädagogik der Vielfalt.* Opladen: Leske+Budrich.

Preuss-Lausitz, U. (1998). Bewältigung von Vielfalt – Untersuchungen zu Transfereffekten gemeinsamer Erziehung. In A. Hildeschmidt & I. Schnell (Hrsg.), *Integrationspädagogik. Auf dem Weg zu einer Schule für alle* (223–240). Weinheim/München: Juventa.

Preuss-Lausitz, U. (2005). Entwicklungslinien und Zukunftsperspektiven der Integrationspädagogik. Es ist normal verschieden zu sein – aber was folgt daraus? *Sonderpädagogische Förderung, 50,* 70–80.

Preuss-Lausitz, U. (2015). Wissenschaftliche Begleitungen der Wege zur inklusiven Schulentwicklung in den Bundesländern – Versuch einer Übersicht. In I. Schnell (Hrsg.), *Herausforderung Inklusion. Theoriebildung und Praxis* (402–430). Bad Heilbrunn: Klinkhardt.

Reiser, H. (1991). Wege und Irrwege zur Integration. In A. Sander & P. Raidt (Hrsg.), *Integration und Sonderpädagogik* (13–33). St. Ingbert: Röhrig.

Riedel, E. (2010). *Gutachten zur Wirkung der internationalen Konvention über die Rechte von Menschen mit Behinderung und ihres Fakultativprotokolls auf das deutsche Schulsystem. Zusammenfassung der wichtigsten Ergebnisse.* Verfügbar unter: http://www.gemeinsam-leben-nrw.de/sites/default/files/Gutachten_Zusammenfassung_0.pdf [12.09.2015].

Saldern, M. v. (2013). Inklusion ist auf dem Weg. In M. v. Saldern (Hrsg.), *Inklusion II. Der Umgang mit besonderen Merkmalen* (7–20). Norderstedt: Books on Demand.

Sander, A. (2003). Von Integrationspädagogik zu Inklusionspädagogik. *Sonderpädagogische Förderung, 48,* 313–329.

Textor, A. (2015). *Einführung in die Inklusionspädagogik.* Bad Heilbrunn: Klinkhardt.

United Nations (2006). *UN-Convention on the Rights of Persons with Disabilities.* Verfügbar unter: http://www.un.org/disabilities/convention/conventionfull.shtml [28.07.2015].

United Nations (2016). *Convention on the Rights of Persons with Disabilities. General comment No. 4 (2016): Article 24: Right to inclusive education.* Verfügbar unter: http://www.ohchr.org/EN/HRBodies/CRPD/Pages/GC.aspx [07.10.2016].

Vanier, D. & Wendt, P. (Hrsg) (2014). *Die inklusive Schule hier und jetzt. Anregungen, Alltagserfahrungen und Ausblicke.* Braunschweig: Westermann.

VN (Vereinte Nationen) – Ausschuss für die Rechte von Menschen mit Behinderungen (2015). *Abschließende Bemerkungen über den ersten Staatenbericht Deutschlands.* Übersetzung des Deutschen Instituts für Menschenrechte. Verfügbar unter: http://www.institut-fuer-menschenrechte.de/fileadmin/user_upload/PDF-Dateien/UN-Dokumente/CRPD_Abschliessende_Bemerkungen_ueber_den_ersten_Staatenbericht_Deutschlands_ENTWURF.pdf [26.07.2015].

Wocken, H. (1993). Bewältigung von Andersartigkeit. Untersuchungen zur Sozialen Distanz in verschiedenen Schulen. In P. Gehrmann & B. Hüwe (Hrsg.), *Forschungsprofile der Integration von Behinderten* (86–106). Bochumer Symposion 1992. Essen: Neue Deutsche Schule.

Wocken, H. (1996). Sonderpädagogischer Förderbedarf als systemischer Begriff. *Sonderpädagogik, 26,* 34–38.

Wocken, H. (1999). Schulleistungen in heterogenen Lerngruppen. In H. Eberwein (Hrsg.), *Integrationspädagogik. Kinder mit und ohne Behinderung lernen gemeinsam. Ein Handbuch* (315–320). 5. Aufl. Weinheim/Basel: Beltz.

Wocken, H. (2005). *Andere Länder, andere Schüler? Vergleichende Untersuchungen von Förderschülern in den Bundesländern Brandenburg, Hamburg und Niedersachsen (Forschungsbericht).* Verfügbar unter: http://bidok.uibk.ac.at/download/wocken-forschungsbericht.pdf [24.07. 2007].

Wocken, H. (2011). Über die Entkernung der Behindertenrechtskonvention. Ein deutsches Drama in 14 Akten, mit einem Vorspiel und einem Abgesang. *Inklusion online – Zeitschrift für Inklusion 2, Nr. 4.* Verfügbar unter: http://www.inklusion-online.net/index.php/inklusion-online/article/view/80/80 [29.08.2015].

Svenja Mareike Kühn

Abitur nach 12 oder 13 Schuljahren?

Entwicklungslinien, Zeitstrukturen und Forschungsstand

Sollen Schülerinnen und Schüler das Abitur nach 12 Schuljahren erwerben oder erst nach 13 Schuljahren? Kaum ein bildungspolitisches Thema wurde und wird in der Öffentlichkeit so anhaltend und intensiv diskutiert wie die Frage der Schulzeitdauer bis zum Abitur. In diesem Übersichtsbeitrag werden zentrale zeitbezogene Transformationsprozesse im Gymnasialbereich der letzten anderthalb Jahrzehnte thematisiert: nach der nahezu flächendeckenden Umstellung von einem neunjährigen auf einen achtjährigen Bildungsgang (Klasse 5–12 statt 5–13) seit den 2000er Jahren folgte kürzlich (in einigen Bundesländern) die Option zur Rückkehr zum neunjährigen Bildungsgang.

Der Beitrag beginnt mit einer Chronologie zur Frage der Schulzeitdauer bis zum Abitur, woran sich eine aktuelle Bestandsaufnahme der unterschiedlichen Schulzeitmodelle in den deutschen Ländern – mit internationalen Vergleichsperspektiven – anschließt. Der Versuch einer Systematisierung konträrer Positionen zur Schulzeitfrage sowie die Zusammenschau und kritische Diskussion empirischer Forschungsbefunde in diesem bislang wenig bearbeiteten Forschungsfeld runden den Beitrag ab.[1]

1.   Die Schulzeitfrage – eine (scheinbar) unendliche Geschichte

Ein Blick in die Schulgeschichte Deutschlands zeigt: Die Schulzeitfrage ist keineswegs so neu, wie sie in aktuellen Diskussionen erscheint. Im Folgenden werden daher historische Entwicklungslinien zur Frage der Schulzeitdauer bis zum Abitur von der institutionellen Etablierung des Gymnasiums bis zur gegenwärtigen (schulformübergreifenden) Situation in allen deutschen Ländern chronologisch nachgezeichnet, um eine Einordnung der aktuellen Debatte zu ermöglichen.

1.1   Entwicklungen bis 1945: Stabilität und Veränderungen
       im historischen Kontext

Mit der institutionellen Etablierung des Gymnasiums im frühen 19. Jahrhundert haben sich neun Jahrgangsklassen bis zur Abschlussprüfung am Ende der gymnasialen Schulzeit durchgesetzt, die sich an die dreijährige Vorschule der höheren

---

1   Teile dieses Beitrags wurden bereits an anderer Stelle veröffentlicht (vgl. Kühn et al.
    2013)

Schulen anschlossen. Damit benötigten die Lernenden insgesamt 12 Schuljahre
bis zum Abitur. Eine zentrale Änderung ergab sich mit dem 1919/20, als die Vor-
schulen durch eine gemeinsame vierjährige Grundschule (Volksschuluntersufe)
ersetzt wurden, ohne dass man seitens der Gymnasien auf einen neunjährigen
Bildungsgang verzichten wollte. Dies wurde u. a. mit den erweiterten qualifikato-
rischen Anforderungen der Industriegesellschaft begründet (vgl. Klemm, 2008).
Durch dieses zusätzliche Schuljahr dehnte sich die Schulzeit bis zum Abitur auf
insgesamt 13 Jahre aus. Mehrere fiskalpolitisch gesteuerte Initiativen der folgenden
Jahre, die Schulzeit aufgrund steigender Ausgaben für das Schulwesen auf acht
Jahre zu verkürzen, scheiterten (vgl. Bölling, 2010). Eine kurzfristige Änderung
ergab sich in der NS-Zeit: Im Zuge der kriegsvorbereitenden Maßnahmen wurde
die Gymnasialschulzeit ab 1937 auf acht Jahre reduziert, um so einen zusätzlichen
Jahrgang an Offiziersanwärtern zu gewinnen.

1.2   Unterschiedliche Schulzeitmodelle im geteilten Deutschland

Nach dem Zweiten Weltkrieg etablierten sich in Ost und West unterschiedliche
Schulsysteme: In der Sowjetischen Besatzungszone führte die dortige Militärregie-
rung 1946 ein Einheitsschulsystem ein, das die reguläre Schulzeit bis zum Abitur
auf 12 Jahre festlegte. Diese Regelung galt auch über die gesamte Zeit der DDR.

Die Länder der damaligen Bundesrepublik hingegen knüpfen an die Tradition
der Weimarer Zeit an und kehrten bis zum Ende der 1950er Jahre wieder zu der
13-jährigen Schulzeit bis zum Abitur zurück (vgl. Helbig & Nikolai, 2015, S. 68 f.).
Mehrere finanzpolitisch begründete Versuche der Schulzeitverkürzung in den
1960er bis 1980er Jahren scheiterten insbesondere am Widerstand von Lehrerver-
bänden und Elternvereinigungen (aber auch seitens der Kultusminister). Rheinland-
Pfalz hat in den 1970er Jahren einen Sonderweg eingeschlagen und ermöglicht (als
bis heute einziges Bundesland) ein vorgezogenes Abitur nach 12½ Schuljahren als
Regelfall. Hintergrund war eine Reform der gymnasialen Oberstufe (s. g. ‚Mainzer
Studienstufe'), in der Abiturientinnen und Abiturienten die Hochschulreife bereits
nach zweieinhalb Jahren – statt der damals sonst üblichen drei Jahre – erlangen.

In allen anderen westdeutschen Ländern hatte das neunjährige Gymnasium
über mehrere Jahrzehnte Bestand. Die im Laufe der Zeit zunehmende Ausdifferen-
zierung der Bildungswege zum Abitur tangierte die Schulzeitdauer nicht: an allen
Schulformen mit gymnasialem Bildungsgang im allgemeinbildenden und berufsbildenden Bereich wurde die Hochschulreife nach Abschluss des 13. Schuljahres
vergeben. Allerdings konnten besonders begabte beziehungsweise hochbegabte
Schülerinnen und Schüler das Abitur *freiwillig* im Rahmen von Akzelerationsmaßnahmen bereits nach 12 Schuljahren ablegen.

1.3   Die Schulzeitdebatte im Kontext der Wiedervereinigung

Die Wiedervereinigung der beiden deutschen Staaten stellte eine bedeutende Zä-
sur in der Schulzeitfrage dar. So sah der Einigungsvertrag zunächst eine 13-jährige
Schulzeit für alle Länder vor, wobei den ostdeutschen Ländern eine Übergangszeit
zur Umstellung eingeräumt wurde. Gleichwohl konnte dies in der Mehrheit der
ostdeutschen Länder aufgrund der Wochenstunden-Vorgaben der KMK politisch
nicht durchgesetzt werden (vgl. Bölling, 2010; Rürup, 2006). Während Sachsen
und Thüringen durch die Modifizierung ihrer Schulsysteme an 12 Schuljahren
bis zum Abitur festhielten, wechselten Mecklenburg-Vorpommern und Sachsen-
Anhalt, die zunächst mit 12 Schuljahren begannen, Mitte bzw. Ende der 1990er
Jahre auf 13 Jahre, machten den Schritt aber wieder rückgängig. Nur Brandenburg
wechselte unmittelbar auf 13 Jahre.

Das Nebeneinander acht- und neunjähriger Bildungsgänge förderte die Debatte um die Schulzeitverkürzung, die durch eine Kontroverse zum Anspruch und
zur Qualität gymnasialer Bildung sowie zur grundsätzlichen (strukturellen wie
inhaltlichen) Ausgestaltung der gymnasialen Oberstufe gekennzeichnet war (vgl.
ausführlich Rürup, 2006, S. 56–97). 1997 beschloss die KMK letztlich, dass auch
ein Abitur nach 12 Schuljahren anerkannt werden kann, sofern ein bestimmtes Gesamtstundenvolumen erteilt wurde und den relevanten Vereinbarungen der KMK
für die Gestaltung der Sekundarstufe II und der Abiturprüfung auch in qualitativer
Hinsicht Rechnung getragen wird (siehe 2.1). Zum Ende der 1990er Jahre gab es somit ein Nebeneinander acht- und neunjähriger gymnasialer Bildungsgänge, wobei
die längere Schulzeit dominierte.

1.4   Reform der Schulzeit zwischen 2001 und 2008

Vor etwa 15 Jahren kam die Schulzeitfrage wieder auf die politische Agenda: Das
Saarland setzte als erstes Land ab dem Schuljahr 2001/02 flächendeckend eine ver-
kürzte Schulzeit bis zum Abitur durch. Handlungsleitend war dabei der vermutete
Nachteil der saarländischen Absolventinnen und Absolventen beim Eintritt in
den Arbeitsmarkt (gerade auch im Grenzbereich) aufgrund der im internationalen Vergleich längeren Ausbildungszeiten (vgl. Ministerium für Bildung, Kultur
und Wissenschaft, 2000). Die Argumentationslinie des Anschlusses an internationale Ausbildungszeiten aufgreifend, vollzogen zwischen 2001 und 2008 nach
und nach fast alle Länder einen Kurswechsel hin zum achtjährigen Bildungsgang
am Gymnasium und z. T. auch an weiteren Schulformen im allgemeinbildenden
Bereich (s. u.). Lediglich Rheinland-Pfalz hat sich dazu entschlossen, den kürzeren
Bildungsgang nur unter den Bedingungen der verpflichtenden Ganztagsschule
zu realisieren (Beginn: 2008/09), wobei derzeit 20 Ganztagsgymnasien dieses
Angebot umsetzen (zur konkreten Umsetzung vgl. Räpple, 2013). An den übrigen

Gymnasien sowie den Gesamtschulen des Landes wird das Abitur weiterhin nach 12½ Schuljahren vergeben.

1.5   Aktuelle Entwicklungen: Reform der Reform

Die nahezu flächendeckende Reduzierung der Schulzeitdauer bis zum Abitur gilt als eine der umfänglichsten, aber auch umstrittensten Schulstrukturreformen der vergangenen Jahre. Schon in der Einführungsphase setzte Kritik an der kürzeren Schulzeit ein, weil die Umsetzung in den meisten Ländern überhastet und zunächst ohne die notwendigen Anpassungen (z. B. Lehrpläne, Schulbücher) erfolgte. Auch stellte die höhere Zahl an Unterrichtsstunden pro Woche – verbunden mit Nachmittagsunterricht – viele Schulen und alle am Schulleben Beteiligten vor große Herausforderungen.

Aufgrund der Klagen von Schulleiterinnen und Schulleitern, Lehrkräften, Schülerinnen und Schülern sowie deren Eltern hat die Mehrheit der Länder in Teilen Nachbesserungen am ursprünglichen Konzept des achtjährigen Bildungsgangs vorgenommen, z. B. durch eine Überarbeitung der Lehrpläne, oder die Begrenzung von Pflichtunterricht am Nachmittag und Hausaufgabenzeiten. Ob und inwieweit die entsprechenden Regelungen tatsächlich in den Schulen umgesetzt werden, ist jedoch nie systematisch untersucht worden.

Die öffentliche Kritik hielt jedoch an und wurde im Zuge der doppelten Abiturjahrgänge erneut angefacht, als Abiturientinnen und Abiturienten des letzten neunjährigen und des ersten achtjährigen Bildungsgangs in mehreren Ländern parallel die Schulen verließen. Vor dem Hintergrund der anhaltenden Unzufriedenheit mit der Schulzeitverkürzung besteht in derzeit fünf Ländern die Möglichkeit, partiell oder flächendeckend zum neunjährigen Bildungsgang zurückzukehren, teilweise in weiterentwickelter Form. Die konkrete Umsetzung dieser ‚reformierten Reform' variiert in den Ländern wie folgt:

- Als (bislang) einziges Bundesland hat *Niedersachsen* zum Schuljahr 2015/16 *flächendeckend* wieder einen neunjährigen Bildungsgang eingeführt (zur konkreten Umsetzung vgl. Bade, 2014). Damit kann das Abitur in Niedersachsen an allen Schulformen im allgemeinbildenden und berufsbildenden Bereich ausschließlich nach 13 Jahren erworben werden; die Möglichkeit zur individuellen Verkürzung der Schulzeit bleibt im Rahmen von Akzelerationsmaßnahmen erhalten.
- In vier weiteren Ländern gibt es gegenwärtig Modelle, die nach der landesweiten Einführung des achtjährigen Bildungsgangs als Regelform auch einen neunjährigen Bildungsgang oder beide Bildungsgänge parallel *einzelschulisch* zulassen, um unterschiedlich lernenden Schülerinnen und Schülern ein zusätzliches Bildungsangebot im Gymnasialbereich zu machen. Die Optionen sind entweder dauerhaft als Variante schulgesetzlich verankert oder werden für eine

begrenzte Zahl von Schulen im Rahmen von Modellversuchen für einen fest definierten Zeitraum realisiert (vgl. Tab. 1):

Tab. 1:   Rahmendaten zur Wiedereinführung eines neunjährigen Bildungsgangs am Gymnasium

	Baden-Württemberg	Hessen	Nordrhein-Westfalen[1]	Schleswig-Holstein
Zeitpunkt der Einführung	2012/13	2013/14	2011/12	2011/12
Rechtliche Grundlage	Modell-versuch	*	Modell-versuch	Schulgesetz
beteiligte Gymnasien (Anzahl)	44	90	12	15
davon: nur G9	11	73	10	11
davon: G8/G9 parallel	33	17	2	4
Beteiligungsquote (in Relation zur Gesamtanzahl aller Gymnasien des Landes)	9,7%	84,1%	<2%	15%

Anmerkung: In Hessen ist die Option für die Rückkehr zum neunjährigen Bildungsgang dauerhaft schulgesetzlich verankert; die Möglichkeit, beide Bildungsgänge parallel anzubieten, besteht nur im Rahmen eines Schulversuchs (beginnend mit Klasse 7).
Quelle: eigene Recherche; Stand 2015

- In *Schleswig-Holstein* und *Hessen* können Gymnasien gemäß Schulgesetz selbst entscheiden, ob sie den acht- oder den neunjährigen Bildungsgang oder beide Bildungsgänge parallel anbieten. In Hessen gibt es mittlerweile an mehr als drei Viertel aller Gymnasien wieder einen alleinigen oder parallel geführten neunjährigen Bildungsgang (zur konkreten Umsetzung vgl. Bellenberg, im Brahm, Forell & Wachner, 2015). Die Option, das Abitur nach 12 Schuljahren abzulegen, besteht in Hessen somit nur noch an einer Minderheit der Gymnasien sowie vereinzelt auch an Gesamtschulen (für die schon seit Längerem die Wahloption zwischen beiden Bildungsgängen bestehen). In Schleswig-Holstein ist der Beteiligungsgrad geringer.
- Einen anderen Weg gehen *Baden-Württemberg* und *Nordrhein-Westfalen*: Die Option der Wiedereinführung der neunjährigen Gymnasialschulzeit besteht in beiden Ländern im Rahmen eines Schulversuchs – die teilnehmenden Schulen bieten entweder den neunjährigen Bildungsgang oder auch beide Bildungsgänge parallel an. In Baden-Württemberg kehrten in zwei Kohorten mit jeweils 22 Gymnasien knapp zehn Prozent aller baden-württembergischen Gymnasien zur neunjährigen Gymnasialschulzeit zurück (zur konkreten Umsetzung vgl. Lambert, 2012); zudem mussten zahlreiche Anträge weiterer Gymnasien zur Teilnahme am Modellvorhaben abgelehnt werden.

- In Nordrhein-Westfalen hätten ebenfalls zehn Prozent aller Gymnasien am Schulversuch teilnehmen können, wobei insgesamt nur 12 Gymnasien – und damit weniger als 2 Prozent – wieder einen neunjährigen bzw. parallel geführte acht- und neunjährige Bildungsgänge anbieten. Bei der Wiedereinführung des neunjährigen Gymnasiums handelt es sich nicht um eine ‚einfache‘ Rückkehr zum alten neunjährigen Bildungsgang, sondern um dessen Weiterentwicklung (G9-neu) im Kontext der Regelform des achtjährigen Gymnasiums. Diese Weiterentwicklung zeigt sich insbesondere durch eine Modifizierung der Stundentafeln (zur konkreten Umsetzung vgl. Acht, 2011).[2]

Welche weiteren Entwicklungen sich zukünftig ergeben, bleibt abzuwarten. Diskutiert werden derzeit unter anderem die (weitere) Optimierung des achtjährigen Gymnasiums, die partielle bzw. auch vollständige Rückkehr zum neunjährigen Gymnasium (zum Teil in weiterentwickelter Form) oder zumindest eine generelle Wahlfreiheit sowie die weitere Flexibilisierung der Wege zum Abitur, bspw. durch die Einführung eines (individuellen) Flexibilisierungsjahres in der Mittelstufe oder Modelle des ‚Abiturs im eigenen Takt‘ (Durchlaufen der gymnasialen Oberstufe nach Entscheidung der Schülerinnen und Schüler in zwei oder drei Jahren).

2.   Schul*stunden* statt Schul*jahre* – eine systematische Übersicht zu den Schulzeitmodellen in den deutschen Bundesländern mit internationalen Vergleichsperspektiven

2.1   Zeitliche Pluralität der Bildungswege zum Abitur: Varianten der Umsetzung

Durch die zahlreichen zeitbezogenen Transformationsprozesse in den letzten 15 Jahren hat eine weitere Pluralisierung der ohnehin schon vielfältigen schulstrukturell möglichen Bildungswege zum Abitur stattgefunden.

Der Blick in die Länder zeigt zunächst, dass grundsätzlich in *allen* Ländern im berufsbildenden Bereich die Möglichkeit besteht, die Hochschulreife nach 13 Schuljahren zu erwerben (z. B. an beruflichen Gymnasien, Kollegs etc.). Im allgemeinbildenden Schulsystem lassen sich gegenwärtig folgende Schulzeitmodelle bis zum Abitur unterscheiden:

---

2   Zu Beginn des nordrhein-westfälischen Schulversuchs 2011 haben sich 13 Gymnasien beteiligt, davon haben drei Schulen beide Bildungsgänge parallel angeboten. Eines dieser Parallelgymnasien stellte aufgrund der hohen Nachfrage zum Schuljahr 2012/13 den achtjährigen Bildungsgang ein, so dass seitdem nur noch an zwei Gymnasien Wahloptionen zwischen beiden Bildungsgängen bestehen (vgl. van Ackeren, Bellenberg, Blumentritt, im Brahm, Helmer, Kosmalla, Kühn, Kuhn & Reintjes, 2013, S. 9). Ein weiteres G9-Modellgymnasium wurde mittlerweile zu einer Gesamtschule umgewandelt (vgl. Bellenberg et al., 2015, S. 77).

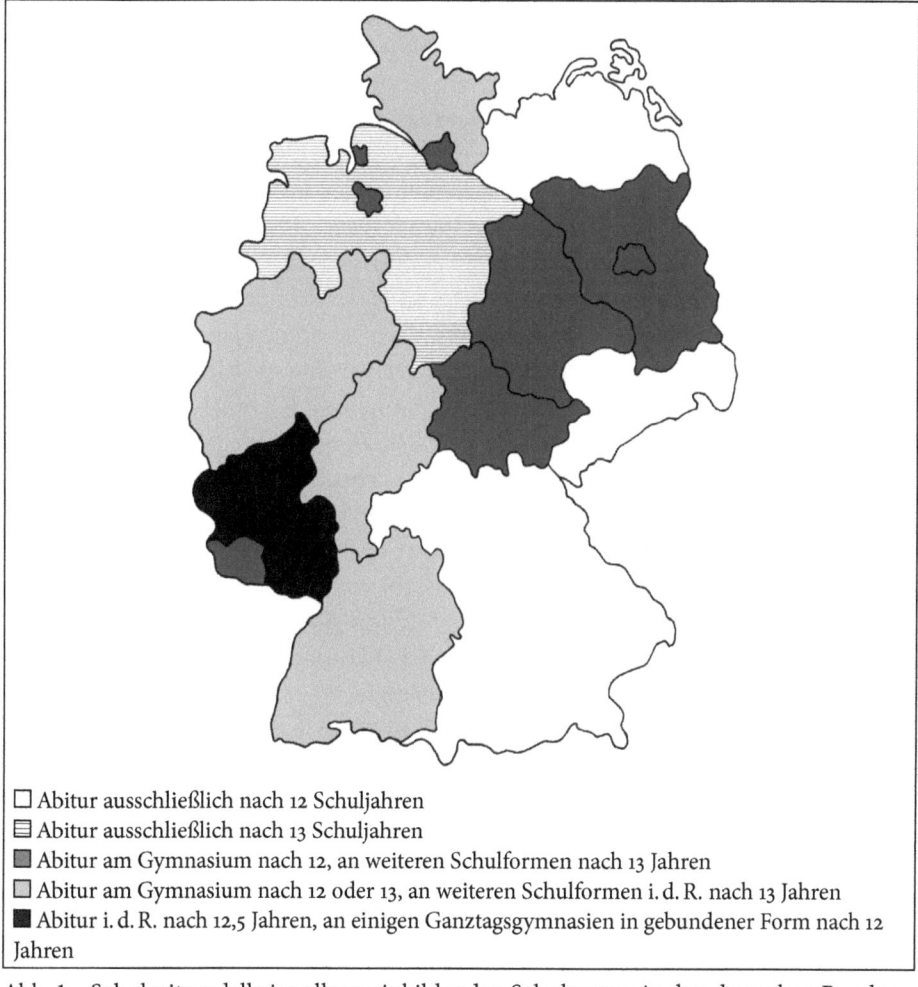

☐ Abitur ausschließlich nach 12 Schuljahren
▤ Abitur ausschließlich nach 13 Schuljahren
▦ Abitur am Gymnasium nach 12, an weiteren Schulformen nach 13 Jahren
▨ Abitur am Gymnasium nach 12 oder 13, an weiteren Schulformen i. d. R. nach 13 Jahren
■ Abitur i. d. R. nach 12,5 Jahren, an einigen Ganztagsgymnasien in gebundener Form nach 12
Jahren

Abb. 1: Schulzeitmodelle im allgemeinbildenden Schulsystem in den deutschen Bundes-
         ländern (eigene Darstellung, Stand 2015)

Abbildung 1 zeigt, dass in den meisten Bundesländern eine Wahlmöglichkeit zwischen einer 12- und einer 13-jährigen Schulbesuchsdauer bis zum Abitur besteht:
In sieben Ländern ist der achtjährige Bildungsgang die Regelform an Gymnasien,
weitere Schulformen bieten das Abitur nach 13 Schuljahren an. In Baden-Württemberg, Hessen, Nordrhein-Westfalen und Schleswig-Holstein bestehen innerhalb
der Gymnasien Wahlmöglichkeiten zwischen einem 12- und einem 13-jährigen
Weg (s. o.), zudem kann das Abitur auch an weiteren Schulformen nach 13 Jahren
erreicht werden. In Bayern, Mecklenburg-Vorpommern und Sachsen hingegen
kann das Abitur im allgemeinbildenden Schulsystem ausschließlich nach 12 Schuljahren erworben werden. In Bayern und Sachsen ist dies nur an Gymnasien möglich, in Mecklenburg-Vorpommern zudem an den integrierten und kooperativen
Gesamtschulen. Niedersachsen führt regulär an allen Schulformen nach 13 Jahren

zum Abitur (der vormals achtjährige Bildungsgang läuft 2019 aus). Rheinland-Pfalz geht mit regulär 12½ Jahren bis zum Abitur einen Sonderweg, einige Ganztagsgymnasien in gebundener Form ermöglichen das Abitur auch nach 12 Jahren.

Betrachtet man nur die Schulform Gymnasium, an der nach wie vor die große Mehrheit der Schülerinnen und Schüler (knapp 80 Prozent) die Allgemeine Hochschulreife erwirbt, so zeigt sich ein Nebeneinander unterschiedlich langer Bildungsgänge. Diese Varianz ist gemäß den bundesweit gültigen Vorgaben der KMK aber durchaus zulässig: Einem Grundsatzbeschluss aus dem Jahr 1997 folgend wird die Schulzeit bis zum Abitur *nicht über die Anzahl der Schuljahre* definiert, sondern über ein bestimmtes *Gesamtstundenvolumen* (so genannte (Jahres-)Wochenstunden), das bis zum Erwerb der Hochschulreife verpflichtend absolviert werden soll. Gemäß dieser Vereinbarung mussten Schülerinnen und Schüler im Bildungsgang Gymnasium von Klasse 5 bis zum Abitur *mindestens* 265 Jahreswochenstunden erhalten, und zwar *unabhängig* von der Schulbesuchsdauer (vgl. Beschluss der Kultusministerkonferenz vom 28. Februar 1997). Die Jahreswochenstunden ergeben sich aus der Addition der *wöchentlich* vorgesehenen Unterrichtsstunden über alle Jahrgangsstufen hinweg. Um die Mindestanzahl von 265 Jahreswochenstunden zu erreichen, müssten also im neunjährigen Bildungsgang in jedem Schuljahr etwa 29 wöchentliche Unterrichtsstunden ($M=29.44$) absolviert werden, im achtjährigen Bildungsgang knapp 33 ($M=33.13$). Lernende im achtjährigen Bildungsgang können das Abitur damit ein Jahr früher ablegen, sie haben aber die gleiche Gesamtstundenzahl wie diejenigen im neunjährigen Bildungsgang und somit mehr Unterrichtsstunden pro Woche.

Im Zuge der überwiegend kritischen Diskurse um die kürzere Gymnasialschulzeit hat die KMK im Jahr 2008 die Flexibilisierung des Gesamtstundenvolumens beschlossen: Danach müssen Schülerinnen und Schüler von Klasse 5 bis zum Abitur weiterhin mindestens 265 Jahreswochenstunden erhalten, davon müssen wenigstens 260 verbindlich festgelegter Fachunterricht sein. Weitere fünf Jahreswochenstunden *können* als flexible Wahlunterrichtszeit ausgestaltet werden (vgl. Beschluss der Kultusministerkonferenz vom 06. März 2008). Die Mehrheit der Länder macht im Kontext des achtjährigen Gymnasiums von der flexiblen Wahlunterrichtszeit Gebrauch. Eine exemplarische Durchsicht länderspezifischer Regelungen zu dessen konkreter Ausgestaltung weist dabei auf eine große Bandbreite – von fachbezogenen Förder-, Intensivierungs- und Vertiefungsstunden über Angebote entsprechend des Schulprofils bis zur Anrechnung von AGs – hin, wobei viele Länder die Entscheidung über die konkrete Umsetzung in die Hand der Einzelschule gegeben haben. Kritiker sehen hinter dem 260+5-Modell eher eine verdeckte Kürzung des Gesamtstundenvolumens als eine Flexibilisierung, da unklar ist, ob tatsächlich jeder Schüler und jede Schülerin diese Wahlstunden auch als Unterricht erhält. Hier erscheint eine differenziertere Betrachtung notwendig, die jedoch im Rahmen dieses Übersichtsbeitrags nicht geleistet werden kann.

2.2 Schulzeiten im nationalen Vergleich

Vor der nahezu flächendeckenden Einführung des achtjährigen Bildungsgangs lagen die gemäß der länderspezifischen Stundentafeln vorgesehenen Pflichtstunden (zum Teil deutlich) über der Mindestvorgabe der KMK von 265: durchschnittlich mussten in den deutschen Ländern am neunjährigen Gymnasium 270 Jahreswochenstunden (M=270.46) abgeleistet werden, was knapp 30 wöchentlich vorgesehenen Unterrichtsstunden (M=30.05) von Klasse fünf bis 13 entspricht. Mit 279 Pflichtstunden hatten Schülerinnen und Schüler in Bayern und Hessen das umfänglichste Gesamtstundenvolumen zu absolvieren; Hamburg, Nordrhein-Westfalen, das Saarland sowie Schleswig-Holstein lagen an der Untergrenze der KMK-Vorgabe.

Im Zuge der Reduzierung der Schuljahre bis zum Abitur wurden teilweise beträchtliche Kürzungen an den Stundentafeln vorgenommen, insbesondere in der Sekundarstufe I: Gegenwärtig müssen am achtjährigen Gymnasium im Schnitt etwa 264 Pflichtstunden (M=264.20) von Klasse fünf bis 12 abgeleistet werden; das entspricht einer durchschnittlichen Erhöhung des wöchentlichen Unterrichtsvolumens um etwa drei Unterrichtsstunden (M=33.03)[3]. Die Differenz zwischen den vorgesehenen Pflichtstundenvolumina der Länder ist im Kontext der verkürzten Schulbesuchsdauer geringer geworden und liegt zwischen 260 und 269 Jahreswochenstunden.

Wie viel Unterrichtszeit steht Schülerinnen und Schülern damit in den einzelnen Bundesländern von Klasse 5 bis zum Abitur für schulisches Lernen zur Verfügung? Die folgende Bestandsaufnahme gibt eine dazu eine Übersicht im bundesweiten Vergleich.

Methodische Vorklärungen

Grundlage der deskriptiven Bestandsaufnahme sind die in den Stundentafeln bzw. den jeweiligen Verordnungen für die gymnasiale Oberstufe der Länder für das allgemeinbildende Gymnasium vorgesehenen Pflichtunterrichtsstunden[4], also

---

3 Das Unterrichtsvolumen wurde insbesondere im Sekundarbereich I teilweise erheblich gesteigert. Die konkrete Verteilung der wöchentlich vorgesehenen Unterrichtsstunden auf die einzelnen Jahrgangsstufen unterscheidet sich zwischen den Bundesländern, wobei die meisten Länder entweder um eine (annähernde) Gleichverteilung des Unterrichtsvolumens im Verlauf der Sekundarstufe bemüht sind, oder in den Jahrgangsstufen 5 und 6 zunächst mit einer geringeren Anzahl an Wochenstunden starten und diese dann in der Mittelstufe deutlich anheben. Der Vergleich der wöchentlichen Unterrichtsvolumina in der Sekundarstufe I und II ergibt je nach Bundesland entweder kaum Unterschiede oder ist mal in der Sekundarstufe I, mal in der Sekundarstufe II höher.

4 Die Analyse basiert auf der jährlich erscheinenden KMK-Veröffentlichung ‚Wochenpflichtstunden der Schülerinnen und Schüler‘, die online zur Verfügung steht. Im Falle

die Unterrichtsstunden, die von *allen* Schülerinnen und Schülern im Laufe der Gymnasialschulzeit mindestens verpflichtend zu besuchen sind. Da, wo die Stundentafeln Bandbreiten zulassen, wurden die Unterwerte gewählt. Das Referenzjahr für die folgenden Ausführungen ist das Schuljahr 2014/15. Die in Tabelle 2 dokumentierten Ergebnisse wurden wie folgt ermittelt:

- Dividiert man das Gesamtstundenvolumen durch die Zahl der Schuljahre, dann ergibt sich daraus – rein rechnerisch – die Anzahl der wöchentlich vorgesehenen Unterrichtsstunden pro Schuljahr (siehe Fußnote 2).
- Der üblichen Praxis entsprechend werden die Unterrichtsstunden (à 45 Minuten) in Zeitstunden (à 60 Minuten) umgerechnet – dies erleichtert insbesondere die Verortung der Befunde im internationalen Vergleich (s. u.).
- Multipliziert man die durchschnittlich vorgesehenen Unterrichtsstunden pro Woche mit 40 Schulwochen[5], ergibt sich daraus die vorgesehene Unterrichtszeit pro Schuljahr.
- Das Unterrichtsvolumen von Klasse 5 bis zum Abitur errechnet sich abschließend aus der Addition der vorgesehenen Unterrichtzeit pro Schuljahr über alle Jahrgangsstufen hinweg.

Auf dieser Berechnungsgrundlage gibt Tabelle 2 einen Überblick über die vorgesehenen Pflichtstundenvolumina in allen Ländern mit achtjährigem Bildungsgang in der Regelform.

Mit dem Erwerb der Allgemeinen Hochschulreife müssen Absolventinnen und Absolventen des achtjährigen Gymnasiums durchschnittlich mindestens 7.926 Pflichtunterrichtsstunden erhalten haben. Das Pflichtunterrichtsvolumen variiert länderspezifisch zwischen 7.800 und 8.070 Zeitstunden (umgerechnet entspricht das etwa einem Viertel Schuljahr). Dieser Unterschied ist vergleichsweise gering, wenn man bedenkt, dass Studien zum Vergleich der Unterrichtsvolumina bis zum Ende der Pflichtschulzeit (z. B. Baumert & Weiß, 2002; Block & Klemm, 2005, zit. nach Sprütten, 2007, S. 60) auf Differenzen hingewiesen haben, die dem zeitlichen Umfang von bis zu einem Schuljahr entsprechen.

---

fehlender oder unklarer Angaben wurden zusätzliche Dokumente der einzelnen Bundesländer gesichtet.

5   Die Anzahl der Unterrichtswochen variiert in den Berechnungen der bislang vorliegenden Studien. Grundlage für den hier vorliegenden Überblick ist die auf Deutschland bezogene Angabe zur Zahl der Unterrichtswochen in dem regelmäßig erscheinenden Berichtsband *Education at a Glance* (zuletzt OECD, 2015). Die Angabe von 40 Unterrichtswochen pro Schuljahr entspricht in etwa dem Mittelwert der tatsächlichen Unterrichtswochen aller deutschen Bundesländer ($M=39{,}63$), wobei die Anzahl der Unterrichtswochen zwischen den Ländern zwischen 38 und 41 liegt (Referenzjahr 2014/15).

Tab. 2: Mindestanzahl an verpflichtenden Unterrichtszeitstunden (à 60 Minuten) am Gymnasium von Klasse 5 bis zum Abitur nach 12 Schuljahren im bundesweiten Vergleich (Datengrundlage: KMK (2014). Wochenpflichtstunden der Schülerinnen und Schüler im Schuljahr 2014/2015, sowie eigene Recherchen)

Bundesland	Mindestanzahl an verpflichtenden Unterrichtszeitstunden
Baden-Württemberg	8.070
Sachsen	8.070
Schleswig-Holstein	8.010
Thüringen	7.980
Nordrhein-Westfalen	7.950
Hamburg	7.950
Hessen	7.950
Mecklenburg-Vorpommern	7.950
Bremen	7.920
Sachsen-Anhalt	7.920
Deutschland (Durchschnitt)	7.926
Brandenburg	7.890
Berlin	7.830
Bayern	7.800
Niedersachsen	7.800
Saarland	7.800

Anmerkung: Gemäß KMK-Systematik beginnt der Sekundarbereich mit der Jahrgangsstufe 5. Die Tabelle folgt dieser Systematik, auch bezogen auf Berlin und Brandenburg (nach Landesregelung umfasst dort die Primarstufe die Jahrgangsstufen 1–6, die Sekundarstufe I die Jahrgangsstufen 7–10 und die gymnasiale Oberstufe die Jahrgangsstufen 11 und 12).

Bei der Interpretation der Daten sind zwei wesentliche Aspekte einschränkend zu berücksichtigen: Erstens gilt es zu beachten, dass es sich dabei *ausschließlich* um die *Mindestzahl an verpflichtenden Unterrichtszeitstunden* handelt, die alle Schülerinnen und Schüler im Laufe der achtjährigen Gymnasialschulzeit gemäß Stundentafel erhalten sollen. Flexible Wahlunterrichtszeit (z. B. Intensivierungsstunden in Bayern) oder sonstige schul-/unterrichtsnahe Angebote (z. B. Förderunterricht, muttersprachlicher Unterricht, o. ä.) sind in den Daten ebenso wenig berücksichtigt wie weitere Zeiten in der Schule (z. B. Pausen) und weitere schulbezogene Zeiten (z. B. Schulweg, Hausaufgaben, o. ä.). Die Daten erlauben somit *keine* Aussage darüber, wie viel Zeit Schülerinnen und Schüler tatsächlich insgesamt für die Schule aufbringen. Zweitens gilt es zu berücksichtigen, dass es sich bei den Vorgaben der Stundentafeln um ‚Soll-Zeiten‘ handelt. Döbrich und Huck (1993) weisen darauf hin, dass es in der Schulrealität teilweise erhebliche *Abweichungen von diesen Soll-Zeiten* geben kann. So kann es zu einer Überschreitung der mindestens vorgesehenen Unterrichtszeit kommen (z. B. bei der Anwahl von Fächern mit erhöhter Wochenstundenzahl, z. B. zusätzliche Fremdsprache); andererseits ist auch eine Unterschreitung möglich, wenn beispielsweise die vorgeschriebene Gesamtwochenstundenzahl von den Schulen nicht angeboten wird.

2.3   Schulzeiten im internationalen Vergleich

Nachfolgend wird die auf Deutschland beschränkte Betrachtung um eine internationale Perspektive erweitert: Wie viel Zeit steht Schülerinnen und Schülern bis zu einem mit der Allgemeinen Hochschulreife vergleichbaren Sekundarstufe II-Abschluss für schulisches Lernen zur Verfügung? Im Rahmen eines internationalen Vergleichs wurden daher die Anzahl der Schuljahre sowie die vorgesehenen Gesamtstundenvolumina ausgewählter EU-Mitgliedsstaaten in den Blick genommen[6]. Soweit übersehbar, wurde eine ähnliche Bestandsaufnahme zuletzt von Döbrich und Huck (1993) vorgelegt, während vergleichbare Analysen bezogen auf die Pflichtschulzeit regelmäßig im Berichtsband *Education at a Glance* erscheinen.

Methodische Vorklärungen

Der internationale Vergleich fokussiert zunächst die Anzahl der Schuljahre bis zum Erwerb des allgemeinbildenden Schulabschlusses in den ausgewählten Ländern, der (formal) den Zugang zu einem Universitätsstudium ermöglicht (ISCED-Level 34, vgl. UNESCO, 2012).[7] Im Fokus steht jeweils der direkte Weg zum allgemeinbildenden Sekundarstufe II-Abschluss (entsprechend dem allgemeinbildenden Gymnasium in Deutschland). Über die reine Schulbesuchsdauer hinaus werden – wie schon beim nationalen Vergleich – auch hier nur die formal vorgesehenen Pflichtunterrichtsstunden berücksichtigt – diesbezüglich gelten die o. g. Limitationen entsprechend.

Darüber hinaus sind folgende Besonderheiten zu berücksichtigen: International arbeiten nicht alle Länder mit dem Konstrukt der Jahreswochenstunden (bzw. vergleichbaren Modellen); häufig wird nur die Zahl der Unterrichtsstunden für

---

6 Dabei wurden nur solche Länder berücksichtigt, die eine vergleichsweise ähnliche Wirtschafts- und Wohlstandslage wie Deutschland aufweisen, deren Bildungssystem nicht föderal organisiert ist, und zu denen eine ausreichende Datenlage verfügbar ist.

7 Brüggenbrock (2014) weist darauf hin, dass die Abschlusszertifikate zwar als notwendige, aber nicht (mehr) hinreichende Bedingung für die Aufnahme eines Studiums gelten. Einen unbeschränkten Zugang zu einem Hochschulstudium allein aufgrund des Sekundarstufe II-Abschlusses gibt es kaum; vielmehr sind weitere Kriterien (z. B. Durchschnittsnoten, Eingangstests, Auswahlgespräche, Arbeitserfahrungen etc.) ausschlaggebend für die Zulassung zu einem Studium. Der Beitrag von Brüggenbrock (2014) gibt einen Überblick über die derzeitigen Regelungen in den EU-Mitgliedsstaaten.

eine oder mehrere Klassenstufe/-n angegeben, wobei die Verteilung dieses Gesamtstundenvolumens der Einzelschule obliegt. Da die Dauer einer Schulstunde zwischen den Ländern variiert, werden nachfolgend die länderspezifischen Unterrichtsstunden in Zeitstunden (à 60 Minuten) angegeben. Zudem ist die alleinige Betrachtung des Sekundarbereichs im internationalen Vergleich kaum möglich, da in vielen Ländern der Primarbereich mit dem Sekundarbereich I verwoben ist und häufig ein bereichsübergreifendes Gesamtstundenvolumen angegeben wird. Daher umfasst die folgende Darstellung, wie viel Unterrichtszeit *vom Beginn der Primarstufe bis zum Sekundarstufe II-Abschluss* mindestens für schulisches Lernen zur Verfügung steht.

Auf dieser Grundlage gibt Tabelle 3 einen Überblick über die reguläre Schulbesuchsdauer vom Beginn der Primarstufe bis zum Sekundarstufe II-Abschluss sowie die vorgesehenen Pflichtstundenvolumina in den ausgewählten EU-Staaten:

In der Mehrheit der hier betrachteten EU-Mitgliedsstaaten erwerben Absolventinnen und Absolventen den mit dem Abitur vergleichbaren Sekundarstufe II-Abschluss nach 12 Schuljahren, vergleichsweise wenige Länder führen nach 13 Schuljahren zum Abschluss. In Irland ist der Abschluss bereits nach 11 Jahren möglich, wenngleich eine steigende Schülerzahl das s.g. ‚transition year‘ (vgl. Jeffers, 2011) zur individuellen Orientierung nutzt, wodurch sich die Schulbesuchsdauer um ein Jahr verlängert. In den Niederlanden wird der allgemeinbildende Sekundarstufe II-Abschluss (Bildungsgang VWO) nach 14 Schuljahren erworben.

Das Pflichtunterrichtsvolumen liegt im EU-Mittel bei 10.266 Zeitstunden von der Einschulung bis zum Sekundarstufe II-Abschluss und variiert erheblich zwischen den Ländern; dieser Befund ist anschlussfähig an vergleichbare Analysen zum Gesamtpflichtstundenvolumen von der Primarstufe bis zum Ende der Pflichtschulzeit (vgl. OECD, 2015, S. 520): So beträgt die Differenz zwischen Spitzenreiter Luxemburg und Schlusslicht Finnland knapp 5.000 (!) Stunden. Dies lässt sich u. a. dadurch erklären, dass die Anzahl an Pflichtunterrichtsstunden in Luxemburg mit Beginn der Primarstufe durchgängig höher ist als in Finnland. Oelkers (2009, S. 40) weist darauf hin, dass die Schulorganisation in Finnland sehr flexibel sei und in den landesweiten Vorgaben möglichst wenig festgelegt werde. Die finnische Schule sei nicht nur Unterrichtschule, sondern werde als umfassender Lern- und Arbeitsraum verstanden (vgl. ebd.), sodass über die hier dokumentierte Mindestpflichtstundenzahl zahlreiche weitere, nicht im Lehrplan enthaltene schul-/unterrichtsbezogene Aktivitäten von Schülerinnen und Schülern in Anspruch genommen werden dürften. Im zentralisiert organisierten luxemburgischen Schulsystem hingegen dürfte zu der hier dokumentierten Pflichtunterrichtszeit kaum weitere schul-/unterrichtsbezogene Zeit hinzukommen. Das durchschnittlich vorgesehene Unterrichtsvolumen der deutschen Länder liegt im internationalen Vergleich mit 10.822 Zeitstunden insgesamt im oberen Mittelfeld. Betrachtet man nur die durchschnittliche Pflichtunterrichtszeit der Staaten, in denen der Sekundarstufe II-Abschluss nach 12 Schuljahren vergeben wird (M=9.885 Stunden), so weist

Tab. 3: Schulbesuchsdauer und Mindestanzahl an verpflichtenden Unterrichtszeitstun-
         den von der Primarstufe bis zum allgemeinbildenden Sekundarstufe II-Abschluss
         (ISCED 34) im internationalen Vergleich (Quelle: eigene Recherche, Stand: 2015)

Land	Schulbesuchsdauer	Mindestanzahl an verpflich- tender Unterrichtszeitstunden
Finnland	12 Jahre	8.284
Dänemark	12 Jahre	8.290
Estland	12 Jahre	8.649
Irland	11 Jahre	8.684
Schweden	12 Jahre	8.845
Tschechische Republik	13 Jahre	9.574
Slowakei	12 Jahre	9.814
Polen	12 Jahre	9.984
Portugal	12 Jahre	10.029
Österreich	12 Jahre	10.497
Griechenland	12 Jahre	10.525
Spanien	12 Jahre	10.588
Deutschland*	12 Jahre	10.822
Ungarn	12 Jahre	11.041
Slowenien	13 Jahre	11.115
Frankreich	12 Jahre	11.142
Italien	13 Jahre	11.532
Niederlande	14 Jahre	12.950
Luxemburg	13 Jahre	13.321

*Anmerkung: *Für Deutschland wird der über alle Bundesländer hinweg ermittelte Mittelwert ange-
geben.* Absolventinnen und Absolventen des achtjährigen Gymnasiums sollten von der Einschulung bis zum Abitur durchschnittlich mindestens 10.822 Pflichtunterrichtsstunden erhalten haben
– davon 7.926 im Sekundarbereich (siehe Tabelle 2) und 2.896 im Primarbereich. Ergänzend zu
den bundeslandspezifischen Analysen für den Sekundarbereich sei darauf hingewiesen, dass sich
die Gesamtanzahl der Unterrichtsstunden im Primarbereich zwischen den Ländern deutlich
stärker unterscheidet als im Sekundarbereich: Mit 3.240 Pflichtstunden hatten Schülerinnen und
Schüler in Hamburg das umfänglichste Gesamtstundenvolumen zu absolvieren; mit je 2.760
Pflichtstunden weisen Berlin, Hessen und Schleswig-Holstein das geringste Stundenvolumen auf.

durchschnittlich vorgesehene Gesamtpflichtstundenvolumen Deutschlands den
dritthöchsten Wert auf.

Allein der Vergleich zwischen Luxemburg und Finnland macht deutlich, dass
die in Tabelle 3 dokumentierten Befunde zurückhaltend interpretiert werden
sollten, und in jedem Fall die spezifischen Besonderheiten der länderspezifischen
Schulsysteme berücksichtigt werden müssen. Ergänzend sei darauf hingewiesen,
dass in einigen Ländern (z. B. Luxemburg, Ungarn) dem Primarbereich ein *ver-*

pflichtender Vorschulbereich (mit eigenen Curricula, die auf das Lernen in der Primarstufe vorbereiten) vorgeschaltet ist, wodurch sich das Gesamtpflichtstundenvolumen in den jeweiligen Ländern weiter erhöht. Wie viel Zeit Schülerinnen und Schüler tatsächlich insgesamt für schulisches Lernen aufbringen, kann auf Grundlage der hier berichteten Daten also nur näherungsweise beantwortet werden.

3.   Schulzeit als Diskussions- und Forschungsfeld

3.1   Die Dauer der Schulzeit bis zum Abitur in der Diskussion

Seit der flächendeckenden Einführung des achtjährigen Bildungsgangs gibt es Befürworter und Kritiker, wobei – verfolgt man die öffentliche Diskussion – die Anzahl der Kritiker die der Befürworter deutlich übersteigt. Bei aller Kritik fällt auf, dass sie fast ausschließlich in den westdeutschen Ländern vorgebracht wird – in den ostdeutschen Ländern wird das achtjährige Gymnasium hingegen nicht grundsätzlich infrage gestellt.

Abbildung 2 stellt die konträren Positionen zur Schulzeitfrage zusammenfassend dar. Für eine differenzierte inhaltliche Auseinandersetzung mit den Argumentationslinien von Befürwortern und Kritikern sei aus Platzgründen an dieser Stelle auf einschlägige Überblicksdarstellungen (z. B. Anger, Esselmann, Kemeny & Plünneke, 2014 oder Kühn, van Ackeren, Bellenberg, Reintjes & im Brahm 2013a) verwiesen.

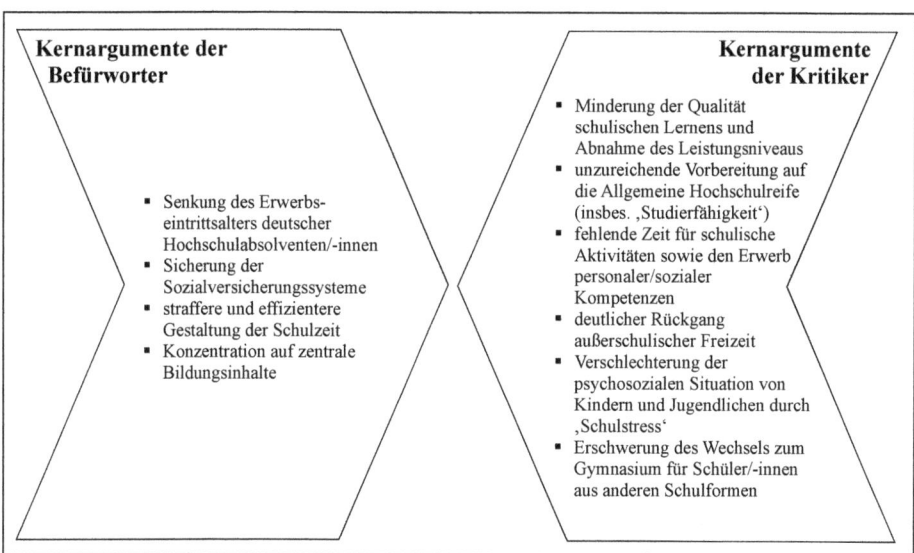

Abb. 2: Kernargumente von Befürwortern und Kritikern des achtjährigen Bildungsgangs am Gymnasium

3.2   Ein Überblick zum Stand der empirischen Forschung

Bemerkenswert ist, dass sich die zuvor nur knapp skizzierten Argumentationslinien auf vergleichsweise wenig empirische Forschung stützen können. Im Folgenden soll der gegenwärtige Forschungsstand systematisiert werden. Dabei wird auf eine Zusammenschau der Evaluationsergebnisse von Modellversuchen zur Schulzeitverkürzung als Akzelerationsmaßnahme im Rahmen der Begabtenförderung verzichtet (vgl. zusammenfassend Kühn et al., 2013a, S. 125–126), da es sich bei den Teilnehmenden der Modellversuche um besonders befähigte Gymnasiastinnen und Gymnasiasten handelte, die bereits zu Beginn ihrer Gymnasialkarriere über ein deutlich höheres Kompetenzniveau verfügten als die gesamte gymnasiale Alterskohorte, die zudem aus sozioökonomisch begünstigten, bildungsnahen Familien stammten und in separierten, homogenen Lerngruppen in einem Akzelerations-Angebot unterrichtet wurden. Damit können aus diesen Befunden keine unmittelbaren Schlussfolgerungen für den regulären achtjährigen Bildungsgang gezogen werden.

Die folgende Darstellung fokussiert zunächst einschlägige empirische Studien zum Vergleich acht- und neunjähriger gymnasialer Bildungsgänge in der Regelform. Die frühesten Forschungsarbeiten in diesem Themenfeld nahmen bildungsgangbezogene Vergleiche zwischen verschiedenen Bundesländern mit jeweils unterschiedlicher Schulzeitdauer vor (Baumert & Watermann, 2000; Böhm-Kasper et al., 2001). Mögliche Unterschiede können daher eher über Ländereffekte als über den Faktor Schulzeitdauer erklärt werden. Die im Folgenden referierten Studien wurden zumeist im Zuge der Doppeljahrgänge durchgeführt, als Abiturientinnen und Abiturienten des letzten neunjährigen und des ersten achtjährigen Bildungsgangs parallel zum Abitur geführt wurden bzw. zeitgleich die Schulen verließen. Nach Kenntnisstand der Autorin beziehen sich alle entsprechenden Studien ausschließlich auf das Gymnasium und nicht auf andere Schulformen, die ebenfalls von der Umstellung betroffen waren. Der Forschungsüberblick schließt mit einer Darstellung aktueller Forschungsbefunde zu den Bedingungen und Wirkungen der Wiedereinführung des neunjährigen Bildungsgangs.

3.2.1 Forschungsbefunde im Kontext der Doppeljahrgänge

Zum Vergleich der acht- und neunjährigen Bildungsgänge werden u.a. *amtliche Daten der Bildungsstatistik* (durchschnittliches Abiturientenalter, Klassenwiederholerquoten, Durchfallquoten im Abitur, Abiturientenquoten und Abiturdurchschnittsnoten) herangezogen. Insgesamt ergibt sich für die meisten Indikatoren eine uneinheitliche Befundlage: entweder die Daten unterscheiden sich nicht zwischen den Kohorten, oder es zeigen sich Unterschiede zugunsten des acht- *oder* neunjährigen Bildungsgangs. Zudem variieren die Befunde länder-, fach- und/ oder schulspezifisch (vgl. Huebener & Marcus, 2015a; Klemm, 2014; zusammenfassend Kühn et al., 2013, S. 128–129). Die Bedenken, das achtjährige Gymnasium erschwere einen Wechsel von Schülerinnen und Schülern anderer Schulformen zum Gymnasium, werden durch erste Analysen bestätigt: So ist der Anteil an Seiteneinsteigern, die von anderen Schulformen in die Einführungsphase der Oberstufe am Gymnasium wechselten, im Kontext des achtjährigen Bildungsgangs deutlich zurückgegangen (vgl. im Brahm & Bellenberg, 2014, S. 117). Auch im Hinblick auf das durchschnittliche Abiturientenalter lässt sich ein eindeutiges Ergebnis festhalten: Abiturientinnen und Abiturienten des achtjährigen Bildungsgangs sind (erwartungsgemäß) knapp ein Jahr jünger als diejenigen des neunjährigen Bildungsgangs. Welche Effekte der Wechsel vom neun- zum achtjährigen Bildungsgang auf den Output schulischer Bildung – gemessen an der *Leistung von Schülerinnen und Schülern* – hat, wurde in standardisierten Leistungsstudien geprüft (vgl. Ivanov, Nikolova & Vieluf, 2016; Trautwein, Hübner, Wagner & Kramer, 2015). Darin konnte gezeigt werden, dass die Schulzeitverkürzung *nicht* dazu geführt hat, dass das Leistungsniveau *generell* gesunken ist. Die Befunde lassen je nach Bundesland und Schulfach gar keine Differenzen zwischen beiden Bildungsgängen erkennen, mal zeigen sich geringfügige Unterschiede entweder zugunsten des acht- oder zugunsten des neunjährigen Bildungsgangs. Diese aktuellen Studien bestätigen die Ergebnisse der älteren Analysen von Baumert und Watermann (2000) im Kontext von TIMSS/III, die ebenfalls auf differenzielle, aber keine verallgemeinerbaren Leistungseffekte unterschiedlicher Schulzeitmodelle hingewiesen haben.

Im Kontext der doppelten Abiturjahrgänge rückte auch der Übergang Schule – Hochschule in den Fokus des Forschungsinteresses. Im öffentlichen Diskurs wurde befürchtet, Abiturientinnen und Abiturienten seien nach 12 Schuljahren nicht ausreichend auf den Erwerb der Allgemeinen Hochschulreife im Sinne der Vermittlung von Allgemeinbildung, Studierfähigkeit und Wissenschaftspropädeutik sowie hinsichtlich der Persönlichkeitsentwicklung vorbereitet. Zudem habe ein verkürzter Bildungsgang negative Auswirkungen auf die Studien- und Berufsorientierung, sodass Schülerinnen und Schülern kaum mehr Zeit bliebe, sich allgemein mit der Studienwahl oder mit konkreten Studienbedingungen und -anforderungen auseinanderzusetzen. Verschiedene Studien weisen diesbezüglich übereinstimmend *nicht* auf Unterschiede hinsichtlich des Informationsverhaltens und der Informiertheit vor Studienaufnahme, der Bildungsentscheidungen, der Studierfähigkeit, der Studienmotivation und auch der Studienabbruchwahrscheinlichkeit zwischen den Absolventinnen und Absolventen der Doppeljahrgänge hin (Meyer & Thomsen 2014; Kühn 2014a; Schneider & Franke 2014). Lediglich im Hinblick auf das Übergangsverhalten fanden Schneider und Franke (2014, S. 41 ff.) Unterschiede zwischen beiden Abiturientengruppen: Absolventinnen und Absolventen des neunjährigen Bildungsgangs begannen häufiger bereits direkt im Anschluss an das Abitur ein Studium als diejenigen des achtjährigen Bildungsgangs, die deutlich häufiger diesen Schritt aufschieben und eine sonstige Tätigkeit (z. B. Auslandsaufenthalt, Freiwilligendienst, Praktikum o. ä.) absolvieren. Allerdings trifft dies nicht für alle Bundesländer zu; zudem erweist sich das Geschlecht als relevanter Einflussfaktor im Übergangsprozess.

Eine zentrale Befürchtung im Zusammenhang mit der Schulzeitverkürzung war, dass der Anstieg der wöchentlichen Unterrichtszeit und die damit verbundenen längeren Schultage zu einer stärkeren *gesundheitlichen Belastung* der Schülerinnen und Schüler führen, was sich insgesamt negativ auf deren Lebensqualität auswirke. Empirische Evidenz für diese Annahmen findet man bislang nicht: Studien zu Belastung und Beanspruchung haben ergeben, dass viele, aber nicht alle Jugendliche gesundheitliche Beschwerden wie Kopfschmerzen und Schlafstörungen sowie chronische Belastungen wie Erschöpfung, Unwohlsein oder Druck erleben – und zwar unabhängig davon, ob sie den acht- oder neunjährigen Bildungsgang besuchen (im Brahm, Kühn & Wixfort 2013; Kühn & im Brahm 2013; Milde-Busch, Blaschek, Borggräfe, von Kries, Straube & Heinen 2010; Minkley, Rest, Terstegen, Kirchner & Wolf 2015). Auch eine Befragung von Eltern zur wahrgenommenen Belastung ihrer Kinder sowie zur Schulzufriedenheit ergab keine bildungsgangbezogenen Unterschiede (vgl. Tillmann, 2014, S. 34). In der Bildungsforschung besteht weitgehend Konsens darüber, dass die Einführung des achtjährigen Bildungsgangs nicht als die (alleinige) Ursache für Belastung und Beanspruchung von Schülerinnen und Schülern angesehen werden kann. Vielmehr wiesen bereits Böhm-Kasper et al. (2001) nach, dass Belastung und Beanspruchung eher von spezifischen schulorganisatorischen und situativen Bedingungen der Einzelschule sowie individuellen Faktoren abhängen als von der Schulzeitdauer bis zum Abitur. Insbesondere leistungsschwache Schülerinnen und Schüler erleben die Gymnasialschulzeit als sehr belastend, und zwar sowohl in acht- als auch in neunjährigen Bildungsgängen. Trautwein et al. (2015) fanden Hinweise auf ein höheres Belastungserleben der baden-württembergischen Abiturientinnen und Abiturienten aus dem achtjährigen Bildungsgang (ebenso Quis 2015), was angesichts identischer schulischer Anforderungen (gemeinsame Kursstufe) für beide Abiturientengruppen überraschend war. Die Autoren vermuten die Unterschiede primär als das Resultat öffentlicher Diskussionen und Vermutungen über eine höhere Belastung im achtjährigen Bildungsgang, die sich in entsprechenden Selbstzuschreibungen niedergeschlagen haben könnten. Möglicherweise stellt auch der Altersunterschied einen Einflussfaktor dar (vgl. Trautwein et al. 2015, S. 3).

Wie viel Zeit den Schülerinnen und Schülern acht- und neunjähriger Bildungsgänge außerhalb der Schule als *Freizeit* zur Verfügung steht und wie sie diese gestalten, lässt sich aus den bisherigen Studien nicht eindeutig beantworten: Einzelne Studien weisen darauf hin, dass Mittelstufen- und Oberstufenschülerinnen und -schüler des achtjährigen Bildungsgangs weitgehend ähnlichen außerschulischen Aktivitäten nachgehen wie diejenigen aus dem neunjährigen Bildungsgang (Bob, Heim & Prohl, 2015; im Brahm et al., 2013; Trautwein et al. 2015). Mit Blick auf einzelne Aspekte des Freizeitverhaltens konnten Trautwein et al. (2015) allerdings zeigen, dass Schülerinnen und Schüler des neunjährigen Bildungsgangs mehr Zeit für unstrukturierte Freizeitaktivitäten ohne regelmäßige Termine (z. B. Fernsehen, Freunde treffen) aufwenden. Dieser Befund deckt sich auch mit den Ergebnissen von Milde-Busch et al. (2010). Demgegenüber stehen aktuelle Analysen von Laging, Böcker & Dirks (2014) sowie Bob et al. (2015), die auf eine stärkere Nutzung vereinsorientierter Sportangebote im Kontext des achtjährigen Bildungsgangs hindeuten. Längsschnittliche Analysen zur Freizeitgestaltung von Gymnasialschülerinnen und -schülern haben ergeben, dass die Nachfrage nach strukturierten Freizeitaktivitäten im Kontext des achtjährigen Gymnasiums nach wie vor sehr hoch ist. Die Autoren schlussfolgern, dass das Freizeitverhalten Jugendlicher insgesamt einem Verdrängungsprozess von informellen Aktivitäten zugunsten strukturierter Freizeitangebote unterliegt (vgl. Anger et al. 2014, S. 94). Die uneinheitlichen und teils auch widersprüchlichen Befunde lassen sich vermutlich darauf zurückführen, dass das achtjährige Gymnasium in den Bundesländern sehr unterschiedlich ausgestaltet wird.

Wie sich die Einführung des achtjährigen Bildungsgangs auf *Schule und Unterricht* ausgewirkt hat, ist nahezu gar nicht empirisch untersucht worden, wenngleich häufig Befürchtungen geäußert wurden, die Schulzeitreform wirke sich negativ auf die Schul- und Unterrichtsqualität aus. Klomfaß, Stübig und Fabel-Lamla (2013) dokumentieren die Befunde einer Interviewstudie mit Lehrkräften zu deren Wahrnehmung in Hinblick auf die Kompetenzen von Schülerinnen und Schülern des doppelten Abiturjahrgangs in der Einführungsphase der gymnasialen Oberstufe. Mit Blick auf die Schülerinnen und Schüler des achtjährigen Bildungsgangs weisen die Befragten auf Stärken im Bereich von Lernstrategien (z. B. zeiteffizienteres Arbeiten), aber auf Schwächen hinsichtlich der Sprach- und Analysefähigkeit hin. Kühn und van Ackeren (2014) befragten in einer explorativen Fragebogenstudie Lehrkräfte der musisch-künstlerischen Fächer zur wahrgenommenen Schul- und Unterrichtsrealität unter den Bedingungen der Schulzeitverkürzung. Die Mehrheit der Befragten gibt an, dass die Stundenreduzierung in der Sekundarstufe I zu einer Verschlechterung der Unterrichtsqualität geführt habe, da für verschiedene unterrichtliche Belange zu wenig Zeit bleibe; dies gilt insbesondere für aufwändige Praxisprojekte sowie für unterrichtsbezogene Kooperationen mit außerschulischen Partnern. Zudem leide der außerunterrichtliche Bereich; insbesondere die Teilnahme der Schülerinnen und Schülern an außerunterrichtlichen AG-Angeboten sei deutlich zurückgegangen. Die Ergebnisse weisen jedoch auch darauf hin, dass es einzelschulisch offensichtlich unterschiedliche Strategien gibt, mit der Schulzeitverkürzung umzugehen. Welche Faktoren und Faktorenkonstellationen einen produktiven Umgang mit diesen Herausforderungen fördern bzw. konterkarieren, ist jedoch bislang nicht untersucht worden.

3.2.2 Erste Befunde zur Wiedereinführung des neunjährigen Bildungsgangs

Nach der nahezu flächendeckenden Einführung des achtjährigen Bildungsgangs folgte kürzlich (in einigen Bundesländern) die Option zur Rückkehr zum neunjährigen Bildungsgang. Alle bislang vorliegenden empirischen Befunde zu den neuesten Entwicklungen in der Schulzeitfrage werden im Folgenden vorgestellt. Im Fokus stehen dabei die Fragen, welche Beweggründe seitens der beteiligten Akteursgruppen dazu geführt haben, sich für die Wiedereinführung bzw. Anwahl des neunjährigen Bildungsgangs zu entscheiden und welche Erwartungen damit verbunden sind, und welche Wirkungen sich durch die Ausweitung der Schulzeit auf schulischer, unterrichtlicher und individueller Perspektive entfalten. Insgesamt ist zu berücksichtigen, dass es sich bei den Befunden zunächst um eine *erste Zwischenbilanz* handelt, da die Wiedereinführung erst kürzlich erfolgt ist. Empirische Befunde zu den Entwicklungen in Hessen und Niedersachsen liegen bislang nicht vor.

Kühn und van Ackeren (2013) haben die Schulleiterinnen und Schulleiter aller von der Umstellung betroffenen Gymnasien in Baden-Württemberg, Nordrhein-Westfalen und Schleswig-Holstein dazu befragt, welche Motive sie gehabt haben, sich für die Wiedereinführung des neunjährigen Bildungsgangs zu entscheiden und welche Erwartungen sie mit ihrer Entscheidung verbinden. Die Ergebnisse machen deutlich, dass *schülerorientierte Beweggründe und Erwartungen* überwiegen: Durch die bewusste Ausweitung der Schulzeit soll Schülerinnen und Schülern mehr Zeit für die optimale Förderung ihrer individuellen Potenziale im unterrichtlichen und außerunterrichtlichen Bereich bereitgestellt und die Lernenden insgesamt im Schulalltag entlastet werden. Damit spiegeln die handlungsleitenden Beweggründe der Schulleiterinnen und Schulleiter die Kernargumente der Kritiker des achtjährigen Gymnasiums und auch die bildungspolitischen Erwartungen an die verlängerte Schulzeit wider.

Darüber hinaus ergeben sich für Gymnasien, die einer erheblichen Standortkonkurrenz ausgesetzt sind (z. B. in Großstädten) aber auch bedeutsame Motive aus der Perspektive der Einzelschule: Vor dem Hintergrund der sich verändernden Demografie und den vielerorts zurückgehenden Schülerzahlen sehen Schulen in der erweiterten Bildungszeit eine Möglichkeit, sich durch dieses Angebot Sichtbarkeit und Vorteile gegenüber konkurrierenden Schulen zu verschaffen, möglichst viele Schülerinnen und Schüler bzw. deren Eltern anzusprechen und so die Anmeldezahlen längerfristig zu steigern oder zumindest auf hohem Niveau zu halten.

Analysen zum Schulwahlverhalten beim Grundschulübergang in Baden-Württemberg, Schleswig-Holstein und Nordrhein-Westfalen machen deutlich, dass der neunjährige Bildungsgang sehr stark nachgefragt wird (vgl. Kühn, 2013, S. 246). Im Kontext des nordrhein-westfälischen Modellversuchs untersuchten Kühn, Reintjes, van Ackeren, Bellenberg und im Brahm (2013b) zudem die elterlichen Kriterien der Schulwahl (mit einem Fokus auf die Relevanz der Schulzeitdauer für die

Schulwahlentscheidung) sowie die elterlichen Erwartungen an den verlängerten Bildungsgang. Die Befunde zeigen, dass das Angebot eines neunjährigen Bildungsgangs – bei bestehender Vielfalt der Wahlmotive – ausschlaggebendes Kriterium für die Einzelschulwahlentscheidung seitens der Eltern ist. An diese Schulwahlentscheidung sind hohe bildungsgangspezifische Erwartungen geknüpft: Eltern erwarten von der verlängerten Schulzeit zusätzliche Bildungszeit im Unterricht für ihre Kinder (z. B. mehr Zeit für Übungs- und Wiederholungsphasen), aber auch mehr Zeit für die Persönlichkeitsentwicklung. Darüber hinaus formulieren Eltern Erwartungen mit Blick auf das Belastungserleben in der Schule (z. B. weniger stressbedingte Beschwerden). Zudem vermuten sie im Kontext des neunjährigen Bildungsgangs mehr Zeit für außerschulische Aktivitäten, z. B. für sportliche oder musische Tätigkeiten, soziales Engagement oder auch Zeit zur Erholung; nicht zuletzt erwarten sie auch mehr Zeit für gemeinsame Familienaktivitäten.

Mit der Einführung bzw. Anwahl des neunjährigen Bildungsgangs sind also hohe Erwartungen seitens der schulischen Akteure verbunden; dies gilt im Übrigen auch für die Lehrkräfte der von der Umstellung betroffenen Gymnasien (vgl. van Ackeren et al., 2013). Inwieweit diese hohen Erwartungen erfüllt werden und sich durch die bewusste Ausweitung der Schulzeit schulische und unterrichtliche Prozesse sowie das Schulerleben tatsächlich in der gewünschten Weise verändern, wurde im Kontext des nordrhein-westfälischen Modellversuchs ebenfalls – im Sinne einer Zwischenbilanz – empirisch geprüft. Sowohl die von bildungspolitischen und schulischen Akteuren formulierte Intention, die zusätzliche Zeit für die individuelle Förderung der/des Einzelnen im Unterricht zu verwenden, als auch der beschriebene Anspruch, erweiterte Zeiträume für außerschulische Freizeitaktivitäten zu ermöglichen, konnten auf Basis der vorliegenden Daten mehrheitlich (noch) *nicht* belegt werden, d. h. viele der positiven schülerorientierten Erwartungen, die mit der Wiedereinführung des neunjährigen Bildungsgangs verbunden waren, entsprechen (bislang) nicht den tatsächlichen Wirkungen (vgl. im Brahm, Bellenberg, Forell & Wachner, 2014; Blumentritt, Kühn & van Ackeren, 2014; Blumentritt, 2016; Kühn et al., 2013b, S. 13 ff.). Lehrkräfte sehen nach eigener Einschätzung gleichwohl mehr Zeit im Unterricht für Erklärungen, Übungen, Wiederholungen und Vertiefungen (vgl. van Ackeren et al., 2013; im Brahm et al., 2014). So scheint der neunjährige Bildungsgang für Lehrkräfte insbesondere emotional bedeutsam zu sein, baut (Zeit-)Druck ab und führt zu mehr Gelassenheit (vgl. ebd., S. 41).

Betrachtet man demgegenüber die *wettbewerbsbezogenen Motive* der Einzelschule, so zeigt sich, dass diejenigen Gymnasien, die in der Möglichkeit zur Profilierung einen ebenso wichtigen Beweggrund für die Wiedereinführung sehen, einen erheblichen Anstieg der Anmeldezahlen verzeichnen können. Die Profilierung durch die erweiterte Schulzeit erweist sich somit als erfolgreich (vgl. Kühn, 2013).

Insgesamt fällt die Zwischenbilanz der beteiligten Akteure zum neunjährigen Bildungsgang sehr positiv aus. Offenbar spielt gerade die emotionale Ebene im Zuge der Schulzeitfrage eine große Rolle. Die Entscheidung der Bundesländer zur Wiedereinführung eines neunjährigen Bildungsgangs hat jedoch auch Kritiker auf den Plan gerufen und zu einer Intensivierung der kritischen Diskussion um die Öffnung des Gymnasiums für eine – hinsichtlich der sozialen bzw. herkunfts- bedingten Zusammensetzung und des Leistungsvermögens – nicht-traditionell gymnasiale Schülerklientel geführt, verbunden mit der Annahme eines Quali- tätsverlusts gymnasialer Bildung. Kühn (2014b) konnte in diesem Zusammen- hang zeigen, dass die Mehrheit der Eltern- bzw. Schülerschaft, die sich für den neunjährigen Gymnasialzweig entschieden hat, der klassischen Gymnasialklientel entspricht. Diese präferiert offenbar eine (von zeitlichen Faktoren unabhängige) Bildungskarriere am Gymnasium und sieht offensichtlich die längere Schulzeit- dauer als positive Begleiterscheinung, die mögliche, mit der verkürzten Gymnasi- alschulzeit verbundene unerwünschte ‚Nebenwirkungen‘ (z. B. das vermutete hö- here Belastungserleben) minimiert oder ganz verhindert. Gleichwohl finden sich auch Hinweise auf eine Öffnung gymnasialer Bildungsgänge für eine erweiterte Schülerschaft, legt man die Empfehlungen der Grundschulen für den Übergang in die Sekundarstufe I zu Grunde: So verfügt ein beachtlicher Anteil der Schülerin- nen und Schüler im neunjährigen Bildungsgang nicht über eine (uneingeschränk- te) Gymnasialempfehlung. Es dürfte wenig überraschen, dass der Anteil dieser Schülerklientel insbesondere an solchen Gymnasien besonders hoch ist, die sich in ausgeprägten Konkurrenzsituationen befinden und ihre Anmeldezahlen durch die Wiedereinführung des neunjährigen Bildungsgangs deutlich gesteigert haben (vgl. Kühn, 2016).

4.   Fazit

In Deutschland wurden in den vergangen Jahren umfassende zeitbezogene Re- formen im Gymnasialbereich durchgeführt, die in dem vorliegenden Beitrag aus wissenschaftlicher Perspektive systematisiert wurden. Der Beitrag möchte mithilfe der Zusammenschau einschlägiger Forschungsbefunde zur Versachlichung der emotional aufgeladen und nicht immer sachlichen Schulzeitdebatte beitragen. Offenkundig lassen sich weder Argumente der Fürsprecher noch der Gegner zweifelsfrei bestätigen: einschlägige Studien weisen im Hinblick auf verschiedene Wirkdimensionen (z. B. Schülerleistungen, Belastungserleben etc.) weder auf sub- stanzielle noch verallgemeinerbare Unterschiede hin, die sich auf die Dauer der Schulzeit bis zum Abitur zurückführen lassen. Viele Fragen sind allerdings noch gänzlich unerforscht, zudem leidet ein Großteil der empirischen Untersuchungen unter methodischen Problemen (vgl. Huebener & Marcus 2015b), sodass weitere Studien notwendig erscheinen. Auch eine wissenschaftliche Begleitung aktueller zeitbezogener Veränderungen im Gymnasialbereich (z. B. flächendeckende Rückkehr zum neunjährigen Bildungsgang in Niedersachsen, oder die Einführung der Individuellen Lernzeit in Bayern) erscheint notwendig; nicht zuletzt, weil die flächendeckende Einführung des achtjährigen Bildungsgangs in *keinem* Bundesland gezielt wissenschaftlich begleitet wurde. Auf Grund der bildungspolitischen Brisanz der Schulzeitfrage hat sich allerdings ein unabhängiger Feldzugang in der Vergangenheit als sehr voraussetzungsreich erwiesen.

Literatur

Acht, R. (2011). Abitur an Gymnasien nach 12 oder 13 Jahren. Schulversuch startet zum kommenden Schuljahr. *Schule NRW*, 63(7), 353–354.

Ackeren, I. van, Bellenberg, G., Blumentritt, L., Brahm, G. im, Helmer, K., Kosmalla, C., Kuhn, A. & Reintjes, C. (2013). *Abitur an Gymnasien nach 12 oder 13 Jahren. Abschlussbericht zur ersten Förderphase der wissenschaftlichen Begleitung des Schulversuchs (NRW).* Essen und Bochum: Universität Duisburg-Essen und Ruhr-Universität Bochum.

Anger, C., Esselmann, I., Kemeny, F. & Plünneke, A. (2014). Acht oder neun Jahre Gymnasium? Eine Bestandsaufnahme. In ebd. (Hrsg.), *Bildungsmonitor 2014. Die richtigen Prioritäten setzen* (S. 79–96). Köln: Institut der deutschen Wirtschaft.

Bade, R. (2014). Dreizehn Schuljahre bis zum Abitur. Umstellung ab dem Schuljahr 2015/16. *SchulVerwaltung, Ausgabe Niedersachsen*, 25(4), 100–107.

Baumert, J. & Watermann, R. (2000). In 12 oder 13 Schuljahren zum Abitur? In J. Baumert, W. Bos & R. Lehmann (Hrsg.). *TIMSS/III. Dritte Internationale Mathematik- und Naturwissenschaftsstudie. Mathematische und Naturwissenschaftliche Bildung am Ende der Schullaufbahn. Band 2: Mathematische und physikalische Kompetenzen am Ende der gymnasialen Oberstufe* (S. 351–362). Opladen: Leske + Buderich.

Bellenberg, G., im Brahm, G., Forell, M. & Wachner, S. (2015). G9 in Hessen und NRW. Unterschiedliche Wege, unterschiedliche Implikationen. *SchulVerwaltung, Ausgabe Hessen und Rheinland-Pfalz*, 20(3), 77–79.

Blumentritt, L. (2016). *Veränderte Schulzeit – veränderte Freizeit? Freizeitkonstruktionen von Kindern am Beispiel der gymnasialen Schulzeitverkürzung.* Weinheim und Basel: Beltz.

Blumentritt, L., Kühn, S.M. & van Ackeren, I. (2014). Keine Zeit für Freizeit? Freizeit im Kontext veränderter Lernzeit aus Sicht von Schülerinnen und Schülern. *Diskurs Kindheits- und Jugendforschung*, 9(3), 355–370.

Bob, A., Heim, C. & Prohl, R. (2015). Auswirkungen der verkürzten Mittelstufe (G8) auf ausgewählte schulische und außerschulische Merkmale der Lebenswelt von Kindern und Jugendlichen. *Zeitschrift für sportpädagogische Forschung*, 3(1), 45–60.

Böhm-Kasper, O., Bos, W., Körner, S.C. & Weishaupt, H. (2001). *Sind 12 Schuljahre stressiger? Belastung und Beanspruchung von Lehrern und Schülern am Gymnasium.* Weinheim und München: Juventa.

Bölling, R. (2010). *Kleine Geschichte des Abiturs.* Paderborn: Schöningh.

Brahm, G. im & Bellenberg, G. (2014). Auf (Um-) Wegen zum Abitur. Der Übergang von der Sekundarstufe I in die allgemeinbildende gymnasiale Oberstufe. In A. Liegmann, I. Mammes & K. Racherbäumer (Hrsg.), Übergänge im Bildungssystem. Nationale und internationale Ergebnisse empirischer Forschung (S. 111–124). Münster: Waxmann.

Brahm, G. im, Bellenberg, G., Forell, M. & Wachner, S. (2014). Zur Nutzung gymnasialer Lernzeit – multiperspektivisch betrachtet. *Pädagogik, 67*(12), 40–43.

Brahm, G. im, Kühn, S.M. & Wixfort, J. (2013). Wie nehmen Schülerinnen und Schüler des doppelten Abiturjahrgangs die eigene Schulzeit wahr? Eine geschlechtsspezifische Analyse der Schülerperspektive auf acht- und neunjährige Bildungsgänge am Gymnasium. *Schulpädagogik-heute 7*, o. S.

Brüggenbrock, C. (2014). Der Hochschulzugang im europäischen Vergleich. In F. Eberle et al. (Hrsg.), *Abitur und Matura zwischen Hochschulvorbereitung und Berufsorientierung* (S. 231–243). Wiesbaden: VS.

Döbrich, P. & Huck, W. (1993). *Quantitative Tendenzen der Schulzeit im internationalen Vergleich. Memorandum zu einer aktuellen Debatte in Deutschland.* Frankfurt a. M.: DIPF.

Helbig, M. & Nicolai, R. (2015). *Die Unvergleichbaren. Der Wandel der Schulsysteme in den deutschen Bundesländern seit 1949.* Bad Heilbrunn: Klinkhardt.

Huebener, M. & Marcus, J. (2015a). *Auswirkungen der G8-Schulzeitverkürzung: Erhöhte Zahl von Klassenwiederholungen, aber jüngere und nicht weniger Abiturienten* (DIW Wochenbericht Nr. 18/2015). Berlin: Deutsches Institut für Wirtschaftsforschung.

Huebener, M. & Marcus, J. (2015b). *Empirische Befunde zu Auswirkungen der G8-Schulzeitverkürzung* (DIW Roundup 57). Berlin: Deutsches Institut für Wirtschaftsforschung.

Ivanov, S., Nikolova, R. & Vieluf, U. (2016). G8 und G9 im Kohortenvergleich. Lernkontexte und Lernstände zweier Hamburger Abiturjahrgänge. In J. Kramer, M. Neumann & U. Trautwein (Hrsg.), *Abitur und Matura im Wandel. Historische Entwicklungslinien, aktuelle Reformen und ihre Effekte* (S. 81–106). Wiesbaden: Springer VS

Jeffers, G. (2011). The Transition Year programme in Ireland. Embracing and resisting a curriculum innovation. *The Curriculum Journal, 22*(1), 61–76.

Klemm, K. (2014). Expertise zur Diskussion um die Dauer gymnasialer Schulzeit in Bayern. In F. Stöffler & M. Förtsch (Hrsg.), *Abitur im eigenen Takt. Die flexible Oberstufe zwischen G8 und G9* (S. 84–111). Weinheim und Basel: Beltz.

Klemm, K. (2008). Bildungszeit: Vom Umgang mit einem knappen Gut. In H. Zeiher & S. Schroeder (Hrsg.), *Schulzeiten, Lernzeiten, Lebenszeiten. Pädagogische Konsequenzen und zeitpolitische Perspektiven schulischer Zeitordnungen* (S. 21–30). Weinheim: Juventa.

Klomfaß, S., Stübig, F. & Fabel-Lamla, M. (2013). Der Übergang von der Sekundarstufe I in die gymnasiale Oberstufe unter den Bedingungen der gymnasialen Schulzeitverkürzung. In D. Bosse et al. (Hrsg.), *Standardisierung in der gymnasialen Oberstufe* (S. 147–160). Wiesbaden: VS.

Kühn, S.M. (2016). Öffnung des Gymnasiums durch die Wiedereinführung von G9? Herausforderungen und Befunde im Kontext der aktuellen Heterogenitätsdebatte. In J. Kramer, M. Neumann & U. Trautwein (Hrsg.), *Abitur und Matura im Wandel. Historische Entwicklungslinien, aktuelle Reformen und ihre Effekte* (S. 107–128). Wiesbaden: Springer VS.

Kühn, S.M. (2014a). Sind 12 Schuljahre ausreichend für den Zugang zur Hochschule? Der doppelte Abiturjahrgang aus empirischer Perspektive. *Beiträge zur Hochschulforschung, 36*(3), 8–33.

Kühn, S.M. (2014b). Was bedingt die Wahl eines neunjährigen Gymnasiums? Empirische Befunde aus drei Bundesländern. In A. Liegmann, I. Mammes & K. Racherbäumer (Hrsg.), *Übergänge im Bildungssystem. Nationale und internationale Ergebnisse empirischer Forschung* (S. 49–64). Münster: Waxmann.

Kühn, S.M. (2013). Schulzeit als wirksames Profilierungsmerkmal? Einzelschulische Profilierung und elterliche Schulwahlstrategien im Kontext der aktuellen Schulzeitdebatte. *Zeitschrift für Bildungsforschung, 3*(3), 235–252.

Kühn, S.M. & Ackeren, I. van (2014). Kulturelle Bildung am Gymnasium. Empirische Befunde zum Stellenwert und zur Praxis kultureller Bildung unter den Bedingungen der Schulzeitverkürzung (G8) und zentraler Abiturprüfungen in Deutschland. *Journal für Schulentwicklung, 18*(1), 40–46.

Kühn, S.M. & Ackeren, I. van (2013). Warum entscheiden sich Gymnasien für die Wiedereinführung eines neunjährigen Bildungsganges? Empirische Befunde einer Schulleiterbefragung in Baden-Württemberg, Nordrhein-Westfalen und Schleswig-Holstein. *SchulVerwaltung, Ausgabe Hessen und Rheinland-Pfalz, 18*(12), 331–334.

Kühn, S.M., Ackeren, I. van, Bellenberg, G., Reintjes, C. & Brahm, G. im (2013a). Wie viele Schuljahre bis zum Abitur? Eine multiperspektivische Standortbestimmung im Kontext der aktuellen Schulzeitdebatte. *Zeitschrift für Erziehungswissenschaft, 16*(1), 115–136.

Kühn, S.M., Reintjes, C., Ackeren, I. van, Bellenberg, G. & Brahm, G. im (2013b). Mehr Zeit für Bildung? Erste Erfahrungen mit dem neuen neunjährigen Bildungsgang an Gymnasien in NRW. *Schulpädagogik-heute* 8, o. S.

Kühn, S.M. & im Brahm, G. (2013). Der doppelte Abiturjahrgang aus Sicht von Schülerinnen und Schülern. Empirische Befunde einer Befragung der „Betroffenen". *SchulVerwaltung, Ausgabe Nordrhein-Westfalen, 24*(11), 304–306.

Laging, R., Böcker, P. & Dirks, F. (2014). Zum Einfluss der Schulzeitverkürzung (G8) auf Bewegungs- und Sportaktivitäten von Jugendlichen. *Sportunterricht, 63*(3), 66–72.

Lambert, J. (2012), Gymnasiale Schulzeit in der Diskussion. Schulversuche für G9. *SchulVerwaltung, Ausgabe Baden-Württemberg, 21*(6), S. 127–129.

Meyer, T. & Thomsen, S. (2014). *Are 12 Years of Schooling sufficient preparation for university Education? Evidence from the reform of secondary school duration in Germany* (NIW Discussion Paper No. 8). Hannover: Niedersächsisches Institut für Wirtschaftsforschung.

Milde-Busch, A., Blaschek, A., Borggräfe, I., Kries, R. von, Straube, A. & Heinen, F. (2010). Besteht ein Zusammenhang zwischen der verkürzten Gymnasialzeit und Kopfschmerzen und gesundheitlichen Belastungen bei Schülern im Jugendalter? *Klinische Pädiatrie, 222,* 255–260.

Minkley, N., Rest, M., Terstegen, S., Kirchner, W.H. & Wolf, O.T. (2015). Mehr Stress durch G8? Stressbelastung von Abiturienten mit regulärer und verkürzter Gymnasialzeit in NRW. *Zeitschrift für Entwicklungspsychologie und Pädagogische Psychologie, 47*(4), 188–198.

OECD (2015). *Bildung auf einen Blick 2015*. OECD Indikatoren. Online unter http://www.oecd-ilibrary.org/docserver/download/9615035e.pdf?expires=1463046839&id=id&accname=guest&checksum=2A32E9B4CC26C1A1F671A6C1A9582277 (12.05.2016).

Oelkers (2009). Ganztagsschule und Bildungsstandards. In S. Appel et al. (Hrsg.), *Jahrbuch Ganztagsschule 2009* (S. 38–49). Schwalbach/Ts.: Wochenschau Verlag.

Quis, J.S. (2015). *Does higher learning intensity affect student well-being? Evidence from the National Educational Panel Study* (BERG Working Paper Series, 92). Bamberg: Otto-Friedrich-Universität, Economic Research Group.

Räpple, H.W. (2013). G8 geht auch anders – G8GTS-Gymnasien in Rheinland-Pfalz. In S. Appel et al. (Hrsg.), *Jahrbuch Ganztagsschule 2013* (S. 152–165). Schwalbach/Ts.: Wochenschau Verlag.

Rürup, M. (2006). *Bildungspolitische Entscheidungsfindung in der KMK. Eine Analyse der Diskussion um 12 oder 13 Schuljahre bis zum Abitur.* Erfurt: Universität, Institut für Allgemeine Erziehungswissenschaft.

Schneider, H. & Franke, B. (2014). *Bildungsentscheidungen von Studienberechtigten. Studienberechtigte 2012 ein halbes Jahr vor und ein halbes Jahr nach Schulabschluss* (Forum Hochschule 6|2014). Hannover: DZHW.

Sprütten, F. (2007). Rahmenbedingungen naturwissenschaftlichen Lernens in der Sekundarstufe I. Münster: Waxmann.

Tillmann, K.-J. (2014). Acht oder neun Gymnasialjahre bis zum Abitur? In D. Killus & K.-J. Tillmann (Hrsg.), *Eltern zwischen Erwartungen, Kritik und Engagement – Ein Trendbericht zu Schule und Bildungspolitik in Deutschland* (S. 29–35). Münster: Waxmann.

Trautwein, U., Hübner, N., Wagner, W. & Kramer, J. (2015), Konsequenzen der G8-Reform. Eine Studie über Leistungen, Wohlbefinden und Freizeitverhalten von Schülerinnen und Schülern vor und nach der G8-Reform in Baden-Württemberg. Universität Tübingen. Online unter http://www.uni-tuebingen.de/uploads/media/2015–04-20_Studie_Konsequenzen_der_G8-Reform.pdf (12.05.2016).

UNESCO (2012). International Standard Classification of Education – ISCED 2011. Online unter http://www.uis.unesco.org/Education/Documents/isced-2011-en.pdf (12.05.2016).

Ramona Lorenz

Der Beitrag des Zentralabiturs zur Qualität des Schulsystems

Befunde zur Einführung des Zentralabiturs in Nordrhein-Westfalen

1.   Einleitung

Mit der Wende hin zu einer stärkeren Fokussierung der Bildungsergebnisse von Schülerinnen und Schülern in den letzten Jahren in vielen Bildungssystemen hat auch in Deutschland die Outputsteuerung an Bedeutung zugenommen (vgl. u. a. Bellmann & Weiß, 2009; Maag Merki, 2010; Lorenz, Eickelmann & Bos, im Erscheinen). Das Zentralabitur stellt eines der Instrumente der Outputsteuerung dar, womit seitens der Bildungsadministration die Sicherung der Chancengleichheit und der Vergleichbarkeit der Abschlüsse der Schülerinnen und Schüler durch standardisierte Prüfungsanforderungen intendiert wird (vgl. Kühn, 2010).

Die Einführung des Zentralabiturs erfolgte in Deutschland mit Ausnahme von Rheinland-Pfalz in allen Bundesländern, die vor der Jahrtausendwende noch dezentral organisierte schriftliche Abiturprüfungen durchführten. Diese bildungspolitische Entscheidung basierte insbesondere auf den nicht zufriedenstellenden PISA-Ergebnissen der Schülerinnen und Schüler in Deutschland und der darauf folgenden expertengestützten Deklaration von sieben Handlungsfeldern der Kultusministerkonferenz (vgl. KMK, 2001), die unter anderem „Maßnahmen zur konsequenten Weiterentwicklung und Sicherung der Qualität von Unterricht und Schule auf der Grundlage von verbindlichen Standards sowie eine ergebnisorientierte Evaluation"[1] vorsah. Mit der Einführung zentraler Abiturprüfungen war nicht nur auf der Makroebene des Schulsystems die Hoffnung verbunden, die Vergleichbarkeit der Ergebnisse und Abschlüsse zu sichern, sondern auch hinsichtlich der Ebene des Unterrichts und der Individualebene wurde das Ziel verfolgt, die Leistungen der Abiturientinnen und Abiturienten zu verbessern. Um die Vergleichbarkeit der Ergebnisse und Abschlüsse bundesweit zu erhöhen, hat die KMK Bildungsstandards für die Oberstufe beschlossen sowie das Institut zur Qualitätsentwicklung im Bildungswesen (IQB) mit der Entwicklung eines gemeinsamen Aufgabenpools für die Abiturprüfungen beauftragt, welchen die Länder ab dem Abitur 2017 nutzen können. Damit wird das Erfordernis der Kumulation bisheriger empirischer Forschungsbefunde zur Qualitätssicherung des Zentralabiturs erhöht.

Das Zentralabitur wurde in Nordrhein-Westfalen (NRW) im Schuljahr 2007/2008 als Maßnahme zur Qualitätssicherung im Schulsystem eingeführt.

---

1   https://www.kmk.org/presse/pressearchiv/mitteilung/296-plenarsitzung-der-kultus-ministerkonferenz-am-0506dezember-2001-in-bonn.html [19.05.2016]

Nach anfänglichen Irritationen beispielsweise hinsichtlich einer als zu schwierig bezeichneten Teilaufgaben im Fach Mathematik (in der Presse als ‚Oktaeder des Grauens' betitelt), die mit starkem öffentlichem Interesse einhergingen, wurde das Institut für Schulentwicklungsforschung (IFS) für den Zeitraum 2009 bis 2012 vom Ministerium für Schule und Weiterbildung NRW mit der Organisation der Begutachtung der zentralen schriftlichen Abituraufgaben sowie mit der wissenschaftlichen Begleitforschung beauftragt. Die in diesem Beitrag zusammengetragenen Befunde resultieren aus der Begleitforschung zum Zentralabitur in NRW. Im Folgenden wird zunächst die Relevanz des Zentralabiturs auf den verschiedenen Ebenen im Schulsystem herausgestellt, bevor das Verfahren der Qualitätssicherung der zentralen Abituraufgaben in NRW beschrieben wird. Es schließt sich eine Zusammenschau wesentlicher Befunde an, die a) die Schwierigkeit der zentralen Abituraufgaben fokussieren, b) die Fairness und Gerechtigkeit des zentralen Prüfungsformats in den Blick nehmen und c) auf Auswirkungen des Zentralabiturs auf den vorgelagerten Unterricht eingehen. Der Beitrag schließt mit einer Diskussion der Befunde sowie einem Fazit für die weitere Entwicklung des Zentralabiturs und der Qualitätssicherung im Schulsystem.

2.   Relevanz zentraler Abiturprüfungen

Dem Zentralabitur kommt auf verschiedenen Ebenen im Schulsystem eine hohe Bedeutung zu. Um die Qualität des Schulsystems zu sichern und die Leistungen der Schülerinnen und Schüler zu verbessern, werden Standards festgesetzt und deren Einhaltung zentral überprüft. Damit sind unterschiedliche Intentionen und Auswirkungen verbunden, die im Folgenden kurz skizziert werden.

Relevanz auf der Makroebene des Schulsystems

Das Zentralabitur dient der Evaluation schulischer Arbeitsprozesse und der Überprüfung der erreichten Kompetenzen und Leistungen der Schülerinnen und Schüler am Ende eines Bildungsabschnittes (vgl. Halbheer & Reusser, 2008). Es erfüllt damit – bezogen auf die Makroebene des Schulsystems und die Gesellschaft – wesentliche Funktionen im Bildungssystem, wobei durch die zentrale Organisation der Prüfungen insbesondere die Komparabilitätsfunktion eine wichtige Rolle einnimmt, die die Gleichwertigkeit und Vergleichbarkeit von Bildungsabschlüssen beschreibt (vgl. Kühn, 2010). Das zentrale Prüfungsformat sichert damit die Chancengleichheit und die Vergleichbarkeit der Abschlüsse von Schülerinnen und Schülern durch gleiche Anforderungen an alle Prüfungsteilnehmerinnen und -teilnehmer.

Relevanz auf der Mikroebene des Unterrichts

Mit der zentralen Erstellung der Prüfungsaufgaben für das Abitur gehen auch Veränderungen des vorgelagerten Unterrichts einher. Diese Veränderungen können einerseits auf die den Lehrkräften unbekannten Prüfungsinhalte zurückzuführen sein, sodass die Lehrkräfte eine intensivere Prüfungsvorbereitung im Unterricht praktizieren, und andererseits auf die bessere Vergleichbarkeit der Schülerleistungen, sodass Lehrkräfte die unterrichtlichen Lehr- und Lernprozesse revidieren. So können sich zentrale Abiturprüfungen positiv auf den vorgelagerten Unterricht auswirken, indem sie eine stärkere Verwendung anspruchsvoller Unterrichtsmethoden, eine bessere Passung der Unterrichtsinhalte mit dem Curriculum, eine zunehmende Leistungsbeurteilung anhand von Kriterien, eine stärkere individuelle Förderung oder eine stärkere Fokussierung auf die Lernergebnisse begünstigen (vgl. Maag Merki, 2010). Andererseits können negative Effekte wie eine Einengung des Curriculums in Abhängigkeit der Testinhalte, eine Anpassung der Lehr- und Prüfungsmethoden an das Testformat oder eine umfangreiche Testvorbereitung zulasten nicht getesteter Inhalte oder Unterrichtsfächer stattfinden (vgl. ebd.). Lehrkräfte stehen mit der Einführung zentraler Abiturprüfungen demnach vor der Herausforderung, einen zielorientierten und anspruchsvollen Unterricht zu gestalten, der nicht nur auf die Inhalte des Zentralabiturs verengt wird, sondern alle im Lehrplan benannten Bereiche umfasst und wichtige Kompetenzen fördert.

Relevanz auf individueller Ebene

Das Zentralabitur als standardisiertes Prüfungsformat ist auf der Individualebene für die Abiturientinnen und Abiturienten mit Konsequenzen für die weitere biographische Laufbahn verbunden, da die Vergleichbarkeit der Leistungen und Abschlüsse für das abnehmende System steigt. Empirische Befunde weisen zudem auf einen motivational-emotionalen Einfluss von zentralen Prüfungen für Schülerinnen und Schüler hin. Mit den seitens der Bildungsadministration herangetragenen Erwartungen bezüglich einer verbesserten Unterrichtsqualität und der Relevanz des Zentralabiturs auf individueller Ebene ist daher die Hoffnung verbunden, dass das zentrale Prüfungsformat eine Leistungsverbesserung bewirkt. Hinsichtlich der Effekte auf Lern- und Leistungsergebnisse der Schülerinnen und Schüler, die hauptsächlich auf Untersuchungen im angloamerikanischen Raum basieren, ist die Befundlage kontrovers und erlaubt keine eindeutige, mit den hohen Erwartungen an das Zentralabitur einhergehende Hypothese (vgl. Maag Merki, 2010).

Vor dem Hintergrund der Relevanz des Zentralabiturs auf den verschiedenen Ebenen des Schulsystems ist es – vor allem im Hinblick auf die Entwicklung eines gemeinsamen Aufgabenpools für das Zentralabitur und die damit verbundene Steigerung der Vergleichbarkeit von Leistungen und Abschlüssen über die Grenzen einzelner Bundesländer hinaus – von besonderem Interesse, Erkenntnisse

bisheriger Befunde zum Zentralabitur zu bündeln und Hinweise für die Qualitätssicherung im Bildungssystem abzuleiten.

3.   Verfahren zur Qualitätssicherung der schriftlichen Abiturprüfung in NRW

Die Darstellung des Verfahrens zur Qualitätssicherung der schriftlichen Abiturprüfungen in NRW sowie der Gestaltung der Abituraufgaben ist eine notwendige
Voraussetzung, um die Befunde der Begleitforschung zur Einführung des Zentralabiturs in NRW einordnen zu können. Daher werden zunächst das Verfahren der
externen Begutachtung der Abituraufgaben im Rahmen des Projekts „Qualitätssicherung von zentralen Prüfungen in NRW" (Laufzeit: 2009 bis 2012) beschrieben
und eine Zusammenschau der Befunde aus der Evaluation des Verfahrens berichtet.

3.1   Qualitätssicherung der schriftlichen Abituraufgaben in NRW

Um die Qualität zentraler schriftlicher Abiturprüfungen dauerhaft zu sichern, hat
das Ministerium für Schule und Weiterbildung NRW zwei Jahre nach der Einführung des Zentralabiturs im Jahr 2007 ein externes Begutachtungsverfahren eingeführt. Das Verfahren wurde mit dem Projekt „Qualitätssicherung von zentralen
Prüfungen in NRW" unter der wissenschaftlichen Leitung von Prof. Dr. Wilfried
Bos am Institut für Schulentwicklungsforschung (IFS) der TU Dortmund umgesetzt und von unabhängigen Fachkommissionen durchgeführt (vgl. Bos & Pfuhl,
2009; Pfuhl & Bos, 2009). Neben der Organisation des fachlichen Begutachtungs-
verfahrens der Abituraufgaben wurde das IFS mit der Evaluation des Begutach-
tungsverfahrens des Zentralabiturs in NRW beauftragt.

Im September 2008 wurden erstmals für den Abiturjahrgang 2009 Fachkommissionen zur Qualitätssicherung von zentralen Prüfungen eingerichtet. Ihre
Aufgabe bestand darin, das Ministerium bei der Steuerung des Abiturablaufs zu
beraten und über die fachdidaktische und schulpraktische Tauglichkeit der Aufgaben in den am häufigsten gewählten Abiturfächern zu entscheiden (vgl. Pfuhl
& Bos, 2009). Dazu wurden für 19 Fächer unabhängige Fachkommissionen mit
jeweils zwei Wissenschaftlerinnen und Wissenschaftlern (einer Fachdidaktikerin
oder einem Fachdidaktiker und einer Fachwissenschaftlerin oder einem Fachwis-
senschaftler) sowie drei im Schuldienst tätigen Fachlehrkräften eingerichtet. Diese
überprüften die von Lehrkräften an Schulen entwickelten und von den staatlichen Aufgabenkommissionen des Ministeriums überarbeiteten Abituraufgaben
hinsichtlich ihrer wissenschaftlichen Richtigkeit, ihrer schulpraktischen Umsetzbarkeit und ihrer Bewertung in einem mehrstufigen Verfahren (vgl. Abbildung
1). Die Überprüfung ergab für die einzelnen Abituraufgaben unterschiedliche

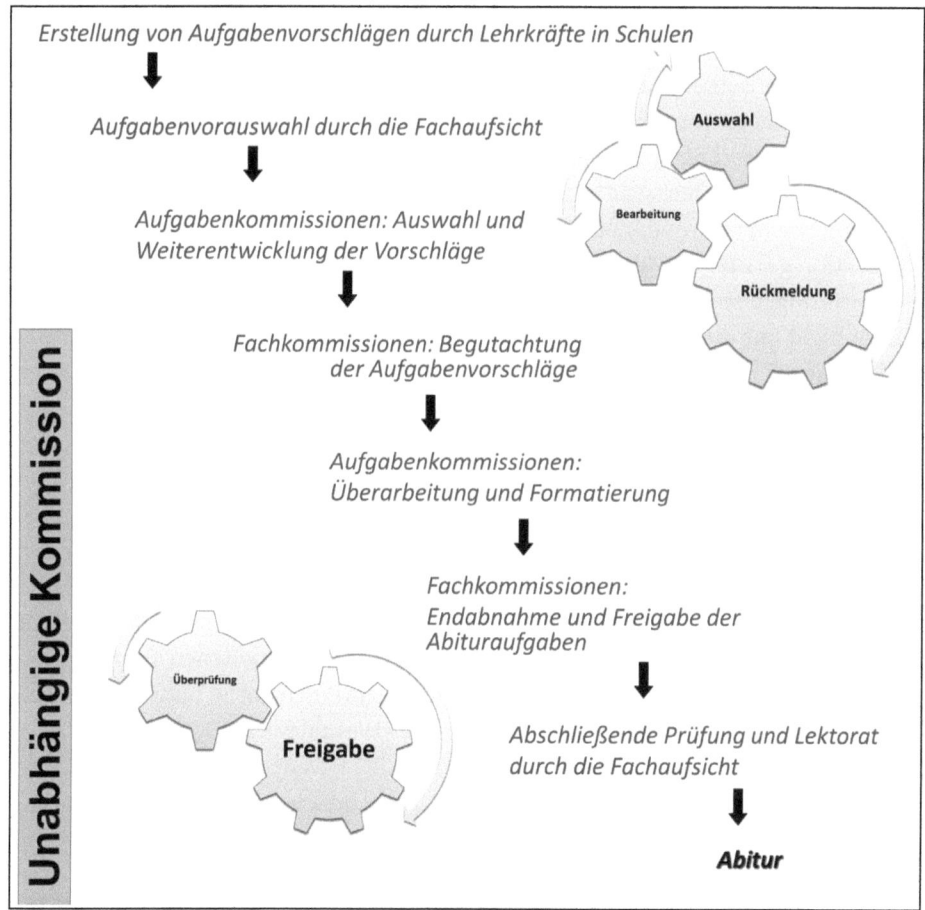

Abb. 1: Verfahren zur Erstellung der Prüfungsaufgaben in NRW (Kahnert, 2014, S. 60)

Überarbeitungsbedarfe von Korrekturen und Ergänzungen in Materialien über Modifizierungen von Aufgabenstellungen und Bewertungsvorgaben bis hin zum Austausch einzelner Teilaufgaben oder sogar kompletten Abituraufgaben. Abschließend wurde kurz vor der Abiturphase ein Praxis-Check durchgeführt, bei dem einige Lehrkräfte in die Schülerrolle schlüpften und die Abituraufgaben ihres Faches lösten sowie die zugehörigen Bewertungsvorgaben validierten.

Die Qualität der Aufgaben konnte mit diesem mehrstufigen Verfahren gesteigert werden. Dies bestätigte auch die Evaluation der Rückmeldungen der Schulen und der Lehrkräfte während des Abiturs (vgl. Bos & Pfuhl, 2009). Ein Großteil der im Vorfeld von den Fachkommissionen beanstandeten Probleme spielte in den Rückmeldungen der Schulen zu den Abituraufgaben keine Rolle mehr. Insbesondere konnten die Probleme bezüglich der zugrunde liegenden Texte und Materialien nahezu vermieden werden.

3.2   Evaluation des Verfahrens

Die Zusammensetzung der unabhängigen Fachkommissionen förderte die Qualität der Aufgaben insofern, als die wissenschaftliche Expertise aus Fachdidaktik und Fachwissenschaft mit den praktischen Erfahrungen und Kompetenzen der Fachlehrkräfte (in den staatlichen Aufgabenkommissionen sowie in den unabhängigen Fachkommissionen) für den Prozess der Aufgabenkonstruktion und -evaluation genutzt werden konnte. Die Ergebnisse dieser wissenschaftsgestützten Überprüfungen sollten durch den intensiven Dialog zwischen den beteiligten Akteuren nicht nur die Angemessenheit der jeweils begutachteten Prüfungsaufgaben sichern, sondern auch langfristig zu einer Verbesserung und Weiterentwicklung bei der Erstellung von zentralen Abituraufgaben führen (vgl. Kahnert, Lorenz & Eickelmann, 2012). Die Befragung der Mitglieder der Aufgaben- und Fachkommissionen gab Hinweise darauf, dass in der zweiten Phase zum Abitur 2010 bereits positive Effekte des Verfahrens zur Qualitätssicherung der Abituraufgaben wahrgenommen wurden (vgl. Bos & Pfuhl, 2009). Dies galt sowohl hinsichtlich der fachlichen Korrektheit der Aufgabeninhalte als auch in Bezug auf die Art der Aufgabenstellungen, wobei Erkenntnisse der Kompetenzdiagnostik und der Fachdidaktik Berücksichtigung fanden. Die enge Kooperation zwischen Fachdidaktik, Fachwissenschaft und Schulpraxis scheint somit das Potenzial zu haben, langfristig Qualitätsstandards im Zentralabitur Nordrhein-Westfalens zu sichern.

Ein derartiges Begutachtungsverfahren wurde in Deutschland erstmalig unter Beteiligung dieser Akteursgruppen durchgeführt und kann insgesamt durchaus als erfolgreich bezeichnet werden. Dies spiegelt sich auch in dem seit der Einführung des Zentralabiturs kontinuierlichen Anstieg der Abiturdurchschnittsnoten wider (vgl. Tabelle 1). Auch langfristig konnte der bessere Abiturnotendurchschnitt gehalten werden, sodass sich hier ein positiver Effekt der Implementation zentraler Abiturprüfungen auf die Leistungen der Schülerinnen und Schüler abzuzeichnen scheint und die Qualitätssicherung der Aufgaben durch die unabhängige Fachkommission auch über die Projektlaufzeit hinaus gelungen zu sein scheint. Andererseits kann die Veränderung des Notendurchschnitts auch darin begründet sein, dass die Abituraufgaben einfacher werden. Dies wäre dann ein Hinweis darauf, dass die Qualität der zentralen Abituraufgaben sinkt, was in der Öffentlichkeit breit diskutiert wird (vgl. Kahnert, 2014).

Tab. 1:   Abiturdurchschnittsnoten NRW

	2008	2009	2010	2011	2012	2013	2014	2015
Gymnasium	2,59	2,53	2,51	2,48	2,45	2,42	2,45	2,42
Gesamtschule	2,87	2,83	2,81	2,78	2,75	2,73	2,69	2,68
Gesamt	2,63	2,58	2,56	2,52	2,50	2,46	2,49	2,47

Quelle: https://www.standardsicherung.schulministerium.nrw.de/cms/zentralabitur-gost/uebersicht/uebersicht-abi-gost.php [28.05.2016]

4.   Befunde der Begleitforschung zum Zentralabitur NRW

Ergebnisse der umfangreichen Begleitforschung zur Einführung des Zentralabiturs in NRW durch das Projektteam am IFS wurden in zahlreichen Publikationen für die Praxis, in wissenschaftlichen Veröffentlichungen und in zwei Dissertationsschriften publiziert. Basierend auf verschiedenen Datenquellen – angefangen bei Daten zu Leistungen im Zentralabitur Englisch und Mathematik, Befragungen von Lehrkräften sowie Schülerinnen und Schülern, eigens durchgeführten standardisierten Leistungstests bis hin zu Befragungen der Fach- sowie der staatlichen Aufgabenkommissionen – wurde das Zentralabitur in NRW multiperspektivisch untersucht. Im Folgenden werden zentrale Befunde zusammengetragen und in Bezug auf a) die Aufgabenschwierigkeit, b) die Fairness der zentralen Abituraufgaben für verschiedene Subgruppen sowie c) mögliche Auswirkungen des zentralen Prüfungsformats auf den Unterricht berichtet.

4.1   Aufgabenschwierigkeit

Der Schwierigkeitsgrad von Aufgaben ist insbesondere vor dem Hintergrund vergleichbarer Schulabschlüsse und der Gerechtigkeit des zentralen Prüfungsformats von maßgeblicher Relevanz. Im Zentralabitur NRW stehen Aufgaben zur Auswahl, die je nach Fach entweder durch die Schülerinnen und Schüler oder durch die Lehrkräfte getroffen wird. Dabei liegt die Annahme zugrunde, dass alle Aufgaben, die zur Auswahl stehen – und auch die Aufgaben aus unterschiedlichen Abiturjahrgängen –, die gleiche Schwierigkeit aufweisen. Ein wesentliches Forschungsanliegen im Rahmen der wissenschaftlichen Begleitforschung stellte dar, zu untersuchen, inwiefern dies zutrifft.

Die Evaluation der Rückmeldungen von Schulen und Lehrkräften während des Zentralabiturs 2009 hat ergeben, dass die Schwierigkeit und die Leistungsniveaus der Aufgaben für die Grund- und Leistungskurse von den Lehrkräften kaum beanstandet wurden (vgl. Bos & Pfuhl, 2009). Damit war ein erster Hinweis darauf gegeben, dass die Schwierigkeit der zentralen Abituraufgaben aus Sicht der Lehrpersonen akzeptabel war. Offen blieb jedoch die Frage nach der Vergleichbarkeit der Schwierigkeit verschiedener Abituraufgaben.

Zur angemessenen Analyse der Aufgabenschwierigkeit zentraler Abiturprüfungen wurden zunächst Abiturergebnisse einer repräsentativen Schülerstichprobe von 1136 Abiturientinnen und Abiturienten, die 2009 am Zentralabitur in NRW im Leitungskurs Englisch teilgenommen haben, analysiert (vgl. Lorenz, 2013). Damit konnten erstmals Abiturleistungsergebnisse vertiefend mit elaborierten statistischen Verfahren untersucht werden. Mittels einer Rasch-Skalierung ließ sich überprüfen, ob die beiden für die Abiturientinnen und Abiturienten zur Auswahl stehenden schriftlichen Abituraufgaben die gleiche Schwierigkeit aufweisen. Im Rahmen dieses probabilistischen Verfahrens werden Personenfähigkeiten und

Itemschwierigkeiten bei der Skalierung simultan geschätzt. Dabei unterscheiden sich Aufgaben im angewandten einparametrischen Rasch-Modell ausschließlich in ihrer Schwierigkeit voneinander (vgl. Ghanbari, 2011; Rost, 2004). Die Analysen zeigten zunächst, dass die untersuchten Abituraufgaben einen unterschiedlichen Schwierigkeitsgrad aufwiesen (vgl. Lorenz, 2013). Es konnte allerdings nicht geklärt werden, ob eine deutliche Abgrenzung der Schwierigkeit der beiden untersuchten Leistungskursaufgaben zur Schwierigkeit der Aufgaben für den Grundkurs gegeben war. Weiterhin konnten mit dieser Datengrundlage die Teilaufgaben der beiden Abituraufgaben untersucht werden. Entsprechend den Vorgaben zu „Einheitlichen Prüfungsanforderungen im Abitur" (EPA) der KMK[2] bestehen die Abituraufgaben im Fach Englisch aus drei Teilaufgaben, die im Anforderungsniveau ansteigen sollen. Hierzu konnte herausgestellt werden, dass die Teilaufgaben der beiden Abituraufgaben unterschiedliche Schwierigkeitsgrade aufwiesen. Besonders im Hinblick auf die jeweils dritte – und schwierigste – Teilaufgabe zeigten sich deutliche Differenzen im Schwierigkeitsniveau (vgl. ebd.). Erste Entwicklungen hinsichtlich des Zentralabiturs in NRW im Fach Englisch gingen dahin, die Vorgabe für die von den Prüfungsteilnehmerinnen und -teilnehmern zu erstellenden Textsorten für die Teilaufgaben zu überarbeiten, woraufhin seit dem Abitur 2014 ein vergleichsweise sehr einfaches Aufgabenformat nicht mehr eingesetzt wird. Die systeminterne Anpassung der Anforderungen stellt im Kontext der Bildungsgerechtigkeit einen wichtigen Schritt dar, womit die Zertifikatsvergabe höherwertiger und gerechter wird.

Des Weiteren wurde auch für das Zentralabitur Mathematik in NRW untersucht, ob die zentral gestellten Aufgaben die gleiche Schwierigkeit aufweisen. Dazu wurde eine Rasch-Skalierung der Abiturergebnisse von 425 Schülerinnen und Schülern aus 23 Leistungskursen an Gymnasien im Jahr 2011 durchgeführt. Die Befunde für das Fach Englisch konnten insofern bestätigt werden, als dass auch die analysierten Aufgaben und deren Teilaufgaben im Fach Mathematik unterschiedliche Schwierigkeitsniveaus aufwiesen (vgl. Kahnert, 2014).

Darüber hinaus hat sich sowohl für das Fach Mathematik als auch für das Fach Englisch gezeigt, dass die Einschätzung der Experten aus der Schulpraxis hinsichtlich der Schwierigkeit von Aufgaben von den statistisch ermittelten Aufgabenschwierigkeiten abwich (vgl. Kahnert, 2014; Lorenz, 2013). Diese Abweichung wurde darin begründet, dass die Expertinnen und Experten ihre Praxiserfahrung in ihr Urteil einfließen lassen und die Leistungen ihrer eigenen Schülerinnen und Schüler als Vergleichsmaß heranziehen, allerdings das durchschnittliche Niveau aller Abiturientinnen und Abiturienten in NRW nicht hinreichend beurteilen können.

---

2   https://www.kmk.org/themen/allgemeinbildende-schulen/bildungswege-und-ab-
    schluesse/sekundarstufe-ii-gymnasiale-oberstufe-und-abitur.html [28.05.2016]

Der Befund der unterschiedlichen Schwierigkeit der beiden Abituraufgaben und ihren jeweiligen Teilaufgaben wurde u. a. als bedeutsamer empirischer Hinweis darauf interpretiert, dass die intuitive Entwicklung der Aufgaben durch jährlich wechselnde Lehrkräfte aus der Praxis nicht dazu führt, Standards zu festigen und die Schwierigkeit der Teilaufgaben den EPA-Vorgaben entsprechend entwickeln zu können, sondern unterschiedliche Schwierigkeitsniveaus vorzufinden sind. Hier wurde das Desiderat einer stärker wissenschaftsgestützten Validierung der Aufgabenschwierigkeit herausgestellt.

4.2   Fairness und Gerechtigkeit

Die Qualität des Zentralabiturs in NRW und der Beitrag zur Bildungsgerechtigkeit wurden im Rahmen der wissenschaftlichen Begleitforschung auch unter der Fragestellung von „fairen" Aufgaben für unterschiedliche Schülersubgruppen beleuchtet. Es wurde der Frage nachgegangen, ob die Aufgaben a) für Gymnasiastinnen und Gymnasiasten sowie für Gesamtschülerinnen und Gesamtschüler und b) für Schülerinnen sowie Schüler gleichermaßen gut lösbar sind. Insbesondere die Frage nach schulformspezifischen Lösungswahrscheinlichkeiten erscheint dabei vor dem Hintergrund der Bedeutung des Zentralabiturs und der damit einhergehenden Hoffnung von vergleichbaren und gerechten Zertifikatsvergaben relevant.

Auf Basis der Abiturleistungen von 1136 Abiturientinnen und Abiturienten (60,6% weiblich; 56,9% Gymnasium) im Zentralabitur Englisch im Jahr 2009 wurde die Fairness der Abituraufgaben – im Sinne einer gleichen Schwierigkeit für unterschiedliche Schülergruppen – mithilfe von Differential Item Functioning (DIF) Analysen nach Lord (1980) untersucht. Bei einem Item, das DIF aufweist, zeigt sich für zwei oder mehr untersuchte Gruppen eine unterschiedliche Wahrscheinlichkeit, ein Item korrekt zu lösen, obwohl die Gruppen hinsichtlich des zu messenden Merkmals gleiche Leistungen aufweisen (vgl. Holland & Wainer, 1993). Dies ist insbesondere hinsichtlich zentraler Prüfungsformate relevant, da alle Aufgaben von allen Schülerinnen und Schülern gleich gut gelöst werden sollten, ohne eine Gruppe durch die Aufgabenstellung zu bevorteilen. Die in den Bewertungsvorgaben der jeweiligen Abituraufgaben festgelegten und von den Lehrkräften beurteilten Indikatoren zu den Teilaufgaben wurden dabei als Items für die Analyse betrachtet. Es konnte gezeigt werden, dass die Aufgaben Items enthalten, die DIF zugunsten aller betrachteten Subgruppen aufweisen, wobei die jeweiligen Anteile ausgeglichen waren (vgl. Lorenz, 2013). In einem konstruktivistischen Interpretationsansatz kann der Befund dahingehend gedeutet werden, dass Stärken und Schwächen aller Gruppen in den Aufgaben angesprochen werden. Das Auftreten von DIF lässt noch keinen grundlegenden Zweifel an der Fairness der Abituraufgaben zu, da zum einen DIF Items zugunsten aller Subgruppen identifiziert wurden und zum anderen auch in standardisierten Aufgaben der internationalen Schulleistungsstudien etwa ein Drittel der Items DIF aufweisen (vgl. Beck & Dahl,

2006; Kirsch et al., 2003; Klieme & Bos, 2000; Knoche & Lind, 2005; Walther, Schwippert, Lankes & Stubbe, 2008), was dem Anteil der DIF Items in den untersuchten Abituraufgaben entspricht. Damit lieferten die Befunde keinen Anlass, die Fairness von zentralen Abituraufgaben im Fach Englisch für Abiturientinnen und Abiturienten unterschiedlicher Schulformen oder unterschiedlichen Geschlechts anzuzweifeln (vgl. Lorenz, 2013). Als Forschungsdesiderat wurde jedoch herausgestellt, die Fairness zentraler Abituraufgaben für Schülergruppen mit und ohne Migrationshintergrund sowie vor dem Hintergrund der sozialen Herkunft zu betrachten, da internationale Schulleistungsstudien für diese Gruppen in Deutschland besonders hohe Leistungsdifferenzen aufzeigen, die nicht durch das Auftreten von DIF zusätzlich verstärkt werden sollten.

In vertiefenden Analysen zur Fairness der beiden Abituraufgaben im Fach Englisch (vgl. Lorenz, im Erscheinen; Lorenz, Eickelmann & Dohe, 2013) wurde ein stärkerer inhaltlicher Fokus auf die Teilaufgaben gelegt, wobei leichte Tendenzen dahingehend aufgezeigt werden konnten, dass die den Aufgaben zugrundeliegende Textsorte (Gedicht bzw. Zeitungsartikel) mit geschlechtsspezifischen Befunden einhergeht. Zudem hat sich gezeigt, dass die in den Teilaufgaben von den Abiturientinnen und Abiturienten zu erstellende Textsorte ebenfalls zu differenziellen Ergebnissen zwischen den beiden Gruppen führt.

Neben den Aufgaben des sprachlichen Faches Englisch wurden auch Aufgaben des Faches Mathematik hinsichtlich der Frage analysiert, ob diese geschlechtsspezifische differenzielle Schwierigkeitsmerkmale aufweisen (vgl. Eickelmann, Kahnert & Lorenz, 2013). Die Analysen basieren auf einer Stichprobe von Schülerinnen und Schülern, die zum Abitur 2011 die zentral gestellten Mathematik-Abituraufgaben bearbeitet haben. In diesem Fach wurden in NRW acht Abituraufgaben entwickelt, woraus die Kurslehrkräfte drei Aufgaben für die Schülerinnen und Schüler ihres Kurses auswählen konnten. Für die Analysen wurde eine Substichprobe aus der umfassenden Studie von Kahnert (2014) ausgewählt, die die von den Lehrkräften am häufigsten gewählte Kombination von zentralen Abituraufgaben bearbeitet hat. Diese Kombination umfasst eine Aufgabe aus dem Bereich Analysis, eine Aufgabe aus dem Bereich der Geometrie und eine Algebra-Aufgabe. In der untersuchten Substichprobe wurden 179 Abiturientinnen und Abiturienten (weiblich $n = 74$ und männlich $n = 105$) aus 10 Leistungskursen an Gymnasien betrachtet. Anhand von DIF Analysen wurden die Aufgaben analysiert, um Items zu identifizieren, die für männliche und weibliche Abiturteilnehmer Schwierigkeitsparameter aufweisen, die signifikant voneinander abweichen und somit nicht nur die Personenfähigkeit sondern auch das Merkmal „Geschlecht" zu unterschiedlichen Lösungshäufigkeiten führt. Die zugrundeliegenden Daten wurden zunächst anhand eines Partial-Credit-Modells skaliert, um die Raschkonformität zu prüfen (vgl. Wright & Masters, 1982). Für die Analyse der Abituraufgaben wurde ein Partial-Credit-Modell geschätzt, da mit diesem auch teilweise richtig gelöste Aufgaben einbezogen werden können, sodass die Datenstruktur angemessen berücksichtigt wurde.

Als Items der Analysen wurden die Teilaufgaben der zentralen Abituraufgaben herangezogen, die mithilfe von zentral entwickelten Bewertungsvorgaben von den Kurslehrkräften mit einer Maximalpunktzahl von 4 oder 6 Punkten bewertet wurden. Insgesamt wiesen die DIF Analysen darauf hin, dass gut zwei Fünftel der Items signifikante Unterschiede zwischen den Geschlechtern aufweisen, wobei tendenziell mehr Items zugunsten der Jungen enthalten waren, allerdings auch eine substanzielle Anzahl von Items die Mädchen bevorteilte. Insgesamt konnte der Befund bezüglich der differentiellen Itemfunktionen im Zentralabitur Englisch auch für das Fach Mathematik bestätigt werden. In der Untersuchung zu den zentralen Abituraufgaben im Fach Mathematik wurde zudem die Einschätzung von Expertinnen und Experten herangezogen, die die Schwierigkeit der Teilaufgaben für Jungen und Mädchen einschätzen sollten. Mittels fünfstufigem Antwortformat gaben die Expertinnen und Experten an, ob die Aufgaben ihres Erachtens nach *einfacher für Jungen, etwas einfacher für Jungen, für beide Geschlechter gleich schwierig, etwas einfacher* für Mädchen oder *einfacher für Mädchen* waren. Als Experten wurden drei erfahrene Mathematiklehrkräfte herangezogen, die bereits Teil der Fachkommission Mathematik im Rahmen der eingangs beschriebenen Fachkommissionen zur Begleitung der Einführung des Zentralabiturs in NRW waren. Der Vergleich der Experteneinschätzungen und der Ergebnisse der DIF Analysen ergab ein überwiegend uneinheitliches Bild, wobei die beiden Verfahren nicht dieselben Items als schwieriger für eine Gruppe identifizierten. Ein Item wurde sogar gegensätzlich eingeschätzt: die DIF Analysen legten einen Vorteil für Jungen nahe, wohingegen die Experten das Item als einfacher für Mädchen einschätzten. Lediglich bei drei Items stimmten die Ergebnisse der beiden Verfahren überein (vgl. Eickelmann et al., 2013).

In einem Zwischenfazit kann hinsichtlich der Fairness des Zentralabiturs festgehalten werden, dass die Untersuchungen sowohl im Fach Englisch als auch Mathematik geschlechtsspezifische differentielle Schwierigkeitsmerkmale in den Aufgaben aufgezeigt haben, die allerdings tendenziell ausgewogen zugunsten beider Geschlechter in den Aufgaben auftreten. Ein ähnlicher Befund konnte für die Subgruppen der Schülerinnen und Schüler an Gymnasien sowie an Gesamtschulen festgestellt werden. Die inhaltliche Betrachtung dieser Aufgaben kann wertvolle Hinweise für die weitere Entwicklung von zentralen Abituraufgaben liefern, insbesondere vor dem Hintergrund der Entwicklungen eines gemeinsamen Aufgabenpools, aus dem alle Bundesländer Aufgaben einsetzen können. Des Weiteren zeigt der Vergleich der Einschätzung der Aufgabenschwierigkeit für Mädchen und Jungen einerseits durch ein statistisches Verfahren und andererseits durch Experten vor dem Hintergrund ihrer pädagogischen Erfahrungen, dass beide Verfahren zu unterschiedlichen Befunden kommen. Dies weist zum einen auf die begrenzte Reichweite beider Verfahren hin und gibt andererseits Anhaltspunkte für die Notwendigkeit einer multiperspektivischen Betrachtungsweise zentraler Abituraufgaben.

Die Abituraufgaben des Faches Mathematik wurden darüber hinaus auch dahingehend untersucht, ob sie die mathematische Kompetenz von Schülerinnen und Schülern erfassen, wie sie mithilfe eines standardisierten TIMSS-Tests für die Oberstufe gemessen werden können (Kahnert, 2014). Dazu konnte auf der Datenbasis einer Stichprobe von 425 Schülerinnen und Schülern aus 23 Leistungskursen an Gymnasien in NRW im Jahr 2011, die kurz vor den Abiturprüfungen zusätzlich einen TIMSS-Tests durchführten, mittels Skalierung gezeigt werden, dass beide Verfahren eine allgemeine mathematische Kompetenz erfassen. Geringe Einschränkungen hinsichtlich der Vergleichbarkeit der Ergebnisse wurden bei der Interpretation der Befunde dahingehend hervorgehoben, dass die Abiturientinnen und Abiturienten sich nicht gezielt auf die Bearbeitung des TIMSS-Tests vorbereitet haben, wie es für die Abiturprüfungen der Fall war, da den TIMSS-Ergebnissen keine weitere Relevanz für die individuellen Schülerinnen und Schüler zukommt (vgl. ebd.). Daher ist auch eine geringere Motivation bei der Bearbeitung der TIMSS-Aufgaben anzunehmen, womit Abweichungen in den Leistungen im Vergleich zu den Abituraufgaben vorliegen.

Neben der Fairness der Abituraufgaben im Sinne eines gleichen Schwierigkeitsniveaus für verschiedene Schülersubgruppen wurde auch die Gerechtigkeit des Verfahrens untersucht, indem Fragen nach der Vergleichbarkeit der Bewertung und der Abiturnoten innerhalb einer Schule und zwischen verschiedenen Schulen und Schulformen nachgegangen wurde. Zudem wurden die Einschätzungen von Lehrpersonen zum Anspruchsniveau und zur Entwicklung der Schülerleistungen im Vergleich zum dezentralen Abitur erfasst. Anhand einer Befragung von 597 Lehrkräften an Gymnasien (70%) und Gesamtschulen (30%) im Jahr 2010 in NRW, die bereits Erfahrung mit dem zentralen Abiturprüfungsformat aufwiesen, wurde die Gerechtigkeit des Zentralabiturs aus Sicht der Lehrkräfte erfasst. Lorenz, Kahnert, Eickelmann und Bos (2011) stellten diesbezüglich heraus, dass ein großer Anteil der Lehrpersonen der Ansicht war, das Zentralabitur habe die Vergleichbarkeit von Prüfungsergebnissen sowohl innerhalb als auch zwischen Schulen erhöht. Mehr als die Hälfte der Lehrpersonen (56,4%) gab an, die Vergleichbarkeit zwischen den Schulen habe durch das Zentralabitur zugenommen, und zwei Fünftel (41,3%) bestätigten dies für die Vergleichbarkeit der Ergebnisse innerhalb einer Schule.

Anspruchsniveau, Komplexität und Fairness der zentralen Abituraufgaben im Vergleich zum dezentralen Abitur schätzten die Lehrkräfte insgesamt durchaus ambivalent ein. Während etwa jeweils die Hälfte der Lehrkräfte das Anspruchsniveau und die Fairness als unverändert einschätzte, gab allerdings je ein Drittel an, dass diese beiden Merkmale der Abituraufgaben durch das zentrale Verfahren abgenommen haben, die übrigen Lehrkräfte bekundeten eine Zunahme. Hinsichtlich der Komplexität beschrieb ein Viertel der Lehrkräfte eine Abnahme und ein Drittel eine Zunahme dieses Merkmals durch das Zentralabitur.

Auch in Bezug auf die Wahrnehmung der Gerechtigkeit der Benotung von zentralen Abiturprüfungen zeigte sich ein uneinheitliches Meinungsbild: Während je gut ein Viertel eine Zunahme bzw. eine Abnahme der Gerechtigkeit angaben, sah knapp die Hälfte keine Veränderung. Insgesamt ließ sich kein eindeutiger Befund hinsichtlich der Komparabilitätsfunktion feststellen, was möglicherweise mit der Komplexität des Begriffs „Gerechtigkeit" oder mit der kurzen Spanne der Erfahrungen der Lehrkräfte mit dem zentralen Prüfungsformat zusammenhing (vgl. ebd.). Veränderungen der Leistungen der Schülerinnen und Schüler, die mit dem Zentralabitur einhergehen, stellten drei Viertel der Lehrkräfte nicht fest.

Im Kontext der Gerechtigkeit des Zentralabiturs wurde auch die Vergleichbarkeit der Bewertungsverfahren mittels Bewertungsvorgaben thematisiert. Für die einzelnen pro Abituraufgabe zu bewertenden Aspekte wurden eine maximal zu vergebende Punktzahl sowie zu erwartende Lösungsaspekte definiert. Die Kurslehrkräfte bewerten damit die Lösungen der Abiturientinnen und Abiturienten. Dieses Bewertungsverfahren kann durch den Spielraum in der Bewertung als halbstandardisiertes Format bezeichnet werden, welches Bewertungsfehler und Beurteilungstendenzen zulässt (vgl. Kahnert, 2014; Lorenz, 2013).

4.3   Auswirkungen auf den Unterricht

Zentrale Prüfungen erfüllen aus pädagogischer Perspektive auch Funktionen, die die Optimierung von Lernprozessen und die Gestaltung des Unterrichts betreffen (vgl. Kühn, 2010). Bereits aus der Evaluation der Arbeit der Fachkommissionen ergaben sich erste Hinweise auf Effekte des Zentralabiturs für die Gestaltung von Lehr- und Lernprozessen. Die Befragung der Fachkommissionen 2009 ergab, dass die Zusammenarbeit zwischen den beteiligten Akteuren insgesamt als fachwissenschaftlich und fachdidaktisch fruchtbar und von den beteiligten Lehrkräften als weiterführend und lehrreich für den eigenen Unterricht empfunden wurde (vgl. Bos & Pfuhl, 2009). Insbesondere die Mitglieder der Kommissionen der sprachlichen Fächer sowie der Fächer Sport und Kunst berichteten von neuen Anreizen für die Unterrichtspraxis und auch für die Lehrerausbildung. Dies gibt Anlass zur Vermutung, dass das zentrale Prüfungsformat auch von weiteren Lehrkräften in den Schulen als Anlass für Veränderungen im Unterricht wahrgenommen wurde. Eine landesweite Lehrkräftebefragung zum Abitur 2009 zeigte zudem, dass die Abituraufgaben des Zentralabiturs im Gegensatz zu den Aufgaben des dezentralen Abiturs aus Sicht der Lehrkräfte an Komplexität und Anspruchsniveau gewonnen haben (vgl. ebd.), was die Vermutung von Auswirkungen des Zentralabiturs auf den Unterricht verstärkt, wenn der Unterricht an diese erhöhten Anforderungen angepasst wird.

Bei einer im Jahr 2010 durchgeführten Lehrerbefragung zu Auswirkungen zentraler Abiturprüfungen haben sich 597 Lehrerinnen und Lehrer aus NRW beteiligt, die bereits Erfahrungen mit dem Zentralabitur hatten (vgl. Eickelmann, Kahnert,

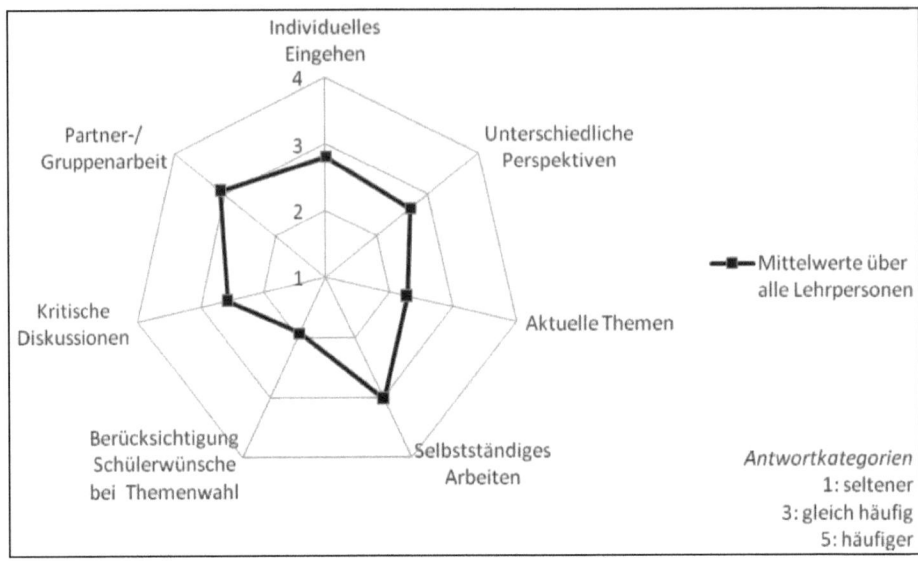

Abb. 2: Veränderungen im Unterricht nach Einführung des Zentralabiturs aus Lehrer-
sicht (Eickelmann, Kahnert, Lorenz & Bos, 2011, S. 318)

Lorenz & Bos, 2011). Ziel dieser Untersuchung war es, aus Lehrerperspektive auf-
zeigen zu können, welche Veränderungen des Unterrichts Lehrkräfte aufgrund des
Zentralabiturs wahrnehmen (Teaching-to-the-Test Effekte). Die Analysen haben
gezeigt, dass die Einführung des Zentralabiturs fächerübergreifend Einfluss auf die
Unterrichtsentwicklung hatte (vgl. Abbildung 2). Hinsichtlich der Auswahl der im
Unterricht behandelten Themen zeigte sich, dass das zentrale Prüfungsformat die
Auswahl fakultativer Themen im Mittel einschränkte. So wurden seltener aktuelle
Themen oder Wünsche der Schülerinnen und Schüler im Unterricht angesprochen
als noch vor der Einführung des Zentralabiturs. Diese thematische Einengung des
Unterrichts stellte den stärksten Effekt auf den Unterricht dar, der durchaus kritisch
zu sehen ist. Auch das kritische Eingehen auf Themen oder die Betrachtung von
Inhalten aus unterschiedlicher Perspektive kam im Durchschnitt eher seltener vor
als zu Zeiten des dezentralen Abiturs. Kaum Veränderungen zeigten sich im Mittel
hinsichtlich der Aufwendung von Unterrichtszeit für das individuelle Eingehen
auf Schülerinnen und Schüler, das selbstständige Erarbeiten von Lösungswegen,
das selbstständige Erarbeiten von Fachwissen sowie die im Unterricht gewählten
Sozialformen (vgl. ebd.).

Die Ergebnisse stellen wichtige Erkenntnisse hinsichtlich der Unterrichtsentwicklung dar, wobei zu hinterfragen bleibt, welche langfristigen Effekte des Zentralabiturs sich ergeben. Es ist anzunehmen, dass die Lehrpersonen mit zunehmender Sicherheit und Routine im Umgang mit dem Zentralabitur professioneller im
vorgelagerten Unterricht agieren und dadurch andere Effekte auftreten könnten.
Die Analyse dieser langfristigen Effekte ist maßgeblich für die gezielte Förderung
der Unterrichtsentwicklung und der Sicherung der Qualität schulischer Prozesse.

Lorenz, Kahnert, Eickelmann und Bos (2012) haben auf Basis der Lehrerbefragung in NRW nicht nur die Auswirkungen des Zentralabiturs auf die Unterrichtsebene sondern auch auf der Individualebene der Lehrkräfte fokussiert. Anhand der Befragung von 597 Lehrkräften im Jahr 2010 wurden das Belastungsempfinden durch die zentralen Abiturprüfungen sowie die Unsicherheit durch das neue Prüfungsverfahren untersucht. Insgesamt konnten nur geringe Veränderungen im Empfinden der Lehrpersonen hinsichtlich der Belastung oder Unsicherheit im Kontext des Zentralabiturs festgestellt werden. Etwas mehr als die Hälfte der Befragten gab an, dass das Zentralabitur sie in ihrer Arbeit entlastet. Allerdings empfand gut die Hälfte auch einen größeren Leistungsdruck seit der Einführung des Zentralabiturs, was möglicherweise mit der Angst von drei Fünfteln der Lehrkräfte einhergeht, dass die Aufgaben ein Thema abdecken, auf das ihre Schülerinnen und Schüler nicht ausreichend vorbereitet sind. Andererseits wurde ein hoher Grad an Professionalität im Umgang mit dem Zentralabitur deutlich, da 72 Prozent der Lehrkräfte angaben zu wissen, was im Zentralabitur verlangt wird, und sogar 85 Prozent bekundeten, dass ihnen die Kriterien zum Bestehen der Abiturprüfungen klar sind. Damit zeichnete sich insgesamt eine hohe Akzeptanz des zentralen Prüfungsformats ab (vgl. ebd.). Dies ist insofern bemerkenswert, als dass sich nach der Einführung des Zentralabiturs viele Akteure kritisch gegenüber diesem Prüfungsformat zeigten.

Schließlich können die Ergebnisse der DIF Analysen in einem konstruktivistischen Ansatz als Anhaltspunkte dafür dienen, Stärken und Schwächen der untersuchten Subgruppen aufzuzeigen und die Fähigkeiten der Subgruppen entsprechend gezielt zu fördern (vgl. Lorenz, 2013). Die Abiturvorgaben in den Fächern auf diese Aspekte hin zu überprüfen und so zu gestalten, dass die Unterrichtsentwicklung gefördert wird, kann daher hilfreich sein. Da die zentralen Abituraufgaben nachhaltig die Gestaltung des Unterrichts beeinflussen können, ist eine hohe Qualität der Aufgaben wichtig, um die Unterrichtsentwicklung und die Unterrichtskultur vorantreiben zu können (vgl. Kahnert et al., 2012).

5.   Zusammenschau und Diskussion der Befunde

Zentralen Abiturprüfungen wird eine hohe Relevanz auf verschiedenen Ebenen des Schulsystems zugeschrieben, wobei die postulierten Wirkungen und Effekte einer empirischen Evidenz bedürfen. Die Analysen des Zentralabiturs in NRW haben hierbei wichtige Erkenntnisse und Hinweise für die Weiterentwicklung zentraler Prüfungen geliefert. Die nahezu flächendeckende Verbreitung des Zentralabiturs in Deutschland und die Bestrebungen hinsichtlich eines länderübergreifenden Kernabiturs verdeutlichen die Bedeutsamkeit der Befunde für die Qualitätssicherung des Zentralabiturs und damit der Qualität des Schulsystems.

Mit dem Verfahren der Begutachtung von Abituraufgaben durch Fachkommissionen konnte die Einbindung verschiedener Akteure als deutlicher Vorteil herausgestellt werden. Durch die Beteiligung von Expertisen aus der Fachwissenschaft, der Fachdidaktik, erfahrenen Lehrkräften sowie den staatlichen Aufgabenkommissionen konnte in erster Linie die Qualität der zentralen Abituraufgaben gesichert werden. Darüber hinaus haben die Erfahrungen dieser Akteure auch Auswirkungen auf die Lehrerausbildung, die fachdidaktische Forschung und auf den Unterricht ergeben.

Die vertiefenden Analysen von Abituraufgaben in NRW haben hauptsächlich drei Schwerpunkte fokussiert. Mit den Analysen zur Schwierigkeit der Abituraufgaben und ihrer Teilaufgaben, was beispielhaft für die Leistungskursaufgaben der Fächer Englisch und Mathematik erfolgte, konnte herausgestellt werden, dass sowohl die Aufgaben insgesamt als auch die Teilaufgaben unterschiedliche Schwierigkeitsniveaus aufweisen. Dies deutet auf die Relevanz einer stärker wissenschaftsgestützten Entwicklung zentraler Abituraufgaben hin, wodurch schwierigkeitsdeterminierende Merkmale von Aufgaben eingehender untersucht werden und langfristig zu einer stärkeren Annäherung des Schwierigkeitsniveaus unterschiedlicher Abituraufgaben eines Faches beitragen. Neben der Schwierigkeit der Abituraufgaben wurde auch die Fairness von Abiturprüfungen – im Sinne von gleichen Lösungswahrscheinlichkeiten für unterschiedliche Schülersubgruppen – analysiert. Hierbei haben die Analysen weder für das Fach Englisch noch für das Fach Mathematik Auffälligkeiten hinsichtlich einer deutlichen Bevorzugung von Abiturientinnen und Abiturienten unterschiedlichen Geschlechts oder in Bezug auf die besuchte Schulform (Gymnasium oder Gesamtschule) ergeben, was insgesamt für die Fairness der untersuchten zentral erstellten Abituraufgaben spricht. In einem triangulativen Verfahren konnte für die Mathematikaufgaben allerdings gezeigt werden, dass die Einschätzungen von Experten (Mathematiklehrkräfte, die bereits Erfahrung mit der Entwicklung zentraler Abituraufgaben aufwiesen) zu der Frage, welche Schülersubgruppen Teilaufgaben besser lösen können, nahezu durchgängig von den statistisch ermittelten Befunden abwichen. Für die Qualitätssicherung des Zentralabiturs liegt hier ein wichtiger Hinweis dahingehend, dass eine multiperspektivische Betrachtung und Untersuchung der Abituraufgaben wichtig ist, um umfassend einschätzen zu können, ob die Fairness des zentralen Prüfungsformats gewährleistet ist. Dies ist umso wichtiger vor dem Hintergrund der Debatte um die Bestrebungen des gemeinsamen Kernabiturs bei gleichzeitig heterogenen Schulformen und unterschiedlichen Lehrplänen im föderalen Schulsystem Deutschlands (vgl. Aktionsrat Bildung, 2011).

In weiterführenden Analysen wäre zu untersuchen, ob sich die Befunde auf weitere Fächer, Grundkurse und Abiturjahrgänge übertragen lassen. Zudem ist es empfehlenswert, andere Merkmale in die Analysen einzubeziehen, die sich in Schulleistungsstudien als relevante Prädiktoren der Leistung erwiesen haben. Dazu könnten der sozioökonomische Status, der Migrationshintergrund und auch die Lesekompetenz herangezogen werden. Darüber hinaus wäre zu untersuchen, welche Effekte des Zentralabiturs langfristig abgeschwächt oder gleichbleibend auftreten können. Untersuchungen konnten dahingehend bereits zeigen, dass das Belastungsempfinden von Lehrkräften über die Zeit abnimmt, Teaching-to-the-Test Effekte im Unterricht allerdings längerfristig auftreten (vgl. Maag Merki, 2012). Auch die Entwicklung der Aufgabenkultur zentraler Abschlussprüfungen wäre langfristig zu beobachten, da aktuelle Befunde auf kulturell bedingte Unterschiede zwischen verschiedenen Staaten hinweisen (vgl. Krüger, 2015), was evtl. auch für die föderale Struktur des deutschen Schulsystems zu vermuten ist. Die Befunde sind von hoher Relevanz für die Qualität des Zentralabiturs, insbesondere des gemeinsamen Aufgabenpools, und damit für die Qualitätssicherung im Schulsystem.

Literatur

Aktionsrat Bildung (Vereinigung der Bayerischen Wirtschaft e. V., Hrsg.). (2011). *Gemeinsames Kernabitur: Zur Sicherung von nationalen Bildungsstandards und fairem Hochschulzugang.* Zugriff am 20. Juli 2016 unter http://www.aktionsrat-bildung.de/fileadmin/Dokumente/Gutachten_Gemeinsames_Kernabitur.pdf

Beck, B. & Dahl, D. (2006). *Sprachliche Kompetenzen von Schülerinnen und Schülern der neunten Jahrgangsstufe in Deutsch: Zentrale Befunde der Studie Deutsch-Schülerleistungen-International in Südtirol.* Zugriff am 29. Mai 2016 unter http://www.schule.suedtirol.it/pi/downloads/desi_bericht_suedtirol.pdf

Bellmann, J. & Weiß, M. (2009). Risiken und Nebenwirkungen Neuer Steuerung im Schulsystem. Theoretische Konzeptualisierung und Erklärungsmodelle. *Zeitschrift für Pädagogik, 55*(2), 286–308.

Bos, W. & Pfuhl, N. (2009). Auswertung Zentralabitur 2009 – eine Bilanz. *Schule NRW 61*(10), 498–500.

Eickelmann, B., Kahnert, J., Lorenz, R. & Bos, W. (2011). Das Zentralabitur in Nordrhein-Westfalen aus der Lehrerperspektive. Veränderungen für den Unterricht. *SchulVerwaltung NRW* 12/2011, 31–32.

Eickelmann, B., Kahnert, J. & Lorenz, R. (2013). Geschlechtsspezifische Fairness im Zentralabitur. Eine Untersuchung im Fach Mathematik. In K. Schwippert, M. Bonsen & N. Berkemeyer (Hrsg.), *Schul- und Bildungsforschung. Diskussionen, Befunde und Perspektiven* (S. 147–165). Münster: Waxmann.

Ghanbari, S. A. (2011). *Messen und Bewerten: Eine Einführung in Messinstrumente am Beispiel der webbasierten Lernplattform IDEAL.* Münster: Waxmann.

Halbheer, U. & Reusser, K. (2008). Outputsteuerung, Accountability, Educational Governance – Einführung in Geschichte, Begrifflichkeiten und Funktionen von Bildungsstandards. *Beiträge zur Lehrerbildung, 26*(3), 253–266.

Holland, P. & Wainer, H. (Hrsg.). (1993). *Differential Item Functioning.* Hillsdale, NJ: Lawrence Erlbaum Associates.

Kahnert, J. (2014). *Das Zentralabitur im Fach Mathematik. Eine empirische Analyse von Abitur- und TIMSS-Daten im Vergleich.* Münster: Waxmann.

Kahnert, J., Lorenz, R. & Eickelmann, B. (2012). Zentralabitur NRW – Das Verfahren zur Qualitätssicherung. *Friedrich Jahresheft 2012 „Schule vermessen",* 54–56.

Kirsch, I., de Jong, J., Lafontaine, D., McQueen, J., Mendelovits, J. & Monseur, C. (2003). *Lesen kann die Welt verändern. Leistung und Engagement im Ländervergleich. Ergebnisse von PISA 2000*. Paris: OECD. Zugriff am 29. Mai 2016 unter http://library.mpib-berlin. mpg.de/files/lesen_kann_die_welt_veraendern.pdf

Klieme, E. & Bos, W. (2000). Mathematikleistung und mathematischer Unterricht in Deutschland und Japan. Triangulation qualitativer und quantitativer Analysen am Beispiel der TIMS-Studie. *Zeitschrift für Erziehungswissenschaft, 3*(3), 359–379.

KMK – Ständige Konferenz der Kultusminister der Länder in der Bundesrepublik Deutschland. (2001). *296. Plenarsitzung der Kultusministerkonferenz am 05./06.Dezember 2001 in Bonn*. Zugriff am 19. Mai 2016 unter https://www.kmk.org/presse/pressearchiv/ mitteilung/296-plenarsitzung-der-kultusministerkonferenz-am-0506dezember-2001-in-bonn.html

Knoche, N. & Lind, D. (2005). Strukturanalysen zur Mathematikleistung und eine differentielle Itemanalyse der PISA-2000-Items zu den Faktoren Bildungsgang und Geschlecht. *Beiträge zum Mathematikunterricht 2005*, 307–314.

Krüger, M. (2015). *Aufgabenkultur in zentralen Abiturprüfungen. Exploration und Deskription naturwissenschaftlichen Aufgabenstellungen im internationalen Vergleich*. Münster: Waxmann.

Kühn, S. M. (2010). *Steuerung und Innovation durch Abschlussprüfungen*. Stuttgart: VS-Verlag für Sozialwissenschaften.

Lord, F. M. (1980). *Applications of Item Response Theory to Practical Testing Problems*. Hillsdale, NJ: Lawrence Erlbaum Associates.

Lorenz, R. (2013). *Das Zentralabitur im Kontext der Bildungsgerechtigkeit – Schwierigkeit und Fairness der Abituraufgaben im Fach Englisch in NRW*. Münster: Waxmann.

Lorenz, R. (im Erscheinen). Does Gender make a difference? Researching the Fairness of High-stakes Testing in A-level Examinations in the Context of Educational Governance. Special Issue: High-stakes Testing and Educational Governance. *Journal for Educational Research Online*.

Lorenz, R., Eickelmann, B. & Bos, W. (Hrsg.). (im Erscheinen). High-stakes Testing and Educational Governance. Special Issue Editorial. *Journal for Educational Research Online*.

Lorenz, R., Eickelmann, B. & Dohe, C. (2013). Fairness von zentralen Abituraufgaben – Geschlechtsspezifische Unterschiede im Fach Englisch in NRW. In N. McElvany, M. Gebauer, W. Bos & H.-G. Holtappels (Hrsg.), *Jahrbuch Schulentwicklung* (Bd. 17, S. 236–263). Weinheim: Juventa.

Lorenz, R., Kahnert, J., Eickelmann, B. & Bos, W. (2011). Mehr Gerechtigkeit durch Zentralabitur? – Analysen einer Lehrerbefragung in NRW. *Schul-Management, 42*(6), 24–27.

Lorenz, R., Kahnert, J., Eickelmann, B. & Bos, W. (2012). Lehrerbelastung durch zentrale Abiturprüfungen? *Schul-Management, 43*(2), 29–31.

Maag Merki, K. (2010). Theoretische und empirische Analysen der Effektivität von Bildungsstandards, standardbezogenen Lernstandserhebungen und zentralen Abschlussprüfungen. In H. Altrichter & K. Maag Merki (Hrsg.), *Handbuch Neue Steuerung im Schulsystem* (S. 145–169). Wiesbaden: VS Verlag für Sozialwissenschaften.

Maag Merki, K. (Hrsg.). (2012). *Zentralabitur: Die längsschnittliche Analyse der Wirkungen der Einführung zentraler Abiturprüfungen in Deutschland*. Wiesbaden: VS Verlag für Sozialwissenschaften.

Pfuhl, N. & Bos, W. (2009). Qualitätssicherung von zentralen Prüfungen. *Schule NRW* 61(3), 110–111.

Rost, J. (2004). *Lehrbuch Testtheorie, Testkonstruktion*. Bern: Hans Huber.

Walther, G., Schwippert, K., Lankes, E.-M. & Stubbe, T. C. (2008). Können Mädchen doch rechnen? Vertiefende Analysen zu Geschlechtsdifferenzen im Bereich Mathematik auf Basis der Internationalen Grundschul-Lese-Untersuchung IGLU. *Zeitschrift für Erziehungswissenschaft, 11*(1), 30–46.

Wright, B. D. & Masters, G. N. (1982). *Rating Scale Analysis: Rasch Measurement*. Chicago: Mesa Press.

Isabell van Ackeren, Denise Demski und Esther Dominique Klein

Entwicklungsprobleme Neuer Steuerung im Schulsystem

Ein systematisierender Überblick unter besonderer
Berücksichtigung des evidenzbasierten Steuerungsanspruchs

1.   Einführung

Im Sinne der Qualifikationsfunktion von Schule sind die Steigerung von Prozess- und Ergebnisqualität und die Sicherung von Vergleichbarkeit innerhalb eines Landes sowie die leistungsbezogene internationale Anschlussfähigkeit zentrale Anliegen bildungspolitischer Reformbemühungen. Der Bildungserfolg des Einzelnen soll dabei möglichst unabhängig von individuellen Herkunftsmerkmalen sein, um Chancengleichheit zu ermöglichen und um den wirtschaftlichen Erfolg und sozialen Zusammenhalt des Landes zu gewährleisten. Dadurch, dass die Large Scale Assessments (LSA) der vergangenen Jahre in Ländern mit unterschiedlichen politischen und administrativen Steuerungssystemen des Schulsystems durchgeführt wurden, geriet auch das Zusammenspiel der Steuerungselemente in dem Sinne in den Blick, dass die Steuerungsmuster von Schulsystemen zu unterschiedlicher Leistungsfähigkeit beitragen können und die Qualitätsentwicklung der Einzelschule im Kontext der Gesamtsystementwicklung zu sehen ist (van Ackeren, Brauckmann & Klein, 2016). Dies kann z. B. bestimmte evaluative Maßnahmen mit dem Ziel der Qualitätssicherung und -entwicklung betreffen, das Setzen von Standards im Hinblick auf eine erwartete Verringerung der Varianz schulischer Leistungen oder z. B. die Eröffnung bzw. Begrenzung von Schulwahlmöglichkeiten für Eltern, um eine leistungsbezogene, soziale und ethnische Entmischung in und zwischen Schulen zu vermeiden.

Steuerungsmodalitäten stellen demnach wichtige Rahmenbedingungen für die Entwicklungspotenziale von Schulsystemen und einzelnen Schulen dar. Vor diesem Hintergrund wird nachfolgend der Frage nachgegangen, wie das Schulsystem in Deutschland grundsätzlich gesteuert wird und welche Schwierigkeiten sich dabei ergeben können bzw. sich empirisch zeigen. Im Vordergrund stehen grundlegende Mechanismen *Neuer Steuerung*, welche – als Steuerungsmodell aus der Organisationslehre der öffentlichen Verwaltung kommend – seit den 1990er Jahren in den Bildungsbereich im Kontext des sog. Paradigmenwechsels der Steuerung von Schule Eingang gefunden hat. Die zentralen Linien einer Entwicklung zur Outputorientierung mit Wettbewerbs- und Marktelementen sowie in Richtung erweiterter schulischer Handlungsspielräume wird zunächst skizziert *(Abschnitt 2)*. Nicht-intendierte Steuerungseffekte werden in *Abschnitt 3* zusammengefasst, um nachfolgend den Blick auf Probleme einzelner Steuerungsinstrumente (Vergleichsarbeiten und Schulinspektionen) zu richten *(Abschnitt 4)*. In einem eigenen

Kapitel wird auf den in jüngeren Jahren breiter diskutierten Ansatz der evidenzbasierten Steuerung eingegangen *(Abschnitt 5)*. Der Beitrag schließt mit einem Fazit
im Hinblick auf die Gesamtstrategie zum Bildungsmonitoring der Kultusministerkonferenz (KMK) *(Abschnitt 6)*, mit dem Entwicklungslinien der kommenden
Jahre vorgezeichnet sind.[1]

2.   Neue Steuerung: Grundlagen einer Steuerungslogik

Dem heutigen Verständnis des Steuerungsbegriffs liegen keine einfachen,
linear-hierarchischen Planungs- und Steuerungsannahmen mittels Regularien,
Vorschriften und Gesetzen im Sinne einer Rationalitätslogik und Planbarkeit
zugrunde. Steuerung bezieht sich auf komplexe Konstellationsgefüge, die ebenso
Steuerungsversuche und nicht-intendierte Wirkungen umfassen. Steuerung heißt
folglich nicht, dass Prozesse automatisch und ohne individuelle und soziale Ver-
mittlungsschritte abliefen. Steuern heißt aber doch, dass intentional die Beliebig-
keit von Folgehandlungen eingeschränkt wird (Altrichter & Maag Merki, 2016).
Daneben findet sich national wie international auch das Konzept der Education(al)
Governance. Dieses hebt die Betrachtungsperspektive der Gesamtheit der zahlreichen Wege, auf denen Individuen sowie öffentliche und private Institutionen ihre
gemeinsamen Angelegenheiten regeln, hervor (vgl. auch van Ackeren, Klemm &
Kühn, 2015).

2.1   Schule im Wirkungskreis eines Steuerungsmusters zwischen
Outputsteuerung und der Gewährung erweiterter Autonomie

Das deutsche Schulsystem – mit seinen länderspezifischen Varianten – war lange durch eine inputorientierte Steuerungslogik geprägt, mit einer starken, hierarchisch organisierten Schulaufsicht als Durchgriffsaufsicht und einer top down
organisierten Detailsteuerung durch Gesetze und Erlasse. Vergleichbare materielle und personelle Ressourcen und die Verbindlichkeit von Curricula wurden
als Garant für die Gewährleistung der Qualität und Vergleichbarkeit schulischer
Arbeitsergebnisse angesehen. Kuper (2008) spricht im Rückgriff auf Luhmann
(2000) von der Logik der *Konditionalprogrammierung*, im Sinne der Normierung
der Resultate über die Standardisierung der Rahmenbedingungen, da in sozialen
Kontexten – aufgrund des Technologiedefizits – Bildung kein kontrollierbarer
Produktionsprozess ist.

Demgegenüber steht die Logik der *Zweckprogrammierung*, die sich in der Stärkung outputorientierter Steuerung seit den 1990er Jahren und verstärkt seit der

---

1   Die Darstellung folgt dem Anspruch der Komplexitätsreduktion und Übersicht, nicht
    aber dem Anspruch auf Vollständigkeit.

Jahrtausendwende findet, da in diesem Sinne angenommen wird, dass der Output eben doch durch die Qualität der vorgelagerten Prozesse beeinflusst wird. In der Folge der insgesamt schwachen deutschen Resultate bei den LSA hat sich die Illusion einer allein inputorientierten Steuerung des bisherigen Formats gezeigt. Insofern werden Schulen stärker auf erwartete Lernerträge in Form outputorientierter Bildungsstandards *(standards-based reform)* verpflichtet. Damit hat sich in Deutschland – dem internationalen Trend folgend – ein Paradigmenwechsel vollzogen, wenngleich sich bestimmte Elemente Neuer Steuerung, wie sie sich in anderen Ländern in Form von Wettbewerb und Markt (vgl. Abschnitt 2.2) zeigen, (noch) nicht bzw. erst in Ansätzen zu finden scheinen und zudem weiterhin zentrale Elemente der Inputorientierung bestehen bleiben (etwa Curricula, Zuweisung von Personal und Finanzmitteln, Professionalisierung der Lehrkräfte etc.).

Dabei befindet sich Schule im Wirkungskreis eines Steuerungsmusters, mit dem die angestrebte Verbesserung schulischer Arbeitsergebnisse – insbesondere gemessen an fachlich-kognitiven Lernergebnissen – einerseits an die Rechenschaftslegung über erzielte Wirkungen geknüpft wird (etwa über standardisierte Tests und Prüfungen); andererseits ist die Schule als Organisation – vor dem Hintergrund eines Verständnisses von Schule als pädagogische Handlungseinheit und lernende Organisation – in ihren Entscheidungs- und Gestaltungsspielräumen in Teilen gestärkt worden. Dem liegt die Annahme zugrunde, dass lernende Organisationen effektiv arbeiten, indem sie sich kontinuierlich an Veränderungen anpassen können, eigene Fehler wahrnehmen und beheben sowie ihr Handeln und die erzielten Wirkungen auf der Grundlage einer angepassten Wissensbasis selbst überprüfen können (Argyris & Schön, 1974), zumal sich Entscheidungen nur schwer von oben durchsetzen lassen.

Die Verleihung von mehr Gestaltungsfreiheit verlangt zugleich eine systematische Überwachung der Zielerreichung, die durch ein Qualitätsmanagement sicherzustellen ist. Dies erfolgt zum einen durch die Vorgabe von Standards, zum anderen durch Rechenschaftslegung hinsichtlich ihrer Erreichung: An entsprechenden kriteriumsorientierten Bezugsnormen in Form von Standards können erbrachte Leistungen gemessen und bewertet werden, um in einem nachfolgenden Schritt darüber in Kombination externer und interner Evaluationsansätze Rechenschaft abzulegen, ohne dass im deutschen Schulsystem das Verfehlen von Zielen größere Konsequenzen für die Institution Schule hat.

2.2 Internationale Entwicklungslinien: Wettbewerbssteuerung und Quasi-Bildungsmärkte sowie kontroll- bzw. managementorientierte Steuerung

Das in Deutschland verfolgte System der Steuerung „durch Einsicht" (vgl. Kotthoff, Böttcher & Nikel, 2016) lässt sich auch in anderen europäischen Ländern beobachten, wie beispielsweise in Finnland. Darüber hinaus lassen sich international weitere Steuerungslogiken identifizieren.

Aus England und den Niederlanden, aber auch aus Australien und Neuseeland (vgl. van Ackeren et al., 2016; Schmid, Hafner & Pirolt, 2007) sind Ansätze der Neuen Steuerung bekannt, die viel stärker wettbewerblich ausgerichtet sind als hierzulande, etwa durch eine starke Zentralisierung mit einem nationalen Curriculum, daran angebundene Tests und Schulinspektionen als Instrumente der Rechenschaftslegung sowie staatlich verwaltete *marketization* bzw. Schaffung von Quasi-Bildungsmärkten. Informierte Eltern, so die Annahme, wählen die Schulen mit den besten, in Ranglisten publizierten Leistungen an, die wiederum mehr Lernende und aufgrund der Per-Capita-Finanzierung mehr Ressourcen an sich binden können; schwache Schulen hingegen können nicht dauerhaft bestehen.

Eine weitere Form, die sich insbesondere in den USA findet, ist die kontroll- und managementorientierte Steuerung (vgl. Mintrop & Klein, 2017). Im Zentrum stehen hier in einem ansonsten stark dezentralisierten Schulsystem mit manageriell geführten Schulen zentral festgelegte Standards und vorgegebene Unterrichtsmaterialien sowie standardisierte Leistungstests, die mit Belohnungen und Sanktionen für die Schulen und deren lokale Schuldistrikte verbunden sind. Die *high stakes* bestehen dabei nicht wie im Wettbewerbsmodell in einer geringeren Attraktivität für die Eltern; Sanktionen, wie etwa der Austausch der Schulleitung oder engere Vorgaben für schulische und unterrichtliche Prozesse, gehen direkt von der Administration aus.

Als zentrales Problem erweist sich in beiden Systemen die Frage, wie soziale Gerechtigkeit und Inklusion durch Ideen, die grundsätzlich Gewinner und Verlierer hervorbringen, befördert werden können. In diesem Kontext erfolgen z. B. in England parallel zur neoliberalen Marktstrategie auch Versuche, Benachteiligung durch verschiedene Unterstützungsprogramme auszugleichen, z. B. durch Förderung von *(networked) learning communities* (im Sinne professioneller Lerngemeinschaften zur Bearbeitung gemeinsamer Probleme in und zwischen Schulen).

Es zeigen sich unterschiedliche Konfigurationen und Ausprägungen in den Modellen Neuer Steuerung, etwa in der Hinsicht, ob es sich um *low-stakes*- oder *high-stakes*-Systeme handelt, die mit hohen bzw. niedrigen Sanktionen oder Gratifikationen für die Akteure verknüpft sind. In allen Systemen finden sich durchaus Mischformen mit Elementen traditioneller und neuer Steuerung.

Aus deutscher Perspektive bleibt anzumerken, dass sich das Schulsystem durch einen vergleichsweise geringen Grad wettbewerblicher Steuerung auszeichnet; Vergleichsarbeiten, Schulinspektionen und zentrale Abschlussprüfungen sind sanktionsarm. Entwicklungsdruck entsteht gleichwohl z. B. durch ungünstige demographische Entwicklungen und die Konkurrenz um Lernende, insbesondere auch in Verbindung mit der Aufhebung von Schulwahlbezirken und einer gestärkten elterlichen Schulwahlfreiheit.

3.   Zum Kopplungsproblem der Steuerung und den nicht-intendierten Effekten Neuer Steuerung

Die grundlegende Herausforderung zielorientierter Steuerung besteht in der gelingenden wechselseitigen Kopplung der Entwicklung von Einzelschulen mit der Entwicklung des Gesamtsystems. Das Kopplungsproblem ist vor allem deshalb komplex, weil – vor dem Hintergrund der Systemtheorie betrachtet – Schulen recht unabhängig befinden können, wie sie mit externen Interventionen umgehen (Rolff, 2013). Als zentrale Einsicht aus den Befunden der Transferforschung lässt sich konstatieren, dass Versuche einer hierarchischen Implementierung von Reformen in den Schulen auf individuelle organisationale Routinen und Strukturen treffen. Die schulischen Akteure versuchen, die von außen kommenden Veränderungs- oder Steuerungsimpulse innerhalb dieser bestehenden Routinen und Strukturen zu „rekontextualisieren" (Fend, 2008, S. 192). Insofern sind die Reaktionen auf von außen kommende Steuerungsimpulse pfad- bzw. kontextabhängig und können ggf. auch nur die formale Struktur von Schule beeinflussen, ohne wirklich handlungsleitend zu sein (DiMaggio & Powell, 1983). Mitglieder einer Organisation können Reformen zudem als Bruch mit den existierenden Routinen wahrnehmen, der ggf. nur graduell akzeptiert wird (Ortmann, 2003) und bei zu großer Abweichung von den eigenen Routinen zu nicht-intendierten Wirkungen der Reform führen kann (Klein, 2016).

Nicht-intendierte Steuerungswirkungen:
Beispiele, begünstigende Rahmenbedingungen und Theorieansätze

Im Hinblick auf Elemente und Konstellationsgefüge Neuer Steuerung sind vielfältige Wirkungen beschrieben worden, die sich als nicht-intendierte Effekte auf Verhalten und Einstellungen von Akteuren bezeichnen lassen. Nichols und Berliner beschrieben 2007 in einer umfassenden Bestandsaufnahme die nicht-intendierten Effekte eines gestiegenen Rechenschaftsdrucks im US-amerikanischen Schulsystem im Kontext einer verstärkten Steuerung durch *high stakes testing* als „collateral damage".

Bellmann und Weiß (2009) haben eine Phänomenologie solcher vor allem im englischsprachigen Raum empirisch dokumentierten Wirkungen auf unterschiedlichen Ebenen des Schulsystems zusammengestellt und hinsichtlich der damit verbundenen versteckten Kosten für das System analysiert. Auf der *Ebene des Unterrichts* finden sich z. B. die unerwünschte Reallokation von Ressourcen, test- und prüfungsbezogenes Coaching und Betrug *(cheating)*. Dies zeigt sich u. a. in der Zeit und Aufmerksamkeit, die besonders solchen Lernenden zugutekommt, die knapp unterhalb von durch *cut-off scores* operationalisierten Mindeststandards liegen. Über das *test coaching* werden formale Aspekte von Tests im Sinne von *test taking skills* an curricular häufig unbedeutenden Aufgaben geübt. Unerwünscht ist zudem, dass z. B. Schülerinnen und Schüler durch Lehrkräfte in der Testsituation Unterstützung erhalten. Auf der *Ebene der Schule* (Bellmann & Weiß, 2009, S. 293) geht es z. B. um die „Optimierung der Schülerpopulation" (im Sinne der Gewinnung möglichst leistungsstarker Lernender als *cream skimming*), die „Optimierung des Testpools" (etwa indem schlechte Schülerinnen und Schüler am Prüfungstag gebeten werden, dem Unterricht fernzubleiben), die „Mobilisierung externer Ressourcen" (Eltern mit unterschiedlichem kulturellen und ökonomischen Unterstützungskapital) und „Window Dressing" im Sinne der kurzfristigen Optimierung der äußeren Erscheinung der Einzelschule, etwa im Kontext von Schulinspektionen. Schließlich stehen auf der *individuellen Ebene die Akteure im System* im Fokus. So fassen Bellmann und Weiß (2009) Befunde zu Deprofessionalisierungstendenzen zusammen (etwa im Rahmen zentral gestellter und extern ausgewerteter Prüfungsaufgaben) und zur Verletzung professioneller Integrität, wenn z. B. Lehrkräfte als eigentlich professionelle Akteure mit autonomen Entscheidungsspielräumen gegen eigene pädagogische Überzeugungen aufgrund des Drucks des Marktes oder der Organisation arbeiten.

Entgegen der in der Literatur vielfach aufgestellten Vermutung, die beschriebenen Nebenwirkungen träten insbesondere in den *high stakes*-Kontexten der USA und Englands auf, lässt sich auch für Deutschland zumindest vereinzelt ein Großteil der genannten Nebenwirkungen empirisch beobachten (Bellmann, Duzevic, Schweizer & Thiel, 2016). Hieran lässt sich die im vorangegangen Abschnitt beschriebene Diskrepanz zwischen bildungspolitischer Intention und schulischer Rekontextualisierung illustrieren: „Ob und inwiefern das von ihr [der Bildungspolitik, d. Verf.] eingeführte Anreizsystem von den schulischen Akteuren mit ‚stakes' aufgeladen wird" (Bellmann et al., 2016, S. 398), wird durch bestehende Orientierungs- und Deutungsmuster in den Schulen mitbestimmt.

Dabei beschreiben die Autoren spezifische Rahmenbedingungen des Handelns im Bildungsbereich, die zu den beschriebenen nicht-intendierten bzw. ambivalenten Steuerungswirkungen beitragen. Dazu gehört der Aspekt der bereits erwähnten *Technologievagheit*: Für das Erreichen schulischer Lernergebnisse gibt es keine eindeutige Technologie und pädagogische Arbeit ist aufgrund sozialer und situativer Interaktionsprozesse nur begrenzt zweckrationalisierbar. Gleichwohl werden Schulen unter der Perspektive der Outputsteuerung an diesen Ergebnissen gemessen, was dazu führt, dass institutionelle und individuelle Akteure Anreize für die Suche nach anderen Wegen erhalten, um das erwünschte und für sie selbst mehr oder weniger unmittelbar mit Konsequenzen verbundene Ziel der möglichst optimalen Leistungsbilanz zu erreichen. Zugleich wird eine *Vagheit und Komplexität der Zielstellungen* beschrieben. Schulqualität erweist sich als ein komplexes Konstrukt mit vielen Facetten der Prozess- und Ergebnisqualität – beeinflusst durch die Qualität der einzelschulischen Rahmenbedingungen. Angesichts der Relevanz der Ergebnisse externer Tests und Prüfungen, die nur auf bestimmte Ausschnitte des Spektrums möglicher Zieldimensionen fokussieren können, kommt es zu einer Engführung auf zumeist leicht operationalisierbare und abprüfbare fachlich-kognitive Ziele (Bellmann & Weiß, 2009).

4.   Probleme neuer Steuerungsinstrumente

Im Sinne der aus der Neuen Institutionenökonomik stammenden *Prinzipal-Agent-Theorie* ist es für den Prinzipal, beispielsweise die Bildungsadministration, schwierig, die Leistungsbilanz im Hinblick auf mögliche nicht-intendierte Steuerungswirkungen einzuschätzen, da die Agenten auf der unteren Hierarchieebene (etwa die Schulen) im Sinne von *hidden action*, die der Prinzipal nur unvollständig beobachten kann, und auch aufgrund der asymmetrischen Informationsverteilung diskretionäre Spielräume in ihren Handlungen haben. Damit ergibt sich ein Forschungsfeld, in dem nicht bloß die Erreichung politisch intendierter Ziele evaluiert wird, sondern die latenten Steuerungswirkungen im Sinne einer kritisch-reflexiven Analyse komplexer (neuer) Steuerungskonstellationen in den Blick genommen werden.

Prinzipal und Agent können als Vertragsparteien versuchen, die bestehenden Informationsasymmetrien durch *signalling* und *screening* zu überwinden. Ein Screening kann beispielsweise durch eine systematische Prüfung der Auftragsvergabe erfolgen; im Sinne des Signalling kann der Agent versuchen, den Prinzipal durch Berichtslegung von seiner Arbeitsleistung zu überzeugen. So hat die KMK neue Formen der systematischen und wissenschaftlich fundierten Beobachtung des Bildungssystems (Bildungsmonitoring) beschlossen, die nicht mehr allein die schulstrukturellen und inhaltlichen Vorgaben im Bildungswesen in den Blick nehmen, sondern Lernergebnisse im Hinblick auf vorher festgelegte, am Ende von Lernprozessen zu erreichende sog. Bildungsstandards. Dazu hat die KMK im Jahr 2006 die „Gesamtstrategie der Kultusministerkonferenz zum Bildungsmonitoring"[2] vorgelegt, die folgende Verfahren und Instrumente umfasst: internationale Schulleistungsuntersuchungen, zentrale Überprüfungen des Erreichens der Bildungsstandards in einem Ländervergleich, Vergleichsarbeiten in Anbindung oder Ankoppelung an die Bildungsstandards zur landesweiten oder -übergreifenden Überprüfung der Leistungsfähigkeit aller Schulen sowie die gemeinsame Bildungsberichterstattung von Bund und Ländern. Mit Blick auf das oben beschriebene Kopplungsproblem zwischen System- und einzelschulischer Ebene sind die Bildungsstandards sowie die darauf bezogenen *Vergleichsarbeiten bzw. zentralen Lernstandserhebungen* besonders relevant. Hinzu kommen *Schulinspektionsverfahren* in der Mehrheit der Länder, die die wirkungsorientierten Vergleichsarbeiten als prozessbezogenes Evaluationsinstrument ergänzen und den Aspekt des Signalling durch das Element schulischer Selbstberichte stärken. Auf

---

2   Verfügbar unter: http://www.kmk.org/fileadmin/Dateien/veroeffentlichungen_beschl uesse/2006/2006_08_01-Gesamtstrategie-Bildungsmonitoring.pdf [06.06.2016]

die zuletzt genannten Instrumente wird nachfolgend näher eingegangen, indem zentrale Forschungsbefunde zu Wirkungen und insbesondere auch Problemen dieser Steuerungselemente zusammengefasst werden.

4.1   Vergleichsarbeiten

Vergleichsarbeiten (VERA) folgen der steuerungs- und lerntheoretischen Intention, unmittelbarer – als es über die ländervergleichenden Schulleistungsuntersuchungen möglich und intendiert ist – an Schule und Unterricht anzusetzen und das Prinzip der Kompetenzorientierung in die Handlungspraxis zu transportieren. Pädagogische Interventionen und Fördermaßnahmen sollen auf der Basis der verfügbaren Daten kooperativ begründet und geplant werden. Die Durchführung erfolgt in der Regel durch die Lehrkräfte selbst (im Sinne der Förderung von Professionalisierung). Die KMK hat – nach einigen Jahren der Implementierung und Etablierung dieses Instruments und entsprechender Erfahrungen und erster Wirkungsanalysen (s. u.) – 2015 vereinbart, dass die Unterrichts- und Schulentwicklung zentrale Funktionen von VERA darstellen. Zudem wird eine Veröffentlichung der Ergebnisse in Form von Ranking-Tabellen für einzelschulische Vergleiche abgelehnt, um die zentrale Funktion der Schul- und Unterrichtsentwicklung nicht zu konterkarieren.

Auf der Grundlage einer differenzierten, auf den angloamerikanischen Raum konzentrierten Literaturrecherche fasst Maier (2010) Wirkungen zentraler Tests zusammen. Zu den Nebenwirkungen gehören u. a. eine Engführung des Curriculums sowie eine stark ausgeprägte Testvorbereitung *(teaching to the test)* mit hohen repetitiven Übungsanteilen im Unterricht (vgl. den Abschnitt zur Übertragbarkeit internationaler Befunde auf die deutsche Situation in Kapitel 3). Nachfolgend wird auf Befunde überwiegend quantitativer Befragungen aus dem deutschsprachigen Raum rekurriert.

2009 resümierte Posch auf der Basis einer Sichtung vorliegender Forschungsarbeiten für den deutschsprachigen Raum, dass die Ziele der Bemühungen um die Verbesserung des Lehrens und Lernens, der Steigerung der Unterrichtsqualität und der Förderung der Professionalisierung der Lehrerschaft bis dahin deutlich weniger unter den schulischen Akteuren wahrgenommen wurden als das Ziel der Standortbestimmung und Rechenschaftslegung. Bei Maier (2009) zeigte sich auf Basis von Befragungsdaten in Baden-Württemberg und Thüringen eine insgesamt abnehmende Akzeptanz der Vergleichsarbeiten unter den Lehrkräften sowie Unklarheiten über ihre Funktion, obgleich die Arbeiten schon längere Zeit implementiert waren. Im Hinblick auf die Akzeptanz von Vergleichsarbeiten scheinen die Einstellungen innerhalb der Profession ambivalent zu sein (Kuper & Hartung, 2007), wobei sich die Einstellungen von Mitgliedern der Schulleitung im Allgemeinen positiver darstellen als die der Lehrkräfte (u. a. Kühle, 2010).

Kühle (2010) kommt in seiner Studie zur Durchführung der Lernstandserhebungen in NRW zu dem Schluss, dass trotz vieler kontroverser Diskussionen
die schulischen Akteure überwiegend bereit waren, die Ergebnisrückmeldungen
zur Kenntnis zu nehmen und diese auch zu reflektieren, etwa im Rahmen von
Schul- und Lehrkonferenzen (vgl. auch Wurster, Richter, Schliesinger & Pant,
2013). Allerdings zeigt sich auch beim Vergleich von VERA-Daten, Rückmeldungen der Schulinspektion und internen Evaluationsverfahren in den Ländern Berlin
und Brandenburg, dass die Diagnosegüte von VERA von den befragten Schulleitungen geringer eingeschätzt wird als die Güte der anderen beiden Instrumente
(ebd.). Offensichtlich nehmen Lehrkräfte die Ergebnisse insbesondere dann als
Ausgangspunkt für Überlegungen zur Qualitätsentwicklung wahr, wenn sie einen
sachbezogenen Maßstab haben, d. h. wenn es eine Auskunft darüber gibt, was die
Schülerinnen und Schüler können und in welcher Hinsicht sie noch Kompetenzen
entwickeln müssen (Kühle, 2010).

Deutlich wird in diesem Kontext die immer wieder aufgezeigte Schwierigkeit
für Lehrkräfte, Daten für die Schul- und Unterrichtsentwicklung nutzbar machen
zu können. Immerhin konnte Maier (2009) im Längsschnitt zeigen, dass die Ergebnisse der Vergleichsarbeiten innerhalb der Schulen zunehmend ausgetauscht
werden. Zudem werden den Vergleichsarbeiten ähnliche Aufgaben stärker in
den Unterricht integriert, was die Innovationsfunktion dieses Instruments unter-
streicht. Gleichwohl konnten Richter, Böhmer, Becker, Stanat & Pant (2014) keine
stärkere Differenzierung oder Kompetenzorientierung im Unterricht berichten.
Wie Nachtigall und Jantowski (2007) im Kontext der Thüringer Kompetenztests
feststellten, sehen Lehrkräfte den Mehrwert der Maßnahme vor allem in der individuellen Leistungsdiagnostik und verstärkten Einzelförderung, jedoch weniger in
der Unterrichtsentwicklung. Ebenso findet sich nur eine sehr geringe Nutzung der
Ergebnisse für die Schulprogrammarbeit, die gezielte Fortbildungsplanung und
die Personalentwicklung (Bach, Wurster, Thillmann, Pant & Thiel, 2014).

Es gibt offensichtlich keinen Automatismus positiver Effekte externer Evaluationen bei einer Erhöhung (teil-)autonomer Handlungsspielräume der Schulen.
Auf der Schulebene setzen Steuerungswirkungen durch externe Evaluationen
eine Kultur der Selbstverantwortung, der Selbstreflexion und des stetigen Orga-
nisationslernens voraus bzw. es bedarf eines Unterstützungssystems, das Schulen
bedarfsorientiert darin berät und begleitet, sich datengestützt zu entwickeln. Zukünftig wird es notwendig sein, die evidenzbasierten Steuerungsinstrumente noch
stärker mit ganzheitlichen Schulentwicklungsmaßnahmen zu verzahnen. Ansonsten kann datengestützte Schulentwicklung – wenn sie nicht mit entsprechender
Unterstützung von Aneignungsprozessen einhergeht – die Ungleichheit im deutschen Schulsystem eher noch verstärken. So zeigen Studien zur unterschiedlichen
Nutzung der Datenrückmeldungen von VERA, dass Schulen mit hoher Expertise
in der Entwicklungsarbeit von datengestützten Rückmeldungen mehr profitieren
können (Matthäus-Effekt im Kontext datengestützter Schulentwicklung) als jene

Schulen, die in diesem Bereich über weniger Kompetenzen verfügen (Maier &
Schymala, 2011).

4.2   Schulinspektionsverfahren

Internationale Erfahrungen und Befunde (z. B. aus England) zeigen, dass Schulen
sich vor einer anstehenden Inspektion stärker selbst überprüfen und im Kollegium
intensiver über Fragen von Schul- und Unterrichtsqualität kommuniziert wird;
zugleich werden Zeitdruck, Stress und psychische Belastung für die beteiligten
Lehrkräfte berichtet, vor allem an solchen Schulen, die eher leistungsschwach sind.
Dies ist allerdings im Zusammenhang mit den spezifischen, bildungsmarktähnli-
chen Strukturen des englischen Bildungswesens zu sehen, das Schulen deutlich
stärker unter Druck setzt, als es in anderen Ländern mit Inspektionssystem der
Fall ist (van Ackeren, 2003). Entwicklungsbedarfe werden grundsätzlich im Hinblick auf die stärkere Verknüpfung interner und externer Evaluation beschrieben
sowie die weitere Stärkung der Kompetenz, aus Rückmeldungen Entwicklungs-
maßnahmen abzuleiten und erfolgreich zu realisieren.

Auch in vielen Bundesländern ist mit der Schulinspektion ein weiteres Evaluationsverfahren etabliert worden, das sich an internationalen Vorbildern orientiert.
Die Inspektion basiert auf Orientierungs- bzw. Referenzrahmen der Schulqualität,
die in systematischer Weise einen Kernbestand von Merkmalen und Kriterien
guter Schule und guten Unterrichts beschreiben. Sie dienen einerseits als Arbeits-
grundlage für die Schulinspektion und können auch Grundlage für die sich anschließende Zielvereinbarung mit der Schulaufsicht sein; andererseits sollen sie
für die Schulen und andere Akteure schulischer Qualitätsarbeit einen verbindlichen Bezugsrahmen bieten.

Ziel ist die datengestützte systematische Einschätzung und Rückmeldung zum
Stand der Schul- und Unterrichtsentwicklung der Einzelschule, auch im Sinne
der Unterstützung der Schulen bei der Wahrnehmung von Eigenverantwortung.
Daraus sollen einerseits Anregungen zur Weiterentwicklung gewonnen werden
(Stimulationsfunktion), die in verbindlichen Zielvereinbarungen zwischen Schule und Schulaufsicht festgehalten werden. Andererseits dient die Rückmeldung
in Form eines Berichts der Rechenschaftslegung *(accountability)* gegenüber der
Schulöffentlichkeit und der Schulaufsicht. Die Berichte werden in der Regel jedoch
nicht der allgemeinen Öffentlichkeit zugänglich gemacht; unabhängig davon pu-
blizieren viele Schulen ihre (guten) Ergebnisse auf der Schulhomepage. Insgesamt
sind Schulinspektionen in Deutschland im internationalen Vergleich als sanktionsarm zu bezeichnen; Schulen werden bei anhaltend schlechten Ergebnissen weder systematisch in ihrer Autonomie eingeschränkt, noch werden sie geschlossen
oder das Kollegium ausgetauscht.

Die Analyse der Wirkungen, die Schulinspektionen tatsächlich entfalten können, stellt sich in Deutschland immer noch weitgehend als Forschungsdesiderat

dar (Dedering, 2012). Internationale Erfahrungen liegen schon länger vor; sie zeigen, dass die Nutzung von Informationen in entscheidendem Maße durch die bereits vorhandene schulinterne Evaluationskultur (einschließlich z. B. Innovationsorientierung, Partizipation an Entscheidungen, Kooperation und Kommunikation) beeinflusst wird (van Ackeren, 2003).

Mit Blick auf die Einstellungen zu externen Evaluationen gaben befragte deutsche Schulleitungen eine durchschnittliche bis leicht überdurchschnittliche Akzeptanz des Verfahrens an; in Relation zu den Schulleitungen gibt es jedoch eine abfallende Akzeptanz aufseiten der Lehrkräfte. Gering wurde hingegen die Unterstützung und Beratung durch die Schulaufsicht eingeschätzt (Böhm-Kasper & Selders, 2013). Insgesamt gibt es jedoch mehrheitlich positive Einstellungen zur Schulinspektion (z. B. Böttcher & Keune, 2010; Dedering & Müller, 2011).

Für die Frage, wie sich die Qualität von Schule und in der Folge die Lernergebnisse von Schülerinnen und Schülern durch Schulinspektionen verändern, liegen nach derzeitigem Stand keine Befunde vor. Kausale Effekte sind zudem schwierig nachzuweisen. Jedenfalls ist kein Zusammenhang zwischen der Anzahl der umgesetzten Maßnahmen und Inspektionsergebnissen nachweisbar (vgl. Gärtner, Hüsemann & Pant, 2009); zur Qualität der realisierten Maßnahmen fehlen bislang vertiefende Analysen. Gärtner verweist auf Haupteffekte vor und nicht nach der Inspektion (Gärtner, 2013), etwa im Sinne eines *window dressing* für das Inspektionsteam. Wurster et al. (2013) resümieren auf Basis ihrer Befragung in Berlin und Brandenburg, dass Maßnahmen insbesondere im Bereich der Lehr- und Lernprozesse abgeleitet werden, weniger jedoch in den Bereichen Schulmanagement, Schulkultur, Personalentwicklung und Qualitätsentwicklung; dies trifft selbst auf die Schulen zu, in denen gerade in diesen letztgenannten Bereichen Entwicklungsbedarf identifiziert wurde.

Perspektivisch zeichnet sich für die Schulinspektion in Deutschland möglicherweise eine Entwicklung ab, die dem internationalen Trend (z. B. in den Niederlanden) folgt: Je besser die Selbstevaluation funktioniert, desto geringer soll die Kontrolle durch das Inspektorat sein. Externe Kontrolle wird dort gelockert, wo innerhalb einer Schule ein valides Selbstevaluationsprogramm existiert und durchgeführt wird. Andererseits gibt es – vor dem Hintergrund von Zweifeln an der Wirksamkeit und Nachhaltigkeit – Entwicklungen, die Schulinspektion ganz abzuschaffen, wie dies in Rheinland-Pfalz 2016 realisiert wurde, nicht zuletzt um freiwerdende Ressourcen für eine bessere Beratung sowie Begleitung und Unterstützung von Schulen durch Pädagogische Landesinstitute und die Schulaufsicht einzusetzen.

4.3   Evidenzbasierte Steuerungsinstrumente in vergleichender Perspektive

Mit dem Konzept der Evidenzbasierung ist die Hoffnung verbunden, das Handeln der schulischen Akteure durch bereitgestellte Daten und Steuerungshinweise effektiver und effizienter zu gestalten und so zur Entwicklung von Schule und Unterricht beizutragen. Hinsichtlich des vielzitierten Steuerungsparadigmas der Evidenzbasierung geht es nach Pant grundlegend darum, „ob und wie es gelingt, Evidenz hinsichtlich der Wirksamkeit pädagogischer und bildungspolitischer Maßnahmen zur Verfügung zu stellen, um diese in datengestützte Entwicklungs-kreisläufe der Unterrichts-, Schul- und Bildungsqualität einspeisen zu können" (Pant, 2014, S. 147). Im Rahmen des EviS-Verbundprojektes[3] der Universitäten Duisburg-Essen und Mainz wurden evidenzbasiertes Wissen und Handeln in Schulen operationalisiert sowie deskriptiv erfasst. Evidenzen wurden in dem Zusammenhang als „systematisch generierte, verobjektivierte und explizierte In-formationen und Wissensbestände zur Wirksamkeit von Bildungsprozessen und ihren spezifischen Rahmenbedingungen" (Demski, Rosenbusch, van Ackeren, Clausen & Schmidt, 2012, S. 132) definiert. Insofern wurde ein breiter Evidenz-begriff zugrunde gelegt; das Spektrum reicht von wissenschaftlich-empirischen Studien sowie Vergleichsarbeiten und Schulinspektionen *(Evidenzen im engeren Sinne)* bis hin zu kollegialen Hospitationen und Schülerfeedbacks *(Evidenzen im weiteren Sinne).*

Eine vergleichsweise intensive Nutzung zeigt sich auf Basis der Befragung der schulpraktischen Akteure hinsichtlich prozessbezogener Informationsquellen, die einen engen Bezug zu der eigenen Praxis im Unterricht haben (Demski, im Er-scheinen). Dabei werden von den Lehrkräften das Schülerfeedback und von den Mitgliedern der Schulleitung kollegiale unterrichtsbezogene Entwicklungsmaß-nahmen besonders stark genutzt. Die Daten der quantitativen Befragung weisen zudem auf eine relativ intensive Nutzung schulfachbezogener Zeitschriften hin. Demgegenüber fällt die Nutzung von Instrumenten, mit denen ein bildungspoli-tisch gesetzter expliziter Steuerungsanspruch verbunden ist (Rückmeldungen aus Schulinspektionen, Vergleichsarbeiten und Schulleistungsvergleichen), deutlich geringer aus. Insofern zeigt sich, dass solche Evidenzquellen, mit denen die Ziele des Monitorings und der Rechenschaftslegung verknüpft sind und die einen ver-pflichtenden Charakter haben, nicht per se stärker von den schulischen Akteuren wahrgenommen und genutzt werden. Dabei fällt auf, dass die Zustimmung der befragten Schulleitungsmitglieder zur Nützlichkeit und Nutzung entsprechen-der Instrumente der Neuen Steuerung tendenziell höher ausfällt, als dies bei den Lehrkräften der Stichprobe der Fall ist. Sie haben offensichtlich angesichts ihrer Prinzipalrolle an der Schnittstelle zwischen operativer Ebene und Administration stärker die Schule als Organisation im Blick.

Als stärkster Prädiktor der Nutzung der unterschiedlichen Wissensbestände erweist sich in Mehrebenenanalysen der selbstberichtete Grad der Auseinander-setzung mit den jeweiligen Informationsquellen. Nur bei der Nutzung von Befun-den der Schulinspektion ist die wahrgenommene Nützlichkeit des Instruments

---

3   EviS = Evidenzbasierte Schulentwicklung

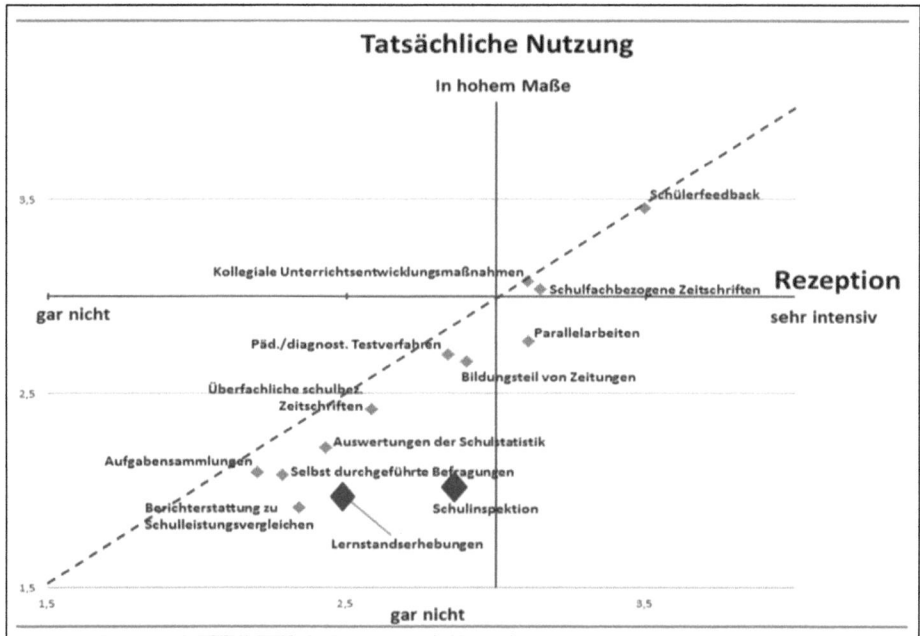

Abb. 1: Rezeption und tatsächliche Nutzung verschiedener Evidenzquellen durch
Lehrkräfte (N=1230)

noch relevanter als die Auseinandersetzung mit den Ergebnissen (Demski, im
Erscheinen; vgl. auch Abbildung 1).

> „Die Instrumente der Neuen Steuerung, die häufig als evidenzgenerierende Quellen
> im engeren Sinne mit entsprechendem Transferpotenzial angesehen werden (z. B. Ver-
> gleichsarbeiten, Schulinspektionen), werden insgesamt als deutlich weniger nützlich
> erachtet; möglicherweise, weil der Abstand zur konkreten Unterrichtspraxis größer als
> bei anderen Instrumenten erscheint" (Demski et al., 2012, S. 146).

Emmerich (2014) weist in systemtheoretischer Perspektive zudem auf die Beob-
achterabhängigkeit und die Polykontexturalität von Evidenz hin.

5. Kritische Auseinandersetzung mit dem Konzept der Evidenzbasierung im Kontext Neuer Steuerung

Die Relevanz von Daten bzw. Evidenzen für Steuerungsprozesse und *rational
choices* wird national und international diskutiert (z. B. Fazekas & Burns, 2012;
Schrader, 2014). Für die dahinterliegende Steuerungslogik finden sich vielfältige
Begriffe, wie *evidence-based policy, knowledge-informed policy making, gover-
nance of knowledge* sowie „evidence-based governance regime" (Ehren, Altrichter,
McNamara & O'Hara, 2013). Neben national, regional und kommunal verfügbaren
Daten gibt es auch eine zunehmende Bedeutung supranationaler Organisationen

(u. a. OECD, Europäische Kommission) bei der Generierung länderübergreifend vergleichbarer Daten und der Formulierung politischer Handlungsfelder.

Zu den aus *wissenschaftlicher Perspektive* formulierten Kritikpunkten, die im Hinblick auf das Konzept der Evidenzbasierung hervorgebracht werden, gehört die ihm inhärente technokratische Logik, die sozialen Interaktionsprozessen nicht gerecht werde (vgl. Thiel, 2014; vgl. auch Abschnitt 2.1). Zudem sei wissenschaftliche Evidenz auch mit Unsicherheit behaftet (Biesta, 2007). Aus demokratietheoretischer Perspektive wird zudem diskutiert, dass der starke Bezug auf Daten und Evidenzen die Bedeutung von Aushandlungsprozessen, die Konsensbildung und den Austausch unterschiedlicher Perspektiven und Meinungen verringere (Fazekas & Burns, 2012). In diesem Kontext wird auch von einer „de-politicisation of knowledge-based decision-making" (ebd., S. 14) gesprochen, indem Entscheidungen zunehmend an Experten-Kommissionen delegiert würden.

Aus *politischer Perspektive* hat der Hamburger Bildungssenator Ties Rabe den Anspruch der datengestützten Schulentwicklung und die damit einhergehenden enttäuschten Erwartungen wie folgt formuliert (Kerstan & Spiewak, 2013):

> „Ich möchte wissen, warum die Schüler in Sachsen anscheinend mehr lernen als in Hamburg oder was die Bayern angeblich besser machen als die Bremer. Als Kultusminister bekomme ich zwar regelmäßig ein Zeugnis, und in den Stadtstaaten fällt es meist schlecht aus. Aber worin die Ursachen bestehen und was wir denn tatsächlich anders machen müssen, sagt uns kein Wissenschaftler. […] Mit bloßen Datenbergen lässt sich keine Politik machen."

Die Nützlichkeit der Daten für die Weiterentwicklung von Schule und Unterricht wird zunehmend in Frage gestellt. Kuhn (2014, S. 421) stellt dazu fest:

> „Die Menge der neuen Befunde und Erkenntnisse einerseits und ihre Rezeption und Nutzung durch die Politik, die Bildungsverwaltungen und Landesinstitute der Länder (oder durch Schulen selbst) andererseits stehen in einem krassen Missverhältnis zueinander. Systematische Aufarbeitung, Rezeption und Reflexion der Befunde finden weder auf der Systemebene oberhalb der Einzelschule noch in den Schulen selbst in ausreichender Weise statt. Im Kern geht es um zwei Fragen: Wie kommt das empirische Wissen in die Bildungspolitik, und wie kommt es in die Schulpraxis?"

Dieser Bedarf an konkreteren Antworten kann verschiedene Ursachen haben[4]: eine wenig an den realen Möglichkeiten der Forschung orientierte Erwartungshaltung seitens der Politik (z. B. Unklarheit über die Art des Wissens, das generiert wird, fehlende Vorstellung von Möglichkeiten und zeitlichen Perspektiven empi-

---

4   Die nachfolgenden Überlegungen wurden angeregt durch den Impulsvortrag „Stichworte zur aktuellen Bildungsforschungsdiskussion in der KMK und im BMBF" von Detlef Fickermann im Rahmen der Tagung des Beirats der DDS – Die Deutsche Schule im Juni 2014 an der Universität Hannover.

rischer Bildungsforschung) ebenso wie nicht eingelöste mögliche Versprechen der Forschung (z. B. fehlender praktischer Bezug bzw. zu geringe Aufmerksamkeit für relevante Anliegen der Praxis, Unklarheit über zulässige Folgerungen). In jedem Fall wird mittlerweile explizit danach gefragt, wie sich der Erklärungsabstand zwischen der Deskription von Problemlagen durch standardisierte Leistungsstudien einerseits und spezifischen Handlungserfordernissen andererseits verringern lässt. Hier fehlt offensichtlich eine Instanz, die – etwa im Sinne des Clearing House-Ansatzes zur Synthese und Aufbereitung von Forschungsbefunden – zwischen Wissenschaft und Praxis vermittelt. Damit rücken andere Wissensformen als das Beschreibungswissen in den Fokus der Aufmerksamkeit, insbesondere im Hinblick auf Erklärungswissen (durch Ergänzungsstudien und längsschnittliche Kontrollgruppendesigns) sowie Veränderungswissen (im Rahmen von Implementationsstudien) (vgl. Prenzel, 2012).

6.   Fazit und Perspektiven

Im Hinblick auf die breit implementierten externen Evaluationsformen von Schule bleibt weiterhin ungewiss, was das Vermessen von Schulen eben diesen Institutionen bringt und inwieweit diese Reformelemente Bildungspraxis tatsächlich zu einer nachhaltigen Änderung veranlasst, welche Einflussfaktoren dabei zu berücksichtigen sind und wie nicht-intendierte opportunistische Verhaltensweisen vermieden werden können. Studien zeigen immer wieder, dass die Befunde in der Praxis nicht oder nur halbherzig aufgegriffen werden. Bedingt sein könnte dies i. d. R. durch eine als unzureichend wahrgenommene Anschlussfähigkeit an die lokalen Bedingungen, da Schulinspektionsverfahren und Lernstandserhebungen universell in allen Schulen des Landes mit standardisierter Praxis durchgeführt werden.

In diesem Sinne seien auch Fragen konkreter Schulentwicklung vor Ort unzureichend berücksichtigt (Maritzen, 2014). Leistungsergebnisse von Lernenden bzw. Schulen sollten – durch eine bessere Berücksichtigung von Kontextinformationen, z. B. zu spezifischen Bedingungen des Schulumfelds – mehr Erklärungsansätze liefern.

Im Fokus der Nutzung stehen in den Schulen, so zeigen erste Befunde, vielmehr Informationsquellen mit einem starken Bezug zur Einzelschule bzw. zur eigenen Unterrichtspraxis. Diese internen Informationsquellen wurden bisher in der Forschung allerdings weniger in den Blick genommen. Zudem scheint es ein Spannungsfeld zwischen einem von außen an die Schulen herangetragenen Anspruch wissenschaftsorientierter Reflexion sowie einer auch erfahrungsgeprägten, tradierten Handlungspraxis in Einzelschulen zu geben. Die Wirksamkeit von datenbasierten Schulentwicklungsmaßnahmen setzt darüber hinaus notwendigerweise nicht nur die Rezeption des neuen Wissensangebots, sondern auch einen kompetenten, geschulten Umgang mit dem sog. evidenzbasierten Wissen und seine Integration in eine reflexive Praxiserfahrung voraus.

Dementsprechend bedarf es einer neuen Balance zwischen interner und externer Evaluation sowie zwischen Erkenntnisgewinnung und Unterstützung der Schulen bei der Rezeption und Nutzung von Daten einschließlich einer stärkeren Hinwendung zur Handlungsebene (Unterricht) und zur Steuerungsebene (Schulleitung). Entsprechende Kompetenzen, wie beispielsweise empirische Ergebnisse (z. B. aus Schulinspektionen, den Rückmeldungen zu Lernstandserhebungen etc.) zu verstehen und in eine reflexive Praxiserfahrung integrieren zu können, sollten bereits in der Lehrerausbildung geschult werden.

Für die Bildungsforschung sind die Stärkung der Implementationsforschung und der Forschungstransfer, vor allem hinsichtlich der Lehrerbildung, in den Blick zu nehmen. Pädagogische Landesinstitute könnten z. B. einen stärkeren Dialog zwischen Wissenschaft und Praxis moderieren, um die Rollendifferenzierung des Informationsproduzenten Wissenschaft auf der einen und der stark rezipierenden Rolle der Schule auf der anderen Seite aufzubrechen. Hierfür bietet sich auch die Lehrerfortbildung an.

Die KMK hat 2015 nach längerem Diskussionsprozess eine überarbeitete Fassung der Gesamtstrategie zum Bildungsmonitoring verabschiedet. Damit wird angestrebt,

> „Entwicklungen nicht nur zu beschreiben, sondern auch zu erklären und dies mit Hinweisen zu verbinden, wie die festgestellten Probleme gelöst werden können, die stetig wachsende Anzahl von Forschungsergebnissen systematisch zu sichten, aufzubereiten und sowohl für die Bildungspolitik als auch für die Bildungspraxis bereitzustellen, zusätzliche Informationen für die Erklärung von Leistungsunterschieden zwischen den Ländern zur Verfügung zu stellen, steuerungsrelevantes Wissen auch tatsächlich für die Entwicklung des Bildungssystems und jeder Schule zu nutzen."[5]

Damit lässt sich für Deutschland eine transfer- und entwicklungsorientierte Weiterentwicklung Neuer Steuerung erwarten, weniger eine wettbewerbs- und marktorientierte; dies bleibt gleichwohl im Sinne einer kritischen Forschung zu Reformfolgen zu begleiten.

Literatur

Ackeren, I. van (2003). *Evaluation, Rückmeldung und Schulentwicklung. Erfahrungen mit zentralen Tests, Prüfungen und Inspektionen in England, Frankreich und den Niederlanden.* Münster: Waxmann.

---

5   Verfügbar unter: https://www.kmk.org/themen/qualitaetssicherung-in-schulen/bildungs
    monitoring.html [06.06.2016]

Ackeren, I. van, Brauckmann, S. & Klein, E.D. (2016). Internationale Diskussions-, Forschungs- und Theorieansätze zur Governance im Schulwesen. In H. Altrichter, & K. Maag Merki (Hrsg.), *Handbuch Neue Steuerung im Schulsystem* (S. 29–51). 2. Aufl. Wiesbaden: VS Springer.

Ackeren, I. van, Klemm, K. & Kühn, S.M. (2015). *Entstehung, Struktur und Steuerung des deutschen Schulsystems. Eine Einführung.* 3. überarbeitete und aktualisierte Auflage. Wiesbaden: Springer VS.

Altrichter, H. & Maag Merki, K. (2016). *Handbuch Neue Steuerung im Schulsystem.* Wiesbaden: Springer VS.

Argyris, C. & Schön, D. (1974). *Theory in practice. Increasing professional effectiveness.* Oxford: Jossey-Bass.

Bach, A., Wurster, S., Thillmann, K., Pant, H.A. & Thiel, F. (2014). Vergleichsarbeiten und schulische Personalentwicklung – Ausmaß und Voraussetzungen der Datennutzung. *Zeitschrift für Erziehungswissenschaft, 17* (1), 61–84.

Bellmann, J. & Weiß, M. (2009). Risiken und Nebenwirkungen Neuer Steuerung im Schulsystem. Theoretische Konzeptualisierung und Erklärungsmodelle. *Zeitschrift für Pädagogik, 55* (2), 286–308.

Bellmann, J., Duzevic, D., Schweizer, S. & Thiel, C. (2016). Nebenfolgen Neuer Steuerung und die Rekonstruktion ihrer Genese. Differente Orientierungsmuster schulischer Akteure im Umgang mit neuen Steuerungsinstrumenten. *Zeitschrift für Pädagogik, 62* (3), 381–402.

Biesta, G. (2007). Why "what works" won't work: Evidence-based practice and the democratic deficit in educational research. *Educational Theory, 57,* 1–22.

Böhm-Kasper, O., & Selders, O. (2013). „Schulinspektionen sollten regelmäßig durchgeführt werden"? Ländervergleichende Analyse der Wahrnehmung und Akzeptanz von Schulinspektionsverfahren. In I. van Ackeren, M. Heinrich & F. Thiel (Hrsg.), *Evidenzbasierte Steuerung im Bildungssystem? Befunde aus dem BMBF-SteBis-Verbund* (S. 121–153). Münster: Waxmann.

Böttcher, W. & Keune, M. (2010). Funktionen und Effekte der Schulinspektion. Ausgewählte nationale und internationale Forschungsbefunde. In W. Böttcher, J. N. Dicke & N. Hogrebe (Hrsg.), *Evaluation, Bildung und Gesellschaft. Steuerungsinstrumente zwischen Anspruch und Wirklichkeit* (S. 151–164). Münster: Waxmann.

Dedering, K. (2012). *Steuerung und Schulentwicklung. Bestandsaufnahme und Theorieperspektive.* Wiesbaden: Springer VS.

Dedering, K. & Müller, S. (2011). School improvement through inspections? First empirical insights from Germany. *Journal of Educational Change, 12* (3), 301–322.

Demski, D. (im Erscheinen). *Evidenzbasierte Schulentwicklung. Empirische Analyse eines Steuerungsparadigmas.* Wiesbaden: Springer VS.

Demski, D., Rosenbusch, C., van Ackeren, I, Clausen, M. & Schmidt, U. (2012). Steuerung von Schule durch evidenzbasierte Einsicht? Konzeption und erste Befunde des Forschungsverbundes EviS. In S. Hornberg & M. Parreira do Amaral (Hrsg.), *Deregulierung im Bildungssystem* (S. 131–150). Münster: Waxmann.

DiMaggio, P.J. & Powell, W.W. (1983). The Iron Cage Revisited: Isomorphic Institutionalism and Collective Rationality in Organizational Fields. *American Sociological Review, 48* (2), 147–160.

Ehren, M.C.M., Altrichter H., McNamara G. & O'Hara J. (2013). Impact of school inspections on teaching and learning – describing assumptions on causal mechanisms in six European countries. *Educational Assessment, Evaluation and Accountability, 25* (1), 3–43.

Ehren, M.C.M. & Visscher, A.J. (2010). Towards a theory on the impact of school inspections. *British Journal of Educational Studies, 54* (1), 51–72.

Emmerich, M. (2014). Evidenz und Entscheidung: Eine semantische Innovation 'Neuer Steuerung'. In S.M. Weber, M. Göhlich, A. Schröer & J. Schwarz (Hrsg.), *Organisation und das Neue. Beiträge der Kommission Organisationspädagogik* (S. 93–102). Wiesbaden: Springer VS.

Fazekas, M. & Burns, T. (2012). Exploring the Complex Interaction Between Governance and Knowledge in Education. *OECD Education Working Papers No. 67.*

Fend, H. (2008). *Schule gestalten.* Wiesbaden: VS Verlag.

Gärtner, H. (2013). Zum Verhältnis von interner und externer Evaluation im Schulsystem. *Zeitschrift für Erziehungswissenschaft, 16* (4), 693–712.

Gärtner, H., Hüsemann, D. & Pant, H.A. (2009). Wirkungen von Schulinspektion aus Sicht betroffener Schulleitungen. Die Brandenburger Schulleiterbefragung. *Empirische Pädagogik, 23* (1), 1–18.

Kerstan, T. & Spiewak, M. (2013). *Ranglisten sind gefährlich. Welchen Wert haben Bildungsstudien? Darüber streiten der Hamburger Schulsenator Ties Rabe und der Bildungsforscher Olaf Köller.* Verfügbar unter: http://www.zeit.de/2013/04/Ranglisten-Bildungsstudien-Streit [06.06.2016].

Klein, E.D. (2016). Wie kommt Neues in das Schulsystem? Governance-analytische Annäherungen an Neuerungsimpulse durch „externe" Akteure. In M. Fuchs & T. Braun (Hrsg.): *Die Kulturschule und kulturelle Schulentwicklung, Bd.3: Politische Rahmenbedingungen einer erfolgreichen Implementierung* (S. 56–77). Münster: Waxmann.

Kotthoff, H.-G., Böttcher, W. & Nikel, J. (2016). Die ‚Schulinspektion' zwischen Wirkungshoffnungen und Wirksamkeit. In H. Altrichter & K. Maag Merki (Hrsg.), *Handbuch Neue Steuerung im Schulsystem* (2. Aufl., S. 325–359). Wiesbaden: VS-Verlag.

Kühle, B. (2010). *Zentrale Lernstandserhebungen – Ergebnisorientierte Unterrichtsentwicklung? Schulische Strategien beim Umgang mit Ergebnissen aus den Schulrückmeldungen im Kontext der ersten Lernstandserhebungen 2004/2005 in Nordrhein-Westfalen.* Berlin: Köster.

Kuhn, H.-J. (2014). Anspruch, Wirklichkeit und Perspektiven der Gesamtstrategie der KMK zum Bildungsmonitoring. *Die Deutsche Schule, 106* (4), 414–426.

Kuper, H. (2008). Interaktion/Organisation – Formalität/Informalität. Systemtheoretische Grundbegriffe für eine Theorie der Schule. In Y. Ehrenspeck, G. de Haan & F. Thiel (Hrsg.), *Bildung. Angebot oder Zumutung* (S. 259–273). Wiesbaden: VS Verlag.

Kuper, H. & Hartung, V. (2007). Überzeugungen zur Verwendung des Wissens aus Lernstandserhebungen. *Zeitschrift für Erziehungswissenschaft, 10* (2), 214–229.

Luhmann, N. (2000). *Organisation und Entscheidung.* Opladen: Westdeutscher Verlag.

Maier, U. (2009). *Wie gehen Lehrerinnen und Lehrer mit Vergleichsarbeiten um? Eine Studie zu testbasierten Schulreformen in Baden-Württemberg und Thüringen.* Baltmannsweiler: Schneider.

Maier, U. (2010). Effekte von testbasiertem Rechenschaftsdruck auf Schülerleistungen: Ein Literaturüberblick zu quasi-experimentellen Ländervergleichsstudien. *Journal of Educational Research Online, 2* (2), 125–152.

Maier, U. & Schymala, M. (2011): Reduktion von sozialen Disparitäten durch datenbasierte Schulentwicklung? In F. Dietrich, M. Heinrich & N. Thieme (Hrsg.), *Neue Steuerung – alte Ungleichheiten? Steuerung und Entwicklung im Bildungssystem* (S. 291–303). Münster: Waxmann.

Maritzen, N. (2014). Glanz und Elend der KMK-Strategie zum Bildungsmonitoring. *DDS – Die Deutsche Schule, 106* (4), 398–413.

Mintrop, R. & Klein, E.D. (2017). Schulentwicklung in den USA – Nützliches Lehrstück für die deutsche Praxis? In: Manitius, V. & Dobbelstein, P. (Hrsg.), Schulentwicklungsarbeit in herausfordernden Lagen (S. 63–83). Münster: Waxmann.

Nachtigall, C., & Jantowski, A. (2007). Die Thüringer Kompetenztests unter besonderer Berücksichtigung der Evaluationsergebnisse zum Rezeptionsverhalten. *Empirische Pädagogik, 21* (4), 401–410.

Ortmann, G. (2003). *Regel und Ausnahme. Paradoxien des Sozialen.* Frankfurt a.M.: Suhrkamp.

Pant, H.A. (2014). Aufbereitung von Evidenz für bildungspolitische und pädagogische Entscheidungen. Metaanalysen in der Bildungsforschung. *Zeitschrift für Erziehungswissenschaft, 17* (4), 79–99.

Prenzel, M. (2012). Empirische Bildungsforschung morgen: Reichen unsere bisherigen Forschungsansätze aus? In M. Gläser-Zikuda, T. Seidel, C. Rohlfs, A. Gröschner & S. Ziegelbauer (Hrsg.), *Mixed Methods in der empirischen Bildungsforschung* (S. 273–286). Münster: Waxmann.

Posch, P. (2009). Zur schulpraktischen Nutzung von Daten. Konzepte, Strategien, Erfahrungen. *DDS – Die Deutsche Schule, 101* (2), 119–135.

Richter, D., Böhme, K., Becker, M., Pant, H.A. & Stanat, P. (2014). Überzeugungen von Lehrkräften zu den Funktionen von Vergleichsarbeiten: Zusammenhänge zu Veränderungen im Unterricht und den Kompetenzen der Schülerinnen und Schüler. *Zeitschrift für Pädagogik, 60* (2), 225–243.

Rolff, H.G. (2013). *Schulentwicklung kompakt. Modelle, Instrumente, Perspektiven.* Weinheim: Beltz.

Schmid, K., Hafner, H. & Pirolt, R. (2007). *Reform von Schulgovernance-Systemen. Vergleichende Analyse der Reformprozesse in Österreich und bei einigen PISA-Teilnehmerländern.* Wien: Ibw.

Schrader, J. (2014). Analyse und Förderung effektiver Lehr-Lernprozesse unter dem Anspruch evidenzbasierter Bildungsreform. *Zeitschrift für Erziehungswissenschaft, 17* (2), 193–223.

Thiel, F. (2014). Evidenzbasierte Bildungspolitik. Generierung und Nutzung wissenschaftlichen Wissens. In BMBF (Hrsg), *Bildungsforschung 2020. Herausforderungen und Perspektiven* (S. 115–127). Bonn: BMBF.

Wurster, S., Richter, D., Schliesing, A. & Pant, H.A. (2013). Nutzung unterschiedlicher Evaluationsdaten an Berliner und Brandenburger Schulen. Rezeption und Nutzung von Ergebnissen aus Schulinspektion, Vergleichsarbeiten und interner Evaluation im Vergleich. In Ackeren, I. van, Heinrich, M. & Thiel, F. (Hrsg.), *Evidenzbasierte Steuerung im Bildungssystem? Befunde aus dem BMBF-SteBis-Verbund* (S. 19–50). Münster: Waxmann.

Autorinnen und Autoren

Isabell van Ackeren, Univ.-Prof. Dr., Universitätsprofessorin für Erziehungswissenschaft, Schwerpunkt Bildungssystem- und Schulentwicklungsforschung, Arbeitsgruppe Bildungsforschung, Fakultät für Bildungswissenschaften, Universität Duisburg-Essen. Arbeitsgebiete/-schwerpunkte: Schulqualitäts- und Schulentwicklungsforschung unter besonderer Berücksichtigung von Bildungskontexten, Steuerung im Bildungswesen/Educational Governance unter Berücksichtigung internationaler Vergleichsperspektiven.
isabell.van-ackeren@uni-due.de

Kai Averbeck, Dipl.Päd., Wissenschaftlicher Mitarbeiter, Institut für Schulentwicklungsforschung (IFS), Technische Universität Dortmund. Arbeitsschwerpunkte: Bildungsforschung über Schulsystementwicklung und Schulreformansätze.
kai.averbeck@tu-dortmund.de

Jürgen Baumert, Univ.-Prof. Dr. Dr. h.c., Universitätsprofessor an der Freien Universität Berlin, Honorarprofessor an der Humboldt-Universität zu Berlin und Honorarprofessor an der Christian-Albrechts-Universität Kiel; gleichzeitig Direktor Emeritus am Max-Planck-Institut für Bildungsforschung. Arbeitsschwerpunkte: Lehr-/Lernforschung, Kognitive und motivationale Entwicklung im Jugend- und jungen Erwachsenenalter, Professionelle Kompetenzen von Lehrkräften, Internationaler Leistungsvergleich, Entwicklung von Bildungssystemen.
sekbaumert@mpib-berlin.mpg.de

Michael Becker, Dr., Leiter der Forschungsgruppe ‚Individuelle Entwicklungsverläufe und institutionelle Rahmenbedingungen über die Lebensspanne‘, Deutsches Institut für Internationale Pädagogische Forschung (DIPF, Frankfurt a. M./Berlin) und Leibniz-Institut für die Pädagogik der Naturwissenschaften (IPN, Kiel). Arbeitsgebiete/-schwerpunkte: Akademische und psychosoziale Entwicklung und Bildungsverläufe von der Kindheit und Jugend bis in das Erwachsenenalter; Schulleistungsbezogene und soziale Disparitäten; Schulkontextforschung; Quantitative Methoden der Sozialforschung.
becker@dipf.de

Denise Demski, Dipl.-Soz.-Wiss., Wissenschaftliche Mitarbeiterin, Arbeitsgemeinschaft Schulforschung, Institut für Erziehungswissenschaft, Ruhr-Universität Bochum. Arbeitsgebiete/-schwerpunkte: Schulqualitäts- und Schulentwicklungsforschung (insbesondere evidenzbasierte und sprachsensible Schulentwicklung), Steuerung und Evaluation im Bildungswesen.
denise.demski@rub.de

Hartmut Ditton, Univ.-Prof. Dr., Professor für Allgemeine Pädagogik, Erziehungs- und Sozialisationsforschung, Institut für Pädagogik, Ludwig-Maximilians-Universität München. Arbeitsgebiete/-schwerpunkte: Schulische und familiale Sozialisation; Bildung, Ungleichheit und gesellschaftlicher Wandel; Evaluation und Qualitätssicherung im Bildungswesen; Methoden empirisch-pädagogischer Forschung; multivariate statistische Analyseverfahren.
Sekretariat.Ditton@edu.lmu.de

Hanna Dumont, Dr. phil., Wissenschaftliche Mitarbeiterin, Deutsches Institut für Internationale Pädagogische Forschung, Berlin. Arbeitsgebiete/-schwerpunkte: (z. B.: Schultheorie, Bildungs- und Schulforschung im Bereich Schulentwicklung und Schulwirksamkeit, Organisationsentwicklung und Evaluation), Soziale Disparitäten im Bildungssystem, Konsequenzen von Leistungsgruppierungen, elterliches Engagement und elterliche Hausaufgabenhilfe, Individuelle Förderung und adaptiver Unterricht.
dumont@dipf.de

Sybille Elsässer, M.A., Wissenschaftliche Mitarbeiterin, Lehrstuhl für Allgemeine Pädagogik, Erziehungs- und Sozialforschung, Institut für Pädagogik, Ludwig-Maximilians-Universität München. Arbeitsgebiete/-schwerpunkte: Bildungs- und Schulforschung, Schwerpunkt soziale Disparitäten im Bildungsverlauf, individuelle und institutionelle Komponenten schulischer Leistung.
Sibylle.Elsaesser@edu.lmu.de

Nicole Gölz, M.A., Wissenschaftliche Mitarbeiterin, Lehrstuhl für Allgemeine Pädagogik, Erziehungs- und Sozialforschung, Institut für Pädagogik, Ludwig-Maximilians-Universität, München. Arbeitsgebiete/-schwerpunkte: Bildungs- und Schulforschung; Schwerpunkt Schulformwechsel in der Sekundarstufe II.
Nicole.Goelz@edu.lmu.de

Andreas Hinz, Univ.-Prof. Dr., Universitätsprofessor für Allgemeine Rehabilitations- und Integrationspädagogik, Institut für Rehabilitationspädagogik, Philosophische Fakultät III – Erziehungswissenschaften, Martin-Luther-Universität Halle-Wittenberg. Arbeitsschwerpunkte: Schulische und berufliche Integration; Inklusion und Inklusive Bildung, auch im internationalen Kontext; Inklusive Schulentwicklung; Inklusive und demokratische Bildung; Zukunftsplanung in Unterstützerkreisen.
andreas.hinz@paedagogik.uni-halle.de

Heinz Günter Holtappels, Univ.-Prof. Dr.rer.soc., Universitätsprofessor für Erziehungswissenschaft, Schwerpunkte Bildungsmanagement, Schulentwicklung und Evaluation, Institut für Schulentwicklungsforschung (IFS), Technische Universität Dortmund. Arbeitsgebiete/-schwerpunkte: Schultheorie, Bildungs- und Schulfor-

schung im Bereich Schulentwicklung und Schulwirksamkeit, Organisationsentwicklung und Evaluation.
heinz-guenter.holtappels@tu-dortmund.de

Esther Dominique Klein, Dr., Wissenschaftliche Mitarbeiterin, Arbeitsgruppe Bildungsforschung, Fakultät für Bildungswissenschaften, Universität Duisburg-Essen.
Arbeitsgebiete/-schwerpunkte: Schulentwicklungsforschung, insbes. School Leadership, Educational Governance, International Vergleichende Erziehungswissenschaft
dominique.klein@uni-due.de

Svenja Mareike Kühn, Prof. Dr., Universitätsprofessorin für Schulpädagogik/All-
gemeine Didaktik mit dem Schwerpunkt Schulentwicklung, Universität Koblenz-
Landau: Bildungswissenschaften, Abteilung Schulpädagogik/Allgemeine Didaktik. Arbeitsgebiete/-schwerpunkte: Schulsystem und Steuerung im Bildungswesen,
Schulforschung und Schulentwicklung.
kuehn@uni-koblenz.de

Ramona Lorenz, Dr., Akademische Rätin, Institut für Schulentwicklungsforschung, Technische Universität Dortmund. Arbeitsgebiete/-schwerpunkte: (z. B.:
Schultheorie, Bildungs- und Schulforschung im Bereich Schulentwicklung und
Schulwirksamkeit, Organisationsentwicklung und Evaluation): Empirische Schul-
und Unterrichtsforschung, digitale Medien in Schule und Unterricht, Neue Steuerung und zentrale Prüfungsformate in der Schule, geschlechtsspezifische Leistungsunterschiede von Schülerinnen und Schülern.
ramona.lorenz@tu-dortmund.de

Kai Maaz, Univ.-Prof. Dr., Universitätsprofessor für Soziologie mit dem Schwerpunkt Bildungssysteme und Gesellschaft am Fachbereich Gesellschaftswissenschaf-
ten der Goethe-Universität Frankfurt am Main und zugleich Direktor der Abteilung
Struktur und Steuerung des Bildungswesens am Deutschen Institut für Internationale Pädagogische Forschung (DIPF). Arbeitsgebiete/-schwerpunkte: Bildungsmonitoring, Steuerung des Bildungssystems, Soziale, ethnische und geschlechtsspezifische Disparitäten des Bildungserwerbs, Schulstruktur- und Schulentwicklungsforschung, Evaluation von Transformationsprozessen des Bildungssystems.
maaz@dipf.de

Marko Neumann, Dr., Wissenschaftlicher Mitarbeiter, Deutsches Institut für Internationale Pädagogische Forschung (DIPF) Frankfurt/Berlin, Abteilung Struktur
und Steuerung des Bildungswesens. Arbeitsgebiete/-schwerpunkte: Reformen und
Qualitätsentwicklung im Bildungswesen, Einfluss schulischer Lernumwelten auf
Bildungserwerbsprozesse, Übergänge im Bildungssystem, Gymnasiale Oberstufe
und Abitur.
marko.neumann@dipf.de

David Reynolds, Prof., Professor of Education and Head of Swansea University School of Education, Swansea University. Main Areas of Research: School effectiveness, school improvement, teacher effectiveness, comparative education, educational policy.
David.Reynolds@swansea.ac.uk

Veronika Stahn, M.A., Wissenschaftliche Mitarbeiterin, Lehrstuhl für Allgemeine Pädagogik, Erziehungs- und Sozialforschung, Institut für Pädagogik, Ludwig-Maximilians-Universität München. Arbeitsgebiete/-schwerpunkte: Bildungsbezogenes Entscheidungs- und Übergangsverhalten, motivationale und psychosoziale Faktoren von Bildungserfolg, Entstehungs- und Vermittlungsmechanismen sozialer Bildungsungleichheit.
veronika.stahn@edu.lmu.de

Klaus-Jürgen Tillmann, Univ.-Prof. Dr. paed., pensionierter Professor für Schulpädagogik an der Universität Bielefeld. Arbeitsschwerpunkte: Schulentwicklung von Sekundarschulen, schulische Sozialisation, empirische Schulforschung.
klaus.tillmann@uni-bielefeld.de

Julia Weischenberg, Dr., Wissenschaftliche Mitarbeiterin, Institut für Schulentwicklungsforschung, Technische Universität Dortmund. Arbeitsgebiete/-schwerpunkte: Empirische Schul- und Schulentwicklungsforschung, Zentrale Prüfungen im Bildungswesen, Steuerung des Schulsystems, Einsatz neuer Technologien in Lehr- und Lernprozessen.
julia.weischenberg@tu-dortmund.de

Florian Wohlkinger, Dr., Wissenschaftlicher Mitarbeiter, Projekt Nationales Bildungspanel (NEPS), Projekt Inequality in Educational Transitions During Secondary School. Lehrstuhl für allgemeine Pädagogik, Erziehungs- und Sozialisationsforschung, Institut für Pädagogik, Ludwig-Maximilians-Universität München. Arbeitsgebiete/-schwerpunkte: Bildungsverlaufsforschung, soziale Ungleichheit, Bildungsübergänge und -entscheidungen, Schulische und familiale Sozialisation.
florian.wohlkinger@edu.lmu.de